北京图书馆出版社
古籍影印书目

（1979—2007）

北京图书馆出版社

北京图书馆出版社（原书目文献出版社），由中华人民共和国文化部主管、中国国家图书馆主办，是以整理影印出版古籍图书为主要特色的一家专业出版社，也是我国图书馆界、情报学界中央级出版社。设图书馆学情报学、古籍整理影印、文史、综合、中华再造善本五个编辑室。28年来，本社依托中国国家图书馆的丰厚馆藏，并与其他各类图书馆密切合作，主要致力于编辑出版图书馆学、情报学、信息管理科学著作和译作；出版各种书目、索引；整理、影印古代典籍和各类稀见图书文献；编辑出版各种文史著作和中文工具书。

地址：北京市西城区文津街七号
邮编：100034
电话：010-66151313　66175620　66126156（邮购）
传真：010-66121706
网址：www.nlcpress.com
邮箱：btsfxb@nlc.gov.cn

继绝存真 传本扬学

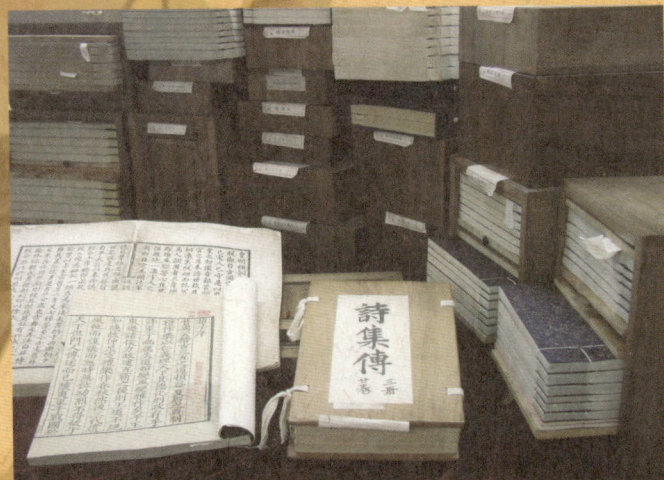

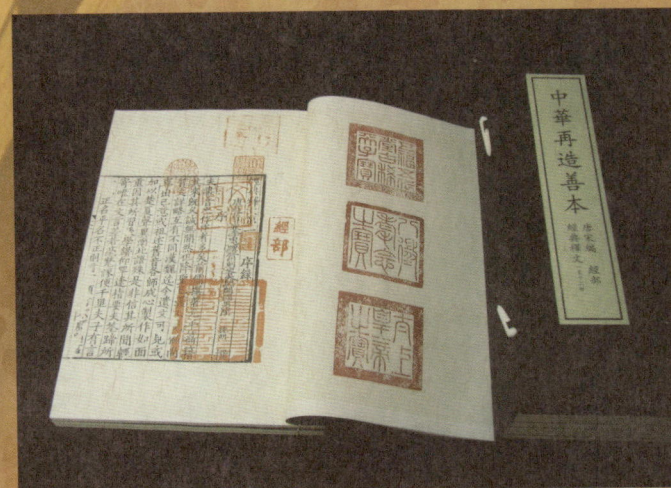

《中华再造善本》

2002年5月，国家财政部、文化部联合在全国启动实施"中华再造善本工程"，目的在于"继绝存真，传本扬学"，利用现代出版印刷技术，合理地保护、开发和利用兼具文物价值与学术研究价值的古籍善本，繁荣学术，传播优秀传统文化。此项工程分期进行，"唐宋编"和"金元编"列为第一期。该书精工影印，统一装帧，适量出版，以满足国内外图书馆补充入藏善本图书的需要，并为学术界提供丰富的、平时难得一见的宝贵文献资料，使历代珍善典籍不仅能化身千百，嘉惠学林，而且能传之久远，泽被后人。

在文化部、财政部领导的亲切关怀和中华再造善本工程规划指导委员会与中华再造善本工程编纂出版委员会的直接指导下，经过近六年的努力，一期工程已结束，758种"唐宋编"、"金元编"《中华再造善本》已全部出版面世，29种二期工程"明代编"、"清代编"的古籍也完成了试制。

《永乐大典》（全一百六十四册）

[明]解缙等 编纂 包背装／四开

汇集海内所藏　再现经典辉煌

《永乐大典》是明永乐六年（公元1408年）修成的大型类书，是世界上最早、最宏伟的百科全书，辑录图书8000种，上自先秦，下迄明初，天文地理、人事名物，无所不包。整部典籍共22877卷，外加目录等60卷，装成11095巨册。原书装帧考究，采用上等白宣纸，印有朱丝栏，统一使用端正的楷书抄写，古色古香。由于篇帙浩繁，从未刊刻过，仅在明嘉靖年间重录过一部，历经多年变乱和劫掠，其原本和副本大多毁佚。现发现残本散落在8个国家和地区，30多个收藏机构，约400册左右、800余卷，另有一些零篇断简。

《大典》今虽不全，但因为是类书，各门类相对独立，现存于世的各个分册，其史料价值并未受影响。尽可能完整地影印出版《大典》是学界的夙愿。为保存其一切信息，再现昔日辉煌，推动当代学术研究与发展，北京图书馆出版社从2001年12月开始，严格依照原书的版式规格，扫描制版，用特制宣纸，套色印刷，分批出版现存于世的《永乐大典》。2003年5月出版收藏于中国大陆的163册，包括国家图书馆藏一百六十一册、上海图书馆藏一册和四川大学博物馆藏一册，以及存南京图书馆、上海图书馆的少量《大典》残叶。

《国家图书馆藏敦煌遗书》

国家图书馆 编，任继愈 主编
精装／八开
2005年12月始陆续出版

敦煌遗书是研究中国历史、中外交通史，特别是丝绸之路史的重要资料，其文献时代跨越公元4-11世纪，内容包含政治、军事、宗教、语言、文学、法律、科技等全部社会历史的各个范畴，涉及中文、藏文、回鹘文、于阗文等多个文种。由于历史原因，部分敦煌遗书流失域外为英、法、俄、日等国的公私机构所收藏，但仍有相当部分藏于国内。国家图书馆收藏有16000余件敦煌遗书，约占全世界已知总藏量的1/3。国图所藏敦煌遗书主要来源有二：一为1900年前清朝学部由甘肃押运回北京的部分；二为新中国成立以来，由国家调拨、私人捐赠、图书馆寻访采进等多种渠道入藏者。这批数量可观的敦煌遗书不乏弥足珍贵的精品：不仅有《周易》、《尚书》、《春秋谷梁传》、《毛诗》等儒家经典之珍贵抄本；唐代宫廷及皇室写经、佛教法会仪式记录、藏文佛经等宗教文献；还有内容独特的法制类文献，如《大唐开元礼》以及颇具特色的登记类文件——"事目历"等；更有摩尼教经、《舞谱》等未见于其他机构收藏的、硕果仅存的珍稀文献等等。此外，国家图书馆藏敦煌遗书中，有一部分系经民间流传后陆续入藏者。此类文献中多有近当代学者、收藏家的题跋、印鉴，其中著名者有罗振玉、王国维、沈曾植、陈阗、李盛铎、张广建等。

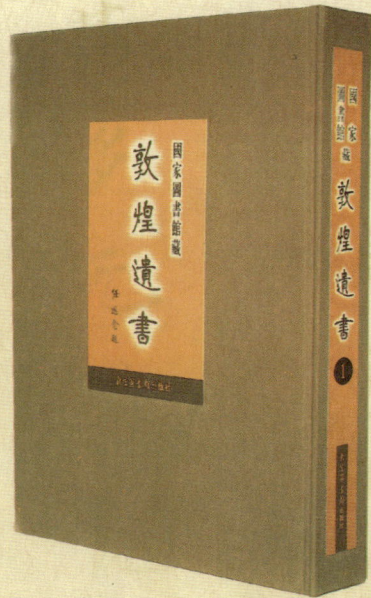

《文渊阁四库全书补遗·集部——据文津阁四库全书补》(全十五册)

文津阁《四库全书》竣工于乾隆四十九年（1784）冬。其成书晚于文渊、文溯、文源3个阁本。本书收录历代诗文4000余篇，全部辑自文津阁本《四库全书》集部书，为同书之文渊阁本所未见，用补其缺。该书荣获第四届国家图书奖提名奖，第二届全国古籍整理图书奖一等奖。

▼ **《赵城金藏》(全一百二十二册)**

　　保存在国家图书馆的《赵城金藏》，是历代刊刻大藏经中流传至今最早最完整的大藏经，已成海内外孤本。与《永乐大典》、《四库全书》、敦煌遗书共誉为国家图书馆四大镇馆之宝。该藏刻印缘于金代民间发心，民女崔法珍虔敬正法，为报佛恩，断臂募刻，感天动地，终至聚沙成塔，历30载而功德圆满。故此部藏经也被誉为有史以来民间第一大发心刊刻的大藏经。

　　《赵城金藏》原有7000多卷，现存4806卷，囊括了汉以后、宋以前各朝各代佛学翻译家和高僧们的诸多佛典译著，不仅为佛学、历史学和版本学提供了重要的研究资料，还为印刷术和书法艺术提供了珍贵的样本。

北京圖書館藏珍本
年譜 叢刊

北京圖書館 編

北京图书馆出版社

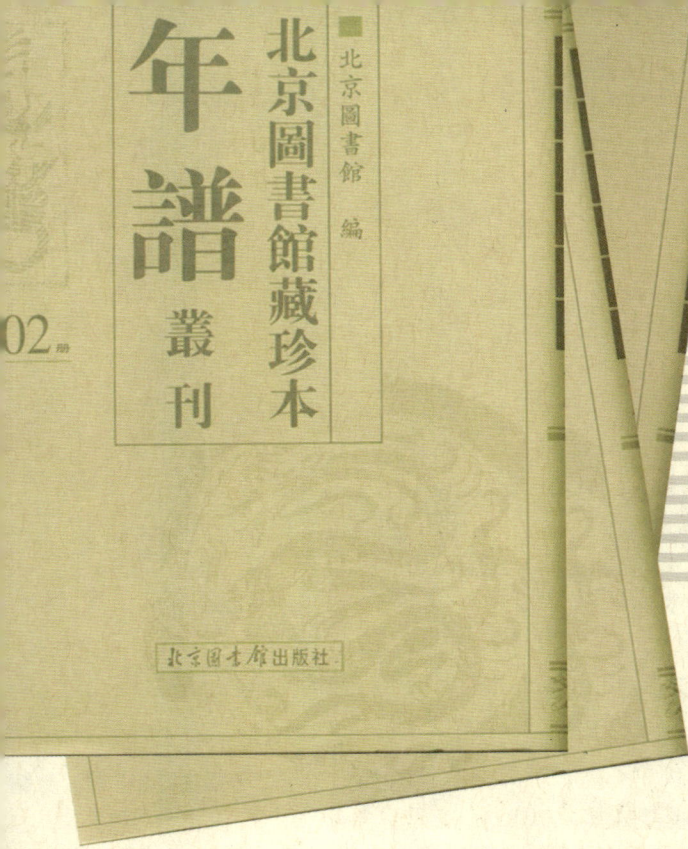

▲ 地方志人物传记资料丛刊

傳記文獻

北京图书馆藏珍本年谱丛刊（全二百册）

　　本丛刊是我国第一部涵盖时间最长、收入历代年谱最多、规模最宏大、线装版本最完备的年谱资料汇编。收入1996年以前国家图书馆所藏中国历代人物的线装年谱，计1212种，谱主1018人。所收年谱的谱主卒年大体以1911年为下限，个别卒于民国及其以后的传统文化人士的年谱也酌情收入。年谱即以年系谱主事迹之书。凡与年谱体例、功用相同之书，虽不称年谱，如：年表、年略、述略、编年、年状、年纪、行实录、观生纪、梦痕录、知非录、言旧录、鸿爪录等，也予收入。年谱的变体，如：诗谱、读书谱等，亦收入。

北京图书馆藏家谱丛刊·闽粤侨乡卷（全五十册）

　　本丛刊汇集闽粤两省著名侨乡家谱计25姓40种。所用版本上起清顺治下迄民国，远及海外如新加坡，大多不为外界所见。内容除传统的世系表、祖训、族规、姓氏源流考、先祖图像、人物传记、坟墓图址和大事记等家族资料外，还详细记载了东南沿海各省中国人迁徙、移民海外的情况。为研究古代宗法制度、民风民俗、人文地理和中外交流史、海外华人史等开启了一座难得的史料宝库，亦可为海外华人寻根问祖指路导航。

北京图书馆藏家谱丛刊·民族卷（全一百册）

　　本卷以国家图书馆馆藏为基础，更兼收了部分兄弟馆的馆藏，首次对汉族以外的其他民族的家谱、族谱文献进行大规模、成系统的搜集整理，共收入蒙、满、回、达斡尔、朝鲜、锡伯、彝、纳西等民族家谱150余部，涉及姓氏近百个。与汗牛充栋的汉族文献相比，其他民族文献尤其是民族家谱文献非常稀见，因此，这部专题家谱具有极高的文献价值，是研究民族起源、民族迁徙、民族战争、民族融合以及各民族社会历史文化的珍贵资料。

▼《晚清名儒年谱》（全十八册）
　《清初名儒年谱》（全十六册）
　《乾嘉名儒年谱》（全十四册）

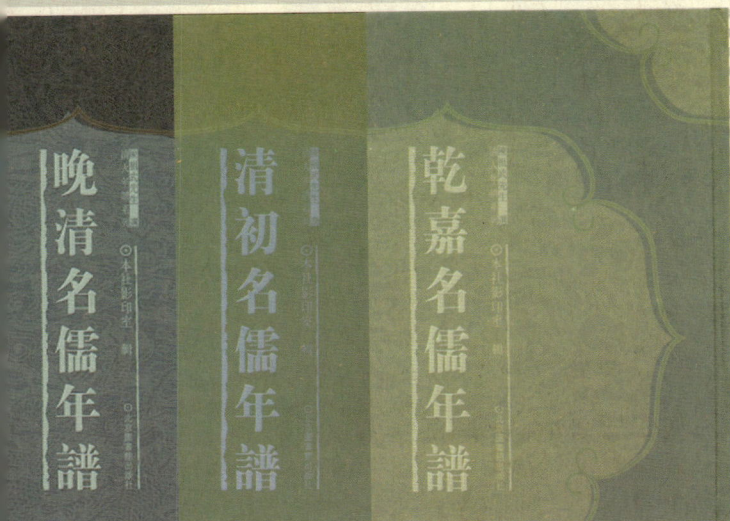

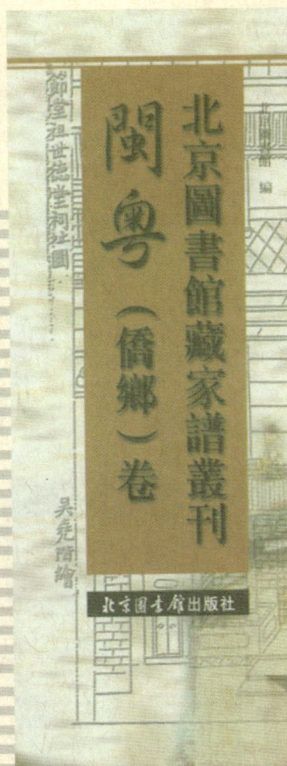

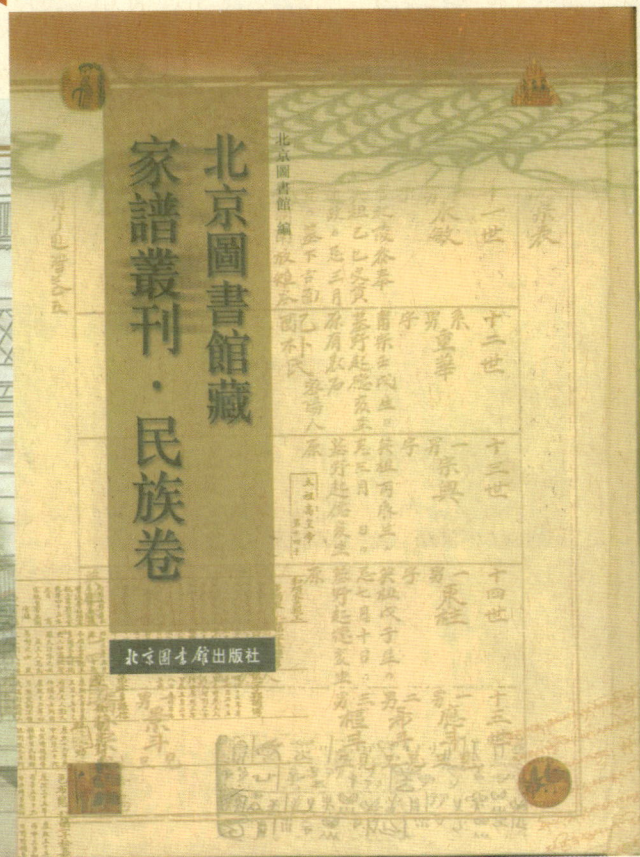

晚清名儒年谱　清初名儒年谱　乾嘉名儒年谱

北京圖書館藏家譜叢刊
閩粵（僑鄉）卷

北京圖書館藏
家譜叢刊·民族卷

北京圖書館出版社

史籍史料

二十五史补编（全五种）

《二十四史订补》断代分编
（全六种）

▲《隋唐五代正史订补文献汇编》
（全四册）

历代正史研究文献丛刊
（全四种）

《宋辽金元明六史补编》▶

明清史料

《清代方略全书》（全二百册）

《二十四史订补》（全十五册）

经过众多史家的努力，有关二十四史的订补之作，已具相当规模，仅从历代史目来看，即不下数百种之多。三十年代中期，开明书店出版《二十五史补编》，集二百四十余种订补之作于一炉，从而为学者提供了极大的方便，筚路之功，实不可没。然《补编》所及，只包括各史之表、志；对于纪、传等的订补之作，仍难寻觅。为此，本书编者在一九九六年于《补编》之外，扩大收书的范围，编辑出版《二十四史订补》，共收书一百六十余种。编选的原则是：一、凡与二十四史有关之订补著作，一九四九年以前编撰或出版的稿本、抄本、刻本、影印本等均在选择的范围之内；二、为免重复，《二十五史补编》已收之书，本书不再选入；三、所收之书以影印的方式制版，在内容和文字上未作任何改动；四、所收之书的底本，侧重稿本、抄本、初刻本与足本。

书目版本

《地方志·书目文献丛刊》（全四十册）

本书系从国家图书馆地方志专藏中，选出清季民初通志艺文志中经籍志部分，加以编选、汇集而成，在各地历次递修书中，选取撰修年代最晚、包含经籍志内容最全的方志。在通志经籍志空缺的个别省份，以相应区域性书目略加配补，从而在地方通代存佚书目的基础上，形成全国性的通代经籍志集成。本丛刊所收版本主要集中于清代至民国时期；版本类型包括稿本、刻本、石印本、铅印本等。

《国家图书馆藏古籍题跋丛刊》（全三十册）

本书收录国家图书馆藏题跋类古籍67种，多为明、清及民国时期著名藏书家、目录学家或学者的著作。本书所影印版本包括大量的刻本以及少数的抄本和稿本。对于研究古代文献、古籍版刻源流及书籍校勘具有重要的文献价值。

▲ 珍稀古籍书影丛刊

▲《地方志·书目文献丛刊》（全四十册）

▲《国家图书馆藏古籍题跋丛刊》（全三十册）

文學藝術

《国家图书馆藏古籍艺术类编》（全三十八册）

《国家图书馆藏古籍艺术类编》是从国家图书馆馆藏古籍中精选唐代至民国编纂的艺术类珍贵资料五十余种裒为一辑，影印出版。内容涉及书画史、书画家传、书画题跋、书画评论、书画目录、书画技法、墨谱、砚志等等，所选均为版本精良、流传较少、读者不易得见之书，其中有不少清代大家的抄稿本，实为难得的艺术文献珍编。此类文献的部分单行本及专题结集此前多有出版，但像本书这种规模的精选、汇编、结集，应该说尚属首次。

《稀见旧版曲艺曲本丛刊·潮州歌册卷》（全七十册）

曲艺是以口头语言进行"说唱"的表演艺术形式，在中华民族的精神生活和艺术文化的发展演进中，占据着十分特殊的地位，源远流长、影响至深。"潮州歌册卷"共收潮州歌册130余种，1400余卷。

《脂砚斋重评石头记甲戌本》（一函四册）

脂砚斋重评石头记《甲戌本》是现在已知的十余种《石头记》抄本中纪年最早的一种，仅存十六回。该书发现于上世纪二十年代。该抄本的发现揭开了更接近曹雪芹原著的脂本研究新的一页，为红学研究开辟了一个广阔而深远的新天地，具有划时代的意义。1948年此书被胡适带往台湾，直到1961年台湾才有影印本面世，随后大陆也有了缩印本。

《脂砚斋重评石头记己卯本》（全四册）

本书是脂本《红楼梦》的重要抄本。此本据红学界多名专家考证认定，是比较接近于原稿的早期抄本。此本是现存国家图书馆的孤本，有极高的史料价值。

《程甲本红楼梦》（全六册）

乾隆五十六年（1791），程伟元、高鹗以木活字摆印《红楼梦》，程甲本由此问世。此本不仅保存了《石头记》前八十回的原貌，而且促成了《红楼梦》的第一次大普及。本书底本为国家图书馆珍藏的程甲本初印本，品相端好，其面世为红学研究者、爱好者提供了具有重要参考价值的第一手资料。

地方志 与 边事资料

著名图书馆藏稀见方志丛刊系列

《华东师范大学图书馆藏稀见方志丛刊》（全二十册），收华东师范大学图书馆珍藏明代至民国地方志20种。

《陕西省图书馆藏稀见方志丛刊》（全十六册），共收录陕西省图书馆所藏稀见地方志（乡土志）55种，内容丰富而珍贵。

《北京师范大学图书馆藏稀见方志丛刊》（全二十二册），萃选北京师范大学图书馆所藏稀见地方志（乡土志）29种，多为明、清两代抄、刻本。

《国家图书馆藏琉球资料汇编》（全三册）

本书收集国家图书馆藏有关琉球国历史和中琉关系史的稀见典籍十七种。是研究中琉关系、日琉关系、琉球历史的珍贵资料。

《国家图书馆藏琉球资料续编》（全二册）

本书收录了国家图书馆及部分兄弟图书馆所藏琉球资料十七种。其中有数种抄本流传甚少，内容珍贵。

《国家图书馆藏琉球资料三编》（全三册）

本书从国家图书馆所藏明清时期十余位出使琉球的使臣及随从的文集中辑录整理出与琉球相关的诗文记载汇为一编，与我社此前已出版的《国家图书馆藏琉球资料》正编、续编相互补充。

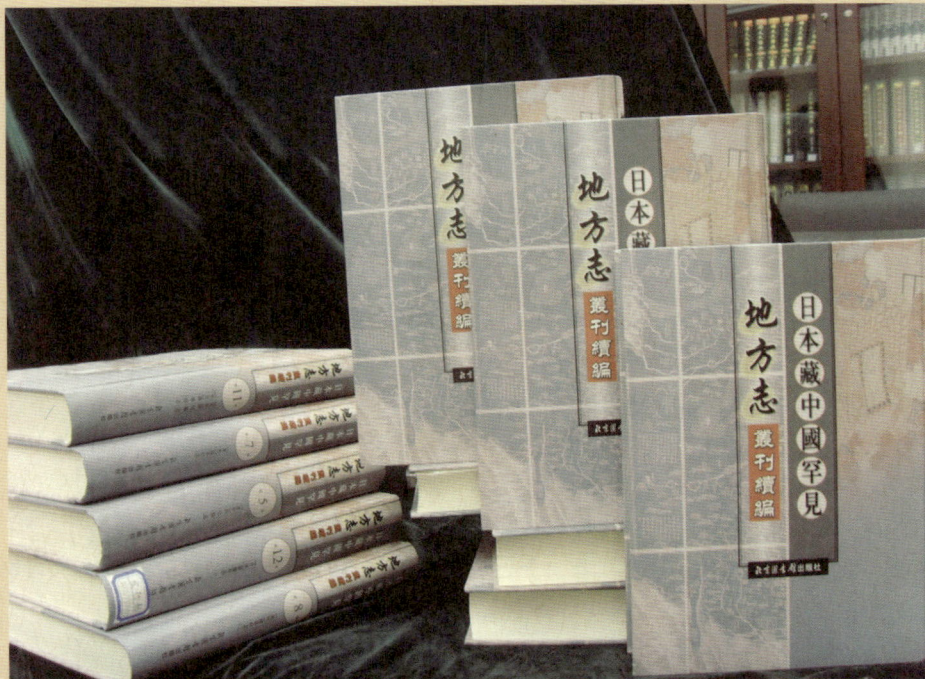

《日本藏中国罕见地方志丛刊续编》（全二十册）

本书共收集流失海外、为日本收藏、国内罕见的地方志计十六种。其中十一种为明代所纂，五种为清代所修，多为国内无藏的稀见之本。

北京图书馆出版社

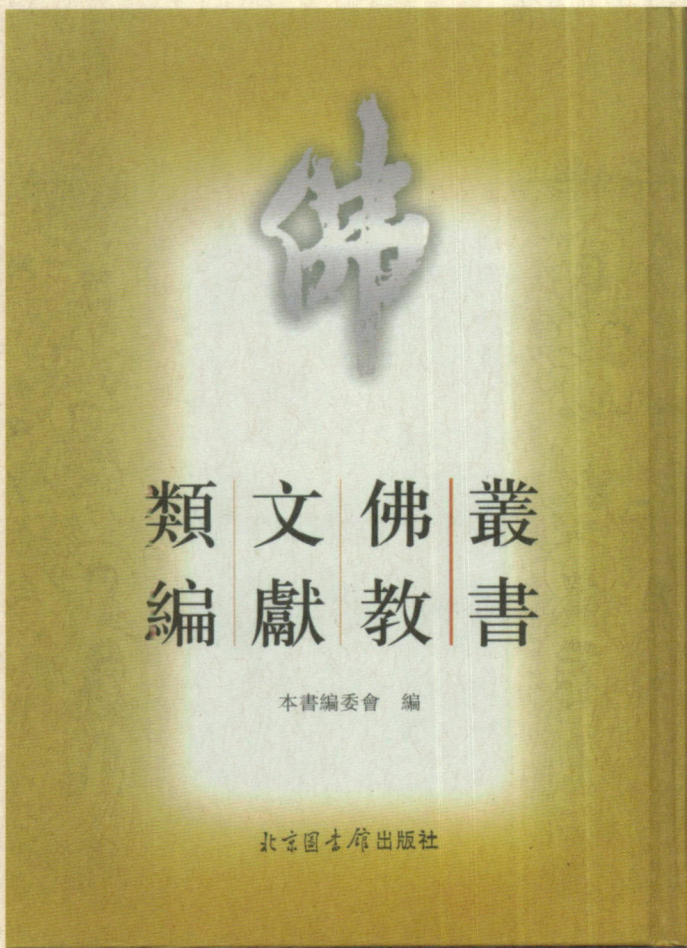

《丛书佛教文献类编》（全六册）

佛教文化是全人类的精神财富。本书从国家图书馆、河南省馆所藏部分古籍丛书中选编佛教文献七十余种，内容涉及佛教经、律、论及注疏、指南、研究著述等等，多为《大藏经》所未收者。有些编者在汇编汇刻丛书时，还对收入其中的佛教文献作了校勘订正，其文献价值更远胜过单刻本。将散存在丛书中的藏外佛教文献结集出版，无疑将极大的丰富当前的佛学研究。

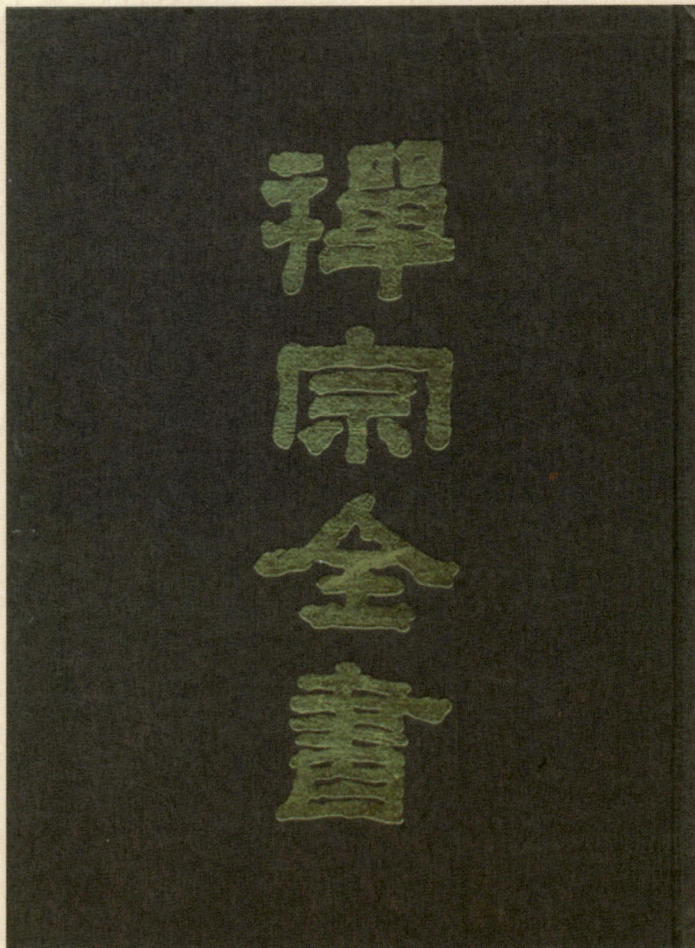

《禅宗全书》（全一百零一册）

本丛书共收辑六世纪至二十世纪佛教禅宗典籍五百七十余部，分为史传、宗义、语录、清规、杂集五类，编为一百册，外加总目索引一册，是迄今为止中外各国收录典籍最多的禅宗文献丛书。

《墨子大全》（共三编，全一百册）

《墨子大全》由著名哲学史专家、国家图书馆馆长任继愈先生主编，共收战国至二〇〇二年间有关墨学著作三百余种，精装一百册，分三编出版。《墨子大全》(第一编)共收战国至清末墨学研究专著与名校本、名刻本等三十余种，基本以版本先后为序，作者相同之书相对集中，编为二十册。本编主要特点有三：其一，囊括明代茅坤、朗兆玉，清代王念孙、毕沅、孙诒让、曹耀湘等墨学大师之研究专著，承载古代墨学研究发展之最高成果；其二，荟萃各种名家批校本，黄丕烈、卢文弨、傅山、许宗彦诸文献大家之手泽展卷可观；其三，版本珍稀，明刻本、明清抄本及刻本近二十余种，占全编三分之二。如明《道藏》本，明芝城铜活字蓝印本，明嘉靖唐尧臣刻本等名刻本均属稀世珍品。总之，《墨子大全》(第一编)汇辑古代墨学研究之全部学术成果，乃今人研究墨学，继承墨学文化遗产，光大墨子精神之文献基石。第二编近代部分（1911—1949），第三编现代部分（1949—2002）。

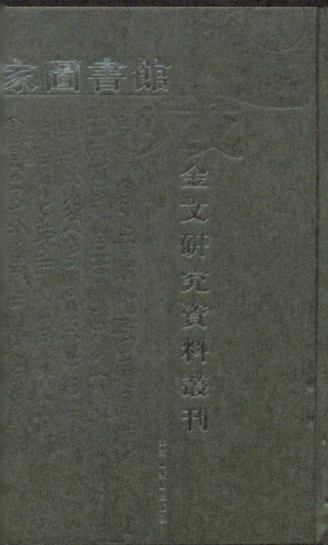

▲《国家图书馆藏金文研究资料丛刊》（全二十二册）　▲《历代石经研究资料辑刊》（全八册）　▲《河洛墓刻拾零》（全二册）　▲《历代陶文研究资料选刊》（全三册）

金石文献

《国家图书馆藏金文研究资料丛刊》（全二十二册）

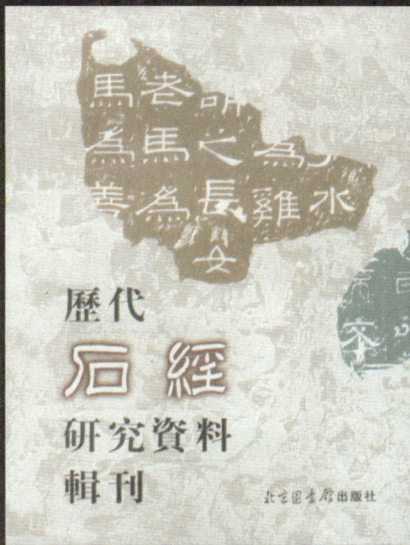

本书精选国家图书馆收藏的北宋至近代三十余位学者整理编撰的金文研究著作四十余种，真实记录了我国系统整理研究金文的历史，集千年金文研究文献之大成。它为研究中国文字史、考古史、夏商周史尤其是国家重大学术工程——夏商周断代研究提供了较为完整系统的佐证；为青铜器收藏和鉴定提供极其重要的参考文献。

《历代石经研究资料辑刊》（全八册）

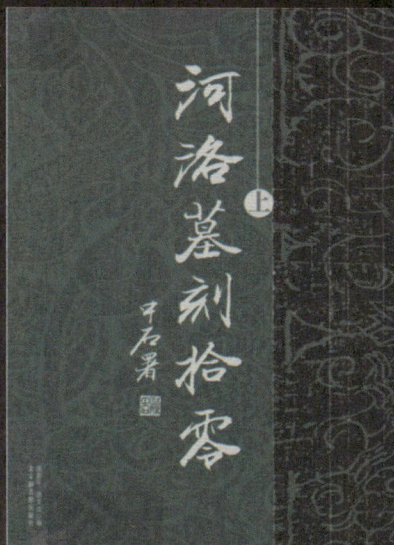

儒家石经始于东汉，熹平四年（公元175年）颁布了著名的"熹平石经"，后陆续有石经问世。遗憾的是，今只唐开成石经和清石经较为完整。自南宋以来，历代学者均有关于石经考证研究之作，为研究金石学与儒经提供了必不可少的原始数据。本辑刊共收历代有关石经研究文献五十四种，为中国思想史和古文字学的研究提供方便快捷且史料真实可靠的参考文献。

《河洛墓刻拾零》（全二册）

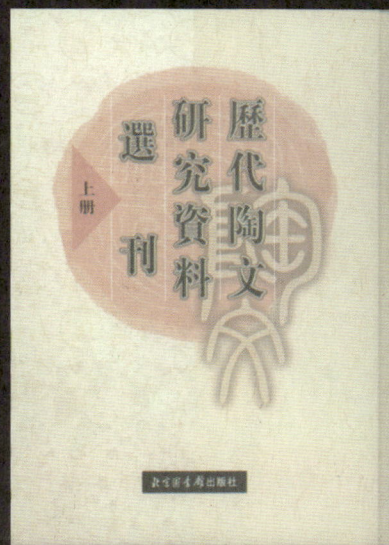

墓志是中国特有的一项地下文物史料。尤其是清末民初，罗振玉、王国维特重以地下证实地上，所谓双重证据法的运用，地下石碑志之出，更为学者和收藏家所重。

本书所收为洛阳地区出土的墓刻拓片（包括砖刻和石刻），共计五百余种，近七百幅。其中多为新出土和世所未刊者。

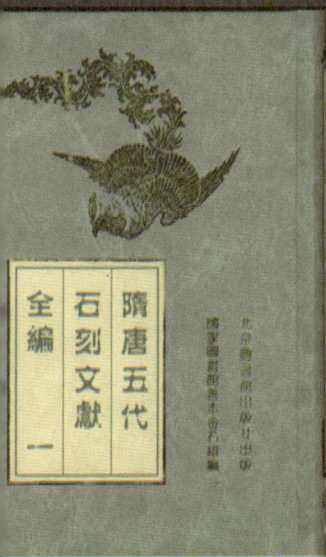

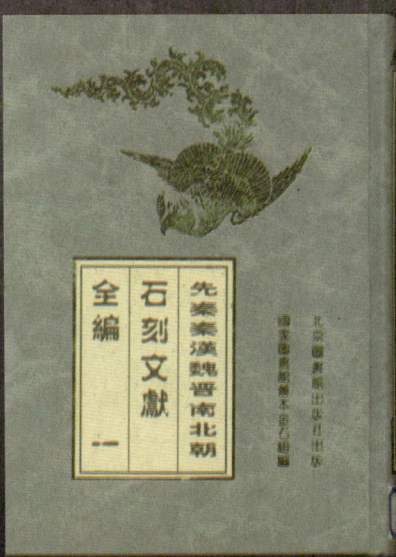

历代石刻文献汇编（全六种）

本系列图书是上起先秦、下迄清末的大型石刻史料汇编，集现存千余种金石志书（包括地方志中的金石志）之大成。

本系列图书计收石刻文献17000余篇，从秦砖汉瓦到碑文墓志，内容涵盖中国古代政治、经济、军事、民族、宗教、文学、科技、民俗、教育、地理等各个方面，堪称大型古代史料文献汇编。编者从国家图书馆数以万计的藏书中认真对比去重，择优选出。每篇文献不仅有石刻原文，还有历代金石学家撰写的考释文字。

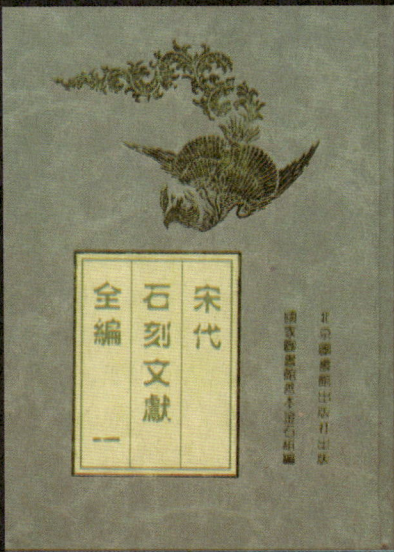

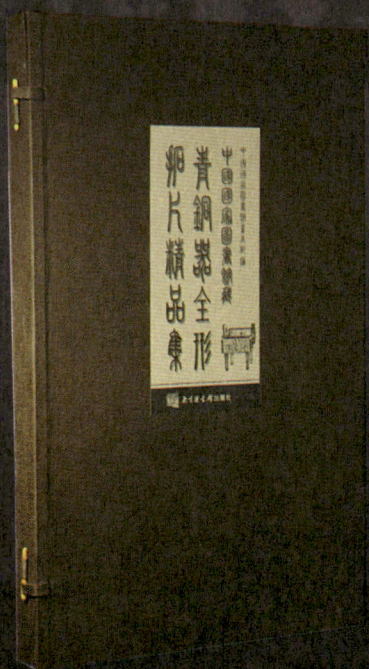

《中国国家图书馆藏青铜器全形拓片精品集》（全三册）

本书是在国家图书馆收藏的七百余种青铜器全形拓片中选出，种类有钟、壶、卣、觚、觯、角、爵、灯、炉、量等百余种，用珂罗版技术制版，宣纸原大印刷，手工钤盖印章。其中多有端方、阮元、潘祖荫、罗振玉、陈介祺等收藏家的旧藏。还有很多奕志、吴大澄、韩惠洵、章钰等人的题鉴、题跋。且绝大部分出自全形拓高手周希丁之手。这就使该书集欣赏性、艺术性、收藏性于一体。

《北京图书馆古籍珍本丛刊》（全一百二十册）

本丛刊共收古籍472种，近8000卷，分经、史、子、集四部。所收古籍有宋金元明清各代的刻本，元明清三代的抄本、稿本。《丛刊》中近四分之一为国家图书馆独家收藏的孤本。凡已收入《四部丛刊》（商务印书馆出版）的同一版本古籍不再收录。《丛刊》中的方志部分也不与《天一阁藏明代方志选刊》重出。

▲《北京图书馆古籍珍本丛刊》（全一百二十册）

《古籍佚书拾存》（全八册）

本书共收录傅敏《佚笈姑存》、姚东升《佚书拾存》、丁晏《佚礼扶微》、林衡所辑《佚存丛书》、张南藏所辑《佚丛甲集》、陶栋所辑《辑佚丛刊》。此六种辑佚之书，涉及古代佚存典籍二百余种。辑佚内容涉及经、史、子、集各部，其中不仅有珍贵的汉魏遗编，还有流失域外、国内无存的隋唐典籍，更有鲜见流传的明清著述，包括从未刊行的抄稿本。

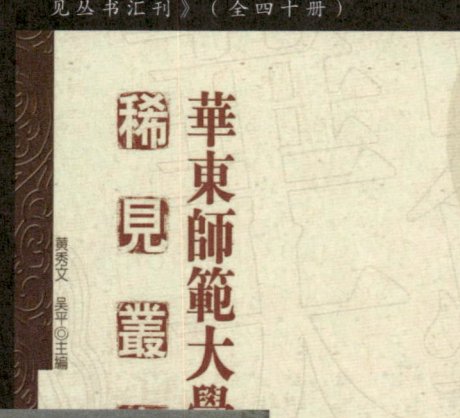

▼《华东师范大学图书馆藏稀见丛书汇刊》（全四十册）

▼《雪堂丛刻》（全四册）

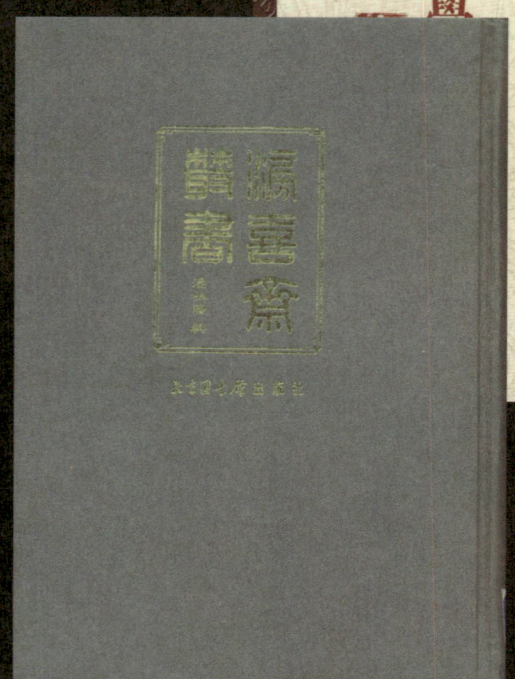

▲《涉喜斋丛书》（全六册）

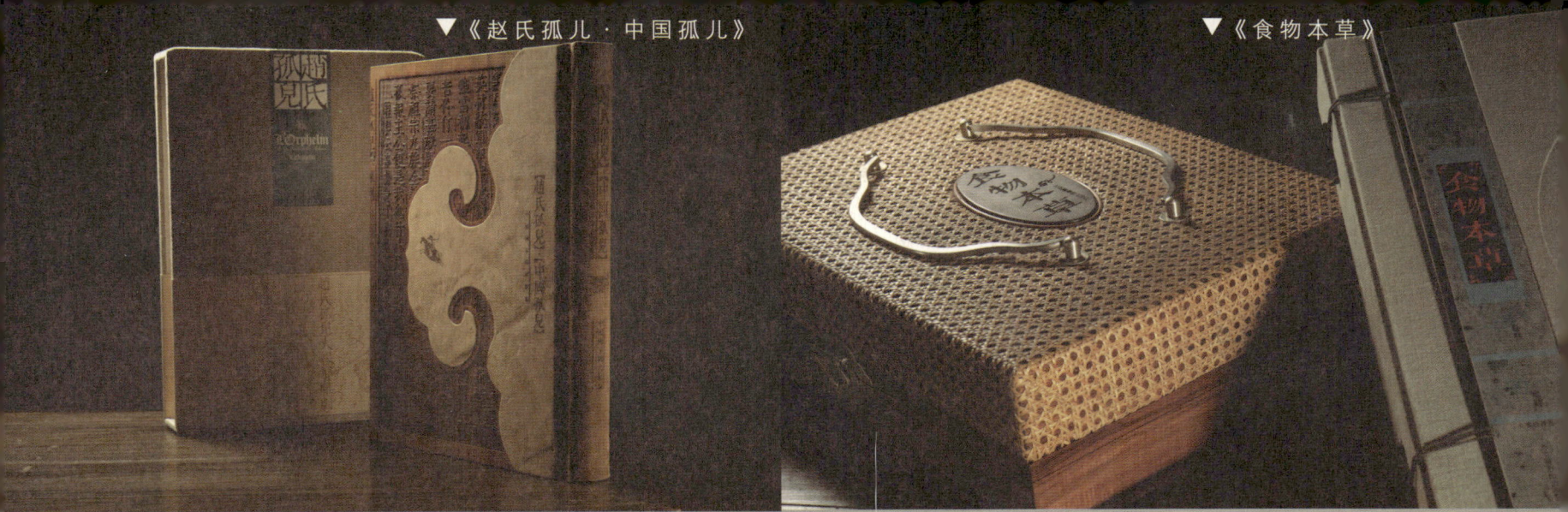

▼《赵氏孤儿·中国孤儿》

▼《食物本草》

特惠珍藏

▼《忘忧清乐集》

▼《奏鸣曲——为小提琴独奏和通奏低音而作》

1《赵松雪翁乐善堂帖》（全二册）
2《墓志精华三十八种》
3《湘潭昭山宋氏石潭房七修族谱》（一函八册）
4《琵琶记》
5《庆赏升平》
6《洪范政鉴》（二函十三册）

特烧珍藏

编 辑 说 明

在"文明的传承——国家图书馆古籍影印出版成果展"开幕之际，特编辑《北京图书馆出版社古籍影印书目》，以志纪念。

古籍是中华民族的宝贵精神财富，也是传承文明的重要载体和不可再生的文化资源。国家图书馆作为国家总书库和古籍收藏数量最多的图书馆，在做好古籍保护工作的同时，一直致力于古籍影印图书的编辑出版工作。

北京图书馆出版社（原书目文献出版社）是国家图书馆古籍整理的主要出版机构。自上世纪80年代以来，依托国家图书馆独一无二的丰厚资源支持和其他藏书机构的襄助，系统地影印了一大批有价值的古籍，从而使其化身千百，服务于中国传统文化的研究与传播。

本书目共收我社1983年至2007年10月正式出版的古籍影印图书1000余种。分为四部分：中华再造善本、自（新）编丛书、其他图书、特装珍藏本图书。最后附书名拼音索引。

中华再造善本收入一期工程全部图书和二期试制书目，计787种。内分唐宋编、金元编，每编分经、史、子、集、丛书五类，每类图书依书名拼音排序。每种书依次著录书名、著者、版本、函册、定价诸项。

自（新）编丛书系本社或延请专家学者编辑的"古籍专题丛书"，计105种。依其内容分为八类：传记文献、史籍史料、书目版本、文学艺术、地方志与边事资料、哲学宗教、金石文献、综合文献。每类图书以出版时间先后为序排列，系列图书相对集中。每种丛书著录所收子目的书名、编（著）者、版本等项，子目中所涉民国文献径录。其他图书系单种古籍或丛书的影印本，计140种，分类排序同自（新）编丛书。

特装珍藏本图书系我社根据国家图书馆珍藏，融会传统工艺与现代先进技术，并注入现代设计理念复制出版的古籍特装图书，计41种。依出版时间排序，《中华再造善本》21种试制本相对集中。

由于时间和水平所限，书中难免失当或疏漏之处，恳请多年来关心、帮助和支持北京图书馆出版社发展的广大读者，不吝赐教，以利修订，先此致谢。

北京图书馆出版社

2007年11月

目录

中华再造善本

继绝存真　传本扬学

——中华再造善本工程

　　我国是世界四大文明古国之一，悠久的历史和文化令世人瞩目。承载着中华民族优秀文化的古代典籍是我们祖先留给全人类的珍贵遗产，保护好它们并使之安全地传诸子孙后代，是我们这一代人责无旁贷的历史使命。重视和保护现存古籍，开发利用，批判地继承历史文化遗产，不断地推陈出新，是我们党和国家的一项基本的文化政策。

　　2001年起文化部、财政部着手对现存善本古籍的存藏利用情况进行调研。结果表明：始于初唐，成于五代，盛于两宋，旁及辽、西夏、金，延袤于元、明、清的中国版印书籍，在一千三百余年的时间里大量散佚，流传至今的唐、五代时期版印实物已成吉光片羽，而宋元时期的刻本也可谓万不一存。这些仅存的善本目前多为公藏机构作为文物进行保护、收藏，尽管各古籍收藏单位不断改善古籍保管条件，但现阶段还无法从根本上保证传承的万无一失。并且在现行"保管重于流通"的管理理念下，各古籍收藏单位都制定了严格的古籍流通制度，古籍善本很难与广大读者见面，特别是一些保存状况不适宜翻阅的古籍，基本上已退出了流通领域，不再为学界服务。如何采用多种渠道保护古籍善本，使之永无灾厄之虞，又如何让古籍善本在保护的基础上，得以广泛流通，为弘扬中华民族优秀传统文化服务，为繁荣学术研究服务，是我们亟待研究解决的一个时代新课题。

　　以调研为基础，经充分论证，文化部、财政部决定自2002年5月起，在全国实施中华再造善本工程。此项工程拟将分藏于国家图书馆和各省、自治区、直辖市图书馆以及高校、科研系统图书馆，乃至博物馆的珍贵古籍善本有计划地利用现代印刷技术出版。一方面可以使珍贵的孤本、善本化身千百，分藏于各地，确保珍贵文献的传承安全；另一方面可以扩大流通，促进古籍善本最大限度地传播和利用。这是一项功在当代、泽被千秋的宏伟事业，是关系到子孙后代的长远事业，也是坚持中国先进文化前进方向的一项重要举措。

　　2002年7月，中华再造善本工程规划指导委员会及中华再造善本工程编纂出版委员会成立，两委员会成员均由国内相关领域知名的专家学者组成。之后，财政部拨付专项资金，从体制上保证了该工程资金供给和学术质量达到要求。

　　《中华再造善本》计划分五编，自唐迄清为"唐宋编"、"金元编"、"明代编"、"清代编"，而用少数民族文字书写版行的古籍，则专门编为"少数民族文字文献编"。在工程编纂出版委员会的具体指导下，本着"继绝存真，传本扬学"的宗旨，遵循"宋元从宽，明清从严"的选书原则，精挑细选1300余种唐宋到明清古籍善本，其中宋元版约占60%。工程分期制作："唐宋编"、"金元编"列为第一期。

　　在有关各方的共同努力下，从2002年开始对部分古籍进行试制，到2007年7月中华再造善本一期工程"唐宋编"、"金元编"共计758种珍贵古籍出版工作已经完成，29种二期工程"明代编"、"清代编"的古籍也完成了试制，取得了第一阶段的成功。它贯彻了工程系统性、权威性、高质量、高品位的指导思想，从编纂体例、选录范围上达到了当今学术研究的新高度。严格编校、精致印刷，从开本、用纸到装帧，保证了该套丛书的精良制作品质。

　　通过《中华再造善本》进校园、向各省级图书馆赠书、举行一系列专题推介和图书交易活动，目前出版完成的787种图书，已陆续分藏于海内外140余家图书收藏机构，为学术研究提供了高质量的便捷服务，也在一定程度上起到了文物保护的作用，初步完成了中华再造善本工程保护和利用并重的目标。

　　中华再造善本工程得益于我国改革开放20年来经济的繁荣和发展，是建国以来首次由政府斥巨资打造的一项重要文化建设工程。一期工程的完成，让社会各界感受到了当今经济发展、国力强盛对国家文化事业的巨大支撑。我们坚信，政府的大力投入对人文科学的发展会起到更有力的推动作用，从而更加促进社会文明程度的提高。

唐宋编

唐宋编 经部

序号	书 名	编（著）者	版 本	函册	定价（元）
1	春秋传	（宋）胡安国撰	宋乾道四年刻庆元五年黄汝嘉重修本	2 函 10 册	3680.00
2	春秋繁露	（汉）董仲舒撰	宋嘉定四年江右计台刻本	1 函 6 册	1332.00
3	春秋公羊经传解诂	（汉）何休撰，（唐）陆德明音义	宋淳熙抚州公使库刻绍熙四年重修本	1 函 7 册	1680.00
4	春秋公羊经传解诂	（汉）何休撰，（唐）陆德明音义	宋绍熙二年余仁仲万卷堂刻本	1 函 4 册	1290.00
5	春秋公羊疏☆	（唐）徐彦撰	宋刻元修本	1 函 1 册	660.00
6	春秋集注	（宋）张洽撰	宋宝祐三年临江军庠刻本	1 函 12 册	2960.00
7	春秋集注	（宋）张洽撰	宋德祐元年卫宗武华亭义塾刻本	1 函 8 册	2040.00
8	春秋经传集解	（晋）杜预撰，（唐）陆德明音释	宋刻本	3 函 21 册	5480.00
9	春秋经传集解	（晋）杜预撰，（唐）陆德明释文	宋刻本	1 函 8 册	4290.00
10	春秋名号归一图	（五代十国·蜀）冯继先撰	宋刻本	1 函 3 册	680.00
11	春秋五礼例宗	（宋）张大亨撰	宋刻本	1 函 5 册	800.00
12	春秋意林	（宋）刘敞撰	宋刻本	1 函 2 册	620.00
13	春秋左传正义	（唐）孔颖达撰	宋庆元六年绍兴府刻宋元递修本	4 函 32 册	11760.00
14	大易粹言	（宋）曾穜辑	宋淳熙三年舒州公使库刻本	2 函 20 册	10190.00
15	大易集义	（宋）魏了翁辑	宋刻本	2 函 32 册	11130.00
16	尔雅疏	（宋）邢昺撰	宋刻宋元明初递修公文纸印本	1 函 5 册	990.00
17	尔雅	（晋）郭璞注	宋刻本	1 函 3 册	400.00
18	附释文互注礼部韵略		宋绍定三年藏书阁刻本	1 函 6 册	1490.00
19	公羊春秋谷梁春秋	（唐）陆德明音释	宋刻本	1 函 4 册	680.00
20	古三坟书☆※		宋绍兴十七年婺州州学刻本	1 函 1 册	439.00
21	广韵	（宋）陈彭年等撰	宋刻本	1 函 5 册	2220.00
22	汉上易传	（宋）朱震撰	清初毛氏汲古阁影宋抄本	1 函 10 册	3920.00
23	集韵	（宋）丁度等撰	宋刻本	1 函 10 册	3020.00
24	家礼	题（宋）朱熹撰	宋刻本	1 函 3 册	1400.00
25	监本附音春秋谷梁注疏	（晋）范宁、（唐）杨士勋疏	宋刻元修本	1 函 4 册	2010.00
26	监本纂图重言重意互注点校毛诗	（汉）毛苌传，郑玄笺，（唐）陆德明释文	宋刻本	1 函 8 册	2292.00
27	监本纂图重言重意互注论语	（魏）何晏集解	宋刘氏天香书院刻本	1 函 2 册	710.00
28	京本点校附音重言重意互注周礼	（汉）郑玄注	宋刻本	1 函 12 册	2610.00
29	经典释文	（唐）陆德明撰	宋刻宋元递修本	2 函 24 册	5400.00
30	钜宋广韵	（宋）陈彭年等撰	宋乾道五年建宁府黄三八郎刻本	1 函 5 册	1640.00
31	礼记	（汉）郑玄注	宋婺州义乌蒋宅崇知斋刻本	1 函 3 册	830.00
32	礼记	（汉）郑玄注，（唐）陆德明音义	宋余仁仲万卷堂家塾刻本	1 函 3 册	3270.00
33	礼记	（汉）郑玄注	宋淳熙四年抚州公使库刻本	1 函 6 册	2730.00
34	礼记集说	（宋）卫湜撰	宋嘉熙四年新定郡斋刻本	4 函 24 册	27480.00
35	礼记释文	（唐）陆德明撰	宋淳熙四年抚州公使库刻本	1 函 4 册	1020.00

序号	书 名	编（著）者	版 本	函册	定价（元）
36	礼记要义	（宋）魏了翁撰	宋淳祐十二年魏克愚刻本	1 函 16 册	3900.00
37	礼记正义	（唐）孔颖达撰	宋绍熙三年两浙东路茶盐司刻宋元递修本	4 函 40 册	14500.00
38	隶韵☆	（宋）刘球撰	宋刻拓本	1 函 4 册	1820.00
39	隶韵☆※	（宋）刘球撰	宋刻拓本	1 函 6 册	2200.00
40	龙龛手鉴	（辽）释行均撰	宋刻本	1 函 5 册	1360.00
41	吕氏家塾读诗记	（宋）吕祖谦撰	宋淳熙九年江西漕台刻本	2 函 20 册	5520.00
42	论语集说	（宋）蔡节撰	宋淳祐六年湖頮刻本	1 函 10 册	1830.00
43	毛诗诂训传	（汉）毛苌传，郑玄笺，（唐）陆德明释文	宋刻本	1 函 10 册	2000.00
44	孟子或问纂要	（宋）朱熹撰	宋刻本	1 函 3 册	440.00
45	切韵指掌图	（宋）司马光撰	宋绍定三年越州读书堂刻本	1 函 1 册	360.00
46	群经音辨	（宋）贾昌朝撰	宋绍兴九年临安府学刻宋元递修本	1 函 6 册	840.00
47	尚书	题（汉）孔安国传	宋刻本	1 函 6 册	1070.00
48	尚书正义	（唐）孔颖达撰	宋两浙东路茶盐司刻本	1 函 16 册	4280.00
49	诗集传	（宋）朱熹撰	宋刻本	1 函 6 册	1600.00
50	诗集传	（宋）苏辙撰	宋淳熙七年苏诩筠州公使库刻本	1 函 3 册	2334.00
51	诗说	（宋）刘克撰	宋刻本	1 函 8 册	1780.00
52	说文解字	（汉）许慎撰	宋刻元修本	1 函 6 册	2270.00
53	四书章句集注	（宋）朱熹撰	宋嘉定十年当涂郡斋刻嘉熙四年淳祐八年十二年递修本、宋淳祐十二年当涂郡斋刻本	4 函 26 册	6670.00
54	童溪王先生易传	（宋）王宗传撰	宋开禧元年建安刘日新宅三桂堂刻本	2 函 9 册	1820.00
55	西畴居士春秋本例	（宋）崔子方撰	宋刻本	1 函 4 册	1160.00
56	新定三礼图	（宋）聂崇义集注	宋淳熙二年镇江府学刻公文纸印本	1 函 6 册	1120.00
57	新集古文四声韵	（宋）夏竦撰	宋刻本	1 函 5 册	1020.00
58	杏溪傅氏禹贡集解	（宋）傅寅撰	宋刻元修本	1 函 6 册	1030.00
59	押韵释疑	（宋）欧阳德隆撰	宋嘉熙三年禾兴郡斋刻本	1 函 4 册	1400.00
60	仪礼经传通解	（宋）朱熹撰	宋嘉定十年南康道院刻元明递修本	4 函 40 册	14730.00
61	仪礼要义	（宋）魏了翁撰	宋淳祐十二年魏克愚刻本	4 函 24 册	8980.00
62	輶轩使者绝代语释别国方言解	（汉）扬雄撰，（晋）郭璞注	宋庆元六年浔阳郡斋刻本	1 函 2 册	1220.00
63	禹贡论	（宋）程大昌撰	宋淳熙八年泉州州学刻本	1 函 4 册	1410.00
64	韵补※	（宋）吴棫撰	宋刻本	1 函 5 册	3480.00
65	张先生校正杨宝学易传	（宋）杨万里撰，张敬之校正	宋刻本	1 函 10 册	1670.00
66	张先生校正杨宝学易传	（宋）杨万里撰，张敬之校正	宋刻本	1 函 4 册	1540.00
67	中庸辑略	（宋）石𡐴辑，朱熹删定	宋刻本	1 函 2 册	1140.00
68	周礼	（汉）郑玄注，（唐）陆德明释文	宋刻本	2 函 13 册	2370.00
69	周礼	（汉）郑玄注	宋婺州市门巷唐宅刻本	1 函 3 册	1290.00
70	周礼疏	（唐）贾公彦注释	宋两浙东路茶盐司刻宋元递修本	4 函 36 册	7650.00
71	周易	（魏）王弼、（晋）韩康伯注，（唐）陆德明释文	宋刻本	1 函 3 册	650.00
72	周易本义	（宋）朱熹撰	宋咸淳元年吴革刻本	1 函 6 册	2130.00
73	周易要义	（宋）魏了翁撰	宋淳祐十二年魏克愚刻本	1 函 5 册	1560.00
74	周易正义	（唐）孔颖达撰	宋刻递修本	1 函 6 册	1860.00
75	周易注疏	（魏）王弼、（晋）韩康伯注，（唐）孔颖达疏	宋两浙东路茶盐司刻宋元递修本	1 函 6 册	2600.00
76	朱文公订正门人蔡九峰书集传	（宋）蔡沈撰	宋淳祐十年吕遇龙上饶郡学刻本	1 函 8 册	1820.00
77	紫云先生增修校正押韵释疑	（宋）欧阳德隆撰，郭守正增修	宋刻本	1 函 10 册	2370.00
78	纂图互注礼记	（汉）郑玄注，（唐）陆德明音义	宋刻本	2 函 10 册	2710.00
79	纂图互注春秋经传集解	（晋）杜预撰，（唐）陆德明释文	宋龙山书院刻本	1 函 8 册	4260.00
80	纂图互注周礼	（汉）郑玄注，（唐）陆德明释文	宋刻本	1 函 6 册	1782.00

序号	书 名	编（著）者	版 本	函册	定价（元）
1	［咸淳］临安志	（宋）潜说友纂修	宋咸淳刻本	4 函 32 册	14450.00
2	［咸淳］临安志	（宋）潜说友纂修	宋咸淳临安府刻本	4 函 40 册	12240.00
3	［宝庆］四明志	（宋）胡榘、罗濬纂修	宋刻本	1 函 10 册	5640.00
4	［绍定］吴郡志	（宋）范成大纂修，汪泰亨等续修	宋绍定刻元修本	2 函 20 册	4280.00
5	鲍氏国策	（宋）鲍彪校注	宋绍熙二年会稽郡斋刻本	2 函 8 册	3900.00
6	北齐书	（唐）李百药撰	宋刻宋元明递修本	2 函 15 册	5800.00
7	北史	（唐）李延寿撰	宋刻本	2 函 13 册	7660.00
8	编年通载	（宋）章衡撰	宋刻本	1 函 4 册	1915.00
9	陈书	（唐）姚思廉撰	宋刻宋元递修本	3 函 10 册	4390.00
10	大唐六典	（唐）唐玄宗李隆基撰，李林甫等注	宋绍兴四年温州州学刻递修本	1 函 2 册	1390.00
11	大唐西域记☆	（唐）释玄奘译，释辩机撰	宋绍兴二年王永从刻安吉州思溪法宝资福禅寺大藏本	1 函 6 册	2210.00
12	东汉会要	（宋）徐天麟撰	宋宝庆二年建宁郡斋刻本	2 函 16 册	4320.00
13	东家杂记☆※	（宋）孔传撰	宋刻递修本	1 函 4 册	1420.00
14	东莱先生音注唐鉴	（宋）范祖禹撰，吕祖谦注	宋刻元修本	1 函 4 册	1640.00
15	分门史志通典治原之书		宋刻本	1 函 12 册	3060.00
16	古史	（宋）苏辙撰	宋刻元明递修本	2 函 16 册	4870.00
17	国朝诸臣奏议	（宋）赵汝愚辑	宋淳祐十年史季温福州刻元明递修本	8 函 64 册	20500.00
18	国语☆	（吴）韦昭注	宋刻宋元递修本	1 函 6 册	3080.00
19	汉丞相诸葛忠武候传☆	（宋）张栻撰	宋刻本	1 函 1 册	320.00
20	汉隽	（宋）林钺辑	宋淳熙五年滁阳郡斋刻本	1 函 5 册	1340.00
21	汉隽	（宋）林钺辑	宋淳熙十年象山县学刻本	1 函 4 册	1144.00
22	汉书	（汉）班固撰，（唐）颜师古注	北宋刻递修本	4 函 40 册	16040.00
23	汉书	（汉）班固撰，（唐）颜师古注	宋嘉定十七年白鹭洲书院刻本	8 函 80 册	34670.00
24	汉书	（汉）班固撰，（唐）颜师古注	宋庆元元年刘元起刻本	8 函 80 册	23040.00
25	汉书	（汉）班固撰，（唐）颜师古注	宋蔡琪家塾刻本	6 函 60 册	32660.00
26	汉书	（汉）班固撰，（唐）颜师古注	宋嘉定十七年白鹭洲书院刻本	8 函 80 册	34670.00
27	后汉书	（南朝·宋）范晔、（西晋）司马彪撰，（唐）李贤、（南朝·梁）刘昭注	北宋刻递修本	3 函 40 册	21720.00
28	后汉书	（南朝·宋）范晔、（西晋）司马彪撰，（唐）李贤、（南朝·梁）刘昭注	宋白鹭洲书院刻本	8 函 80 册	29110.00
29	后汉书	（南朝·宋）范晔、（西晋）司马彪撰，（唐）李贤、（南朝·梁）刘昭注	宋建安黄善夫刻本	6 函 60 册	19960.00
30	后汉书	（南朝·宋）范晔、（西晋）司马彪撰，（唐）李贤、（南朝·梁）刘昭注	宋王叔边刻本	4 函 40 册	12800.00
31	后汉书	（南朝·宋）范晔撰，（唐）李贤注	北宋刻递修本	4 函 38 册	19160.00
32	后汉书	（南朝·宋）范晔、（西晋）司马彪撰，（唐）李贤、（南朝·梁）刘昭注	宋绍兴江南东路转运司刻宋元递修本	4 函 40 册	25540.00
33	皇朝编年备要	（宋）陈均撰	宋绍定刻本	4 函 30 册	6130.00
34	皇朝中兴系年要录节要		宋刻本	1 函 4 册	870.00
35	建康实录	（唐）许嵩撰	宋绍兴十八年荆湖北路安抚使司刻递修本	2 函 16 册	4500.00
36	金石录	（宋）赵明诚撰	宋淳熙龙舒郡斋刻本	1 函 5 册	2200.00
37	晋书	（唐）房玄龄等撰	宋刻本	6 函 36 册	13400.00
38	京本增修五代史详节	（宋）吕祖谦辑	宋刻本	1 函 2 册	1180.00
39	开庆·四明续志	（宋）梅应发、刘锡纂修	宋开庆元年刻本	1 函 6 册	2510.00

序号	书 名	编（著）者	版 本	函册	定价（元）
40	李侍郎经进六朝通鉴博议	（宋）李焘撰	宋毕万裔宅富学堂刻本	1 函 3 册	1310.00
41	历代纪年	（宋）晁公迈撰	宋绍熙三年盱江郡斋刻本	1 函 4 册	1720.00
42	梁书	（唐）姚思廉撰	宋刻宋元递修本	2 函 10 册	7740.00
43	两汉博闻	（宋）杨侃辑	宋乾道八年胡元质姑孰郡斋刻本	1 函 6 册	2810.00
44	路史	（宋）罗泌撰	宋刻本	1 函 2 册	220.00
45	吕大著点校标抹增节备注资治通鉴	（宋）吕大著撰	宋刻本	2 函 21 册	6760.00
46	律	（宋）孙奭	宋刻宋元递修本	1 函 4 册	1112.00
47	眉山新编十七史策要☆		宋刻本	4 函 25 册	7560.00
48	名公增修晋书详节	（宋）吕祖谦辑	宋刻本	2 函 16 册	3680.00
49	南齐书	（南朝·梁）萧子显撰	宋刻宋元明初递修本	2 函 20 册	8500.00
50	南史	（唐）李延寿撰	宋刻本	4 函 29 册	9880.00
51	南岳总胜集	（宋）陈田夫撰	宋刻本	1 函 3 册	850.00
52	入注附音司马温公资治通鉴		宋刻本	3 函 20 册	8650.00
53	入注附音司马温公资治通鉴纲目		宋刻本	1 函 4 册	1240.00
54	三国志	（晋）陈寿撰，（南朝·宋）裴松之注	宋衢州州学刻宋元明递修本	4 函 20 册	11040.00
55	三国志	（晋）陈寿撰，（南朝·宋）裴松之注	宋刻本	4 函 32 册	11990.00
56	史记	（汉）司马迁撰，（南朝·宋）裴骃集解，（唐）司马贞索隐，张守节正义	宋淳熙三年张杅桐川郡斋刻八年耿秉重修本	4 函 24 册	8630.00
57	史记	（汉）司马迁撰，（南朝·宋）裴骃集解，（唐）司马贞索隐，张守节正义	宋建安黄善夫家塾刻本	4 函 28 册	8380.00
58	史记	（汉）司马迁撰，（南朝·宋）裴骃集解，（唐）司马贞索隐	宋乾道七年蔡梦弼东塾刻本	4 函 30 册	9650.00
59	水经注	（北魏）郦道元撰	宋刻本	1 函 7 册	1810.00
60	宋书	（梁）沈约撰	宋刻宋元明递修本	5 函 46 册	22940.00
61	宋中书舍人南丰先生曾公谥议	（宋）刘汉弼撰	宋稿本	卷轴	1410.00
62	隋书	（唐）魏征等撰	宋刻递修本	2 函 12 册	6280.00
63	隋书	（唐）魏征等撰	宋刻本	1 函 2 册	980.00
64	唐鉴	（宋）范祖禹撰	宋刻本	1 函 4 册	1440.00
65	唐书	（宋）欧阳修、宋祁等撰	宋绍兴刻宋元递修公文纸印本	4 函 22 册	14640.00
66	唐书	（五代·后晋）刘昫等撰	宋绍兴两浙东路茶盐司刻本	4 函 32 册	7640.00
67	通典	（唐）杜佑撰	宋刻宋元递修本	1 函 2 册	500.00
68	通典	（唐）杜佑撰	宋刻宋元递修本	2 函 18 册	6180.00
69	通典	（唐）杜佑撰	宋刻宋元递修本	1 函 1 册	300.00
70	通典	（唐）杜佑撰	宋刻宋元递修本	1 函 9 册	1890.00
71	通典	（唐）杜佑撰	宋刻元元统三年江浙等处儒学重修本	1 函 2 册	720.00
72	通鉴纪事本末	（宋）袁枢撰	宋宝祐五年赵与㤣刻元明递修本	8 函 84 册	34820.00
73	通鉴纪事本末	（宋）袁枢撰	宋淳熙二年严陵郡庠刻本	8 函 42 册	23630.00
74	魏书	（北齐）魏收撰	宋刻宋元明递修本	8 函 64 册	27120.00
75	五朝名臣言行录、三朝名臣言行录	（宋）朱熹辑	宋淳熙刻本	3 函 28 册	9000.00
76	西汉会要	（宋）徐天麟撰	宋嘉定建宁郡斋刻元明递修本	2 函 20 册	5320.00
77	啸堂集古录	（宋）王俅撰	宋刻本	1 函 4 册	1190.00
78	新编方舆胜览	（宋）祝穆辑	宋咸淳三年吴坚、刘震孙刻本	4 函 20 册	9340.00
79	新刊名臣碑传琬琰之集	（宋）杜大珪辑	宋刻元明递修本	3 函 24 册	7040.00
80	新入诸儒议论杜氏通典详节		宋绍熙五年择善堂刻本	1 函 8 册	2180.00
81	新纂门目十朝名臣言行录		宋刻本	6 函 24 册	4440.00
82	续资治通鉴长编	（宋）李焘撰	宋刻本	6 函 49 册	18070.00
83	续资治通鉴长编撮要	（宋）李焘撰	宋刻本	4 函 48 册	17040.00
84	舆地广记	（宋）欧阳忞撰	宋刻递修本	1 函 12 册	3160.00
85	育德堂奏议	（宋）蔡幼学撰	宋刻本	1 函 6 册	990.00
86	战国策	（汉）高诱注，（宋）姚宏校正	宋绍兴刻本	1 函 6 册	2190.00

序号	书　名	编（著）者	版　本	函册	定价（元）
87	致堂读史管见	（宋）胡寅撰	宋嘉定十一年衡阳郡斋刻本	2 函 30 册	8290.00
88	中兴两朝编年纲目		宋刻元修本	2 函 6 册	3720.00
89	忠文王纪事实录	（宋）谢起岩撰	宋咸淳七年吴安朝等刻公文纸印本	1 函 4 册	1260.00
90	周书	（唐）令狐德棻撰	宋刻宋元明递修本	4 函 24 册	7120.00
91	诸儒校正西汉详节	（宋）吕祖谦辑	宋刻本	2 函 19 册	4400.00
92	诸史提要	（宋）钱端礼撰	宋乾道绍兴府学刻本	1 函 5 册	4410.00
93	资治通鉴	（宋）司马光撰	宋绍兴二年至三年两浙东路茶盐司公使库刻本	20 函 116 册	45710.00
94	资治通鉴纲目	（宋）朱熹撰	宋刻本	6 函 57 册	25340.00
95	资治通鉴外纪详节		宋刻本	1 函 4 册	1080.00
96	资治通鉴考异	（宋）司马光撰	宋绍兴二年两浙东路茶盐司公使库刻宋元递修本	2 函 14 册	2950.00
97	资治通鉴释文	（宋）史炤撰	宋刻本	2 函 12 册	2520.00

唐宋编 子部

序号	书　名	编（著）者	版　本	函册	定价（元）
1	鳌隅子歔欷琐微论	（宋）黄晞撰	宋刻本	1 函 1 册	160.00
2	抱朴子内篇※	（晋）葛洪撰	宋绍兴二十二年临安府荣六郎家刻本	1 函 5 册	1280.00
3	本草衍义	（宋）寇宗奭撰	宋淳熙十二年江西转运司刻庆元元年重修本	1 函 5 册	1160.00
4	宾退录	（宋）赵与旹撰	宋临安府睦亲坊陈宅经籍铺刻本	1 函 10 册	1740.00
5	补注蒙求☆	（唐）李翰撰，（宋）徐子光补注	宋刻本	1 函 8 册	1660.00
6	长短经	（唐）赵蕤撰	南宋初年杭州净戒院刻本	2 函 8 册	2330.00
7	程氏演蕃露	（宋）程大昌撰	宋刻本	1 函 4 册	1340.00
8	诚斋四六发遣膏馥※	题（宋）杨万里撰，周公恕辑	宋余卓刻本	1 函 4 册	1300.00
9	冲虚至德真经	（晋）张湛注	宋刻宋元递修本	1 函 4 册	590.00
10	重雕足本鉴诫录☆	（五代十国·后蜀）何光远撰	宋刻本	1 函 2 册	530.00
11	大藏经纲目指要录☆	（宋）释惟白撰	宋刻本	2 函 8 册	3320.00
12	帝王经世图谱	（宋）唐仲友撰	宋嘉泰元年金式赵善鐌刻本	1 函 6 册	1900.00
13	东观余论	（宋）黄伯思撰	宋嘉定三年刻本	1 函 4 册	1580.00
14	古今合璧事类备要	（宋）谢维新、虞载辑	宋刻本	12 函 120 册	37400.00
15	古今合璧事类备要增集	（宋）谢维新辑	宋刻本	2 函 10 册	1450.00
16	管子	（唐）房玄龄注	宋刻本	1 函 6 册	2520.00
17	龟山先生语录	（宋）杨时撰	宋吴坚福建漕治刻本	1 函 2 册	770.00
18	汉官仪	（宋）刘攽撰	宋绍兴九年临安府刻本	1 函 1 册	750.00
19	河南程氏遗书附录		宋刻本	1 函 2 册	252.00
20	洪范政鉴☆※	（宋）赵祯撰	宋淳熙十三年内府写本	1 函 13 册	4370.00
21	洪氏集验方	（宋）洪遵辑	宋乾道六年姑孰郡斋刻公文纸印本	1 函 2 册	750.00
22	华阳隐居真诰☆	（梁）陶弘景撰	宋葛长庚写本	1 函 1 册	140.00
23	化书	（五代）谭峭撰	宋刻本	1 函 2 册	520.00
24	画继※	（宋）邓椿撰	宋临安府陈道人书籍铺刻本	1 函 2 册	1480.00
25	皇朝仕学规范	（宋）张镃辑	宋刻本	1 函 12 册	2190.00
26	挥麈前录、后录、第三录、余话	（宋）王明清撰	宋龙山书堂刻本	1 函 6 册	3390.00
27	晦庵先生语录大纲领		宋刻本	1 函 3 册	1030.00
28	婚礼新编	（宋）丁升之辑	宋刻元修本	1 函 5 册	1900.00
29	记纂渊海	（宋）潘自牧辑	宋刻本	3 函 24 册	12570.00
30	甲申杂记闻见近录	（宋）王巩撰	宋刻本	1 函 3 册	440.00
31	金刚般若波罗蜜经	（后秦）释鸠摩罗什译	唐懿宗咸通九年王玠刻本	卷轴	2408.00
32	锦绣万花谷续集		宋刻本	1 函 6 册	2740.00
33	锦绣万花谷		宋刻本	4 函 44 册	11010.00
34	经史证类备急本草	（宋）唐慎微撰	宋嘉定四年刘甲刻本	4 函 32 册	11270.00
35	景祐乾象新书☆	（宋）杨惟德等撰	北宋元丰元年司天监秦孝先、苏宗亮、徐钦邻等抄本	3 函 8 册	3260.00

序号	书　名	编（著）者	版　本	函册	定价（元）
36	九章算经	（魏）刘徽注，（唐）李淳风等注释	宋刻本	1 函 3 册	720.00
37	酒经	（宋）朱翼中撰	宋刻本	1 函 2 册	320.00
38	孔丛子	题（汉）孔鲋撰，（宋）宋咸注	宋刻本	1 函 4 册	750.00
39	愧郯录	（宋）岳珂撰	宋刻本	1 函 6 册	2030.00
40	兰亭续考	（宋）俞松辑	宋淳祐刻本	1 函 2 册	470.00
41	老子道德经古本集注直解	（宋）范应元集注	宋刻本	1 函 2 册	1320.00
42	丽泽论说集录	（宋）吕祖俭辑	宋嘉泰四年吕乔年刻本	1 函 5 册	2560.00
43	刘涓子鬼遗方	（晋）刘涓子撰，（南朝·齐）龚庆宣辑	宋刻本	1 函 2 册	390.00
44	刘子	（北齐）刘昼撰，（唐）袁孝政注	宋刻本	1 函 4 册	760.00
45	六甲天元气运铃		宋刻本	1 函 2 册	1170.00
46	吕氏乡约乡仪	（宋）吕大钧撰	宋嘉定五年李大有刻本	1 函 1 册	340.00
47	论衡	（汉）王充撰	宋乾道三年绍兴府刻宋元明递修本	2 函 8 册	4580.00
48	梅花喜神谱☆※	（宋）宋伯仁绘并辑	宋景定二年刻本	1 函 2 册	1410.00
49	南华真经	（晋）郭象注	宋刻本	1 函 10 册	2400.00
50	清波杂志	（宋）周辉撰	宋刻本	1 函 4 册	1130.00
51	容斋续笔	（宋）洪迈撰	宋嘉定五年章贡郡斋刻本	1 函 4 册	1310.00
52	三历撮要☆		宋刻本	1 函 2 册	510.00
53	三因极一病证方论	（宋）陈言撰	宋刻本	1 函 12 册	2810.00
54	山海经	（晋）郭璞注	宋淳熙七年池阳郡斋刻本	1 函 3 册	1040.00
55	伤寒明理论方论	（金）成无己撰	宋刻本	1 函 2 册	840.00
56	伤寒要旨药方	（宋）李柽撰	宋乾道七年姑孰郡斋刻本	1 函 2 册	680.00
57	邵子观物篇渔樵问对	（宋）祝泌撰	宋咸淳福建漕治吴坚刻本	1 函 8 册	1340.00
58	十二先生诗宗集韵	（宋）裴良甫辑	宋刻本	2 函 12 册	5450.00
59	十一家注孙子	（春秋）孙武著，（汉）曹操、（唐）杜牧注	宋刻本	1 函 4 册	1550.00
60	事类赋	（宋）吴淑撰并注	宋绍兴十六年两浙东路茶盐司刻本	2 函 16 册	3810.00
61	书苑菁华	（宋）陈思辑	宋刻本	1 函 6 册	2600.00
62	说苑	（汉）刘向撰	宋咸淳元年镇江府学刻元明递修本	2 函 12 册	2750.00
63	孙子算经	（唐）李淳风等注释	宋嘉定六年鲍澣之刻本	1 函 1 册	360.00
64	太上洞玄灵宝无量度人上品妙经※		宋张即之写本	1 函 1 册	2080.00
65	太玄经☆	（汉）扬雄撰，（晋）范望、（宋）司马光等注	宋刻本	1 函 1 册	340.00
66	太学新增合璧联珠声律万卷菁华	（宋）李昭玘辑	宋刻本	8 函 81 册	20890.00
67	桯史	（宋）岳珂撰	宋刻元明递修公文纸印本	1 函 6 册	2050.00
68	通玄真经	（唐）徐灵府注	宋刻本	1 函 4 册	880.00
69	图画见闻志	（宋）郭若虚撰	宋刻本	1 函 2 册	680.00
70	外台秘要方	（唐）王焘撰	宋绍兴两浙东路茶盐司刻本	3 函 36 册	11190.00
71	忘忧清乐集☆	（宋）李逸民撰	宋刻本	1 函 3 册	680.00
72	卫生家宝产科备要	（宋）朱端章撰	宋淳熙十一年南康郡斋刻本	1 函 6 册	1740.00
73	五灯会元	（宋）释普济撰	宋刻本	2 函 20 册	8760.00
74	西山先生真文忠公读书记	（宋）真德秀撰	宋开庆元年福州官刻元修本	6 函 48 册	21640.00
75	新雕洞灵真经	题（宋）何粲注	宋刻本	1 函 1 册	320.00
76	新刊仁斋直指方论小儿方论医脉真经伤寒类书活人总括	（宋）杨士瀛撰	宋景定元年至五年环溪书院刻本	1 函 6 册	4230.00
77	新序	（汉）刘向撰	宋刻本	1 函 5 册	830.00
78	续幽怪录☆	（唐）李复言编	宋临安府太庙前尹家书籍铺刻本	1 函 2 册	530.00
79	荀子	（战国）荀况撰，（唐）杨倞注	宋刻本	2 函 10 册	4490.00
80	衍约说		宋刻本	1 函 2 册	450.00
81	医说	（宋）张杲撰	宋刻本	1 函 11 册	3620.00
82	艺文类聚	（唐）欧阳询辑	宋刻本	4 函 20 册	10180.00
83	泳斋近思录衍注	（宋）朱熹、吕祖谦撰，（宋）杨伯嵒衍注	宋刻本	1 函 8 册	1720.00

序号	书 名	编（著）者	版 本	函册	定价（元）
84	元包经传	（北周）卫元嵩撰，（唐）苏源明传，（唐）李江注	宋绍兴三十一年张浣刻本	1 函 4 册	900.00
85	袁氏世范	（宋）袁采撰	宋刻本	1 函 4 册	610.00
86	云仙散录	题（唐）冯贽辑	宋开禧刻公文纸印本	1 函 2 册	570.00
87	张丘建算经	（北周）甄鸾注，（唐）李淳风等注释，（唐）刘孝孙细草	宋刻本	1 函 2 册	720.00
88	张子语录	（宋）张载撰	宋福建漕治刻本	1 函 1 册	320.00
89	真文忠公政经	（宋）真德秀撰	宋刻本	1 函 1 册	480.00
90	中说	（宋）阮逸注	宋刻本	1 函 2 册	500.00
91	重雕改正湘山野录续录	（宋）释文莹撰	宋刻本	1 函 4 册	840.00
92	重添校正蜀本书林事类韵会		宋刻本	2 函 22 册	6440.00
93	周髀算经	题（汉）赵君卿注，（北周）甄鸾重述，（唐）李淳风等注释	宋刻本	1 函 2 册	650.00
94	诸儒鸣道		宋刻本	2 函 20 册	6730.00
95	庄子鬳斋口义	（宋）林希逸撰	宋刻本	2 函 11 册	3490.00
96	自警编※	（宋）赵善璙辑	宋端平元年九江郡斋刻本	2 函 12 册	6320.00
97	纂图分门类题五臣注扬子法言	（汉）扬雄撰，（晋）李轨、（唐）柳宗元、（宋）宋咸、吴祕、司马光注	宋刘通判宅仰高堂刻本	1 函 4 册	1310.00
98	纂图互注荀子	（唐）杨倞注	宋刻元明递修本	1 函 10 册	2140.00

唐宋编 集部

序号	书 名	编（著）者	版 本	函册	定价（元）
1	白氏文集	（唐）白居易撰	宋刻本	2 函 10 册	7250.00
2	宝晋山林集拾遗	（宋）米芾撰	宋嘉泰元年筠阳郡斋刻本	1 函 10 册	1880.00
3	北磵文集	（宋）释居简撰	宋崔尚书宅刻本	1 函 4 册	1240.00
4	才调集	（五代·后蜀）韦縠辑	宋临安府陈宅经籍铺刻本	1 函 5 册	2010.00
5	参寥子诗集	（宋）释道潜撰	宋刻本	1 函 4 册	970.00
6	曹子建文集	（三国·魏）曹植撰	宋刻本	1 函 4 册	1360.00
7	岑嘉州诗	（唐）岑参撰	宋刻本	1 函 1 册	450.00
8	昌黎先生集	（唐）韩愈撰，（宋）廖莹中校正	宋咸淳廖氏世彩堂刻本	2 函 32 册	9400.00
9	昌黎先生集考异	（宋）朱熹撰	宋绍定二年张洽刻本	1 函 6 册	1740.00
10	昌黎先生文集	（唐）韩愈撰	宋刻本	1 函 16 册	3890.00
11	常建诗集	（唐）常建撰	宋刻本	1 函 1 册	130.00
12	诚斋先生集	（宋）杨万里撰	宋淳熙绍熙间刻本	4 函 22 册	5720.00
13	楚辞集注	（宋）朱熹集注	宋端平刻本	1 函 6 册	2480.00
14	楚辞集注	（宋）朱熹集注	宋嘉定六年章贡郡斋刻本	1 函 8 册	2720.00
15	丁卯集	（唐）许浑撰	宋刻本	1 函 2 册	710.00
16	东莱标注老泉先生文集	（宋）苏洵撰，吕祖谦注	宋绍熙四年吴炎刻本	1 函 4 册	1000.00
17	东莱标注三苏文集	（宋）苏洵、苏轼、苏辙撰，吕祖谦辑	宋刻本	1 函 9 册	3490.00
18	东莱吕太史文集	（宋）吕祖谦撰	宋嘉泰四年吕乔年刻元明递修本	2 函 30 册	9250.00
19	东莱先生诗集	（宋）吕本中撰	宋庆元五年黄汝嘉刻江西诗派本	1 函 2 册	650.00
20	东坡集	（宋）苏轼撰	宋刻本	1 函 10 册	2530.00
21	东坡集	（北宋）苏轼撰	宋刻本	3 函 30 册	5980.00
22	东山词	（宋）贺铸撰	宋刻本	1 函 1 册	270.00
23	窦氏联珠集	（唐）窦常等撰	宋淳熙五年王崧刻本	1 函 1 册	400.00
24	杜工部草堂诗笺	（唐）杜甫撰，（宋）蔡梦弼笺注	宋刻本	2 函 17 册	5870.00
25	杜工部集	（唐）杜甫撰	宋刻本	1 函 10 册	3870.00
26	杜审言诗集	（唐）杜审言撰	宋刻本	1 函 1 册	120.00
27	杜荀鹤文集	（唐）杜荀鹤撰	宋刻本	1 函 4 册	490.00
28	范文正公文集	（宋）范仲淹撰	北宋刻本	1 函 9 册	3410.00
29	放翁先生剑南诗稿	（宋）陆游撰	宋刻本	1 函 6 册	2090.00

序号	书　名	编（著）者	版　本	函册	定价（元）
30	分门集注杜工部诗	（唐）杜甫撰， （宋）王洙、赵次公等注	宋刻本	4 函 28 册	7240.00
31	攻媿先生文集	（宋）楼钥撰	宋四明楼氏家刻本	8 函 48 册	18920.00
32	古今绝句	（宋）吴说辑	宋刻本	1 函 6 册	1110.00
33	古灵先生文集	（宋）陈襄撰	宋绍兴三十一年陈辉刻本	2 函 10 册	3730.00
34	古文苑		宋刻本	1 函 6 册	1360.00
35	古文苑	（宋）章樵注	宋端平三年常州军刻淳祐六年盛如杞重修本	1 函 10 册	2510.00
36	乖崖先生文集	（宋）张咏撰	宋咸淳五年伊赓崇阳县斋刻本	1 函 4 册	1220.00
37	寒山子诗集	（唐）释寒山子撰	宋刻本	1 函 1 册	520.00
38	河东先生集	（唐）柳宗元撰，（宋）廖莹中校正	宋咸淳廖氏世彩堂刻本	2 函 16 册	9760.00
39	河岳英灵集	（唐）殷璠辑	宋刻本	1 函 2 册	970.00
40	横浦先生文集	（宋）张九成撰	宋刻本	1 函 12 册	2910.00
41	后村居士集	（宋）刘克庄撰	宋刻本	2 函 10 册	7310.00
42	后村先生大全诗集	（宋）刘克庄撰	宋刻本	1 函 4 册	990.00
43	后山居士文集	（宋）陈师道撰	宋刻本	2 函 20 册	3770.00
44	后山诗注	（宋）陈师道撰，任渊注	宋刻本	1 函 7 册	1650.00
45	花间集※	（五代十国·后蜀）赵崇祚辑	宋绍兴十八年建康郡斋刻本	1 函 4 册	2070.00
46	花间集	（五代十国·后蜀）赵崇祚辑	宋刻递修公文纸印本	1 函 2 册	590.00
47	淮海集	（宋）秦观撰	宋乾道九年高邮军学刻绍兴三年谢雩重修本	1 函 10 册	3880.00
48	皇朝文鉴	（宋）吕祖谦辑	宋嘉泰四年新安郡斋刻本	8 函 64 册	24920.00
49	皇朝文鉴	（宋）吕祖谦辑	宋麻沙刘将仕宅刻本	6 函 40 册	17220.00
50	皇甫持正文集	（唐）皇浦湜撰	宋刻本	1 函 1 册	480.00
51	皇甫冉诗集	（唐）皇甫冉撰	宋刻本	1 函 1 册	400.00
52	晦庵先生朱文公文集	（宋）朱熹撰	宋咸淳元年建安书院刻宋元明递修本	16 函 128 册	44110.00
53	晦庵朱侍讲先生韩文考异	（宋）朱熹撰	宋刻本	1 函 8 册	2000.00
54	晦庵先生文集	（宋）朱熹撰	宋刻本	8 函 64 册	38290.00
55	会昌一品制集☆	（唐）李德裕撰	宋刻本	1 函 2 册	740.00
56	会稽三赋	（宋）王十朋撰，周世则、史铸注	宋刻元修本	1 函 2 册	460.00
57	嘉祐集	（宋）苏洵撰	宋刻本	1 函 4 册	1040.00
58	甲乙集	（唐）罗隐撰	宋临安陈宅经籍铺刻本	1 函 4 册	950.00
59	钜鹿东观集	（宋）魏野撰	宋绍定元年严陵郡斋刻本	1 函 3 册	720.00
60	昆山杂咏☆	（宋）龚昱辑	宋开禧三年昆山县斋刻本	1 函 3 册	640.00
61	乐府诗集	（宋）郭茂倩辑	宋刻本	4 函 24 册	9060.00
62	乐全先生文集☆	（宋）张方平撰	宋刻本	1 函 6 册	2580.00
63	类编增广黄先生大全文集	（宋）黄庭坚撰	宋乾道麻沙镇水南刘仲吉宅刻本	2 函 16 册	4130.00
64	离骚草木疏	（宋）吴仁杰撰	宋庆元六年罗田县庠刻本	1 函 1 册	430.00
65	离骚集传	（宋）钱杲之撰	宋刻本	1 函 1 册	230.00
66	李长吉文集	（唐）李贺撰	宋刻本	1 函 1 册	430.00
67	李丞相诗集	（南唐）李建勋撰	宋临安府陈宅书籍铺刻本	1 函 1 册	340.00
68	李太白文集	（唐）李白撰	宋刻本	1 函 6 册	2750.00
69	李学士新注孙尚书内简尺牍	（宋）孙觌撰，李祖尧注	宋蔡氏家塾刻本	1 函 4 册	1310.00
70	梁溪先生文集	（宋）李纲撰	宋刻本	2 函 20 册	4190.00
71	临川先生文集	（宋）王安石撰	宋绍兴二十一年两浙西路转运司王珏刻元明递修本	2 函 20 册	9100.00
72	刘梦得文集	（唐）刘禹锡撰	宋刻本	1 函 1 册	380.00
73	刘文房集	（唐）刘长卿撰	宋刻本	1 函 2 册	530.00
74	芦川词	（宋）张元干撰	宋刻本	1 函 2 册	760.00
75	陆士龙文集	（晋）陆云撰	宋庆元六年华亭县学刻本	1 函 5 册	860.00
76	陆宣公文集	（唐）陆贽撰	宋刻本	1 函 6 册	1450.00
77	栾城集	（宋）苏辙撰	宋刻递修本	1 函 10 册	2730.00
78	骆宾王文集	（唐）骆宾王撰	宋刻本	1 函 2 册	800.00
79	梅亭先生四六标准	（宋）李刘撰	宋刻本	2 函 12 册	5410.00
80	孟东野诗集※	（唐）孟郊撰	宋刻本	1 函 4 册	2210.00
81	孟东野文集	（唐）孟郊撰	宋刻本	1 函 2 册	500.00
82	孟浩然诗集	（唐）孟浩然撰	宋刻本	1 函 2 册	420.00

序号	书　名	编（著）者	版　本	函册	定价（元）
83	欧阳文忠公集	（宋）欧阳修撰	宋庆元二年周必大刻本	3 函 46 册	24520.00
84	盘洲文集	（宋）洪适撰	宋刻本	2 函 32 册	8320.00
85	莆阳居士蔡公文集	（宋）蔡襄撰	宋刻本	2 函 16 册	5020.00
86	青山集	（宋）郭祥正撰	宋刻本	1 函 10 册	2870.00
87	庆元府雪窦明觉大师集	（宋）释重显撰	宋刻本	1 函 5 册	990.00
88	三苏先生文粹	（宋）苏洵、苏轼、苏辙撰	宋婺州吴宅桂堂刻王宅桂堂修补印本	1 函 12 册	4840.00
89	山谷诗注	（宋）黄庭坚撰，任渊注	宋绍定五年黄埒刻本	1 函 4 册	990.00
90	苕溪渔隐丛话后集	（宋）胡仔辑	宋刻本	2 函 19 册	2980.00
91	圣宋名贤五百家播芳大全文粹	（宋）魏齐贤、叶棻辑	宋刻本	3 函 40 册	11520.00
92	圣宋文选全集		宋刻本	1 函 10 册	2910.00
93	施顾注东坡先生诗	（宋）苏轼撰，施元之、顾禧注	宋嘉泰六年淮东仓司景定三年郑羽补刻本	5 函 34 册	11480.00
94	侍郎葛公归愚集☆	（宋）葛立方撰	宋刻本	1 函 4 册	640.00
95	司空表圣文集	（唐）司空图撰	宋刻本	1 函 2 册	710.00
96	四家四六	（宋）方大琮等撰	宋刻本	1 函 6 册	1430.00
97	孙可之文集	（唐）孙樵撰	宋刻本	1 函 2 册	320.00
98	孙尚书大全文集	（宋）孙觌撰	宋刻本	1 函 4 册	1560.00
99	唐女郎鱼玄机诗☆※	（唐）鱼玄机撰	宋临安府陈宅书籍铺刻本	1 函 1 册	490.00
100	唐求诗集	（唐）唐求撰	宋刻本	1 函 1 册	200.00
101	唐僧弘秀集	（宋）李龏辑	宋刻本	1 函 2 册	790.00
102	唐先生文集	（宋）唐庚撰	宋刻本	1 函 4 册	1790.00
103	棠湖诗稿	（宋）岳珂撰	宋临安府陈宅书籍铺刻本	1 函 1 册	200.00
104	陶靖节先生集☆	（晋）陶潜撰	宋刻递修本	1 函 2 册	420.00
105	陶靖节先生诗注	（晋）陶潜撰，（宋）汤汉注	宋刻本	1 函 2 册	730.00
106	陶渊明集	（晋）陶潜撰	宋刻递修本	1 函 2 册	720.00
107	陶渊明诗☆	（晋）陶潜撰	宋绍熙三年曾集刻本	1 函 2 册	590.00
108	宛陵先生文集	（宋）梅尧臣撰	宋绍兴十年汪伯彦刻嘉定十六年至十七年重修本	1 函 10 册	3290.00
109	王黄州小畜集	（宋）王禹偁撰	宋绍兴十七年黄州刻递修本	1 函 8 册	3440.00
110	王建诗集	（唐）王建撰	宋临安府陈解元宅刻本	1 函 4 册	1000.00
111	王荆公唐百家诗选☆	（宋）王安石辑	宋刻本	1 函 5 册	1250.00
112	王摩诘文集	（唐）王维撰	宋刻本	1 函 6 册	1180.00
113	王状元集百家注分类东坡先生诗	（宋）苏轼撰，王十朋纂集	宋建安黄善夫家塾刻本	2 函 12 册	5860.00
114	韦苏州集	（唐）韦应物撰	宋刻本	1 函 3 册	1400.00
115	韦苏州集	（唐）韦应物撰	宋乾道七年平江府学刻递修本	1 函 3 册	1540.00
116	渭南文集	（宋）陆游撰	宋嘉定十三年陆子遹溧阳学宫刻本	2 函 12 册	6120.00
117	温国文正公文集	（宋）司马光撰	宋刻本	4 函 32 册	9270.00
118	文粹	（宋）姚铉辑	宋绍兴九年临安府刻本	3 函 21 册	9260.00
119	文选	（南朝·梁）萧统辑，（唐）李善注	北宋刻递修本	3 函 14 册	3630.00
120	文选	（南朝·梁）萧统辑，（唐）李善注	宋淳熙八年池阳郡斋刻本	3 函 30 册	13730.00
121	文选	（南朝·梁）萧统辑，（唐）李善、吕延济、刘良、张铣、吕向、李周翰注	宋刻本	4 函 60 册	18020.00
122	文选双字类要	题（宋）苏易简撰	宋淳熙八年池阳郡斋刻邵熙三年重修本	1 函 2 册	1120.00
123	文苑英华☆※	（宋）李昉等辑	宋嘉泰元年至四年周必大刻本	4 函 13 册	16610.00
124	文苑英华纂要	（宋）高似孙辑	宋刻元修本	1 函 8 册	2920.00
125	无为集	（宋）杨杰撰	宋绍兴十三年赵士㷒无为军刻递修本	1 函 4 册	1640.00
126	无文印※	（宋）释道璨撰	宋咸淳九年刻本	1 函 6 册	2310.00
127	五百家注音辩唐柳先生文集	（唐）柳宗元撰，（宋）童宗说、韩醇等注释，魏仲举辑	宋刻本	1 函 4 册	1740.00
128	详注周美成词片玉集	（宋）周邦彦撰，陈元龙集注	宋刻本	1 函 2 册	940.00
129	新刊国朝二百家名贤文粹		宋庆元三年书隐斋刻本	6 函 60 册	18570.00
130	新刊国朝二百家名贤文粹		宋庆元三年书隐斋刻本	1 函 2 册	300.00
131	新刊国朝二百家名贤文粹☆		宋庆元三年书隐斋刻本	1 函 1 册	770.00
132	新刊剑南诗稿	（宋）陆游撰	宋淳熙十四年严州郡斋刻本	1 函 10 册	1900.00

序号	书 名	编（著）者	版 本	函册	定价（元）
133	新刊经进详注昌黎先生文	（唐）韩愈撰，（宋）文谠注，王俦补注	宋刻本	2函21册	9200.00
134	新刊权载之文集	（唐）权德舆撰	宋刻本	1函3册	1540.00
135	新刊嵩山居士文集	（宋）晁公朔撰	宋乾道四年嘉州刻本	1函13册	2780.00
136	新刊五百家注音辨昌黎先生文集	（唐）韩愈撰，（宋）魏仲举辑注	宋庆元六年魏仲举家塾刻本	4函32册	9690.00
137	新刊元微之文集	（唐）元稹撰	宋刻本	1函3册	1530.00
138	新刻诸儒批点古文集成前集	（宋）王霆震辑	宋刻本	2函16册	4650.00
139	许用晦文集	（唐）许浑撰	宋刻本	1函1册	730.00
140	续增历代奏议丽泽集文		宋刻本	1函4册	1780.00
141	亚愚江浙纪行集句诗	（宋）释绍嵩撰	清初毛氏汲古阁影宋抄本	1函3册	730.00
142	姚少监诗集	（唐）姚合撰	宋刻本	1函1册	420.00
143	颐堂先生文集	（宋）王灼撰	宋乾道八年王抚幹宅刻本	1函2册	600.00
144	倚松老人诗集	（宋）饶节撰	宋庆元五年黄汝加重刻本	1函1册	380.00
145	义丰文集	（宋）王阮撰	宋淳祐三年王旦刻本	1函1册	570.00
146	音注韩文公文集	（唐）韩愈撰，（宋）祝充音注	宋刻本	2函16册	4480.00
147	应氏类编西汉文章		宋刻本	1函8册	2460.00
148	友林乙稿☆	（宋）史弥宁撰	宋嘉定刻本	1函1册	540.00
149	于湖居士文集	（宋）张孝祥撰	清影宋抄本	1函12册	3800.00
150	渔隐丛话前集	（宋）胡仔辑	宋刻本	1函6册	2360.00
151	元公周先生濂溪集	（宋）周敦颐撰	宋刻本	2函20册	5430.00
152	芸居乙稿	（宋）陈起撰	清初毛氏汲古阁影宋抄本	1函1册	180.00
153	云庄四六余话	（宋）杨囷道撰	宋刻本	1函2册	440.00
154	韵语阳秋	（宋）葛立方撰	宋刻本	1函4册	1240.00
155	曾南丰先生文粹	（宋）曾巩撰	宋刻本	1函4册	980.00
156	增注东莱吕成公古文关键	（宋）吕祖谦辑，蔡文子注	宋刻本	1函4册	980.00
157	张承吉集	（唐）张祜撰	宋刻本	1函2册	770.00
158	张文昌文集	（唐）张籍撰	宋刻本	1函1册	460.00
159	赵清献公文集	（宋）赵抃撰	宋景定元年陈仁玉刻元明递修本	1函9册	3060.00
160	郑守愚文集	（唐）郑谷撰	宋刻本	1函1册	360.00
161	中兴以来绝妙词选	（宋）黄升辑	宋淳祐九年刘诚甫刻本	1函4册	1370.00
162	重广眉山三苏先生文集	（宋）苏洵、苏轼、苏辙撰	宋绍兴三十年饶州德兴县银山庄溪董应梦集古堂刻本	4函24册	3810.00
163	重校鹤山先生大全文集	（宋）魏了翁撰	宋开庆元年刻本	4函32册	12880.00
164	周贺诗集	（唐）周贺撰	宋临安府陈宅书籍铺刻本	1函1册	260.00
165	朱庆余诗集	（唐）朱庆余撰	宋临安府陈宅经籍铺刻本	1函1册	540.00
166	注东坡先生诗	（宋）苏轼撰，施元之、顾禧注	宋嘉泰淮东仓司刻本	1函6册	1960.00

唐宋编 丛书

序号	书 名	编（著）者	版 本	函册	定价（元）
1	百川学海	（宋）左圭编	宋刻本	10函60册	15620.00

金元编

金元编 经部

序号	书　名	编（著）者	版　本	函册	定价（元）
1	程朱二先生周易传义	（宋）程颐、朱熹撰	元至元二年碧湾书堂刻本	1 函 6 册	1870.00
2	春秋胡氏传纂疏	（元）汪克宽撰	元至正八年建安刘叔简日新堂刻本	4 函 32 册	8570.00
3	春秋经传集解	（晋）杜预撰，（唐）陆德明释文	元相台岳氏荆溪家塾刻本	5 函 32 册	10010.00
4	春秋师说	（元）赵汸撰	元至正二十四年休宁商山义塾刻明弘治六年高忠重修本	1 函 1 册	600.00
5	春秋师说春秋属辞春秋左氏传补注	（元）赵汸撰	元至正二十年至二十四年休宁商山义塾刻明弘治六年高忠重修本	1 函 12 册	3760.00
6	春秋诸传会通	（元）李廉撰	元至正十一年虞氏明复斋刻本	2 函 10 册	4290.00
7	春秋诸传会通	（元）李廉撰	元至正十一年虞氏明复斋刻本	2 函 12 册	4320.00
8	春秋诸国统纪	（元）齐履谦撰	元延祐刻本	1 函 2 册	1060.00
9	春秋属辞	（元）赵汸撰	元至正二十四年休宁商山义塾刻明弘治六年高忠重修本	1 函 4 册	2510.00
10	春秋纂言	（元）吴澄撰	元刻本	4 函 16 册	7440.00
11	大戴礼记	（汉）戴德撰，（北周）卢辩注	元至正十四年嘉兴路儒学刻本	1 函 4 册	1110.00
12	大广益会玉篇	（南朝·梁）顾野王撰，（唐）孙强增字，（宋）陈彭年等重修	元延祐二年圆沙书院刻本	1 函 6 册	1850.00
13	东谷郑先生易翼传	（宋）郑汝谐撰	元大德十一年庐陵学官刻本	1 函 2 册	760.00
14	读四书丛说	（元）许谦撰	元刻本	1 函 6 册	1690.00
15	尔雅	（晋）郭璞注	元刻本	1 函 3 册	880.00
16	尔雅	（宋）郑樵注	元刻本	1 函 3 册	480.00
17	尔雅	（晋）郭璞注	元雪窗书院刻本	1 函 1 册	470.00
18	附释音毛诗注疏	（汉）毛苌、郑玄、（唐）孔颖达撰，陆德明音义	元刻明修本	2 函 16 册	9760.00
19	复古编	（宋）张有撰	元至正六年吴志淳好古斋刻本	1 函 2 册	730.00
20	古今韵会举要	（宋）黄公绍辑，（元）熊忠举要	元刻本	2 函 32 册	7760.00
21	广韵	（宋）陈彭年等撰	元刻本	1 函 2 册	1550.00
22	广韵		元泰定二年圆沙书院刻本	1 函 5 册	1500.00
23	韩鲁齐三家诗考	（宋）王应麟撰	元刻本	1 函 1 册	410.00
24	汉隶分韵		元刻本	1 函 2 册	1470.00
25	晦庵朱文公易说	（宋）朱熹撰，朱鉴辑	元刻本	2 函 16 册	4740.00
26	践阼篇集解☆	（宋）王应麟撰	元至元六年庆元路儒学刻明初修本	1 函 1 册	120.00
27	精选东莱先生左氏博议句解	（宋）吕祖谦撰	元刻本	1 函 4 册	760.00
28	九经直音	（宋）孙奕撰	元刻本	1 函 4 册	910.00
29	魁本大字详音句读毛诗		元刻本	1 函 1 册	640.00
30	魁本大字详音句读孟子		元广阳罗氏刻本	1 函 3 册	980.00
31	魁本大字详音句读周易		元至正十二年梅隐书堂刻本	1 函 2 册	410.00
32	魁本足注释疑韵宝		元刻本	1 函 3 册	840.00

序号	书　名	编（著）者	版　本	函册	定价（元）
33	乐书	（宋）陈旸撰	元至正七年福州路儒学刻明修本	8 函 40 册	8590.00
34	礼记集说	（元）陈澔撰	元天历元年建安郑明德宅刻本	1 函 7 册	3340.00
35	礼记纂言	（元）吴澄撰	元元统二年吴尚等刻本	4 函 36 册	13060.00
36	礼书	（宋）陈祥道撰	元至正七年福州路儒学刻明修本	2 函 32 册	7960.00
37	六书统	（元）杨桓撰	元至大元年江浙行省儒学刻元明递修本	2 函 14 册	6130.00
38	六书统溯原	（元）杨桓撰	元至大元年江浙行省儒学刻元明递修本	1 函 6 册	4220.00
39	六书正讹	（元）周伯琦撰	元至正十五年高德基等刻本	1 函 5 册	1620.00
40	论语集解	（三国·魏）何晏撰，陆德明释文	元岳氏荆溪家塾刻本	1 函 2 册	940.00
41	明经题断诗义矜式	（元）林泉生撰	元刻本	1 函 2 册	970.00
42	尚书通考	（元）黄镇成撰	元至正刻本	1 函 5 册	2030.00
43	尚书注疏	题（汉）孔安国传，（唐）孔颖达疏，陆德明释文	蒙古刻本	1 函 8 册	2320.00
44	诗地理考	（宋）王应麟撰	元至元六年庆元路儒学刻本	1 函 4 册	1160.00
45	诗集传	（宋）朱熹撰	元刻本	1 函 8 册	1670.00
46	诗集传附录纂疏	（元）胡一桂撰	元泰定四年建安刘君佐翠严精舍刻本	2 函 8 册	3480.00
47	诗集传名物钞音释纂辑	（元）罗复撰	元至正十一年双桂书堂刻本	1 函 6 册	2200.00
48	诗集传通释	（元）刘瑾撰	元至正十二年建安刘氏日新书堂刻本	2 函 10 册	5180.00
49	诗经旁注		元罗祖禹刻本	1 函 4 册	1640.00
50	诗经旁注		元罗祖禹刻本	1 函 8 册	1640.00
51	诗经疑问	（元）朱倬撰	元至正七年建安书林刘锦文刻本	1 函 1 册	570.00
52	诗考	（宋）王应麟撰	元至元六年庆元路儒学刻本	1 函 1 册	470.00
53	诗童子问	（宋）辅广撰	元至正三年建安余志安勤有堂刻本	2 函 6 册	3460.00
54	诗外传	（汉）韩婴撰	元至正十五年嘉兴路儒学刻明修本	1 函 4 册	1160.00
55	十三经注疏		元刻明修本	21 函 106 册	68850.00
56	书集传	（宋）陈大猷撰	元刻本	2 函 12 册	3520.00
57	书集传	（宋）蔡沈撰，（元）邹季友音释	元至正十一年德星书堂刻本	1 函 7 册	2130.00
58	书集传辑录纂注	（元）董鼎撰	元延祐五年建安余氏勤有堂刻本	1 函 10 册	3570.00
59	书学正韵	（元）杨桓撰	元刻明修本	4 函 24 册	12200.00
60	书义矜式	（元）王充耘撰	元刻本	1 函 3 册	1170.00
61	说文解字韵谱	（南唐）徐锴撰	元延祐三年种善堂刻本	1 函 5 册	1530.00
62	说文字原	（元）周伯琦撰	元至正十五年高德基等刻公文纸印本	1 函 1 册	530.00
63	四书经疑问对	（元）董彝撰	元至正十一年同文堂刻本	1 函 2 册	610.00
64	四书通证	（元）张存中撰	元刻本	1 函 4 册	920.00
65	四书章句集注	（宋）朱熹撰	元刻本	2 函 10 册	5250.00
66	四书章句集注	（宋）朱熹撰	元至正二十二年武林沈氏尚德堂刻本	1 函 8 册	2920.00
67	文公家礼集注	（宋）杨复、刘垓孙撰	元刻本	1 函 4 册	1240.00
68	五服图解	（元）龚端礼撰	元泰定元年杭州路儒学刻本	1 函 1 册	400.00
69	详音句读明本大字毛诗		元至正二十七年盱南孙氏刻本	1 函 4 册	1030.00
70	孝经	（唐）唐玄宗李隆基注，陆德明音	元相台岳氏荆溪家塾刻本	1 函 1 册	140.00
71	孝经注疏	（唐）唐玄宗李隆基注，（宋）邢昺疏	元泰定三年刻本	1 函 1 册	560.00
72	新编十一经问对	（元）何异孙撰	元刻本	1 函 2 册	730.00
73	新修絫音引证群籍玉篇	（金）邢准撰	金刻本	1 函 12 册	3880.00
74	学易记	（元）李简撰	元刻本	2 函 15 册	4200.00
75	伊川程先生周易经传	（宋）程颐撰	元刻本	1 函 8 册	3320.00
76	仪礼集说	（元）敖继公撰	元大德刻明修本	3 函 24 册	6600.00
77	易学启蒙通释	（宋）胡方平撰	元刻明修本	1 函 2 册	1120.00
78	易纂言外翼	（元）吴澄撰	元刻本	1 函 6 册	2320.00
79	音注全文春秋括例始末左传句读直解	（宋）林尧叟撰	元刻明修本	2 函 16 册	5800.00
80	韵补	（宋）吴棫撰	元刻本	1 函 5 册	970.00
81	增入音注括例始末胡文定公春秋传	（宋）林尧叟标注	元刻本	2 函 20 册	5060.00
82	增修互注礼部韵略	（宋）毛晃增注，毛居正重增	元至正十五年日新书堂刻明修本	1 函 10 册	2550.00

序号	书名	编（著）者	版本	函册	定价（元）
83	直音傍训毛诗句解	（元）李公凯撰	元刻本	1函6册	1570.00
84	直音傍训尚书句解	（元）朱祖义撰	元敏德书堂刻本	1函6册	1160.00
85	周礼	（汉）郑玄注，（唐）陆德明释文	金刻本	1函6册	1850.00
86	周易	（魏）王弼、（晋）韩康伯注，（唐）陆德明释文	元相台岳氏荆溪家塾刻本	1函4册	1170.00
87	周易本义集成	（元）熊良辅撰	元刻明修本	1函7册	2170.00
88	周易本义启蒙翼传	（元）胡一桂撰	元刻本	1函3册	1920.00
89	周易程朱传义音训	（宋）程颐、朱熹撰，吕祖谦音训	元至正六年虞氏务本堂刻本	1函8册	1840.00
90	周易程朱先生传义附录	（宋）董楷撰	元延祐二年圆沙书院刻本	2函8册	3200.00
91	周易经传集程朱解附录纂注	（元）董真卿撰	元刻本	3函16册	6130.00
92	周易经义	（元）涂溍生撰	元刻本	1函1册	330.00
93	周易系辞述	（元）保八撰	元刻本	1函1册	650.00
94	周易象义	（宋）丁易东撰	元刻本	2函16册	5250.00
95	周易郑康成注	（宋）王应麟撰	元至元六年庆元路儒学刻本	1函1册	250.00
96	朱子订定蔡氏书集传	（元）董鼎辑录纂注	元刻本	1函6册	2180.00

金元编 史部

序号	书名	编（著）者	版本	函册	定价（元）
1	［至正］金陵新志	（元）张铉纂修	元至正四年集庆路儒学溧阳州学溧水州学刻本	3函22册	10000.00
2	北史	（唐）李延寿撰	元大德信州路儒学刻明嘉靖元年修本	6函48册	21470.00
3	翠微先生北征录	（宋）华岳撰	元抄本	1函3册	1000.00
4	故唐律疏议	（唐）长孙无忌等撰	元余志安勤有堂刻本	2函12册	4860.00
5	汉书	（汉）班固撰，（唐）颜师古注	元大德九年太平路儒学刻明成化正德递修本	4函22册	22200.00
6	汉艺文志考证	（宋）王应麟撰	元至元六年庆元路儒学刻本	1函5册	1430.00
7	汉制考	（宋）王应麟撰	元至元六年庆元路儒学刻本	1函3册	860.00
8	后汉书	（南朝·宋）范晔、（西晋）司马彪撰，（唐）李贤、（南朝·梁）刘昭注	元大德九年宁国路儒学刻明递修本	6函50册	17930.00
9	皇朝名臣续碑传琬琰录	（宋）杜大珪辑	元刻本	1函10册	2080.00
10	汲冢周书	（晋）孔晁注	元至正十四年嘉兴路儒学刻本	1函4册	860.00
11	金史	（元）脱脱等撰	元至正五年江浙等处行中书省刻本	2函40册	7920.00
12	孔氏祖庭广记	（金）孔元措撰	蒙古乃马真后元年孔氏刻本	1函5册	1450.00
13	两汉诏令	（宋）林虙、楼昉辑	元至正九年苏天爵刻明修本	1函6册	2190.00
14	茅山志	（元）刘大彬撰	元刻本	1函4册	2320.00
15	牧民忠告经进风宪忠告庙堂忠告	（元）张养浩撰	元刻本	1函2册	620.00
16	契丹国志	（宋）叶隆礼撰	元刻本	1函6册	1520.00
17	三辅黄图		元致和元年余氏勤有堂刻本	1函4册	410.00
18	三国志	（晋）陈寿撰，（南朝·宋）裴松之注	元大德十年池州路儒学刻本	1函3册	960.00
19	少微家塾点校附音通鉴节要	（宋）江贽撰	元至治元年赵氏钟秀家塾刻本	2函16册	5060.00
20	十七史纂古今通要	（元）胡一桂撰	元刻本	1函10册	2420.00
21	史记	（汉）司马迁撰，（南朝·宋）裴骃集解，（唐）司马贞索隐	蒙古中统二年段子成刻明修本	4函24册	9920.00
22	史记	（汉）司马迁撰，（南朝·宋）裴骃集解，（唐）司马贞索隐，张守节正义	元至元二十五年彭寅翁崇道精舍刻本	8函48册	17280.00
23	蜀汉本末	（元）赵居信撰	元至正十一年建宁路建安书院刻本	1函3册	1390.00
24	宋季三朝政要		元皇庆元年陈氏余庆堂刻本	1函2册	600.00
25	宋季三朝政要		元至治三年张氏刻本	1函1册	520.00
26	宋史☆	（元）脱脱等撰	元至正六年江浙等处行中书省刻本	7函63册	20710.00
27	宋史全文续资治通鉴		元刻本	4函32册	11120.00

序号	书 名	编（著）者	版 本	函册	定价（元）
28	通鉴答问	（宋）王应麟撰	元至元六年庆元路儒学刻本	1 函 5 册	1320.00
29	通鉴地理通释	（宋）王应麟撰	元至元六年庆元路儒学刻本	1 函 11 册	2830.00
30	通鉴释文辩误	（元）胡三省撰	元刻本	1 函 6 册	2110.00
31	通鉴总类	（宋）沈枢辑	元至正二十三年吴郡庠刻本	4 函 40 册	11610.00
32	通志	（宋）郑樵撰	元大德三山郡庠刻元明递修明弘治公文纸印本	28 函 120 册	110560.00
33	文献通考	（元）马端临撰	元泰定元年西湖书院刻本	12 函 101 册	50380.00
34	吴越春秋	（汉）赵晔撰，（元）徐天祜音注	元大德十年绍兴路儒学刻明修本	1 函 6 册	1200.00
35	五代史记	（宋）欧阳修撰，徐无党注	元宗文书院刻明修本	3 函 20 册	6090.00
36	新入诸儒议论杜氏通典详节		元至元二十三年刻本	2 函 13 册	4130.00
37	新增音义释文古今历代十八史略	（元）曾先之撰	元刻本	1 函 2 册	970.00
38	续资治通鉴	（宋）刘时举撰	元陈氏余庆堂刻本	1 函 6 册	1600.00
39	续资治通鉴	题（宋）李焘撰	元陈氏余庆堂刻本	1 函 4 册	3000.00
40	续资治通鉴	题（宋）李焘撰	元云衢张氏刻本	3 函 16 册	3640.00
41	幽兰居士东京梦华录	（宋）孟元老撰	元刻本	1 函 1 册	370.00
42	运使复斋郭公言行录	（元）徐东撰	元至顺刻本	1 函 2 册	1230.00
43	增节标目音注精议资治通鉴	题（宋）吕祖谦辑	蒙古宪宗三年至五年张宅晦明轩刻本	5 函 50 册	14890.00
44	战国策	（宋）鲍彪校注	元至正二十五年平江路儒学刻明修本	2 函 12 册	4300.00
45	至大重修宣和博古图录	（宋）王黼等撰	元刻本	3 函 15 册	10240.00
46	重新校正集注附音资治通鉴外纪	（宋）刘恕撰	元刻本	1 函 2 册	350.00
47	周书王会补注☆	（宋）王应麟撰	元至元六年庆元路儒学刻明初修本	1 函 1 册	320.00
48	注陆宣公奏议	（唐）陆贽撰，（宋）郎晔注	元至正十四年刘氏翠岩精舍刻本	1 函 8 册	1590.00
49	资治通鉴	（宋）司马光撰	元至元二十六年至二十八年魏天祐刻本	3 函 26 册	9580.00
50	资治通鉴纲目	（宋）朱熹撰	元至元二十四年詹光祖月崖堂刻本	3 函 30 册	17860.00

金元编 子部

序号	书 名	编（著）者	版 本	函册	定价（元）
1	白虎通	（汉）班固撰	元刻本	1 函 2 册	710.00
2	白虎通德论	（汉）班固撰	元大德九年无锡州学刻本	1 函 4 册	1350.00
3	本草衍义	（宋）寇宗奭撰	元刻本	1 函 4 册	990.00
4	慈溪黄氏日钞分类古今纪要	（宋）黄震撰	元后至元三年刻本	8 函 80 册	29310.00
5	大元至元辨伪录	（元）释祥迈撰	元刻本	1 函 4 册	740.00
6	道德会元	（元）李道纯撰	元至元二十七年刻本	1 函 1 册	380.00
7	风俗通义	（汉）应劭撰	元大德九年无锡州学刻本	1 函 5 册	1190.00
8	佛祖历代通载	（元）释念常撰	元至正七年释念常募刻本	2 函 20 册	7520.00
9	古迂陈氏家藏梦溪笔谈☆	（宋）沈括撰	元大德九年陈仁子东山书院刻本	1 函 6 册	2380.00
10	古迂陈氏家塾尹文子		元陈仁子刻本	1 函 1 册	260.00
11	观音偈邙山偈		金刻本	1 函 1 册	210.00
12	汉唐事笺对策机要	（元）朱礼撰	元至正六年日新堂刻本	1 函 10 册	1860.00
13	湖海新闻夷坚续志前集		元碧山精舍刻本	1 函 1 册	840.00
14	黄帝内经素问	（唐）王冰注，（宋）林亿等校正，孙兆改误	金刻本	1 函 5 册	1320.00
15	急就篇补注	（宋）王应麟撰	元至元六年庆元路儒学刻本	1 函 4 册	1400.00
16	济生拔粹方	（元）杜思敬编	元刻本	2 函 12 册	4090.00
17	金刚般若波罗蜜经道安敬书★	（后秦）释鸠摩罗什译，（元）释思聪注	二十世纪七十年代影印元至正元年刘觉广江陵刊经所刻朱墨套印本	1 函 1 册	860.00
18	近思录集解	（宋）叶采撰	元刻明修本	2 函 8 册	2220.00
19	困学记闻	（宋）王应麟撰	元泰定二年庆元路儒学刻本	2 函 16 册	3490.00
20	老子鬳斋口义	（宋）林希逸撰	元刻本	1 函 2 册	600.00
21	类编标注文公先生经济文衡	（宋）滕珙辑	元泰定元年梅溪书院刻本	3 函 18 册	4740.00
22	吏学指南	（元）徐元瑞撰	元刻本	1 函 2 册	470.00
23	联新事备诗学大成	（元）林桢辑	元刻本	2 函 12 册	3630.00

序号	书 名	编（著）者	版 本	函册	定价（元）
24	列子鬳斋口义	（宋）林希逸撰	元初刻本	1函4册	1230.00
25	六经天文编	（宋）王应麟撰	元至元六年庆元路儒学刻本	1函3册	1160.00
26	吕氏春秋	（汉）高诱注	元至正嘉兴路儒学刻本	1函8册	3080.00
27	吕氏春秋	（汉）高诱注	元至正嘉兴路儒学刻明修本	1函6册	3070.00
28	农桑辑要	（元）司农司撰	元后至元五年刻明修本	1函4册	1810.00
29	潜室陈先生木锺集	（宋）陈埴撰	元吴氏友于堂刻本	1函4册	1770.00
30	群书钩玄	（元）高耻传辑	元刻明修本	1函2册	1200.00
31	山堂先生群书考索	（宋）章如愚辑	元延祐七年圆沙书院刻本	8函80册	22360.00
32	伤寒论注解	（金）成无己撰	元至正二十五年西园余氏刻本	1函4册	1050.00
33	诗学集成押韵渊海	（元）严毅辑	元至元六年蔡氏梅轩刻本	2函10册	5220.00
34	世医得效方	（元）危亦林撰	元至正五年陈志刻本	2函12册	7400.00
35	释氏稽古略	（元）释觉岸撰	元刻明修本	1函8册	2520.00
36	宋提刑洗冤集录	（宋）宋慈撰	元刻本	1函1册	350.00
37	太平惠民和剂局方	（宋）陈师文等撰	元至正二十六年高氏日新堂刻本	2函6册	2520.00
38	太清风露经	题无住真人撰	蒙古太宗九年至乃马真后三年宋德方等刻道藏本	1函1册	80.00
39	太上感应篇	（宋）李昌龄传，郑清之赞	元刻本	1函4册	2040.00
40	棠阴比事	（宋）桂万荣撰	元刻本	1函1册	360.00
41	图绘宝鉴	（元）夏文彦撰	元至正二十六年刻本	1函4册	1090.00
42	闲居录	（元）吾衍撰	元至正十八年孙道明抄本	1函1册	260.00
43	小学绀珠	（宋）王应麟撰	元至元六年庆元路儒学刻本	1函10册	3290.00
44	小学书	（宋）朱熹撰，何士信辑	元刻本	1函2册	410.00
45	校正刘向说苑	（汉）刘向撰	元大德七年云谦刻本	1函4册	2230.00
46	新编妇人大全良方	（宋）陈自明撰	元勤有书堂刻本	1函12册	3970.00
47	新编古今事文类聚	（宋）祝穆，（元）富大用辑	元泰定三年庐陵武溪书院刻本	10函66册	36370.00
48	新编金匮方论	（汉）张机撰，（晋）王叔和辑，（宋）林亿诠次	元刻明修本	1函2册	700.00
49	新编孔子家语句解		元至正二十七年刘祥卿家刻本	1函2册	640.00
50	新编类意集解诸子琼林	（元）苏应龙辑	元刻本	2函16册	4960.00
51	新编历法集成	（元）何士泰辑	元刻本	1函2册	800.00
52	新编连相搜神广记	（元）秦子晋撰	元刻本	1函2册	540.00
53	新编排韵增广事类氏族大全		元刻本	1函5册	1920.00
54	新编事文类聚翰墨云锦		元刻本	2函16册	9700.00
55	新编事文类要启劄青钱后集		元刻本	1函3册	640.00
56	新编通用启劄截江网		元刻本	1函6册	1420.00
57	新编诏诰章表机要	（金）郭明如辑	金刻本	1函3册	470.00
58	新雕注疏珞琭子三命消息赋☆	（宋）李仝注，东方明疏	金刻本	1函1册	310.00
59	新笺决科古今源流至论	（宋）林駉撰	元延祐四年圆沙书院刻本	2函20册	4880.00
60	新刊补注释文黄帝内经素问	（唐）王冰注，（宋）林亿等校正，孙兆改误	元至元五年胡氏古林书堂刻本	1函6册	2680.00
61	新刊分类江湖纪闻	（元）郭霄凤撰	元刻本	1函2册	360.00
62	新刊河间刘守真伤寒直格	（金）刘完素撰	元天历元年建安翠巖精舍刻本	1函1册	380.00
63	新刊黄帝内经灵枢		元至元五年胡氏古林书堂刻六年印本	1函3册	920.00
64	新刊黄帝内经素问	（唐）王冰注，（宋）林亿等校正，孙兆改误	元读书堂刻本	2函16册	4940.00
65	新刊履斋示儿编	（宋）孙奕撰	元刘氏学礼堂刻本	1函12册	2420.00
66	新刊素问入式运气论奥	（宋）刘温舒撰	元至元五年胡氏古林书堂刻本	1函2册	760.00
67	新刊王氏脉经	（晋）王叔和撰，（宋）林亿等校定	元天历三年广勤书堂刻本	1函4册	1410.00
68	新增说文韵府群玉	（元）阴时夫辑，阴中夫注	元大德刻本	4函20册	7540.00
69	刑统赋	（宋）傅霖撰，（元）郑□韵释	元刻本	1函1册	310.00
70	姓氏急就篇	（宋）王应麟撰	元至元六年庆元路儒学刻本	1函3册	840.00
71	颜氏家训☆	（北齐）颜之推撰	元刻本	1函3册	820.00
72	永类钤方	（元）李仲南撰	元至顺刻本	2函12册	3300.00
73	玉海	（宋）王应麟撰	元至元六年庆元路儒学刻本	11函68册	31440.00
74	玉灵聚义	（元）陆森撰	元天历平江路刻本	1函5册	1450.00

序号	书　名	编（著）者	版　本	函册	定价（元）
75	增注周易神应六亲百章海底眼前集后集	（宋）王鼒撰，何侁重编	元刻本	1 函 1 册	280.00
76	张仲景注解伤寒百证歌	（宋）许叔微撰	元刻本	1 函 3 册	790.00
77	针灸四书	（南唐）何若愚等撰	元至大四年燕山活济堂刻本	1 函 3 册	1040.00
78	重刊巢氏诸病源候总论	（隋）巢元方撰	元刻本	1 函 16 册	3680.00
79	重刊孙真人备急千金要方	（唐）孙思邈撰	元刻本	4 函 32 册	9220.00
80	重刊增广门类换易新联诗学栏江网		元刻本	2 函 14 册	2770.00
81	重修政和经史证类备用本草	（宋）唐慎微撰，寇宗奭衍义	蒙古定宗四年张存惠晦明轩刻本	2 函 24 册	8830.00
82	周子通书训义	（元）保八撰	元刻本	1 函 1 册	280.00
83	朱子成书	（元）黄瑞节辑	元至正元年日新书堂刻本	2 函 11 册	3530.00
84	纂图互注南华真经	（晋）郭象注，（唐）陆德明音义	元刻明修本	1 函 5 册	2160.00
85	纂图增新群书类要事林广记	（宋）陈元靓辑	元后至元六年郑氏积诚堂刻本	2 函 10 册	4130.00

金元编 集部

序号	书　名	编（著）者	版　本	函册	定价（元）
1	伯生诗续编☆	（元）虞集撰	元至元六年刘氏日新堂刻本	1 函 2 册	490.00
2	朝野新声太平乐府	（元）杨朝英辑	元刻本	1 函 4 册	1010.00
3	陈众仲文集	（元）陈旅撰	元至正刻明修本	1 函 6 册	2480.00
4	畴斋文稿※	（元）张仲寿撰	稿本	1 函 1 册	160.00
5	存悔斋诗	（元）龚璛撰	元至正五年俞桢抄本	1 函 1 册	460.00
6	道园遗稿	（元）虞集撰	元至正十四年金伯祥刻本	1 函 3 册	1200.00
7	叠山先生批点文章轨范	（宋）谢枋得辑	元刻本	1 函 2 册	1000.00
8	东涧先生妙绝今古文选	（宋）汤汉辑	元刻本	1 函 4 册	1090.00
9	东坡乐府	（宋）苏轼撰	元延祐七年叶辰南阜书堂刻本	1 函 2 册	680.00
10	东坡先生往还尺牍	（宋）苏轼撰	元刻本	1 函 2 册	700.00
11	杜工部草堂诗笺	（唐）杜甫撰，（宋）蔡梦弼笺注	元刻本	4 函 32 册	6280.00
12	范德机诗集	（元）范梈撰	元后至元六年益友书堂刻本	1 函 4 册	920.00
13	范文正公集	（宋）范仲淹、范纯仁、范纯粹、楼镛撰	元天历至正间褒贤世家家塾岁寒堂刻本	2 函 16 册	6180.00
14	范忠宣公文集	（宋）范纯仁撰	元刻明修本	1 函 10 册	2460.00
15	方是闲居士小稿	（宋）刘学箕撰	元至正二十年屏山书院刻本	1 函 2 册	1100.00
16	分类补注李太白诗	（唐）李白撰，（宋）杨齐贤集注，（元）萧士赟补注	元建安余氏勤有堂刻本	2 函 8 册	3400.00
17	歌诗编	（唐）李贺撰	蒙古宪宗六年赵衍刻本	1 函 2 册	800.00
18	古今杂剧		元刻本	1 函 8 册	1730.00
19	古乐府	（元）左克明辑	元至正刻明修本	1 函 4 册	2080.00
20	国朝风雅	（元）蒋易辑	元刻本	1 函 4 册	870.00
21	国朝文类	（元）苏天爵辑	元至元至正间西湖书院刻明修本	3 函 36 册	12410.00
22	汉泉曹文贞公诗集	（元）曹伯启撰	元后至元四年曹复亨刻本	1 函 4 册	1580.00
23	后山诗注	（宋）陈师道撰，任渊注	元刻本	1 函 4 册	2660.00
24	皇元风雅	（元）蒋易辑	元建阳张氏梅溪书院刻本	1 函 8 册	3360.00
25	皇元风雅	（元）傅习、孙存吾辑	元刻本	1 函 4 册	830.00
26	皇元风雅后集	（元）孙存吾辑	元李氏建安书堂刻本	1 函 2 册	810.00
27	黄氏补千家注纪年杜工部诗史	（唐）杜甫撰，（宋）黄希、黄鹤补注	元至元二十四年詹光祖月崖书堂刻本	2 函 18 册	7230.00
28	稼轩长短句	（宋）辛弃疾撰	元大德三年广信书院刻本	1 函 4 册	1350.00
29	笺注陶渊明集	（晋）陶潜撰，（宋）汤汉等笺注	元刻本	1 函 4 册	1310.00
30	简斋诗外集	（宋）陈与义撰	元抄本	1 函 1 册	290.00
31	揭曼硕诗集	（元）揭傒斯撰	元至元六年日新堂刻本	1 函 2 册	560.00
32	节孝先生文集	（宋）徐积撰	元刻明修本	1 函 9 册	2980.00
33	金华黄先生文集	（元）黄溍撰	元刻本	2 函 20 册	7230.00
34	精选名儒草堂诗余	题凤林书院辑	元刻本	1 函 3 册	670.00

序号	书　名	编（著）者	版　本	函册	定价（元）
35	静修先生文集	（元）刘因 撰	元至顺元年宗文堂刻本	1 函 8 册	1700.00
36	筠溪牧潜集	（元）释圆至 撰	元大德刻本	1 函 1 册	580.00
37	乐府诗集	（宋）郭茂倩辑	元至元年集庆路儒学刻明修本	4 函 32 册	11020.00
38	乐府新编阳春白雪☆※	（元）杨朝英辑	元刻本	1 函 2 册	960.00
39	类编层澜文选		元云坡家塾刻本	1 函 4 册	3840.00
40	梨园按试乐府新声		元刻本	1 函 1 册	340.00
41	刘知远诸宫调☆		金刻本	1 函 1 册	360.00
42	柳待制文集	（元）柳贯撰	元至正十年余阙浦江刻明永乐四年柳贯补修本	2 函 14 册	4390.00
43	梅花百咏☆	（元）韦珪撰	元至正刻本	1 函 1 册	280.00
44	梅花字字香	（元）郭豫亨撰	元大刻本	1 函 1 册	520.00
45	勉斋先生黄文肃公文集	（宋）黄干撰	元刻延祐二年重修本	6 函 40 册	9060.00
46	南丰曾子固先生集	（宋）曾巩撰	金刻本	1 函 6 册	1370.00
47	批点分类诚斋先生文脍前集后集	（宋）杨万里撰，李诚父辑	元刻本	2 函 8 册	3070.00
48	蒲室集	（元）释大䜣撰	元至元刻本	1 函 8 册	3300.00
49	楼霞长春子丘神仙磻溪集	（金）丘处机撰	金刻本	1 函 3 册	1030.00
50	清容居士集	（元）袁桷撰	元刻本	2 函 32 册	11480.00
51	琼琯白玉蟾上清集	（宋）葛长庚撰	元建安余氏静庵刻本	1 函 2 册	540.00
52	三圣诗	（唐）释寒山子，（元）释梵琦撰	元刻本	1 函 1 册	260.00
53	山谷黄先生大全诗注	（宋）黄庭坚撰，任渊注	元刻本	1 函 6 册	2370.00
54	山谷老人刀笔	（宋）黄庭坚撰	元刻本	1 函 10 册	1900.00
55	师山先生文集	（元）郑玉撰	元至正刻明修本	1 函 2 册	870.00
56	诗人玉屑※	（宋）魏庆之辑	元刻本	1 函 5 册	3550.00
57	石田先生文集	（元）马祖常撰	元至元五年扬州路儒学刻本	1 函 10 册	3170.00
58	顺斋先生闲居丛稿	（元）蒲道源撰	元至正十年刻本	2 函 12 册	4610.00
59	唐陆宣公集	（唐）陆贽撰	元刻本	1 函 12 册	3190.00
60	王荆文公诗笺注	（宋）王安石撰，李壁笺注，刘辰翁批点	元大德五年王常刻本	2 函 20 册	7020.00
61	王状元集百家注分类东坡先生诗	（宋）苏轼撰，题王十朋纂集，刘辰翁批点	元建安熊氏刻本	4 函 28 册	7770.00
62	文心雕龙	（南朝·梁）刘勰撰	元至正十五年刻明修本	1 函 2 册	900.00
63	文章正宗	（宋）真德秀辑	元刻明修本	2 函 28 册	10080.00
64	梧溪集	（元）王逢撰	元至正明洪武间刻景泰七年陈敏政重修本	1 函 6 册	2610.00
65	萧闲老人明秀集注	（金）蔡松年撰，魏道明注	金刻本	1 函 1 册	400.00
66	新刊李学士新注孙尚书内简尺牍	（宋）孙觌撰，李祖尧注	元刻本	1 函 4 册	1220.00
67	新刊丽则遗音古赋程式	（元）杨维桢撰	元刻本	1 函 1 册	360.00
68	修辞鉴衡	（元）王构辑	元至顺四年集庆路儒学刻本	1 函 2 册	450.00
69	须溪先生校本唐王右丞集	（唐）王维撰，（宋）刘辰翁评点	元刻本	1 函 2 册	880.00
70	须溪先生校本韦苏州集	（唐）韦应物撰，（宋）刘辰翁校点	元刻本	1 函 8 册	1600.00
71	叶先生诗话☆	（宋）叶梦得撰	元陈仁子刻本	1 函 3 册	400.00
72	雍虞先生道园类稿	（元）虞集撰	元刻本	6 函 36 册	13640.00
73	迂斋先生标注崇古文诀	（宋）楼昉辑	元刻本	1 函 12 册	3420.00
74	豫章罗先生文集	（宋）罗从彦撰	元至正二十五年豫章书院刻本	1 函 4 册	1280.00
75	渊颖吴先生集	（元）吴莱撰	元末刻本	1 函 4 册	1980.00
76	元丰类稿	（宋）曾巩撰	元大德八年丁思敬刻本	2 函 24 册	6090.00
77	增广笺注简斋诗集	（宋）陈与义撰，胡穉笺注	元刻本	1 函 6 册	2120.00
78	增广音注唐郿州刺史丁卯诗集	（唐）许浑撰，（元）祝德子订正	元刻本	1 函 4 册	970.00
79	张文忠公文集	（元）张养浩撰	元至正十四年刻本	2 函 10 册	3440.00
80	赵子昂诗集	（元）赵孟頫撰	元至正元年虞氏务本堂刻本	1 函 2 册	580.00
81	知常先生云山集	（元）姬志真撰	元延祐六年李怀素刻本	1 函 3 册	1200.00
82	中州集	（金）元好问辑	元至大三年曹氏进德斋刻递修本	1 函 6 册	2730.00
83	朱文公大同集	（宋）朱熹撰，陈利用辑	元至正十二年都璋刻明修本	1 函 2 册	570.00
84	朱文公校昌黎先生文集	（唐）韩愈撰，（宋）朱熹考异，王伯大音释	元至元十八年日新书堂刻本	2 函 14 册	4560.00
85	作义要诀科场备用书义断法	（元）倪士毅撰	元刻本	1 函 1 册	680.00

北京图书馆出版社

古籍影印书目（1979－2007）

〇一〇

《中华再造善本》（二期）试制书目

史部

序号	书 名	编（著）者	版 本	函册	定价（元）
1	皇明祖训※	（明）朱元璋撰	明洪武礼部刻本	1函1册	620.00
2	今言	（明）郑晓撰	明嘉靖四十五年项笃寿刻本	1函3册	1860.00

子部

序号	书 名	编（著）者	版 本	函册	定价（元）
1	耕余剩技	（明）程宗猷撰	明万历四十二年天启元年程禹迹等刻本	1函4册	1060.00
2	刘子	（北齐）刘昼撰，（唐）袁孝政注，（明）孙鑛评	明末刻本	1函4册	950.00
3	世说新语	（南朝·宋）刘义庆撰，（南朝·梁）刘孝标注，（宋）刘辰翁、刘应登、（明）王世懋点评	明凌瀛初刻四色套印本	1函8册	3480.00
4	孙子参同※	（明）闵于忱辑	明万历四十八年闵于忱松筠馆刻朱墨套印本	1函6册	2820.00
5	太平山水图画 ☆※	（清）萧云从绘	清顺治五年襄古堂刻本	1函1册	830.00
6	吴姬百媚		明万历贮花斋刻本	1函2册	860.00
7	盐铁论	（汉）桓宽撰	明弘治十四年涂祯刻本	1函2册	840.00
3	阳山顾氏文房小说	（明）顾元庆编	明正德嘉靖间顾元庆刻本	4函20册	5510.00
9	云自在龛随笔	（清）缪荃孙撰	清稿本	1函4册	1460.00

集部

序号	书 名	编（著）者	版 本	函册	定价（元）
1	昌黎先生诗集注	（唐）韩愈撰，（清）顾嗣立删补	清康熙三十八年顾氏秀野草堂刻本	1函6册	1680.00
2	风筝误传奇	（清）李渔撰	清翼圣堂刻笠翁传奇十种本	1函4册	930.00
3	古夫于亭稿	（清）王士禛撰	清康熙四十六年林佶写刻本	1函1册	290.00
4	绝妙好词	（宋）周密辑	清初毛氏汲古阁抄本	1函2册	930.00
5	李卓吾先生批评忠义水浒传	（元）施耐庵撰，（明）李贽评	明容与堂刻本	8函46册	13670.00
6	梁昭明太子文集	（南朝·梁）萧统撰	明嘉靖三十四年周满刻本	1函2册	590.00
7	卢照邻诗	（唐）卢照邻撰	明活字印本	1函1册	270.00
8	吕晚村先生文集	（清）吕留良撰	清雍正三年吕氏天盖楼刻本	1函4册	2430.00
9	秣陵春传奇	（清）吴伟业撰	清初刻本	1函2册	1060.00
10	秦楼月	（清）朱㿥撰	清康熙文喜堂刻本	1函2册	1110.00
11	庆赏升平 ☆※		清彩绘本	1函1册	880.00

序号	书　名	编（著）者	版　本	函册	定价（元）
12	曲波园传奇	（清）徐士俊撰	清初徐氏曲波园刻本	1 函 4 册	1260.00
13	王勃诗	（唐）王勃撰	明活字印本	1 函 1 册	260.00
14	新刻考订按鉴通俗演义全像三国志传	（明）罗本撰	明天启三年黄正甫刻本	2 函 8 册	4050.00
15	新校注古本西厢记	（元）王德信撰，（明）马骥德校注	明万历四十二年王氏香雪居刻本	2 函 8 册	2620.00
16	一笠庵新编占花魁传奇	（清）李玉撰	清初萃锦堂刻本	1 函 2 册	620.00
17	玉台新咏	（南朝·陈）徐陵撰	明崇祯六年赵均刻本	1 函 4 册	680.00
18	御制圆明园诗	（清）高宗弘历撰，鄂尔泰、张廷玉注	清乾隆武英殿刻套印本	1 函 2 册	1030.00

注：★　经折装　　※　彩色　　☆　蝶装
未标注的皆为双色套印线装

自（新）编丛书

揭示馆藏　服务学术

北京图书馆出版社（原书目文献出版社）是国家图书馆古籍整理的主要出版机构，承担了国家图书馆揭示馆藏，服务学术的重要任务。自上世纪八十年代以来，从古籍整理出版方式的历史、现状、优势和读者群的角度，选择了编辑出版"古籍专题丛书"的运作模式，依托独一无二的丰厚资源支持和其他藏书机构的襄助，至今年11月，共编辑出版古籍专题丛书105种，涵盖古籍9700余种。为中国传统文化的研究与传播，准确、方便、快捷、廉价地提供了第一手资料，深得国内外学术界的认同。

古籍专题丛书的系统编印可以上溯至清人。清末民初罗振玉、缪荃孙等著名学者编辑了一批学术价值高、历史影响较大的古籍专题丛书。民国时期开明书店的《二十五史补编》、世界书局的《诸子集成》和商务印书馆的《十通》、《百衲本二十四史》等丛书的出版，均为学术研究提供了极大的帮助，有的至今仍是学者的必备参考文献。共和国成立以后，中华书局编印的《近代史资料丛刊》、《新编诸子集成》，上海书店出版社编印的《中国近代文学大系》等，均在学术界产生了很大影响。

古籍专题丛书之所以得到出版界青睐和学术界的重视，是其自身的优势、读者群等因素决定的。一、从内容上来看，新编古籍专题丛书，有一部书或一个人的研究资料；有某一时代文史研究资料或作家、作品研究资料；有某一历史事件或问题的相关资料。二、这类丛书注重古籍本身承载的史料价值，其选题范围是研究者所需要、影响较大，但流传不一定很广的古籍。且多精选精编，实用针对性强。三、这类丛书以类相丛，符合读者群体的科研性质和要求，能在更大范围内更方便快捷地为研究者提供研究资料。四、这类丛书大多重编一个包括卷目、类目、篇名和页码的总目录置于卷首，有的还编制了多种专项索引。总之，古籍专题丛书省却了学者查找资料的奔波，也使古书免遭多人重复翻检的损害，最终解决了古籍利用与保护的矛盾。

本部分图书主要是我社成立以来正式出版的古籍专题丛书，计105种。共著录为八类：

传记文献：含年谱、家谱、日记和人物传记、生卒、行实。重要者有《北京图书馆藏珍本年谱丛刊》、《地方志人物传记资料丛刊》、《宋元明清传记资料丛刊》、"近现代名人日记"系列等。

史籍史料：含史部典籍和史料实录。重要者有《二十四史订补》、《历代正史研究文献丛刊》、《九通拾补》、《清代方略全书》等。

书目版本：含古籍书目题跋和版本书影。重要者有《国家图书馆藏古籍题跋丛刊》、《珍稀古籍书影丛刊》、《地方志·书目文献丛刊》等。

文学艺术：含诗词文赋、传奇小说和书画琴棋、书法篆刻。重要者有"红学书系"、《中国诗话珍本丛书》、《国家图书馆藏古籍艺术类编》等。

哲学宗教：含诸子、理学文献和佛、道史料。重要者有《墨子大全》、《续百子全书》、《丛书佛教文献类编》等。

地方志与边事资料：含地理、方志和历朝边事。重要者有《日本藏中国罕见地方志丛刊》、《国家图书馆藏琉球资料汇编》、"著名图书馆藏稀见方志"系列等。

金石文献：含甲骨、金文、石刻、陶文和简帛、钱币、玉石文字。重要者有《历代石刻史料汇编》、《国家图书馆藏金文研究资料丛刊》等。

综合文献：重要者有《北京图书馆藏古籍珍本丛刊》、《近代著名图书馆馆刊荟萃》系列等。

列女传汇编（全十册）

郑晓霞、林佳郁编　精装　大 32 开　定价：2200.00 元

ISBN 978－7－5013－3449－0/K・1487　2007 年 7 月出版

　　《列女传》是汉代著名学者刘向所撰，为中国最早专门阐述妇女生活准则的教科书，所载传记达 100 多篇，保存了西汉以前知名妇女的重要事迹，影响巨大，有重要的文献价值、社会价值、文化价值。西汉以来注释、校勘、整理者层出不穷，不仅出现了梁端《列女传校注》、王照园《列女传补注》、萧道管《列女传集注》三部著名的注本，还曾吸引了茅坤、段玉裁、王念孙、黄丕烈、顾广圻、孙诒让、王国维等著名学者的关注。受此影响，一大批同类型的作品相继出现，如明汪氏所辑《列女传》、明解缙等撰《古今列女传》、明董希周等辑《新续列女传》、清汪宪辑《列女传》、清刘开辑《广列女传》，明代著名小说家冯梦龙甚至还将《列女传》演绎成通俗小说等。但迄今为止，除了上述校勘、注释、整理、延续本和少数论文外，尚缺乏更深入、系统的研究，其所蕴含的学术、文化、传统价值还远远未被发掘出来。鉴于此，我们将 23 种相关原始文献汇编成书，共计十册，以期有裨于妇女史研究与版本研究。

书　名	编（著）者	版　本
列女传十六卷	（明）汪氏辑	清刻本
列女传七卷　续一卷　考证一卷	（汉）刘向、（清）顾广圻撰	清刻本
典故列女传四卷	（明）解缙撰	清刻本
列女传一卷	（汉）刘向撰，（清）任兆麟选辑	《述记》本
新刊古列女传七卷　续一卷	（汉）刘向撰，（晋）顾恺之图画	清道光五年（1825）扬州阮氏影刻本
重集列女传例一卷	（清）魏于云撰	《昭代丛书》本
古列女传七卷　续一卷	（汉）刘向撰，（明）黄鲁曾赞	光绪三年（1877）湖北崇文书局刻本
列女传补注八卷	（清）王照园补注	清光绪八年（1882）刻本
广列女传二十卷	（清）刘开辑	清光绪十年（1884）刻本
列女传校注七卷　续一卷	（汉）刘向撰，（清）梁端校注	清光绪十七年（1891）刘氏重刻振绮堂本
列女传集注八卷　补遗一卷	（清）萧道管撰	清光绪三十年（1904）刻本
列女补传五卷	（清）刘曾騄撰	《祥符刘氏丛书》本
今列女传（附录）	（清）佚名撰	《香艳丛书》本
列女传补注正伪	（清）王绍兰撰	《雪堂丛刻》本
列女传	（晋）皇甫谧撰	《五朝小说大观》本
列女传补注校录	（清）王筠撰	《山东省立图书馆季刊》第一集第一期
列女传斠注三卷	陈汉章撰	民国二十四年（1935）本
列女传佚文	（清）王仁俊辑	《玉函山房辑佚书续编三种》本
列女传（烈女传）	（清）汪宪辑	《丛书集成续编》本
刘向古列女传七卷　续一卷	（汉）刘向撰	《四部丛刊》本
古今列女传三卷	（明）解缙等撰	《四库全书》本
古今列女传演义六卷	（明）冯梦龙演义	长春阁刻本
新续列女传三卷	（明）黄希周等辑	日本承应三年（1654）二条通玉屋町上村次郎卫门板行

中国古代科技行实会纂（全四册）

[清] 阮元等编撰，本社影印室辑　精装　大 32 开　定价：810.00 元

ISBN 7－5013－3179－0/K・1406　2006 年 11 月出版

本书为清代学者所撰中国古代科技人物传记资料的汇编，包括清阮元编《畴人传》（清嘉庆间《文选楼丛书》本）、清罗士琳编《续畴人传》（清嘉庆间《文选楼丛书》本）、清诸可宝编《畴人传三编》（清光绪间江阴《南菁书院丛书》本）、清黄钟俊编《畴人传四编》（1955 年上海商务印书馆本）、清华世芳撰《近代畴人著述记》（清光绪间测海山房《中西算学丛刊初编》本）等。为古今中外天文、历算等方面的科学家立传，对于考察中国科技史和当时的中西文化交流有重要参考价值。书前附有新编目录索引。

宋代传记资料丛刊（全四十九册）

本社影印室辑　精装　大 32 开　定价：9500.00 元
ISBN 7－5013－3161－8/K·1399　2006 年 10 月出版

《宋元明清传记资料丛刊》之二。本书依照民国时期燕京大学图书馆索引编纂处《四十七种宋人传记综合引得》目录，共收集《宋史》之外的 46 种宋代人物传记资料，后附《人名索引》。

书　名	编（著）者	版　本
宋史新编	（明）柯维骐撰	明嘉靖刊本
东都事略	（宋）王禹偁撰	光绪九年（1883）淮南书局刊本
南宋书	（明）钱士升撰	嘉庆二年（1797）南沙席氏刊本
隆平集	（宋）曾巩撰	康熙四十年（1701）七业堂刊本
名臣碑传琬琰集	（宋）杜大珪撰	宋刊本
琬琰集删存	（宋）杜大珪撰	民国二十七年（1938）引得编纂处铅印本
宋史翼	（清）陆心源撰	光绪三十二年（1906）归安陆氏刊本
戊辰修史传	（宋）黄震撰	四明丛书本
宋朝南渡十将传	（宋）章颖等撰	碧琳琅馆丛书本
五朝名臣言行录	（宋）朱熹撰	四部丛刊本
三朝名臣言行录	（宋）朱熹撰	四部丛刊本
皇朝名臣言行续录	（宋）李幼武撰	道光元年（1821）绩学堂洪氏刊本
四朝名臣言行录别集	（宋）李幼武撰	道光元年（1821）绩学堂洪氏刊本
皇朝道学名臣言行外录	（宋）李幼武撰	道光元年（1821）绩学堂洪氏刊本
昭忠录	（宋）佚名撰	墨海金壶本
伊雒渊源录	（宋）朱熹撰	吕氏宝诰堂刊朱子遗书本
宋遗民录	（宋）程敏政撰	知不足斋丛书本
东莞遗民录	九龙真逸辑	聚德堂丛书本
宋季忠义录	（明）万斯同撰	四明丛书本
元祐党人传	（清）陆心源撰	光绪三十二年（1906）归安陆氏刊本
庆元党禁	（宋）樵川樵叟撰	知不足斋丛书本
京口耆旧传	（宋）佚名撰	守山阁丛书本
桐阴话旧	（宋）韩元吉撰	学海类编本
万柳溪边旧话	（宋）尤玘撰	学海类编本
苏祠从祀议	（清）吴骞撰	武林掌故丛编本
孪熙荐士录	（宋）杨万里撰	函海本
南宋院画录	（清）厉鹗撰	武林掌故丛编本
圣朝名画评	（宋）刘道醇撰	王氏书画苑本
皇宋书录	（宋）董史撰	知不足斋丛书本
宋诗钞	（清）吴之振等编	民国三年（1914）涵芬楼铅印本
朱诗钞补	（清）管廷芬编	民国四年（1915）涵芬楼铅印本
南宋馆阁录	（宋）陈骙撰	武林掌故丛编本
南宋馆阁续录	（宋）陈骙撰	武林掌故丛编本
文丞相督府忠义传	（宋）邓光荐撰	明崇祯刊宋三大臣汇志附刻
宋大臣年表	（明）万斯同撰	民国二十四年（1935）开明书局二十五史补编本
宋中兴学士院题名录	（宋）何异撰	藕香零拾本
宋中兴行在杂买务杂卖场提辖官题名	（宋）何异撰	藕香零拾本
宋中兴三公年表		藕香零拾本
宋中兴东宫官僚题名	（宋）何异撰	藕香零拾本

书 名	编（著）者	版 本
学士年表	（宋）佚名撰	知不足斋丛书本
南宋制抚年表	（清）吴廷燮撰	民国二十四年（1935）开明书局二十五史补编本
北宋经抚年表	（清）吴廷燮撰	民国二十四年（1935）开明书局二十五史补编本
修唐书史臣表	（清）钱大昕撰	知不足斋丛书本
绍兴十八年同年小录	（清）佚名编	民国十二年（1923）徐氏刊宋元科举三录本
宝祐四年登科录		民国十二年（1923）徐氏刊宋元科举三录本
宋人轶事汇编	丁傅靖撰	民国二十四年（1935）商务印书馆铅印本

辽金元传记资料丛刊（全二十二册）

本社影印室辑　精装　大32开　定价：3900.00 元
ISBN 7 – 5013 – 3154 – 5/K · 1395　2006 年 11 月出版

　　宋元明清传记资料丛刊之一。据燕京引得编纂处《辽金元传记三十种综合引得》选目编辑。辑自有关辽金元时代的重要史著 26 种，包括《契丹国志》、《辽诗话》、《辽大臣年表》、《大金国志》、《元史类编》、《元史新编》、《元史氏族表》、《蒙兀儿史记》等（《辽史》、《金史》、《元史》等常见、已有点校本的"正史"则未予收录）。所涉包括辽金元时期仕宦、宗室、儒学、将士等重要人物数千人。后附《人名索引》。

书 名	编（著）者	版 本
契丹国志［列传之部］	（宋）叶隆礼撰	嘉庆丁巳（1797）扫叶山房刊本
辽诗话	（清）周春撰	民国五年（1916）翠琅玕馆丛书本
辽诗纪事	陈衍撰	民国十二年（1923）徐氏刊宋元科举三录本
辽代文学考	（清）黄任恒撰	光绪三十一年（1905）辽痕五种本
辽大臣年表	（清）万斯同撰	民国二十四年（1935）开明书局二十五史补编本
辽方镇年表	（清）吴廷燮撰	民国二十三年（1934）辽海丛书本
大金国志［列传之部］	（清）宇文懋昭撰	嘉庆丁巳（1797）扫叶山房刊本
金诗纪事	陈衍撰	民国二十五年（1936）商务印书馆排印本
金宰辅年表	（清）黄大华撰	民国二十四年（1935）开明书局二十五史补编本
金将相大臣年表	（清）万斯同撰	民国二十四年（1935）开明书局二十五史补编本
金方镇年表	（清）吴廷燮撰	民国二十三年（1934）辽海丛书本
衍庆宫功臣录	（清）万斯同撰	民国二十四年（1935）开明书局二十五史补编本
元史类编［列传之部］	（清）邵远平撰	嘉庆丁巳（1797）扫叶山房刊本
元史新编［列传之部］	（清）魏源撰	光绪乙巳（1905）慎微堂刊本
元书［列传之部］	（清）曾廉撰	宣统三年（1911）层漪堂刊本
蒙兀儿史记［列传之部］	（清）屠寄撰	民国二十三年（1934）结一宦本
元朝名臣事略	（元）苏天爵撰	光绪甲午（1894）武英殿聚珍版丛书
元儒考略	（明）冯从吾撰	光绪十八年（1892）知服斋丛书本
元诗选	（清）顾嗣立撰	康熙间秀野草堂刊本
元诗选癸集	（清）席世臣撰	嘉庆丁巳（1797）扫叶山房刊本
元统元年进士录		民国十二年（1923）徐氏刊宋元科举三录本
元行省丞相平章政事年表	（清）吴廷燮撰	民国二十三年（1934）辽海丛书本
元分藩诸王世表	（清）黄大华撰	民国二十四年（1935）开明书局二十五史补编本
元西域三藩年表	（清）黄大华撰	民国二十四年（1935）开明书局二十五史补编本
元史氏族表	（清）钱大昕撰	民国二十四年（1935）开明书局二十五史补编本
元史译文证补	（清）洪钧撰	光绪二十三年（1897）元和陆氏刊本

乾嘉名儒年谱（全十四册）

本社影印室辑　精装　大32开　定价：2900.00 元
ISBN 7 – 5013 – 3128 – 6/K · 1284　2006 年 7 月出版

　　本书为清代学术史研究专家陈祖武先生选编"清代学人年谱"系列之一，共收录乾嘉时期著名学者的年谱 91 种。上起乾嘉初叶辞世之桐城派初祖方望溪，下迄嘉庆、道光间总结乾嘉学派与乾嘉学术之高邮王氏父子和汉学护法阮芸台。

书　名	编（著）者	版　本
方望溪先生（方苞）年谱	（清）苏惇元编	民国间上海商务印书馆影印《四部丛刊》本
黄侍郎公（黄叔琳）年谱	（清）顾镇编	清乾隆间吴门刻本
沈归愚（沈德潜）自订年谱	（清）沈德潜编	清乾隆间刻《归愚全集》本
江慎修先生（江永）年谱	（清）江锦波编，汪世重编	民国十二年（1923）中华书局铅印《放生杀生现报录》本
敬亭公（沈起元）年谱	（清）沈起元编，沈宗约补编	清道光二十七年（1847）刻本
文端公（钱陈群）年谱	（清）钱仪吉编，钱志澄增订	清光绪二十年（1894）刻本
舜山是仲明先生（是镜）年谱	（清）张敬立编，金吴澜补注	清光绪十三年（1887）木活字本
颜李学派的程廷祚	胡适编	民国二十五年（1936）铅印本
厉樊榭先生（厉鹗）年谱	（清）朱文藻编，缪荃孙重订	民国间吴兴刘氏刻《嘉业堂丛书》本
双池先生（汪绂）年谱	（清）余龙光编	清同治五年（1866）婺源余氏刻本
先考釋威府君（胡天游）年谱纪略	（清）胡元琢编	清咸丰二年（1852）山阴胡氏刻本
检讨公（夏之蓉）年谱	（清）夏味堂编	清高邮夏氏刻本
吴山夫先生（吴玉搢）年谱	（清）丁晏编	民国四年（1915）上虞罗氏铅印《雪堂丛刻》本
吴山夫先生（吴玉搢）年谱	（清）段朝端编	民国十年（1921）如皋冒氏刻本
永宇溪庄识阅历（曹庭栋）	（清）曹庭栋编	清乾隆间刻本
吴敬梓年谱	胡适编	民国二十年（1931）上海亚东图书馆铅印本
陈句山先生（陈兆仑）年谱	（清）陈玉绳编	清嘉庆十二年（1807）刻本
冯潜斋先生（冯成修）年谱	（清）劳潼编	清宣统三年（1911）学古堂重刻本
全谢山先生（全祖望）年谱	（清）董秉纯编	清同治十一年（1872）刻《鲒埼亭集》本
上湖纪岁（汪师韩）诗编	（清）汪师韩编	清光绪十二年（1886）钱塘江氏刻本
随园先生（袁枚）年谱	（清）方濬师编	清同治十一年（1872）肇罗道署刻本
卢抱经先生（卢文弨）年谱	柳诒征编	民国十七年（1928）中央大学国学图书馆第一年刊本
陶园（张九钺）年谱	（清）张家柷编	清咸丰间湘潭张氏《紫岘山人全集》本
戴东原先生（戴震）年谱	（清）段玉裁编	清乾隆五十七年（1792）重刻本
清容居士（蒋士铨）行年录	（清）蒋士铨编，蒋立仁补编	清刻本
朱笥河先生（朱筠）年谱	罗继祖编	民国二十年（1931）铅印本
朱笥河先生（朱筠）年谱	王兰荫编	民国二十二年（1933）铅印本
韩理堂先生（韩梦周）年谱	丁锡田编	民国十七年（1928）石印本
半塘山人（林芳春）自订年谱	（清）林芳春编	清道光五年（1825）刻本
弇山毕公（毕沅）年谱	（清）史善长编	清同治十一年（1872）刻本
述庵先生（王昶）年谱	（清）严荣编	清嘉庆道光间刻《春融堂集》本
程易畴先生（程瑶田）年谱	罗继祖编	民国二十三年（1934）石印本
瓯北先生（赵翼）年谱	（清）佚名编	清光绪三年（1877）重刻《瓯北全集》本
钱辛楣先生（钱大昕）年谱	（清）钱大昕编，钱庆曾校注并续编	清咸丰间刻本
曹学士（曹仁虎）年谱	（清）王鸿逵编	清嘉庆间抄本
菊厓府君（朱珪）年谱	（清）朱锡经编	清嘉庆间刻本
病榻梦痕录（汪辉祖）	（清）汪辉祖口授，汪继培、汪继壕记录，汪继坊等补编	清光绪间刻本
姚惜抱先生（姚鼐）年谱	（清）郑福照编	清同治七年（1868）刻本
翁氏（翁方纲）家事略记	（清）翁方纲撰	民国五年（1916）上海同文图书馆石印本
段玉裁先生年谱	刘盼遂编	民国二十五年（1936）铅印本
段懋堂先生（段玉裁）年谱	罗继祖编	民国二十三年（1934）石印本
章实斋先生（章学诚）年谱	赵誉船编	民国间石印本
钱南园先生（钱沣）年谱	方树梅编	民国十八年（1929）刻本
邵二云先生（邵晋涵）年谱	黄云眉编	民国二十二年（1933）铅印本
岱玖公（庄有可）年谱	庄俞编	民国二十五年（1936）铅印本
王石臞先生（王念孙）年谱	闵尔昌编	民国间刻本
容甫先生（汪中）年谱	（清）汪喜孙编	民国十四年（1925）上海中国书店影印本
汪容甫（汪中）年表	（清）汪喜孙编	民国十四年（1925）上海中国书店影印本
洪北江先生（洪亮吉）年谱	（清）吕培等编	清光绪三年（1877）刻本
先君子太史公（冯敏昌）年谱	（清）冯士履编，冯士镳补编	清道光间刻本
收庵居士（赵怀玉）自叙年谱	（清）赵怀玉编	清道光间刻本

书　名	编（著）者	版　本
黄仲则先生（黄景仁）年谱	（清）毛庆善编，季锡畴重编	清咸丰八年（1858）刻本
鹤皋（祁韵士）年谱	（清）祁韵士编	民国间铅印本
梧门先生（法式善）年谱	（清）阮元编	清嘉庆二十一年（1816）刻本
孙渊如先生（孙星衍）年谱	（清）张绍南编，王德福续编	清抄本
凌次仲先生（凌廷堪）年谱	（清）张其锦编	民国间影印暨铅印《安徽丛书》本
恽子居（恽敬）著作年表	（清）陈莲青编	清嘉庆二十年（1815）刻本
郝兰皋（郝懿行）夫妇年谱	许维遹编	《清华学报》第十卷第一期
梅溪先生（钱泳）年谱	（清）□颖编，钱泳校订	清稿本
梅溪先生（钱泳）年谱	（清）胡源、褚逢春编	民国间抄本
张夕庵先生（张崟）年谱	鲍鼎编	民国十五年（1926）石印本
江子屏先生（江藩）年谱	闵尔昌编	民国十六年（1927）刻本
独山莫贞定先生（莫与俦）年谱	万大章编	民国二十八年（1939）铅印本
焦理堂先生（焦循）年谱	闵尔昌编	民国十六年（1927）刻本
黄荛圃先生（黄丕烈）年谱	（清）江标编	清光绪二十三年（1897）刻本
张船山先生（张问陶）年谱	蔡玙编，蔡璐参校	1962年稿本
张船山先生（张问陶）年谱	（清）王世芬编	民国十三年（1924）刻本
校经叟（李富孙）自订年谱	（清）李富孙编	清道光二十四年（1844）刻本
雷塘庵主（阮元）弟子记	（清）张鉴等编	清光绪间刻本
彭湘涵先生（彭兆荪）年谱	（清）缪朝荃编	清光绪元年（1875）刻本
书农府君（胡敬）年谱	（清）胡珵编	清道光间刻本
王伯申先生（王引之）年谱	闵尔昌编	民国间刻本
顾千里先生（顾广圻）年谱	（日）神田喜一郎编，孙世伟译	民国十五年（1926）铅印本
顾千里先生（顾广圻）年谱	赵诒琛编	民国间刻本
武进李先生（李兆洛）年谱	（清）蒋彤编	民国间刻《嘉业堂丛书》本
瞿木夫先生（瞿中溶）自订年谱	（清）瞿中溶编	民国间刻《嘉业堂丛书》本
方仪卫先生（方东树）年谱	（清）郑福照编	清同治七年（1868）刻本
太鹤山人（端木国瑚）年谱	（清）端木百禄编，陈谧补编	民国二十三年（1934）铅印本
俞理初先生（俞正燮）年谱	王立中编，蔡元培补订	民国间影印暨铅印《安徽丛书》本
退庵（梁章钜）自订年谱	（清）梁章钜编	清光绪元年（1875）刻本
月沧（吕璜）自编年谱	（清）吕璜编	清道光二十一年（1841）刻本
张介侯先生（张澍）年谱	冯国瑞编	民国二十四年（1935）铅印本
徐星伯先生（徐松）事辑	缪荃孙编	清光绪二十七年（1901）刻本
冯柳东先生（冯登府）年谱	（清）史诠编	民国间抄本
汪荀叔（汪喜孙）自撰年谱	（清）汪喜孙编	民国间抄本
言旧录（张金吾）	（清）张金吾编	民国间刻《嘉业堂丛书》本
定盦先生（龚自珍）年谱	吴昌绶编	清光绪三十四年（1908）刻本
定盦（龚自珍）年谱稿本	黄守恒编	民国十二年（1923）铅印本
定盦先生（龚自珍）年谱外纪	张祖廉编	民国九年（1920）铅印本
张亨甫先生（张际亮）年谱	（清）李云诰编	清同治六年（1867）刻本
先伯石州公（张穆）年谱	张继文编，蔡侗订	民国十年（1921）石印本

清初名儒年谱（全十六册）

本社影印室辑　精装　大32开　定价：3000.00元
ISBN 7-5013-3149-9/K·1294　2006年8月出版

　　本书为清代学术史研究专家陈祖武先生选编"清代学人年谱"系列之一，收入清初大儒陈乾初、孙夏峰、黄梨洲、王船山、顾亭林、张杨园、李二曲、汤斌等61位学者的年谱计83种，是了解谱主生平及清初学术思想的重要史料。

书　名	编（著）者	版　本
牧斋先生（钱谦益）年谱一卷	（清）葛万里编	一笏斋绿丝栏抄本
钱牧翁先生（钱谦益）年谱一卷	（清）彭城退士编	清宣统三年（1911）上海国学扶轮社铅印本
钱牧斋先生（钱谦益）年谱一卷	金鹤翀编	民国二十一年（1932）铅印本

书　名	编（著）者	版　本
徐闇公先生（徐孚远）年谱一卷　附录一卷	陈乃乾、陈洙编	民国十五年金山姚氏怀旧楼刻本
岁寒居（孙奇逢）年谱一卷	（清）孙奇逢编，魏一鳌等增订	清康熙间稿本
征君孙先生（孙奇逢）年谱二卷	（清）汤斌等编，方苞订正	清康熙间刻道光光绪间增刻《孙夏峰全集》本
征君孙先生（孙奇逢）年谱四卷	（清）戴明说等编	清康熙间稿本
查东山先生（查继佐）年谱一卷　附一卷	（清）沈起编，张涛、查禊注	民国间吴兴刘氏刻《嘉业堂丛书》本
万年少先生（万寿祺）年谱一卷　附录一卷　隰西草堂集拾遗一卷　隰西草堂集续拾一卷　年谱补正一卷	罗振玉编	民国八年（1919）上虞罗氏铅印本
白耷山人（阎尔梅）年谱一卷　寅宾录一卷	（清）鲁一同编	民国间吴兴刘氏刻《嘉业堂丛书》本
白耷山人（阎尔梅）年谱一卷	张相文编	民国十一年（1922）中国地学会北京铅印本
陈乾初先生（陈确）年谱二卷	（清）吴骞编，陈敬璋订补	清抄本
胡石庄（胡承诺）年谱一卷	（清）胡玉章编	清道光二十五年（1845）刻《读书说》本
公他先生（傅山）年谱略一卷	（清）张廷鉴编	民国间朱丝栏抄本
傅青主先生（傅山）年谱一卷	丁宝铨编，缪荃孙等校订	清宣统三年（1911）山阳丁氏校刻《霜红龛集》本
吴梅村先生（吴伟业）年谱四卷　世系一卷	（清）顾师轼编，顾思义订	清光绪三年（1877）太仓吴氏重刻、光绪二十三年（1897）印本
吴梅村（吴伟业）年谱一卷	（日）铃木虎雄编	民国间抄本
黄梨洲先生（黄宗羲）年谱三卷	（清）黄炳垕编	清同治十二年（1873）余姚黄氏刻本
尊道先生（陆世仪）年谱一卷	（清）凌锡祺编，王祖畬、唐受祺参阅	清光绪二十六年（1900）刻本
张杨园先生（张履祥）年谱四卷　附录一卷	（清）姚夏编，陈梓增订	清道光十四年（1834）刻本
张杨园先生（张履祥）年谱一卷　附录一卷	（清）苏惇元编	清道光间刻本
杜茶村先生（杜浚）年谱一卷	（清）汪士沦编，王葆心拾补	民国二十四年（1935）铅印本
冒巢民先生（冒襄）年谱一卷	冒广生编	清光绪至民国间如皋冒氏刻本
周栎园先生（周亮工）年谱一卷	（清）周在浚编	民国间朱丝栏抄本
先公田间府君（钱澄之）年谱一卷	（清）钱扬祿编	清宣统三年（1911）铅印本
归玄恭先生（归庄）年谱一卷	归曾祁编	民国七年（1918）稿本
归玄恭先生（归庄）年谱一卷	赵经达编	民国间刻本
安道公（陈瑚）年谱二卷	（清）陈溥编	清光绪间刻本
顾亭林先生（顾炎武）年谱一卷	（清）顾衍生原编，吴映奎重辑，车持谦增纂，李兆洛等参校	清道光十九年（1839）刻本
顾亭林先生（顾炎武）年谱一卷	（清）张穆编	清道光二十四年（1844）刻本
顾亭林先生（顾炎武）年谱一卷	（清）吴映奎、车持谦编，钱邦彦校补	民国间商务印书馆印行《四部丛刊》本
三补顾亭林（顾炎武）年谱一卷	伦明编	民国间乌丝栏稿本
顾亭林先生（顾炎武）诗谱一卷	（清）徐嘉编	清光绪二十三年（1897）刻本
魏贞庵先生（魏裔介）年谱一卷	（清）魏荔彤编	清光绪五年（1879）刻《畿辅丛书》本
秬山谢明学先生（谢文洊）年谱一卷	（清）谢鸣谦编	清刻本
寒松老人（魏象枢）年谱一卷	（清）魏象枢口授，魏学诚等录	清乾隆六年（1741）刻本
悔庵（尤侗）年谱二卷　年谱图诗一卷　小影图赞一卷	（清）尤侗编	清康熙间刻本
壮悔堂（侯方域）年谱一卷	（清）侯洵编	民国二十三年（1934）乌丝栏抄本
吴嘉纪（吴嘉纪）年谱一卷	蔡观明编	1964年油印本
紫云先生（钱汝霖）年谱一卷	（清）钱聚仁编	清光绪十三年（1887）刻民国七年（1918）印本
施侍读（施闰章）年谱一卷	（清）施琮编	清抄本
施愚山先生（施闰章）年谱四卷	（清）施念曾编	清末木活字本
申凫盟先生（申涵光）年谱略一卷	（清）申涵煜、申涵盼编	清康熙十六年（1677）刻本
王船山先生（王夫之）年谱二卷	（清）刘毓崧编	清光绪十二年（1886）江南书局刻本
先船山公（王夫之）年谱前编一卷　后编一卷	（清）王之春编	清光绪十九年（1893）刻本
钝翁（汪琬）年谱一卷	（清）汪筠编	清康熙间刻本
续修文清公（汪琬）年谱一卷	（清）汪敬源编	民国间抄本
汪尧峰先生（汪琬）年谱一卷	赵经达编	民国间刻本
徐俟斋先生（徐枋）年谱一卷　附录一卷	罗振玉编	民国八年（1919）上虞罗氏铅印本
费燕峰先生（费密）年谱四卷	（清）费冕编	196（?）年抄本

书　名	编（著）者	版　本
张力臣先生（张弨）年谱一卷	段朝端编	民国十年（1921）如皋冒氏刻本
潜庵先生（汤斌）年谱一卷	（清）王廷灿编	清康熙四十二年（1703）刻本
汤文正公（汤斌）年谱定本一卷　附录一卷	（清）方苞考订，杨椿重编	清乾隆八年（1743）重刻本
朱柏庐先生（朱用纯）编年毋欺录三卷　补遗一卷	（清）朱用纯编，金吴澜补编，李祖荣校辑	清光绪六年（1880）刻本
朱竹垞先生（朱彝尊）年谱一卷	（清）杨谦编	清刻本
关中李二曲先生（李颙）履历纪略一卷	（清）惠龗嗣编	清刻本
二曲先生（李颙）年谱二卷　附录二卷	（清）吴怀清编	民国十七年（1928）刻本
陆稼书先生（陆陇其）年谱定本二卷　附录一卷	（清）吴光酉重编	清雍正六年（1728）刻本
稼书先生（陆陇其）年谱一卷	（清）陆宸征、李铉编	清同治十三年（1874）刻《小石山房丛书》本
陆子（陆陇其）年谱二卷	（清）张师载编	清乾隆十六年（1751）刻本
雪木先生（李柏）年谱一卷　附录一卷	（清）吴怀清编	民国十七年（1928）刻本
天生先生（李因笃）年谱三卷	（清）吴怀清编	民国十七年（1928）刻本
陈独漉先生（陈恭尹）年谱一卷	温肃编	民国八年（1919）刻本
渔洋山人（王士祯）自撰年谱二卷	（清）王士祯编，惠栋注补	清乾隆间刻本
漫堂（宋荦）年谱四卷	（清）宋荦编	清康熙间稿本
颜习斋先生（颜元）年谱二卷	（清）李塨编，王源订	清康熙四十六年（1707）刻本
翁铁庵（翁叔元）年谱一卷	（清）翁叔元编	民国九年（1920）影印清嘉庆间刻《借月山房汇钞》本
熊文端公（熊赐履）年谱一卷	（清）孔继涵编	清光绪十九年（1893）刻本
阎潜邱先生（阎若璩）年谱一卷	（清）张穆编	清道光二十七年（1847）刻本
鸥盟己史（申涵盼）一卷	（清）申涵盼编	民国间朱丝栏抄本
先寒村公（郑梁）年谱一卷　家书一卷	（清）郑勋编	清嘉庆十三年（1808）刻本
华野郭公（郭琇）年谱一卷	（清）郭廷翼编	清道光二十一年（1841）刻本
蒲柳泉先生（蒲松龄）年谱一卷	路大荒编	1955年油印本
万季野先生（万斯同）系年要录一卷	王焕镳编	民国三十三年（1944）抄本
文贞公（李光地）年谱二卷	（清）李清植编	清道光五年（1825）刻本
榕村（李光地）谱录合考二卷	（清）李清馥编	清道光六年（1826）刻本
南畇老人（彭定求）自订年谱一卷	（清）彭定求编，彭祖贤重编	清光绪七年（1881）刻本
查他山先生（查慎行）年谱一卷	（清）陈敬璋编	民国间吴兴刘氏刻《嘉业堂丛书》本
南山先生（戴名世）年谱一卷	（清）戴钧衡编	清光绪间刻《南山集》本
刘鳌石先生（刘坊）年谱一卷	丘复编	民国五年（1916）铅印本
张清恪公（张伯行）年谱二卷	（清）张师栻、张师载编	清乾隆间刻《正谊堂集》本
李恕谷先生（李塨）年谱五卷	（清）冯辰编，刘调赞续编，恽鹤生订，李锴重订	清道光十六年（1836）刻本
朱文端公（朱轼）年谱一卷	（清）朱瀚编，朱舲补编	清光绪间刻本

晚清名儒年谱（全二十册）

本社影印室辑　精装　大32开　定价：3900.00元
ISBN 7-5013-3185-5/K·1409　2006年12月出版

　　本书为清代学术史研究专家陈祖武先生选编"清代学人年谱"系列之一，共收录晚清时期著名学者的年谱85人87种。上起包世臣、陶澍，下迄梁启超、章太炎、王国维。

书　名	编（著）者	版　本
包慎伯先生（包世臣）年谱一卷	胡韫玉编	民国十二年（1923）铅印本
陶文毅公（陶澍）年谱二卷	王焕镳编	民国三十七年（1948）油印本
姚石甫先生（姚莹）年谱一卷	（清）姚濬昌编	清同治六年（1867）刻本
征君陈先生（陈奂）年谱一卷	（清）管庆祺编	民国二十七年（1938）铅印本
石隐山人（朱骏声）自订年谱一卷	（清）朱骏声编，程朝仪续编，朱师辙补注	民国十八年（1929）铅印本
警石府君（钱泰吉）年谱一卷	（清）钱应溥编	清同治三年（1864）稿本
观斋（祁寯藻）行年自记一卷	（清）祁寯藻编，祁世长续编	清同治间刻本
刘孟瞻先生（刘文淇）年谱二卷　附录一卷	（日）小泽文四郎编	民国二十八年（1939）北平文思楼铅印本
吴竹如（吴廷栋）先生年谱一卷	（清）方宗诚编	清光绪四年（1878）刻本

书　名	编（著）者	版　本
丁柘唐先生（丁晏）历年纪略一卷	（清）丁一鹏编	清末朱格抄本
柘唐府君（丁晏）年谱一卷	（清）丁寿恒等编	清抄本
梦盦居士（程庭鹭）自编年谱一卷	（清）程庭鹭编	民国二十四年（1935）铅印本
汪悔翁（汪士铎）自书纪事一卷	（清）汪士铎编	民国二十二年（1933）铅印本
汪梅村（汪士铎）年谱稿一卷	赵宗复编	民国间铅印本
黻山府君（余龙光）年谱一卷	（清）余香祖、余家鼎编	清光绪二十二年（1896）刻本
邹叔绩先生（邹汉勋）年谱一卷	李景侨编	民国二十六年（1937）铅印本
郑子尹先生（郑珍）年谱一卷	赵恺编	民国十八年（1929）铅印本
郑子尹（郑珍）年谱一卷	钱大成编	民国间铅印本
殷谱经侍郎（殷兆镛）自订年谱一卷	（清）殷兆镛编	清宣统三年（1911）铅印本
罗忠节公（罗泽南）年谱二卷	（清）郭嵩焘编	清同治二年（1863）刻本
张惠肃公（张亮基）年谱八卷 卷首一卷	张祖祐、张德广原编，林绍年等订，刘承幹等增辑	1962 年油印本
告存漫叟（马先登）年谱一卷	（清）马先登编	清光绪十五年（1889）刻本
朱九江先生（朱次琦）年谱一卷	简朝亮编	清光绪二十三年（1897）刻本
朱九江先生（朱次琦）年谱注一卷	张启煌注	民国十九年（1930）刻本
还读我书室老人（董沄）手订年谱二卷	（清）董沄编	清光绪间刻本
余孝惠先生（余治）年谱一卷	（清）吴师澄编	清光绪间刻本
遂翁（赵畇）自订年谱一卷	（清）赵畇编，赵继元等补编	清光绪间刻本
梦因录（张文虎）一卷	（清）张文虎编	清光绪间刻本
龙川李夫子（李光炘）年谱一卷	（清）谢逢源编	196（？）乌丝栏抄本
万清轩先生（万斛泉）年谱一卷	（清）张鼎元编，钱同寿校订	清光绪三十二年（1906）刻本
敝帚斋主人（徐鼐）年谱一卷 补一卷	（清）徐鼐编，徐承禧等注补	清同治十三年（1874）刻本
瓶斋（翁同书）自订年谱一卷	（清）翁同书编，翁同龢补编	清同治间刻本
潘绂庭（潘曾绶）自订年谱一卷	（清）潘曾绶编，潘祖荫、潘祖年补编	清光绪九年（1883）刻本
曾文正公（曾国藩）年谱十二卷	（清）黎庶昌编，李瀚章审订	清光绪二年（1876）局刻本
谢家山人（唐莹）自订年谱一卷	（清）唐莹编，唐汝环补编	清光绪间刻本
鸿蒙室主人（方玉润）自订年表二卷	（清）方玉润编	清光绪间刻本
八旬自述百韵诗（黄炳堃）一卷	（清）黄炳堃撰	清同治光绪间刻本
方柏堂先生（方宗诚）谱系略一卷	（清）陈澹然等编	清光绪间木活字本
藐叟（杨岘）年谱一卷 续一卷	（清）杨岘编，刘继增续编	民国间吴兴刘氏嘉业堂刻本
曲园（俞樾）自述诗一卷 补一卷	（清）俞樾撰	清光绪间刻《春在堂全书》本
俞曲园先生（俞樾）年谱一卷	徐澄征编	1933 年商务印书馆铅印本
俞曲园先生（俞樾）年谱一卷	周云青编	《民铎》第九卷第一号
桐溪达叟（严辰）自编年谱一卷	（清）严辰编	清光绪间刻本
顾斋（王轩）简谱一卷	杨恩浚编	民国间铅印本
裴光禄（裴荫森）年谱四卷	（清）裴士骐等辑，徐嘉编	清光绪二十五年（1899）刻本
泾舟老人洪琴西先生（洪汝奎）年谱四卷	（清）章洪钧、陈作霖编，魏家骅重编	民国二十八年（1939）铅印本
清甀（贺瑞麟）年谱二卷	（清）张元勋编	民国十一年（1922）刻本
贺清麓先生（贺瑞麟）年谱一卷	孙乃琨编	民国十六年（1927）刻本
寿州孙文正公（孙家鼐）年谱一卷	孙传楷编	民国间朱丝栏抄本
苏溪渔隐（耿文光）读书谱四卷	（清）耿文光编	清光绪间刻本
王安甫（王文思）年谱一卷	（清）王文思编	民国十五年（1926）铅印本
先考松生府君（丁丙）年谱四卷	丁立中编	清光绪二十五年（1899）刻本
晚悔盦（黄舒昺）年谱一卷	邓崇甲编	民国间抄本
张文襄公（张之洞）年谱十卷	许同莘编	民国二十八年（1939）铅印本
张文襄公（张之洞）年谱六卷	胡钧编	民国二十八年（1939）铅印本
显考温毅府君（秦荣光）年谱一卷	秦锡田编	民国十九年（1930）铅印本
黄公度先生（黄遵宪）年谱一卷	钱萼孙编	民国二十五年（1936）上海商务印书馆铅印本
桐城吴先生（吴汝纶）年谱四卷	郭立志编	民国三十三年（1944）铅印本
文芸阁先生（文廷式）年谱四卷	钱萼孙编	196（？）年抄本
汪穰卿先生（汪康年）年谱一卷 传一卷	汪诒年编	民国间铅印本
浏阳谭先生（谭嗣同）年谱一卷	陈乃乾编	民国十二年（1923）上海文明书局铅印本
方山民（方观澜）纪年诗一卷	方观澜编	民国间刻本

书　名	编（著）者	版　本
湘绮府君（王闿运）年谱六卷	王代功编	民国十二年（1923）刻本
邻苏老人（杨守敬）年谱一卷	杨守敬编，熊会贞续编	民国四年（1915）石印本
梅郎中（梅曾亮）年谱一卷	吴常焘编	《国专月刊》第四卷第一号
孙籀顺先生（孙诒让）年谱一卷	宋慈袌编	《东方杂志》第二十三卷第十二号
孙诒让年谱一卷	朱芳圃编	1934年上海商务印书馆本
皮鹿门（皮锡瑞）年谱一卷	皮名振编	1934年长沙商务印书馆本
王先谦自定年谱三卷	王先谦编	清光绪三十四年（1908）长沙王氏刻本
韧叟（劳乃宣）自订年谱一卷	劳乃宣编	清宣统至民国间上虞罗氏铅印《蟫隐庐丛书》本
艺风老人（缪荃孙）年谱一卷　行状一卷	缪荃孙编	民国二十五年（1936）刻本
止盦年谱（瞿鸿禨）一卷　附录一卷	瞿鸿禨编，瞿宣颖续编	民国二十三年（1934）铅印本
恩遇纪（瞿鸿禨）一卷	瞿鸿禨编	民国二十三年（1934）铅印本
陶庐老人（王树柟）自订年谱二卷	王树柟编	民国二十四年（1935）抄本
啬翁（张謇）自订年谱二卷	张謇编	民国十四年（1925）铅印本
水竹邨人（徐世昌）年谱卷　附录一卷	贺培新编	民国间朱丝栏稿本
侯官严先生（严复）年谱一卷	严璩编	民国间铅印本
桐城马先生（马其昶）年谱一卷	陈祖壬编	民国间新城陈祖壬稿本
郑叔问先生（郑文焯）年谱一卷	戴正诚编	民国三十年（1941）铅印本
侯官陈石遗先生（陈衍）年谱七卷	陈声暨编，王真续编，叶长青补订	民国间刻本
侯官陈石遗先生（陈衍）年谱一卷	王真编	1960年油印本
默盦居士（王舟瑶）自定年谱一卷　续编一卷　附录一卷	王舟瑶编，王敬礼续编	民国间铅印本
康南海（康有为）自编年谱一卷	康有为编	台北文海出版社1966年影印本
康长素先生（康有为）年谱稿一卷	赵丰田编	民国间铅印本
陈介石先生（陈黻宸）年谱一卷	陈谧编	民国二十三年（1934）铅印本
太炎先生（章炳麟）自定年谱一卷	章炳麟编	民国间乌丝栏抄本
梁任公先生（梁启超）年谱长编初稿	丁文江、赵丰田编	民国二十五年（1936）铅印本
左盦（刘师培）年表一卷	钱玄同编	民国间乌丝栏稿本
王静安先生（王国维）年谱一卷	赵万里编	民国间铅印本

宋明理学家年谱（全十二册）

于浩辑　精装　32开　定价：2900.00元
ISBN 7－5013－2773－4/K·1086　2005年4月出版

　　本书收录了宋明理学名家周敦颐、张载、二程、杨时、罗从彦、朱熹、吕祖谦、陆九渊、杨简、真德秀、魏了翁、许衡、吴澄、曹端、薛瑄、吴与弼、邱濬、陈献章、王守仁、王艮、刘宗周等27人的年谱46种，对于认识宋明理学的形成、发展、演变具有重要的研究与参考价值。

书　名	编（著）者	版　本
道国元公濂溪周夫子（周敦颐）年表一卷	（清）吴大澂主修，常在编	民国间抄本
张子（张载）年谱一卷	（清）武澄编	清同治间刻本
明道先生（程颢）年谱五卷	（清）池生春、诸星杓编	清咸丰五年（1855）刻本
宋程纯公（程颢）年谱一卷	（清）杨希闵编	民国二十三年（1934）铅印本
伊川先生（程颐）年谱一卷	（宋）朱熹编	清康熙二十八年（1689）刻本
伊川先生（程颐）年谱七卷	（清）池生春、诸星杓编	清咸丰五年（1855）刻本
宋儒龟山杨先生（杨时）年谱一卷	（清）毛念恃编	清光绪二年（1876）刻本
宋杨文靖公龟山先生（杨时）年谱二卷	（清）张夏补编	清康熙间刻本
豫章罗先生（罗从彦）年谱一卷	（清）毛念恃编	清乾隆十年（1745）刻本
紫阳文公先生（朱熹）年谱一卷	（宋）李方子原编，（明）李默、朱河订	明嘉靖间刻本
朱子（朱熹）年谱一卷	（清）郑士范编	清光绪六年（1880）正谊堂刻本
紫阳朱先生（朱熹）年谱一卷	（清）毛念恃编	清乾隆十年（1745）重刻本
朱子（朱熹）年谱四卷	（清）王懋竑编	清道光光绪间刻本
紫阳朱夫子（朱熹）年谱二卷	（明）何可化等，（清）朱烈订	清康熙二年（1663）刻本

书　名	编（著）者	版　本
朱子（朱熹）年谱纲目十二卷	（清）李元禄编	清嘉庆七年（1802）刻本
朱夫子（朱熹）年谱一卷	（清）朱钦绅辑	清乾隆二年（1737）刻本
重订朱子（朱熹）年谱一卷	（清）褚寅亮编	清乾隆四十七年（1782）刻本
朱子（朱熹）年谱一卷	（清）黄中编	清康熙二十九年（1690）刻本
张宣公（张栻）年谱二卷　附录二卷	胡宗楙编	民国二十一年（1932）刻本
东莱吕成公（吕祖谦）年谱一卷	（明）阮元声、史继任编	明崇祯五年（1632）刻本
象山先生（陆九渊）年谱二卷	（宋）袁燮、傅子云初稿，李子愿编，（清）李绂增订	清雍正十年（1732）刻本
陆文安公（陆九渊）年谱二卷	（清）杨希闵编	清光绪四年（1878）本
慈湖先生（杨简）年谱二卷	（清）冯可镛、叶意深编	民国十九年重印《慈湖先生遗书》本
西山真文忠公（真德秀）年谱一卷	（清）真采编	清乾隆二十九年（1764）刻《真西山全集》本
魏文靖公（魏了翁）年谱一卷	缪荃孙编	民国间刻本
许文正公（许衡）考岁略续一卷	（元）耶律有尚编	清乾隆五十五年（1790）刻本
许鲁斋先生（许衡）年谱一卷	（清）郑士范编	清光绪六年（1880）正谊堂刻本
临川吴文正公（吴澄）年谱一卷	（明）危素编	乾隆二十一年（1756）刻本
曹月川先生（曹端）年谱一卷	（明）张信民编	清正谊堂刻《曹月川先生集》本
吴聘君（吴与弼）年谱一卷	（清）杨希闵编	清光绪四年（1878）刻本
邱文庄公（邱濬）年谱一卷	（清）王国栋编	清光绪二十四年（1898）刻本
编次陈白沙（陈献章）先生年谱二卷	（清）阮榕龄编	清咸丰元年至八年刻本
薛文清公（薛瑄）年谱一卷　行实一卷	（明）杨鹤、杨嗣昌编	明万历间刻本
明薛文清公（薛瑄）年谱一卷	（清）杨希闵编	民国二十三年（1934）铅印本
胡文敬公（胡居仁）年谱一卷	（清）杨希闵编	清光绪四年刻本
阳明先生（王阳明）年谱三卷	（明）钱德洪编，罗洪先考订	明嘉靖四十三年（1564）刻本
王阳明先生（王阳明）图谱一卷	（明）邹守益编	民国三十年（1941）影印本
阳明先生（王阳明）年谱一卷	（明）施邦曜编	清乾隆五十二年（1787）刻本
阳明先生（王阳明）年谱二卷	（明）李贽编	明万历三十七年（1609）刻本
王文成公（王阳明）年纪一卷	（清）陈澹然编	清光绪间石印本
王心斋先生（王艮）年谱一卷　谱余一卷	（明）董燧等编	民国元年（1912）铅印本
顾端文公（顾宪成）年谱二卷	（清）顾与沐记略，顾枢编，顾贞观补订	清光绪三年（1877）刻本
高忠宪公（高攀龙）年谱一卷	（明）华允诚编	清光绪二年（1876）刻本
高忠宪公（高攀龙）年谱二卷	（清）高世宁编，高世泰订	清康熙间刻本
理学张抱初先生（张信民）年谱一卷	（明）冯奋庸编，张弘文续编	清雍正间刻乾隆间增刻本
刘忠介公（刘宗周）年谱二卷　录遗一卷	（清）刘汋编	清乾隆四十二年（1777）刻本

宋明理学家年谱续编（全五册）

陈来选，于浩辑　精装　大 32 开　定价：970.00 元
ISBN 7-5013-3144-8/K·129　2006 年 7 月出版

　　在中国学术发展史上，宋明理学作为一种新儒学思想，自北宋中期形成以后，逐渐居于社会思潮的主流地位，对此后中国社会的各个方面产生了深远的影响。

　　本书在前编《宋明理学家年谱》的基础上，又陆续收录了著名理学家范仲淹、欧阳修、司马光、游酢、陈瓘、朱熹、尹焞、李侗、刘子翚、陈傅良、金履祥、唐顺之等 18 人的年谱 20 余种，这些年谱对于研究谱主的个人生平与理学思想，对于认识宋明理学的形成、发展、演变具有重要的研究与参考价值。

书　名	编（著）者	版　本
范文正公（范仲淹）年谱一卷　补遗一卷	（宋）楼钥编，范之柔补遗	民国间上海商务印书馆影印《四部丛刊》本
增订欧阳文忠公（欧阳修）年谱一卷	（清）华孳亨编	清道光十四年（1834）《昭代丛书》本
周子（周敦颐）年谱一卷	（宋）度正撰	明万历四十三年（1615）刻本
司马太师温国文正公（司马光）年谱八卷	（清）顾栋高编	民国间刻本
游定夫先生（游酢）年谱一卷	（清）游智开编	清同治六年（1867）重刻《游定夫先生集》本

书　名	编（著）者	版　本
陈了翁（陈瓘）年谱一卷	（元）陈宣子编	民国二十五年（1936）海宁陈乃乾乌丝栏抄本
陈忠肃公（陈瓘）年谱一卷	（明）陈载兴编	民国间朱丝栏抄本
尹和靖先生（尹焞）年谱一卷	（宋）佚名编	清抄本
延平李先生（李侗）年谱一卷	（清）毛念恃编	清乾隆十年（1745）刻本
屏山先生（刘子翚）年谱一卷	詹继良编	民国十一年（1922）铅印本
陈文节公（陈傅良）年谱一卷	（清）孙锵鸣编	民国间铅印本
朱子（朱熹）实纪十二卷	（明）戴铣辑	明正德八年刻本
文公朱夫子（朱熹）年谱一卷	（清）高愈编	清同治八年（1869）刻本
宋仁山金先生（金履祥）年谱一卷	（明）徐袍编	清乾隆间刻光绪十三年（1887）补刻《率祖堂丛书》本
松溪程先生（程文德）年谱一卷	（明）姜宝编	清咸丰间重刻本
王一庵先生（王栋）年谱纪略一卷	袁承业辑	民国元年（1912）铅印本
明唐荆川先生（唐顺之）年谱八卷	唐鼎元编	民国二十八年（1939）铅印本
王东厓先生（王襞）年谱纪略一卷	袁承业辑	民国元年（1912）铅印本
观生记（耿定向）一卷	（明）耿定向编	民国十四年（1925）铅印本
黄忠端公（黄道周）年谱四卷　补遗一卷	（明）庄起俦编	清道光九年（1829）刻本
黄子（黄道周）年谱一卷	（明）洪思编	清道光二十四年（1844）校刻本

明代名人年谱（全十二册）

于浩辑　精装　大32开　定价：2400.00元

ISBN 7-5013-2842-0/K·1223　2006年7月出版

本书收录了明代著名人物宋濂、刘基、高启、方孝孺、杨士奇、李东阳、杨慎、归有光、王世贞、王锡爵、徐光启、孙承宗、杨涟、左光斗、徐宏祖、堵胤锡、祁彪佳、张煌言、郑成功等47人的年谱。谱主多为明代著名政治家和学者。这些年谱或为谱主自订，或为后裔门人所编，或由他人撰著，甚至不乏钱大昕等清代名家所著。其中霍韬《石头录》、杨继盛《椒山先生自著年谱》、朱赓《荼史》、叶向高《蘧编》、周起元《海澄周忠惠公自叙年谱》、魏大中《魏廓园先生自谱》、陈子龙《陈忠裕公自著年谱》等，皆为谱主所自撰，是研究相关人物、事件和明代政局的珍贵的第一手资料。刘世节《刘忠宣公年谱》、孙铨《高阳太傅孙文正公年谱》、缪之镕《文贞公年谱》等为名臣后裔所著，这些年谱虽难免存在为尊者讳、为亲者讳、为贤者讳的现象，对于谱主的生平行谊隐恶扬善，多有溢美，但从史学研究的角度来看，仍然具有一定的史料价值。此外有的年谱还迭经修改，不断补充订正，如《杨文宪升庵先生年谱》由简绍芳编、程封改辑、孙錤补订。这些年谱的内容除了按编年方式详细记载人物的生平资料，还保留了大量的奏疏诏令、墓志铭、神道碑铭、诗词等，对于研究明代政治、文化、经济、社会等方面，提供了丰富的相关文献。

书　名	编（著）者	版　本
宋文宪公（宋濂）年谱二卷　附录一卷	（清）朱兴悌、戴殿江编，孙锵增辑	民国五年（1916）刻本
刘文成公（刘基）年谱稿二卷	刘耀东编	民国二十八年（1939）铅印本
青邱高季迪先生（高启）年谱一卷	（清）金檀编	清雍正六年（1728）刻本
方正学先生（方孝孺）年谱一卷　方氏本末记略一卷	（明）卢演、翁明英编	清同治十二年《黄氏家乘》本
太师杨文贞公（杨士奇）年谱一卷	（明）杨稙编，杨思尧补编	清道光间刻本
建文（朱允炆）年谱二卷　后事一卷　辨疑一卷	（明）赵士喆编，赵涛、赵瀚音注	清初刻本
况太守（况钟）年谱一卷	（清）况廷秀编	清道光二十九年（1849）刻《况太守集》本
明三元太傅商文毅公（商辂）年谱四卷	（明）商振伦编	明万历四十六年（1618）刻本
明李文正公（李东阳）年谱七卷	（清）法式善编，唐仲冕补编	清嘉庆九年（1804）刻本
刘忠宣公（刘大夏）年谱二卷	（明）刘世节编	清光绪元年（1875）刻本
文正谢公（谢迁）年谱一卷	（明）倪宗正原编，（清）谢钟和重编	清康熙间刻本
王恭襄公（王琼）年谱一卷　附录一卷	张友椿编	民国二十五年（1936）铅印本
何大复先生（何景明）年谱一卷　附录三卷	刘海涵编	民国间刻本
石头录（霍韬）八卷　卷首一卷	（明）霍韬编，霍与瑕补编，沈应乾、霍尚守注	清同治元年（1862）刻本
杨文宪升庵先生（杨慎）年谱一卷	（明）简绍芳编，（清）程封改辑，孙錤补订	清道光间刻本
升庵先生（杨慎）年谱一卷	（清）李调元编	清道光五年（1825）补刻本
归震川先生（归有光）年谱一卷	（明）孙岱编	清光绪六年（1880）刻本
海忠介公（海瑞）年谱一卷	（清）王国宪编	清光绪三十二年（1906）刻本
椒山先生（杨继盛）自著年谱一卷	（明）杨继盛编	民国九年（1920）石印本

书　名	编（著）者	版　本
戚少保（戚继光）年谱耆编十二卷	（明）戚祚国汇纂，戚昌国集录，戚报国详订，戚兴国参校	清道光二十七年（1847）刻本
谭襄敏公（谭纶）年谱一卷	（明）佚名编	清嘉庆间木活字本
弇州山人（王世贞）年谱一卷	（清）钱大昕编	清嘉庆八年（1803）编至十二年（1807）刻本
琅琊凤麟两公（王世贞、王世懋）年谱合编一卷	（清）王瑞国编	清康熙五十二年（1713）抄本
王文肃公（王锡爵）年谱一卷	（明）王衡编，（清）王时敏续编	清光绪二十五年（1899）刻本
茶史（朱赓）一卷	（明）朱赓编	民国十七年（1928）东方学会铅印《殷礼在斯堂丛书》本
眉公府君（陈继儒）年谱一卷	（明）陈梦莲编	明崇祯间刻本
蘧编（叶向高）二十卷	（明）叶向高编	民国二十四年（1935）抄本
杨忠烈公（杨涟）年谱一卷	（清）杨征午等编	清道光十三年（1833）刻《杨忠烈公文集》本
左忠毅公（左光斗）年谱二卷	（清）左宰编	清道光二十九年（1849）刻本
左忠毅公（左光斗）年谱定本二卷	马其昶编	民国十四年（1925）刻本
黄忠端公（黄尊素）年谱二卷　年谱旧本一卷	（清）黄炳垕编	清光绪元年（1875）刻本
周吏部（周顺昌）年谱一卷	（清）殷献臣编	清康熙四十年（1701）刻本
文贞公（缪昌期）年谱一卷	（清）缪之镕编	清同治十三年（1874）刻本
海澄周忠惠公（周起元）自叙年谱一卷	（明）周起元编，（清）王焕、王如续编	清同治十一年（1872）刻本
魏廓园先生（魏大中）自谱一卷	（明）魏大中编	明崇祯元年（1628）刻本
徐文定公（徐光启）年谱一卷	（清）徐允希、李杕编	清光绪二十二年（1896）铅印本
袁中郎（袁宏道）年谱一卷	佚名编	民国间朱丝栏抄本
高阳太傅孙文正公（孙承宗）年谱五卷	（明）孙铨编，（清）孙奇逢订正	清乾隆六年（1741）刻本
徐霞客先生（徐宏祖）年谱	丁文江著	民国十七年（1928）上海商务印书馆铅印《徐霞客游记》本
徐霞客先生（徐宏祖）年谱订误	方豪订误	民国三十一年（1942）国立浙江大学文科研究所史地学部铅印本
倪文正公（倪元璐）年谱四卷	（清）倪会鼎编	清道光光绪间刻《粤雅堂丛书》本
忠节吴次尾先生（吴应箕）年谱一卷　楼山遗事一卷	（清）夏燮编	清同治六年（1867）刻本
张忠敏公（张国维）年谱一卷	（清）张振珂编	清光绪五年（1879）刻本
堵忠肃公（堵胤锡）年谱一卷	（明）堵胤锡自记，（清）佚名编，吴骞校	清嘉庆十年（1805）抄本
堵文忠公（堵胤锡）年谱一卷	（清）张夏编	清道光二十三年（1843）刻本
堵文忠公（堵胤锡）年谱一卷	（清）潘士超编	清光绪间刻本
明大司马卢公（卢象升）年谱一卷	（清）卢安节编	清光绪元年（1875）刻本
祁忠敏公（祁彪佳）年谱一卷	（明）王思任编	清初乌丝栏稿本
祁忠敏公（祁彪佳）年谱一卷	（明）王思任编，（清）梁廷沄、龚沆补编	民国二十六年（1937）铅印本
钱忠介公（钱肃乐）年谱一卷	冯贞群编	民国间刻本
陈忠裕公（陈子龙）自著年谱三卷	（明）陈子龙，（清）王沄续编，王昶辑，庄师洛等订	清嘉庆八年（1803）刻本
张忠烈公（张煌言）年谱一卷	（清）赵之谦编	清光绪二十二年（1896）校刻本
郑延平（郑成功）年谱一卷	许浩基编	民国十五年（1926）铅印本

丛书人物传记资料丛刊·学林卷（全十六册）

本社影印室编　精装　大 32 开　定价：3900.00 元
ISBN 7－5013－2833－1/K·1215　2006 年 5 月出版

　　《丛书人物传记资料类编·学林卷》基本依照《中国丛书综录》著录目录，历经三年的筛选，从《青照堂丛书》、《琳琅秘室丛书》、《皇清经解》及续编、《汉魏遗书》、《昭代丛书》、《榕园丛书》、《函雅堂丛书》等丛书中，辑录了历代著名思想家、学者的传记资料计 57 种，涉及人物近千人。既有合传，如《历代名儒传》、《颜李师承记》、《新安学系录》、《儒林传稿》；又有单传，如《太史公系年考略》、《孟子生卒年月考》、《周子遗事》、《纪慎斋先生崇祀录》、《羽琌山民逸事》、《王文简公行状》等。体例涉及年谱、行状、传略、年表、墓志铭等。本书还收录了相当数量的稀见史料近 20 种，如《理学宗传》、《理学宗传辨正》、《船山学谱》、《李二曲先生全集》、《一斋陈先生考终录》、《皇明理学名臣言行录》等。这些资料对于研究孔子、孟子、郑玄、周敦颐、吕坤、王守仁、李二曲、颜元、毛奇龄、龚自珍等数百位传主、谱主的生平及主要思想，对于研究中国古代学术史、思想史，尤其各种学派学说的渊源及演变，有重要的史料文献价值。此外还编制了人名索引，便于学者们使用。

书　名	编（著）者	版　本
理学宗传	（清）孙奇逢撰	《孙夏峰先生全集》本
理学宗传辨正	（清）刘廷诏撰	六安求我斋校刊本
宗谱纂要	（清）王棪撰	《昭代丛书》本
历代名儒传	（清）朱轼、蔡世远辑	《高安三传合编》本
道学世系	（清）冯至撰	《诸暨冯氏丛刻·森斋汇稿》本
汉魏博士题名考	王国维	《海宁王静安先生遗书》本
皇明理学名臣言行录	（明）祁承㸁撰	《国朝征信丛录》本
儒行述	（清）彭绍升撰	《昭代丛书》本
儒林传稿	（清）阮元撰	《榕园丛书》本
国史儒林传	缪荃孙撰	《古学汇刊》本
新安学系录	（明）程曈撰	《安徽丛书》本
颜李师承记	徐世昌撰	《颜李学》本
师友渊源记	（清）陈焱撰	《函雅堂丛书》本
东越儒林后传	（清）陈寿祺撰	《左海全集》本
洛学编	（清）汤斌	有不为斋重刊本
洛学拾遗补编	（清）曹肃孙撰	《洛阳曹氏丛书》本
中州道学存真录	（清）刘宗泗辑	《刘氏传家集》本
孔孟志略	（清）张承燮撰	东听雨堂刊本
孔子世家补订	（清）林春溥撰	《竹柏山房十五种》本
东家杂记	（宋）孔传撰，（清）胡珽校伪，董金鉴续补校	爱日精庐影宋本
孔氏祖庭广记	（金）孔元措撰，（清）胡珽校伪，董金鉴续补校	《琳琅秘室丛书》本
先圣生卒月日考	（清）孔广牧撰	《皇清经解续编》本
学宫辑略	（清）余丙捷撰，李元春增辑	《青照堂丛书》本
孔子弟子目录	（汉）郑玄，（清）王谟辑	《汉魏遗书》本
论语篇目弟子	（汉）郑玄撰注，（清）孔广林辑	《通德遗书所见录》本
孔门师弟年表	（清）林春溥撰	《竹柏山房十五种》本
文庙从祀弟子赞	（清）卢存心撰	《昭代丛书》本
孟子列传纂	（清）林春溥撰	《竹柏山房十五种》本
孟志编略	（清）孙葆田撰	清刻本
孟子生卒年月考	（清）阎若璩撰	《皇清经解》本
孟子游历考	（清）潘眉撰	《昭代丛书》本
孟子出处时地考	（清）周广业撰	《孟子四考》本
太史公（司马迁）系年考略	王国维撰	《广仓学窘丛书》本
郑康成（郑玄）年谱	（清）沈可培撰	《昭代丛书》本
郑君（郑玄）纪年	（清）陈鳣撰，袁钧订正	《郑氏佚书》本
汉郑君（郑玄）年谱	（清）丁晏撰	《颐志斋四谱》本
安定（胡瑗）言行录	（清）许正绶辑	《月河精舍丛钞》本
周子（周敦颐）遗事	（清）董镕辑	《周子全书》本
程明道先生（程颢）行状	（宋）程颐撰	《清麓丛书正编·程朱行状》本
宋侍讲朱文公（朱熹）行状	（宋）黄榦撰	《清麓丛书正编·程朱行状》本
月川先生（曹端）从祀录	（清）周尚冕辑	《曹月川先生遗书》本
王文成（王守仁）传本	（清）毛奇龄撰	《西河合集》本
新吾吕君（吕坤）墓志铭	（明）吕坤撰	《吕新吾全集》本
一斋陈先生（陈第）考终录	（明）陈第撰	《一斋集》本
陈祠部公（陈龙正）家传	（清）陈揆撰	《几亭全书》本
东山（查继佐）外纪	（清）刘振麟、周襄撰	《嘉业堂丛书》本
船山（王夫之）学谱	王永祥撰	《孝鱼丛著》本
毛西河（毛奇龄）传赞	（清）王锡撰	《借月山房汇钞》本
李二曲先生（李颙）全集	（清）李颙撰	清刻本
竹垞府君（朱彝尊）行述	（清）朱桂孙、朱稻孙撰	《丙子丛编》本
稼书先生（陆陇其）年谱	（清）陆宸征、李铉撰	《小石山房丛书》本
纪慎斋先生（纪大奎）崇祀录	（清）佚名撰	《纪慎斋先生全集》本
先府君（焦循）事略	（清）焦廷琥撰	《焦氏丛书》本

书 名	编（著）者	版 本
王文简公（王引之）行状	（清）王寿昌等撰	《雪堂丛刻》本
羽琌山民（龚自珍）逸事	（清）魏季子、缪荃孙撰	《古学汇刊》本
石州（张穆）年谱	（清）张继文	《山右丛书初编》本
崇祀录（朱为弼等）	（清）朱之榛辑	清刻本

历代妇女名人年谱（全二册）

张爱芳辑　精装　16开　定价：900.00元

ISBN7－5013－2740－8/K·1071　2005年7月出版

　　本书收录自汉迄近代有代表性的妇女年谱23种而成，其撰成年代自宋朝及于现代，资料翔实，体例谨严。谱主26人，即吕后、武则天、李清照、觉罗氏（清穆精额的二世祖母）、叶小鸾（叶绍袁的幼女，婚昆山张氏，将嫁而卒，得年十七，工诗）、柳如是、董小宛、杨娥、吴绛雪、李氏（尹会一母）、王照圆（郝懿行继妻，字瑞玉，号婉佺，著有《〈列女传〉补注》等书）、梁德纯、陆氏（徐惠源母）、鲍氏（王先谦母）、吴氏（董金鉴母）、潘氏（梁寿臧母）、曾纪芬（曾国藩幼女）、薛氏（陈莹母）、徐自华、赛金花、秋瑾等。另收录有《祖国女界文豪谱》。

书 名	编（著）者	版 本
吕后生平简表	北京师范大学历史系编	人民出版社1997年版
武则天大事年表	西北大学中文系编	《武则天》1975年版
易安居士年谱	李文椅编	民国十六年（1927）铅印本
色勒福晋觉罗氏年谱	（清）穆精额编	清道光间朱格稿本
疏香阁纪年	叶德辉辑	民国间南阳叶氏刻本
柳如是年谱　附柳如是事辑	胡文楷撰	《东方杂志》第四十三卷第三号
董小宛考编年	孟森编	民国二十五年（1936）铅印本
杨娥年表	柳亚子编	《中美周刊》第一卷第三四、三五期
吴绛雪年谱　附吴绛雪诗钞	（清）俞樾编	清光绪间铅印本
尹太夫人年谱	（清）尹会一编	民国五年（1916）天津严氏石印本
先太孺人年谱	（清）陆继辂编	清光绪四年（1878）刻本
郝兰皋夫妇年谱　附著述考	许维遹编	《清华学报》第十卷第一期
《再生缘》续作者许宗彦、梁德纯夫妇年谱	叶德均编	中华书局1979年版《戏曲小说丛考》卷下
重刻劲节楼图记	（清）徐惠源辑	清光绪十年（1884）刻本
王母先太夫人年谱	王先谦编	清光绪二十六年（1900）刻本
吴太夫人年谱	（清）董金鉴编	清末刻本
梁母潘太夫人年谱	梁寿臧、梁寿相编	民国八年（1919）铅印本
崇德老人八十自订年谱	曾纪芬口述，瞿宣颖笔录	民国二十二年（1933）铅印本
哈同先生　迦陵夫人年谱	姬觉弥辑	民国十一年（1922）上海爱俪园铅印本
先妣薛恭人年谱	陈锵等编	清宣统三年（1911）刻本
徐自华年谱简编	郭延礼编	《徐自华诗文集》中华书局1990年版
赛金花年表	刘半农、商鸿逵编	民国二十三年（1934）铅印本
赛金花年谱	李蜀宜编	民国二十四年（1935）报纸剪贴本
秋瑾年谱	孙元超编	《辛亥革命四烈士年谱》北京图书馆出版社2001年版
秋瑾年谱（未定稿）	山石编	《史学月刊》1957年第6期
祖国女界文豪谱	咀雪子编	清光绪年间刻本

中国古代史学家年谱（全八册）

张爱芳选辑　精装　大32开　定价：1900.00元

ISBN 7－5013－2782－3/K·1092　2005年7月出版

　　本书共计收入年谱40种，其撰成年代自宋朝至于现代，资料翔实，体例谨严。谱主25人，即司马迁、班固、魏征、刘知几、沈约、欧阳修、司马光、袁枢、黄宗羲、顾炎武、王夫之、万斯同、查继佐、张廷玉、全祖望、赵翼、钱大昕、毕沅、章学诚、邵晋涵、崔述、徐松、姚莹、黄遵宪、刘师培。有的著名史学家如魏源、梁启超等因已有单独年谱出版，兹不再选入。本书所收史学家年谱力求齐全，如司马迁的年谱有3种，顾炎武7种，欧阳修3种，因各家所撰年谱各具特色，可以参稽补充，故概行选入。有些年谱的版本较为稀见，特别是其中的抄本、油印本，更具有极高的文献价值。将它们汇为一编，影印行世，这不仅使众多查阅者、庋藏者颇称其便，而且对推进中国古代文史及文献学等领域的研究工作大有裨益。

书　名	编（著）者	版　本
太史公年谱	张鹏一编	民国二十二年刻本
太史公系年考略	王国维编	民国五年铅印本
太史公疑年考	张惟骧编	民国间刻本
班固年谱	郑鹤声编	民国二十二年上海商务印书馆版
魏文贞公年谱	（清）王先恭编	清光绪九年刻本
刘子玄年谱稿	朱希祖编	民国间朱丝栏稿本
刘知几年谱	傅振伦撰	1963年中华书局版
沈约年谱	（日）铃木虎雄著、马导源译	民国二十四年年上海商务印书馆本
庐陵欧阳文忠公年谱	（宋）胡柯编	民国间上海商务印书馆影印《四部丛刊》本
增订欧阳文忠公年谱	（清）华孳亨编	清道光十四年刻《昭代丛书》本
欧阳文忠公年谱	（清）杨希闵编	清光绪四年刻本
温公年谱	（明）马峦编	明万历四十六年刻本
宋司马太师温国文正公年谱	（清）顾栋高编	民国间刻《求恕斋丛书》本
宋司马文正公年谱	（清）陈宏谋编	清乾隆六年刻本
袁枢年谱	郑鹤声著	民国二十二年上海商务印书馆本
黄梨洲先生年谱	（清）黄炳垕编	清同治十二年刻本
顾亭林先生年谱	（清）吴映奎编	清光绪六年刻本
顾亭林先生年谱	（清）顾衍生原编，吴映奎重辑，车持谦增纂	清抄本
顾亭林先生年谱	（清）顾衍生原编，吴映奎编，车持谦增纂，李兆洛等参校	清道光十九年刻本
顾亭林先生年谱	（清）张穆编	清道光二十四年刻本
顾亭林先生诗谱	（清）徐嘉编	清光绪二十三年刻本
顾亭林先生年谱	（清）吴映奎、车持谦编，钱邦彦校补	民国间商务印书馆印行《四部丛刊》本
三补顾亭林年谱	（清）伦明编	民国间乌丝栏稿本
王船山先生年谱	（清）刘毓崧编	清光绪十二年江南书局刻本
先船山公年谱前编	（清）王之春编	清光绪十九年刻本
万季野先生系年要录	王焕镳编	民国三十三年抄本
查他山先生年谱	（清）陈敬璋编	民国间刻本
澄怀主人自订年谱	（清）张廷玉编	清光绪六年刻本
全谢山先生年谱	（清）董秉纯编	清同治十一年刻《鲒埼亭集》本
瓯北先生年谱	（清）佚名编	清光绪三年重刻《瓯北全集》本
钱辛楣先生年谱	（清）钱大昕编，钱庆曾校注并续编	清咸丰间刻本
弇山毕公年谱	（清）史善长编	清同治十一年刻本
章实斋先生年谱	赵誉船编	民国间石印本
邵二云先生年谱	黄云眉编	民国二十二年铅印本
崔东壁年谱	姚绍华编	民国二十二年上海商务印书馆本
徐星伯先生事辑	缪荃孙编	清光绪二十七年江阴缪氏刻《艺风堂文集》本
姚石甫先生年谱	（清）姚浚昌编	清同治六年刻本
黄公度先生年谱	钱萼孙编	民国二十五年上海商务印书馆铅印本
左盦年表	钱玄同编	民国间乌丝栏稿本

隋唐五代名人年谱（全四册）

本社影印室辑　精装　16开　定价：1500.00元

ISBN 7-5013-2781-5/K·1091　2005年5月出版

　　本书共计收入年谱60种，其撰成年代自宋朝及于民国，资料翔实，体例谨严。谱主29人，包括政治家如唐朝魏征、五代时期吴越国武肃王钱镠、文穆王钱元瓘、忠献王钱弘佐、忠逊王钱弘倧、忠懿王钱俶，南唐中主李璟、后主李煜；唐代著名史学家刘知几；唐代著名诗人如李白、杜甫、李商隐等；著名书法家颜真卿；著名散文家韩愈、柳宗元等；著名僧人玄奘等。而且所收年谱齐全，最著名的人物，如杜甫的年谱有12种，韩愈的有9种，李商隐的有5种。有些年谱的版本较为稀见，特别是其中的抄本、油印本，更具有极高的文献价值。将它们汇为一编并影印出版，有助于中国古代史及古文献学等领域的进一步深化和发展。

书　名	编（著）者	版　本
智者大禅师年谱事迹	（宋）释戒应编	1983 年大藏经刊行会影印本
唐司空尚书右仆射赵国公封德彝历史	封宝桢辑	民国二十二年哈佛燕京学社铅印本
魏文贞公年谱	（清）王先恭编	清光绪九年刻本
王祖年谱	汪斌编	民国二十五年石印本
唐玄奘法师年谱	刘汝霖编	民国三十年至三十一年铅印本
王子安年谱	姚大荣编	清宣统三年刻本
刘子玄年谱稿	朱希祖编	民国间朱丝栏稿本
张曲江年谱	（清）温汝适编	民国三十五年上海商务印书馆影印暨铅印《广东丛书》本
李翰林年谱	（宋）薛仲邕编	明刻本
唐王右丞年谱	（明）顾起经编	抄本
王右丞年谱	（清）赵殿成编	清刻本
颜鲁公年谱	（宋）留元刚编	明嘉靖间铜活字本
颜鲁公年谱	（清）黄本骥编	清道光间刻本
杜工部年谱	（宋）吕大防编	民国间上海商务印书馆影印《四部丛刊》本
杜工部年谱	（宋）蔡兴宗编	民国间上海商务印书馆影印《四部丛刊》本
杜工部草堂诗年谱	（宋）鲁訔编	民国间上海商务印书馆影印《四部丛刊》本
杜工部年谱	（宋）赵子栎编	民国三年铅印本
杜工部年谱	（宋）黄鹤编	明刻本
杜工部年谱	（清）朱鹤龄编	清康熙元年刻本
少陵先生年谱	（清）钱谦益编	清康熙六年刻本
杜工部年谱	（清）张远编	清康熙二十七年刻本
杜工部年谱	（清）朱鹤龄编，仇兆鳌订	清康熙三十二年刻本
杜工部年谱	（清）杨伦编	清同治十一年刻本
杜少陵年谱	（清）朱骏声编	《求恕斋丛书》本
少陵新谱	李春坪编	民国二十四年铅印本
岑参年谱	赖义辉编	民国十九年铅印本
唐李邺侯年谱	（清）杨希闵编	清光绪四年刻本
唐孟郊年谱	华忱之编	民国二十九年国立北京大学图书馆铅印本
孟东野诗文系年考证	华忱之编	民国三十年油印本
陆宣公年谱	（明）陆申编	明正德十四年刻本
唐陆宣公年谱	（清）丁晏编	清道光同治间刻本
陆宣公年谱集略	（清）耆英增辑	清刻《陆宣公集》本
唐陆宣公年谱	（清）杨希闵编	清光绪四年（1878）刻本
韩吏部文公集年谱	（宋）吕大防编	民国元年（1912）上海商务印书馆影印本
韩文公历官记	（宋）程俱编	民国元年上海商务印书馆影印本
韩子年谱	（宋）洪兴祖编	民国元年上海商务印书馆影印本
韩文公年谱	（宋）樊汝霖编	民国元年上海商务印书馆影印本
韩文年表	（宋）方崧卿编	民国元年上海商务印书馆影印本
韩文公年谱	（宋）林云铭编	清康熙三十二年刻本
昌黎先生年谱	（清）顾嗣立编	清康熙三十八年刻本
昌黎先生年谱	（清）黄钺编	清咸丰七年刻本
昌黎先生诗文年谱	（清）方成珪编	民国十五年铅印本
白氏文公年谱	（宋）陈振孙编	明抄本
白香山年谱	（清）汪立名编	清康熙四十二年刻本
柳先生年谱	（宋）文安礼编	清光绪元年刻本
微之年谱	（宋）赵令畤编	民国间抄本
李义山诗谱	（清）朱鹤龄编	清顺治间刻本
重订李义山年谱	（清）程梦星编	清乾隆九年刻本
玉溪生年谱	（清）冯浩辑	清乾隆四十五年刻本
玉溪生年谱订误	（清）钱振伦订误	清同治五年刻本
玉溪生年谱会笺	张采田编	《求恕斋丛书》本
韩承旨年谱	震钧编	民国八年上海扫叶山房石印本

书　名	编（著）者	版　本
韩翰林诗谱略	缪荃孙编	民国间刻本
武肃王年表	钱文选编	民国间抄本
文穆王年表	钱文选编	民国间抄本
南唐中主年表	唐圭璋编	民间二十五年上海正中书局铅印本
忠献王年表	钱文选编	民国间抄本
忠逊王年表	钱文选编	民国间抄本
忠懿王年表	钱文选编	民国间抄本
南唐后主年表	唐圭璋编	民国二十五年上海正中书局铅印本

唐宋八大家年谱（全五册）

王冠辑　精装　16 开　定价：2100.00 元

ISBN 7-5013-2770-X/K·1083　2005 年 4 月出版

　　本书专为喜读八大家文章，研究八大家生平作品的人而编。广泛搜讨宋代至清代所编八大家年谱共计 28 种，辑为一编。对于研究八大家生平，了解他们各自的境遇，在政坛、文坛的成败进退，及其与诗文创作的关系，无疑是十分难得的第一手资料。

书　名	编（著）者	版　本
韩吏部文公集年谱	（宋）吕大防编	民国元年（1912）上海商务印书馆影印《新刊五百家注音辨昌黎先生文集》本
韩文公历官记	（宋）程俱编	
韩子年谱	（宋）洪兴祖编	
韩文公年谱	（宋）樊汝霖编	
韩文公年表	（宋）方崧卿编	
韩文公年谱	（宋）林云铭编	清康熙三十二年（1693）晋安林氏挹奎楼刻《韩文起》本
昌黎先生年谱	（清）顾嗣立编	清康熙三十八年（1699）长洲顾氏秀野草堂刻《昌黎先生诗集注》本
昌黎先生年谱	（清）黄钺编	清咸丰七年（1857）四明鲍氏二客轩刻《昌黎先生诗增注证讹》本
昌黎先生诗文年谱	（清）方成珪编	民国十五年（1926）瑞安陈氏湫漻斋铅印《韩集笺正》本
柳先生年谱	（宋）文安礼编	清光绪元年（1875）翻刻雍正七年（1729）广陵马氏小玲珑山馆刻《韩柳类谱》本
庐陵欧阳文忠公年谱	（宋）胡柯编	民国间上海商务印书馆影印《四部丛刊》本
增订欧阳文忠公年谱	（清）华孳亨编	清道光十四年（1834）吴江沈氏世楷堂刻《昭代丛书》本
欧阳文忠公年谱	（清）杨希闵编	清光绪四年（1878）新城杨氏福州刻《豫章先贤九家年谱》本
眉阳三苏先生年谱	（宋）何抡编	日本蓬左文库藏旧抄本（残本）
南丰年谱	（清）姚范编	清道光十六年（1836）桐城姚莹淮南监制官署刻《援鹑堂笔记》本
曾南丰年谱	（清）孙葆田编	清抄本
曾文定公年谱	（清）杨希闵编	清光绪四年（1878）刻《豫章先贤九家年谱》本
曾子固年谱稿	周明泰编	民国二十一年（1932）文岚簃古宋印书局铅印《三曾年谱》本
曾南丰先生年谱	王焕镳编	民国二十年（1931）公孚印书局铅印本
王荆国文公年谱	（清）顾栋高编	民国间南林刘氏刻《求恕斋丛书》本
王荆公年谱考略	（清）蔡上翔编	清嘉庆九年（1804）金溪蔡氏存是楼木活字本
东坡先生年谱	（宋）施宿编	日本蓬左文库藏旧抄本
东坡先生年谱	（宋）施宿编	日本仓田淳之助等编《苏诗译注》旧抄本
东坡纪年录	（宋）傅藻编	明刻《东坡先生诗集注》本
东坡先生年谱	（宋）王宗稷编	明天启元年（1621）刻《东坡诗选》本

书　名	编（著）者	版　本
东坡先生年表	（宋）王宗稷编，（清）查慎行补注	清乾隆二十六年（1761）海宁查氏香雨斋刻《补注东坡先生编年诗》本。
苏颖滨年表	（宋）孙汝听编	明《永乐大典》本
苏颖滨年表	（宋）孙汝听编	清光绪宣统间江阴缪氏刻《藕香零拾》本

辽金元名人年谱（全三册）

本社影印室辑　精装　大 32 开　定价：770.00 元
ISBN 7 – 5013 – 2774 – 2/K·1087　2005 年 3 月出版

　　本书共收录辽金元名人年谱 30 多种，涉及契丹国主、元好问、许衡、耶律楚材等 20 多位历史文化名人。

书　名	编（著）者	版　本
契丹国九主年谱	（金）佚名编	1960 年中华书局影印《永乐大典》本
王黄华先生年谱	金毓黻编	民国间铅印《辽海丛书》本
闲闲老人年谱	王树枏编	清光绪十三年（1887）刻本
杨文宪公考岁略	（明）宋廷佐编	民国十二年（1923）铅印本
耶律文正公年谱	王国维编	民国间油印本
湛然居士年谱	张相文编	民国二十四年（1935）铅印本
元遗山先生年谱	（清）翁方纲编	清道光光绪间刻《粤雅堂丛书》本
元遗山全集年谱	（清）施国祁编	清道光二年（1822）刻本
元遗山先生年谱	（清）凌廷堪编	清道光二十九年（1849）刻本
遗山先生年谱略	（清）余集编	清道光十年（1830）刻本
广元遗山年谱	（清）李光廷编	清同治五年（1866）刻本
遯庵先生年谱一卷	孙德谦编	民国间刻《求恕斋丛书》本
菊轩先生年谱	孙德谦编	民国间刻《求恕斋丛书》本
许文正公考岁略续	（元）耶律有尚编	清乾隆五十五年（1790）刻本
许鲁斋先生年谱	（清）郑士范编	清光绪六年（1880）正谊堂刻本
宋舒閟风年谱	干人俊编	民国间油印本
吴王张士诚载记正编	支伟成编	民国二十一年（1932）铅印本
郝文忠公年谱	（清）王汝辑、秦万寿编，张崶补编	清乾隆三年（1738）刻道光间重印本
佛光国师年谱	（日）释佚名编	日本昭和十年（1935）影印本
宋仁山金先生年谱	（明）徐袍编	清乾隆间刻光绪十三年（1887）补刻本
牧庵年谱	（元）刘致编	民国间上海商务印书馆影印《四部丛刊》本
水邨先生年谱	（清）龚望曾编	清道光十年（1830）刻本
临川吴文正公年谱	（明）危素编	清乾隆二十一年（1756）刻本
楚国文宪公雪楼程先生年谱	（元）程世京编	民国十八年（1929）乌丝栏抄本
定宇先生年表	（清）陈嘉基编	清康熙三十五年（1696）刻本
虞文靖公年谱	（清）翁方纲编	清嘉庆十一年（1806）刻本
郭天锡年岁考略	陈庆年编	民国间刻本
倪高士年谱	（清）沈世良编	清宣统元年（1909）刻本

历代名人谥号谥法文献辑刊（全四册）

张爱芳、贾贵荣选编　精装　16 开　定价：1600.00 元
ISBN 7 – 5013 – 2435 – 2/K·823　2004 年 10 月出版

　　本书辑录历代谥法著述中有代表性的著作共计 11 种而成。所收各书的版本情况如下：

书　名	编（著）者	版　本
谥法	（宋）苏洵撰	民国十年（1921）影印本
谥法考	（清）沈蕙穰录	民国九年（1920）影印本
周公谥法	（清）任兆麟辑	清嘉庆十五年（1810）刻本

书 名	编（著）者	版 本
春秋谥法表	（清）陈延龄撰	清宣统二年开智石印书局石印本
续通志·谥略	（清）吴省兰纂	清嘉庆间刻本
皇朝谥法考	（清）鲍康辑	清同治三年（1864）刻本
汉晋迄明谥汇考（历代名臣谥法汇考）	（清）刘长华辑	民国十五年（1926）刻本
皇朝谥法表	（清）杨澍纂	清光绪三十年（1904）刻本
馆选爵里谥法考	吴鼎雯辑	乾隆五十八年（1793）首刊，同治三年（1864）续刊本
历朝谥法汇检总目	陈垣纂	民国间稿本
海门先正乡谥表	（清）李应庚撰	民国二十六年（1937）影印本

汉晋名人年谱（全三册）

国家图书馆编　精装　16 开　定价：660.00 元
ISBN 7-5013-2201-5/K·802　2004 年 6 月出版

　　本书共收入汉代至两晋时期司马迁、贾谊、董仲舒、刘向、许慎、关羽、刘备、诸葛亮、曹植、陆机、王羲之、陶潜等
23 位名人的 44 种年谱。是研究汉至两晋 600 多年（公元前 206－公元 420 年）的政治、经济、军事、文学艺术、史学等的重
要参考文献，更是研究此 23 位名人的最重要史料。

书 名	编（著）者	版 本
太史公年谱	张鹏一编	民国二十二年（1933）刻本
太史公系年考略	王国维编	民国五年（1916）铅印本
太史公疑年考	张惟骧编	民国间刻本
刘更生年表	（清）梅毓编	清光绪间刻本
许君年表	（清）陶方琦编	清抄本
许君疑年录	（清）诸可宝编	民国八年（1919）刻本
汉徐征士年谱	（清）杨希闵编	清光绪四年（1878）刻本
郑君纪年	（清）陈鳣编，袁钧订正	清光绪十四年（1888）刻本
郑司农年谱	（清）孙星衍编，阮元增补	清嘉庆十四年（1809）刻本
郑康成年谱	（清）沈可培编	清道光二十四年（1844）刻本
汉大司农康成郑公年谱	（清）侯登岸编	清道光二十一年（1841）写刻本
汉郑君年谱	（清）丁晏编	清道光同治间刻同治元年（1862）汇印《颐志斋丛书》本
先儒年表	陈蕚声编	民国十四年（1925）石印本
贾太傅年表	（清）汪中编	清光绪三至四年（1877－1878）刻本
董子年表	（清）苏舆编	清宣统二年（1910）刻本
蔡中郎年表	（清）王昶编	清刻本
孔北海年谱	缪荃孙编	民国间刻本
后汉侍中尚书涿郡卢君年表	蒋元庆编	民国间铅印本
汉管处士年谱	（清）管世骏编	民国间刻《求恕斋丛书》本
关王年谱图	（元）胡琦编	民国间乌丝栏抄本
关圣帝君年表	（清）张镇编	清乾隆间刻本
关帝年谱	（清）柯汝霖编	清同治八年（1869）重刻本
关圣帝君本传年谱	（清）崇德弟子编	清光绪三十二年（1906）刻本
关夫子编年集注	张兹编	民国十四年（1925）石印本
汉昭烈帝年谱	（清）王复礼辑	清康熙四十一年（1712）刻本
赵顺平侯年谱	（清）王复礼辑	清康熙四十一年（1712）刻本
张恒侯年谱	（清）王复礼辑	清康熙四十一年（1712）刻本
诸葛忠武侯年谱	（明）杨时伟编	民国间朱丝栏抄本
诸葛忠武侯年表	（清）张鹏翮编	清刻本
诸葛忠武侯年谱	（清）张澍编	清嘉庆道光间刻本
汉诸葛忠武侯年谱	（清）杨希闵编	清光绪四年（1878）刻本
诸葛忠武侯年谱	古直编	民国十八年（1929）中华书局铅印本

书　名	编（著）者	版　本
魏陈思王年谱	（清）丁晏编	清道光同治间刻同治元年（1862）汇印《颐志斋丛书》本
许真君历年表	（清）丁启健等编	清道光二十六年（1846）刻本
孝侯公年谱	（清）周湛霖辑注	清光绪七年（1881）木活字本
陆士衡年谱	李泽仁编	民国二十三年（1934）铅印本
右军年谱	（清）鲁一同编	清咸丰间刻本
王羲之年谱	麦华三编	1950 年油印本
慧远大师年谱	陈统编	民国二十五年（1936）燕京大学铅印本
陶靖节先生年谱	（宋）吴仁杰编	清光绪二十五年（1899）刻本
柳村谱陶	（清）顾易编	清雍正间刻本
陶靖节先生年谱考异	（清）陶澍编	清刻本
晋陶靖节年谱	（清）丁晏编	清道光同治间刻同治元年（1862）汇印《颐志斋丛书》本
晋陶征士年谱	（清）杨希闵编	清光绪四年（1878）刻本
陶靖节年谱	古直编	民国十五年（1926）铅印本

先秦诸子年谱（全五册）

本社影印室编　精装　16 开　定价：1800.00 元
ISBN 7 – 5013 – 1083 – 1/K · 808　2004 年 3 月出版

　　本书是 1949 年以前出版的先秦诸子的线装年谱汇编，其中收录有孔子年谱 14 种，孟子年谱 15 种，另有墨子、庄子、荀子、韩非子等先秦诸子年谱 30 余种。这些年谱中除孔子的生卒年月在历史上有明文记载外，其余各家的生卒年代大都出于考证推断所得。

书　名	编（著）者	版　本
孔子编年	（宋）胡仔编，（清）胡培翚校注	清同治九年（1870）重刻本
孔子论语年谱	（元）程复心编	民国九年（1920）涵芬楼影印本
孔子年谱纲目	（明）夏洪基编	清同治间刻本
至圣年表正讹	（清）姜兆锡编	清刻本
至圣先师孔子年谱	（清）杨方晃编	清乾隆二年（1737）刻本
孔子年谱	（明）沈继震、（清）张次仲编	清康熙三十一年（1692）刻本
孔子年谱	（清）杜韶等辑	抄本
孔子年谱辑注	（清）江永编，黄定宜辑注	清道光二十七年（1847）刻本
孔子年谱	（清）郑环编	清嘉庆八年（1803）刻本
孔子编年	（清）狄子奇编	清光绪十三年（1887）刻本
先圣年谱考	（清）黄位清编	清道光二十七年（1847）刻本
至圣谱考	（清）徐慎安编	清光绪三年（1877）木活字本
孔子年谱	（清）寇宗编	清光绪八年（1882）刻本
孔子年谱	石荣暲编	民国十七年（1928）铅印本
子路年表	（明）赵时雍编	明崇祯十三年（1640）刻本
卜子年谱	（清）陈玉澍编	民国四年（1915）上虞罗氏铅印《雪堂丛刻》本
曾子年谱	（清）冯云鹓编	清道光间刻本
颛孙师年表	（清）冯云鹓编	清道光间刻本
墨子年表	（清）孙诒让编	清宣统间刻本
孟子年谱	（元）程复心编	民国九年（1920）上海涵芬楼影印《学海类编》本
孟子时事略	（清）任兆麟编	清嘉庆二十四年（1819）刻本
孟子时事考征	（清）陈宝泉编	清嘉庆间刻本
孟子年谱	（清）曹之升编	清道光九年（1829）刻本
孟子年谱	（清）赵大浣编	清同治四年（1865）刻本

书　名	编（著）者	版　本
孟子时事年表	（清）林春溥编	清嘉庆咸丰间刻咸丰五年（1855）汇印《竹柏山房十五种》本
孟子时事考	（清）黄位清编	清道光二十七年（1847）刻本
孟子年谱	（清）黄玉蟾编	民国间抄本
孟子年谱	（清）管同编	清抄本
孟子编年	（清）狄子奇编	清光绪十三年（1887）刻本
孟子年谱	（清）黄本骥编	清道光间刻本
孟子年表	（清）孟经国编	清道光十二年（1832）木活字本
孟子年表	（清）魏源编	清光绪四年（1878）刻本
孟子年谱	马征鹰编	民国间影印暨铅印本
孟子年略	易顺豫编	民国间铅印本
庄子年表	马叙伦编	民国间铅印本
荀卿子年表	（清）汪中编	民国十四年（1925）上海中国书店影印本
韩非子年表	容肇祖编	民国二十五年（1936）铅印本

清代民国藏书家年谱（全六册）

张爱芳、贾贵荣选编　精装　大 32 开　定价：1500.00 元
ISBN 7–5013–1219–2/Z·170　2004 年 4 月出版

　　本书编收了清代 17 位藏书家的年谱，其中大多为当时的著名藏家，如清初的钱谦益、王士祯、查慎行，中期的黄丕烈、阮元、顾广圻、张金吾、龚自珍，晚期的潘祖荫、张之洞、缪荃孙等，都是名扬后世的收藏大家。同时收了民国时期的陶湘、丁福保两位著名藏书家的年谱以及《畴隐居士学术史》一种。这些年谱大多为谱主子弟、门人所编纂，有多种还是谱主本人亲自或口授他人编写而成的，其资料翔实可靠，极为珍贵，颇具研究和参考价值。

书　名	编（著）者	版　本
钱牧斋先生年谱	金鹤翀编	民国二十一年（1932）铅印本
渔洋山人自撰年谱	（清）王士祯编，惠栋注补	清乾隆间刻本
查他山先生年谱	（清）陈敬璋编	民国间刻《嘉业堂丛书》本
闲邱先生自订年谱	（清）顾嗣立编	民国二十五年（1936）铅印本
病榻梦痕录　梦痕录余	（清）汪辉祖口授，汪继培、汪继壕记录，汪继坊等补编	清光绪间刻本
三松自订年谱	（清）潘亦隽编	清道光十年（1830）刻本
黄荛圃先生年谱	（清）江标编	清光绪二十三年（1897）刻本
雷塘庵主弟子记	（清）张鉴等编	清光绪间刻本
顾千里先生年谱	赵诒琛编	民国间刻本
言旧录	（清）张金吾编	民国间刻《嘉业堂丛书》本
定盦先生年谱	吴昌绶编	清光绪三十四年（1908）刻本
定盦年谱稿本	黄守恒编	民国十二年（1923）燕京大学国学研究所铅印本
定盦年谱外纪	张祖廉编	民国九年（1920）铅印本
潘文勤公年谱	（清）潘祖年编	清光绪间刻本
先考松生府君年谱	丁立中编	清光绪二十五年（1899）刻本
张文襄公年谱	许同莘编	民国二十八年（1939）铅印本
汪穰卿先生年谱	汪诒年编	民国间铅印本
邻苏老人年谱	杨守敬编、熊会贞续编	民国四年石印本
艺风老人年谱	缪荃孙编	民国二十五年（1936）刻本
涉园七十年记略	陶湘编	民国二十八年（1939）铅印本
畴隐居士自订年谱	丁福保编	民国十八年（1929）铅印本
畴隐居士学术史	丁福保编	诂林精舍本

佛教名人年谱（全二册）

殷梦霞编　精装　16开　定价：900.00元
ISBN 7－5013－2123－X/K·560　2004年2月出版

　　本书辑录历代佛教代表人物的年谱计17种，包括慧远、玄奘、普觉、佛光、密云、三峰、天然、石涛上人等对佛教历史、佛教思想、佛教文化和中国传统文化、传统学术最具影响的名师高僧。年谱分别记载了他们的生平事迹、学术思想、政治主张、交游涉猎乃至当时的社会历史状况，是研究佛教人物、佛教文化、佛教发展史及中国学术思想史的珍贵专题文献资料。

书　名	编（著）者	版　本
慧远大师年谱	陈统编	民国二十五年（1936）燕京大学铅印本
智者大禅师年谱事迹	（宋）释戒应编	1983年大藏经刊行会台北影印本
唐玄奘法师年谱	刘汝霖编	民国三十年至三十一年（1941－1942）铅印本
大慧普觉禅师年谱	（宋）释祖咏等编，释宗演改订	宋宝祐元年（1253）刻本
佛光国师年谱	（日）释佚名编	日本昭和十年（1935）影印本
憨山老人年谱自叙实录	（明）释德清编，（清）释福善记录，释福征述疏	清顺治间刻本
天童密云禅师年谱	（清）释道忞编	清顺治十七年（1660）刻本
三峰和尚年谱	（清）释弘储编	民国间影印本
初代开山主法云顶和尚年谱	（清）佚名编	清刻本
苍雪大师行年考略	陈乃乾编	民国二十九年（1940）铅印本
天然和尚年谱	汪宗衍编	民国三十二年（1943）铅印本
大觉普济能仁国师年谱	（清）释超琦编	清同治十三年（1874）刻本
第三代继席弘化石门和尚年谱	（清）释成鹫编	清刻本
石涛上人年谱	傅抱石编	民国三十七年（1948）铅印本
方聚成禅师年谱	（清）释真净编	清道光五年（1825）刻本
宝素室金石书画编年录	（清）释达受，汪士骧订	清抄本
庐山海印老人年谱	（清）释本源编	清光绪二十六年（1900）刻本

浙东学人年谱（全四册）

殷梦霞选编　精装　16开　定价：1900.00元
ISBN 7－5013－2125－6/K·562　2003年5月出版

　　本书收录浙江学者年谱26种，从隋唐时代的智凯到清代的邵晋涵，历代浙东学人大家网罗殆尽，是研究古代学术史，特别是明清两代学术发展的重要史料。

书　名	编（著）者	版　本
智者大禅师年谱事迹	（宋）释戒应编	1983年大藏经刊行会台北影印本
东莱吕成公年谱	（明）阮云声、史继任编	明崇祯五年（1632）刻本
慈湖先生年谱	（清）冯可镛、叶意深编	民国十九年（1930）重印本
深宁先生年谱	（清）钱大昕编	清嘉庆八年（1803）至十二年（1807）刻本
王深宁先生年谱	（清）陈仅编	民国间抄本
王深宁先生年谱	（清）张大昌编	清光绪十六年（1890）刻《玉海》本
宋文宪公年谱	（清）朱兴悌、戴殿江编，孙锵增辑	民国五年（1916）刻本
方正学先生年谱	（明）卢演、翁明英编	清同治十二年本
阳明先生年谱	（明）钱德洪编，罗洪先考订	明嘉靖四十三年（1564）刻本
王阳明先生图谱	（明）邹守益编	民国三十年（1941）影印本
阳明先生年谱	（明）李贽编	明万历三十七年（1609）刻本
阳明先生年谱	（明）施邦曜编	清乾隆五十二年（1787）刻本
王阳明先生年谱	（清）张问达辑	清康熙间刻本
明王文成公年谱节抄	（明）钱德洪原本、（清）杨希闵节抄	清光绪四年（1878）刻本
阳明先生年谱	（清）刘原道编	清光绪三十二年（1906）铅印本
王文成公年纪	（清）陈澹然编	清光绪间石印本
王阳明年谱节录	陈筑山编	民国二十二年（1933）铅印本
王文成公年谱节略	（明）钱德洪原本，（日）三轮希贤节略	民国间抄本

书　名	编（著）者	版　本
刘子年谱二卷　录遗一卷	（清）刘汋编，董玚辑	清道光四年（1824）至十五年（1835）刻本
刘忠介公年谱	（清）刘汋编	清乾隆四十二年（1777）刻本
黄梨洲先生年谱	（清）黄炳垕编	清同治十二年（1873）刻本
万季野先生系年要录	王焕镳编	民国三十三年（1944）绿格抄本
邵念鲁年谱	姚名达著	民国十九年（1930）铅印本
全谢山先生年谱	（清）董秉纯编	清同治十一年（1872）刻本
章实斋先生年谱	赵誉船编	民国间石印本
邵二云先生年谱	黄云眉编	民国二十二年（1933）铅印本

疑年录集成（全九册）

贾贵荣、殷梦霞编　精装　16 开　定价：4000.00 元
ISBN 7-5013-1933-2/K·412　2002 年 9 月出版

　　自清代考据大师钱大昕创编"疑年（即考证历代人物生卒时间）录"以来，三百年余间，续者、三续者、四续者、五续者，代不乏人；重编者、稽疑者、分类编者，多有鸿儒。至现代文献学巨擘陈垣先生撰写《释氏疑年录》，先后共有数十人编撰该类著作计有 20 余种，多达百万余字。故凡有文字记载的历代人物之生卒，尽收其中。今我社将分藏于国家图书馆、南开大学图书馆、上海图书馆等馆的 19 种"疑年录"辑为一编，影印出版。并统一编制索引，单独成册，极易检索和使用。其中，钱大昕的《疑年录》手稿、张惟骧《疑年录汇编补遗》手稿、朱昌燕《四续疑年录》手稿本等均为稀见珍品。

书　名	编（著）者	版　本
疑年录	（清）钱大昕编，吴云校注	清稿本
续疑年录	（清）吴修编	清道光光绪间南海伍氏粤雅堂丛书本
补疑年录	（清）钱椒编	清道光年间刻本
三续疑年录	（清）陆心源编	清光绪间刻本
四续疑年录	（清）朱昌燕编	稿本
四史疑年录	（清）刘文如编	清嘉庆二十三年（1818）阮元刻本
疑年庚录	（清）张鸣珂编	清光绪二十四年（1898）寒松阁刻本
五续疑年录	闵保之编	民国七年（1918）铅印本
春秋疑年录	（清）钱保塘编	清光绪年间清风室校刊本
历代帝王疑年录	张惟骧编	民国十五年（1926）张氏小双寂庵刻本
毗陵名人疑年录	张惟骧编	民国十五年（1926）张氏小双寂庵稿本
疑年录外编	张惟骧编	民国十五年（1926）张氏小双寂庵稿本
疑年录汇编	张惟骧编	民国十五年（1926）张氏小双寂庵刻本
疑年录汇编补遗	张惟骧编	民国十五年（1926）张氏小双寂庵稿本
疑年录辑疑	余嘉锡编	民国三十年（1941）辅仁学志抽印本
疑年录考	（法）伯希和编，冯承钧译	1941 年《国学季刊》第三卷第三期
疑年录释疑	冯先恕编	1942 年辅仁大学《辅仁学志》抽印本
历代名人生卒录	（清）钱保塘编	民国二十五年（1936）海宁钱氏清风室铅印本
历代名人（生卒）年谱	（清）吴荣光编	清光绪元年（1875）南海张荫桓重刻本
释氏疑年录	陈垣编	民国二十八年（1939）辅仁大学丛书本

历代名人生卒年表·历代名人生卒年表补

梁廷灿、陶容、于士雄编　精装　32 开　定价：95.00 元
ISBN 7-5013-1905-7/K·397　2002 年 5 月出版

　　本书收入梁廷灿先生《历代名人生卒年表》及陶容、于士雄先生《历代名人生卒年表补》两编。共收录历代名人 8400 余人，所录名人生卒资料上起孔子，下迄民国，人自一行，纲目清晰，极易查寻，是治学者知人论世的必备工具书。此次影印出版，补充编辑了总目、索引，检索系统更为完备。

地方志人物传记资料丛刊（全六卷）

　　《地方志人物传记资料丛刊》系北京图书馆出版社精心策划组织、编辑出版的迄今为止搜集资料最全面、最充分、最丰富的大型人物传记资料汇编。其选编内容包括方志中各类人物传记资料，如名宦、乡贤、乡宦、仕进、孝友、节烈、耆旧、寿

民、方技等，以及与人物有关的各类表志和艺文志、金石志中的墓志、碑记、传谍等，举凡与人物有关的内容，尽数囊括其中；所收人物传记资料的时限远及上古，下迄民国。

《丛刊》按全国行政区划分为西北、东北、华北、华东、中南、西南六大卷，网罗方志近3000种，而在编辑过程中参照的方志更多达6000种，涉及人物近千万。先期推出了《西北卷》（共二十册）、《东北卷》（共十二册）、《华北卷》（共六十六册），《华东卷》上编（全八十册）。

本《丛刊》虽卷帙浩大，然检索方便。每卷均编有总目，每一册编有细目。为保证编目质量，延请了中国索引协会副理事长、华东师范大学图书馆馆长黄秀文先生、北京大学图书馆李雄飞先生，组织专家为每卷编制《人物姓名拼音索引》和《人物姓名笔划索引》，并单独成书。目前已出版《东北卷》、《华北卷》索引，与每册细目相互补充，以目录统类、以索引统人，构成相对完整、极其方便的人物传记资料检索系统。

华北卷（全六十六册）

北京图书馆编　精装　16开　定价：35000.00元
ISBN 7 – 5013 – 1910 – 3/K・402　2002年6月出版

华北卷人名索引

黄秀文等编　精装　16开　定价：380.00元
ISBN 978 – 7 – 5013 – 3510 – 7/K・1531　2007年9月出版

西北卷（全二十册）

北京图书馆编　精装　16开　定价：9800.00元
ISBN 7 – 5013 – 1771 – 2/K・327　2001年6月出版

东北卷（全十二册）

北京图书馆编　精装　16开　定价：6000.00元
ISBN 7 – 5013 – 1781 – X/K・331　2001年9月出版

东北卷人名索引

李雄飞编　精装　16开　定价：50.00元
2003年12月出版

华东卷上编（全八十册）

国家图书馆编　精装　16开　定价：40000.00元
ISBN 978 – 7 – 5013 – 3519 – 0/K・1535　2007年10月出版

共收入明清至民国时期编撰的山东、江西、福建、台湾四省300多种方志中的人物传记资料。涉及历史人物四万余。

北京图书馆藏家谱丛刊

闽粤（侨乡）卷（全五十册）

北京图书馆编　精装　16开　定价：28000.00元
ISBN 7 – 5013 – 1770 – 4/K・326　2000年12月出版

《北京图书馆藏家谱丛刊・闽粤（侨乡）卷》是国家图书馆地方志和家谱中心历时数年编辑而成的第一部有关著名侨乡家谱的文献专辑。共收录了陈、刘、黄、林、简、朱、蓝、关、颜、洪、廖、龚、萨、岑、吴、孙等25个姓氏共计40余种的家谱。涉及地域包括福建晋江、福州、闽侯、浦城、侯官、平潭、武平、梅溪、邵武、闽清、莆田、上杭、惠安、崇安和广东潮州、香山、嘉应、顺德、番禺、恩平、南海等。所用版本上起清顺治下迄民国，远及海外如新加坡，且大多不为外界所见。内容除传统的世系表、祖训、族规、姓氏源流考、先祖图像、人物传记、坟墓图址、大事记等家族资料外，还详细记载了东南沿海各省中国人迁移、流落海外的情况。为研究古代宗法制度、民风民俗、人文地理和中外交通史、海外华人史等开启了一座难得的史料宝库；也为方兴未艾的海外华人寻根问祖热点燃了一盏明亮的航标灯。

书 名	编（著）者	版 本
莆阳刺桐金紫方氏族谱	（清）方元会纂修	清顺治间刻本
西河林氏族谱	（清）林光铨校	清光绪三年（1877）新加坡古友轩石印本
林氏宗谱	（清）陶恩绶纂	清光绪四年（1878）抄本
渤海吴氏家谱	（清）吴士琛等修	清光绪间木活字本
侯官云程林氏家谱	林懋勋等纂修	民国二十三年（1934）铅印暨石印本
麟峰黄氏家谱	（清）黄惠纂	清乾隆五十八年（1793）刻本
黄氏族谱	（清）黄翰修	清光绪十三年（1887）石印本
南海学正黄氏家谱	（清）黄任恒纂修	清宣统三年（1911）宝粹堂刻本
黄氏家乘	（清）黄培方等纂修	清道光二十七年（1847）广州纯渊堂刻本
黄氏家乘续编	（清）黄鲸文编	清光绪三十一年（1905）刻本
黄氏家乘续编	（清）黄佛颐编	清光绪二十九年（1903）刻本
黄氏族谱	（清）黄普怡等纂修	清光绪八年（1882）刻本
莆田浮山东阳陈氏族谱	（清）陈云章修	清嘉庆二十二年（1817）刻本
南海鹤园陈氏族谱	陈万豫等纂	民国八年（1919）南海陈氏贻燕堂刻本
陈氏族谱	陈昌远纂修	民国十三年（1924）梅州陈昌远铅印本
螺江陈氏家谱	陈宝琛修	民国二十二年（1953）铅印本
浦城陈氏家谱	陈模等纂	民国六年（1917）集贤堂活字本
颜氏族谱	（清）颜亮洲等纂修	清抄本
平潭李氏族谱	（清）李友于辑	清道光间磊砢山房木活字本
福州通贤龚氏支谱	（清）龚葆琛纂修	清光绪九年（1883）刻本
泰宁李氏族谱	李喜发等增辑	民国三年（1914）广州中外图书馆铅印本
南海九江朱氏家谱	（清）朱次琦等修，朱宗琦纂	清同治八年（1869）南海朱氏刻本
桃园郑氏族谱	（清）郑锦和等纂修	清光绪间仁德堂朱丝栏抄本
分派福州武林邵氏族谱	邵守正纂	民国间铅印本
姚氏述先记	姚璧撰、姚家琳编	民国十二年（1923）石印本
增订香山郭氏族谱	郭绍阳等纂	民国十八年（1929）铅印本
旧德述闻	郭则沄撰	民国二十五年（1936）蜇园校刻本
蓝氏续修族谱	（清）蓝星修，蓝日照纂	清光绪七年（1881）汝南堂木活字本
关氏族谱	（清）关氏修	清光绪十五年（1889）翰元楼刻本
南海吉利下桥关树德堂家谱	（清）关蔚煌等纂修	清光绪间刻本
恩平岑氏家谱	（清）岑兆瑞等纂	清光绪二十年（1894）刻本
莲湖祖氏族谱	（清）祖国钧纂修	清光绪二十五年（1899）刻本
凤岗忠贤刘氏族谱	刘懋勋等修，刘君翰等纂	民国九年（1920）铅印本
刘氏传忠录	程勋纂	民国二十二年（1933）三余书室铅印本
洪氏宗谱	洪宗海修，洪己任纂	民国十一年（1922）汕头名利轩印务局铅印本
粤东简氏大同谱	简宾侯等修，简竹居等纂	民国十七年（1928）铅印本
顺德简岸简氏家谱	简朝亮纂修	民国十七年（1928）铅印本
廖氏族谱	廖萱荣等修，廖文炳等纂	民国十三年（1924）石印本
哀烈录	康有为辑	民国间东莞张泊桢刻本
南溪盛氏家谱	盛鸿焘纂修	民国十九年（1930）铅印本
余庆孙氏族谱	孙诒谋纂修	民国十八年（1929）木活字本
雁门萨氏家谱	萨镇冰、萨嘉曦修	民国二十四年（1935）铅印本

民族卷（全一百册）

北京图书馆出版社编　精装　16开　定价：50000.00元
ISBN 7 – 5013 – 1784 – 4/K · 333　2003年2月出版

　　《北京图书馆藏家谱丛刊·民族卷》是北京图书馆出版社继《北京图书馆藏家谱丛刊·闽粤（侨乡）卷》之后又一部富于特色的家谱汇编，是国内第一次对各民族家谱文献的大规模整理。"民族卷"以国家图书馆藏为基础，更兼收了部分兄弟馆的馆藏，首次对汉族以外的其他民族的家谱、族谱文献进行大规模、成系统的搜集整理，共收入蒙、满、回、朝鲜、达斡尔、锡伯、彝、纳西等民族家谱150余部，涉及姓氏近百个。与汗牛充栋的汉族文献相比，其他民族文献尤其是民族家谱文献非常稀见，因此，这部专题家谱具有极高的文献价值，是研究民族起源、民族迁徙、民族战争、民族融合以及各民族社会历史文化的珍贵资料。

书　名	编（著）者	版　本
蒙古世系谱		民国二十八年（1939）铅印本
许兀慎氏世系表	（清）缪荃孙	清光绪二十七年（1901）刻本
鲁氏世谱	佚名	清末刻本
恩荣奕叶	（清）德坤	清抄本
蒙古博尔济吉忒氏族谱	（清）博清额	清朱墨抄本
蒙古博尔济吉忒氏族谱	（清）罗密	1956年晒蓝本
咸阳王世谱	（清）纳巨贤	民国二十九年（1940）抄本
铁余氏大族谱	（清）余明遂	抄本
八旗满洲氏族通谱		稿本
八旗满洲氏族通谱		清抄本
钦定八旗氏族通谱辑要	（清）阿桂等	清乾隆武英殿刻本
钦定八旗满蒙氏族通谱	（清）阿桂、和珅	清抄本
爱新觉罗宗谱	金松桥	民国二十七年（1938）爱新觉罗修谱社铅印本
圣清龙兴世代祖谱		1985年辽宁省图书馆复印本
清皇室四谱	唐邦治	上海聚珍仿宋印书局铅印本
穆尔哈齐谱录	佚名	清抄本
礼府家传	佚名	清乾隆四十三年（1778）刻本
玉牒摘要	双喜	1985年辽宁省图书馆复印本
多尔衮家谱		
玄烨谱录	佚名	清抄本
宣宗成皇帝位下多罗隐志郡王家谱		民国抄本
宗室王公世职章京爵秩袭次全表		
宗室王公章京世系爵秩册	（清）牟其汶	清光绪三十二年（1906）石印本
恩封宗室王公表	（清）永瑢	清抄本
宗勋世系备考	（清）恩明	清嘉庆抄本
家乘绀珠	（清）花沙纳	清咸丰抄本
叠膺芝诰	（清）花沙纳	清道光二十四年（1844）稿本
瓜尔佳氏家传	（清）荣禄	清同治刻本
正红旗满洲哈达瓜尔佳氏家谱	（清）恩龄	清道光二十九年（1849）刻本
家谱易知录	（清）富廉等	民国朱丝栏抄本
伊尔根觉罗氏家传	（清）鄂恒	清咸丰四年（1854）刻本
八旗满蒙氏族通谱（纳喇氏）	（清）鄂尔泰、成额	清道光抄本
那拉氏宗谱	（清）延升	清抄本
辉发纳喇氏族次房三房宗谱正册	佚名	清光绪抄本
正白旗满洲叶赫纳喇氏宗谱	（清）崇秀	清同治九年（1870）抄本
叶赫那拉氏族谱	（清）祥安	清道光二十九年（1849）朱丝栏稿本
叶赫那拉氏世系生辰谱	（清）叶赫那拉那淳	清蓝丝栏抄本
叶赫那兰氏八旗族谱	（清）额腾额	清道光三年（1826）铅印本
叶赫拉氏宗谱源流考	叶凌云	1943年叶凌云写本
八旗满洲氏族通谱（费莫氏）	（清）鄂尔泰、费莫氏	清抄本
碧鲁氏通谱	（清）崇俊	清光绪二十二年（1896）铅印本
郭络罗氏各处地方远近世宗同谱使典	佚名	清同治三年（1864）抄本
辉发萨克达氏家谱	（清）萨氏	清光绪二十四年隆钊写本
开国佐运功臣弘毅公家谱	（清）特成额、福朗	清乾隆抄本
钮祜禄氏弘毅公家谱		清抄本
镶黄旗满洲钮祜禄氏弘毅公家谱		清抄本
镶黄旗钮祜禄氏弘毅公家谱	（清）讷亲	清抄本
赫舍里氏宗族谱书	作新	民国抄本
吉林他塔喇氏家谱	（清）魁升	清宣统三年（1911）石印本
择抄吉林他塔喇氏谱书	佚名	民国十七年（1928）朱丝栏抄本
吉林他塔喇氏家谱	程德全	清宣统元年（1909）刻本
他塔喇氏家谱渊源篇		
满洲西林觉罗氏祭祀书	鄂尔泰氏	民国十七年（1928）严奉宽抄本

书　名	编（著）者	版　本
马佳氏族谱	马延喜	民国十六年（1927）京华印书局铅印本
正黄旗满洲已故世管佐领富勒敏泰接袭宗谱		民国写本
正白旗满洲三甲喇公中佐领图门氏家谱	（清）图门氏	清乾隆五十八年（1793）满洲图门氏稿本
图门世谱	（清）图门氏	清咸丰满洲图门氏稿本
图门世谱	（清）延昌	清末朱格抄本
沙祭富察氏宗谱	（清）宝轮	清道光七年（1827）沙祭富察氏刻本
讷音富察氏谱传	（清）恒敬、富栋	清嘉庆十二年（1807）抄本
辽阳富察氏族谱	富察奎	中央民族大学图书馆复印本
满洲奕氏家谱	佚名	清末稿本
黑龙江库雅喇氏宗谱	（清）明海	1925 年铅印本
双城刘氏宗祖世系谱（锡伯族）	刘治鳞	民国二十七年（1938）写本
郭氏家乘六种（达斡尔族）	郭克兴	民国十五、十六（1926、1927）铅印本
郑和家谱考释（回族）	李士厚	正中书局 1937 年增订本
青郡赵氏宗谱（回族）		旧写本
杞彩顺宗谱　杞绍兴宗谱　张兴癸宗谱（彝族）	夏正寅	《历史研究》1954 年第 2 期
水西安氏族谱（彝族）		光绪写本
段氏族谱（白族）	段鹏瑞	中央民族大学图书馆复印本
释丽江木氏宗族谱碑（纳西族）	李霖灿	《大陆杂志》第九卷第三期
木氏宦谱（纳西族）		木氏抄本
木氏宦谱（纳西族）		木度抄录本
庆州金氏世谱	金斗彦	始祖大辅公诞降一千八百五十五年（1919）己未
新罗鸡林金氏璿源世谱	金兑极	日本昭和十一年（1936）
金海金氏族谱		
金海金氏派谱	金应用	日本昭和二年（1927）
金海金氏家谱		韩国光武十一年（1907）
安东金氏族谱		
善山金氏族谱		
锦城金氏族谱		
全州金氏世谱		
全州金氏世谱巨文派	金兑极	日本昭和十一年（1936）
罗州金氏族谱		
江陵金氏族谱	金演锡	日本昭和九年（1934）
铁原金氏族谱		日本大正五年（1916）
镇川金氏世谱	金恒穆	日本大正十五年（1926）
清州金氏世谱		
清风金氏世谱	金昌斌	日本昭和六年（1931）
金宁金氏世谱		
开城金氏族谱		
新罗朴氏史谱	朴景龙	日本大正十年（1921）
新罗朴氏史谱	朴佶厚	日本大正十二年（1923）
朴氏新罗璿源谱		
密阳朴氏礼判公派泉洞谱		
密阳朴氏族谱		
密城朴氏家乘		
骊州朴氏世谱		
善山朴氏世谱	朴允信	日本昭和三年（1928）
关北东莱郑氏派谱	郑宣祚	日本昭和十三年（1938）
东莱郑氏派谱		
河东郑氏世谱	郑元亨	日本昭和五年（1930）
晋州郑氏族谱		
迎日郑氏派谱	郑润默、郑秉镐	日本昭和三年（1928）
庆州郑氏世谱	郑重铉	日本大正四年（1915）
珍山崔氏世谱	崔泰岳	日本昭和五年（1930）

书　名	编（著）者	版　本
忠州崔氏明川通谱	崔相敏	日本昭和十二年（1937）
关北江陵崔氏世谱	崔允	1939 年
延安李氏世谱		
陕川李氏族谱		
广州李氏关北派世谱	李容硕	日本昭和七年（1932）
全州李氏镇安大君派谱		
昌宁成氏世谱		
昌宁成氏文行录		
旌善全氏世谱		
旌善全氏世谱		
白氏大同谱		
水原白氏世谱	白基肇	日本昭和六年（1931）
海州吴氏关北派世谱	吴允默	日本大正九年（1920）
海州吴氏派谱	吴应讷	日本大正五年（1916）
关北坡平尹氏派谱	尹仁柱	日本昭和四年（1929）
平山申氏世谱		
孔氏世家录		
温阳孟氏细谷派谱		
顺兴安氏族谱	安周翊	日本昭和十五年（1940）
文化柳氏世谱		
新安朱氏宗表	朱正铉	日本昭和十年（1935）
罗州罗氏族谱		
全州林氏世谱		
南原梁氏世谱	梁在奎	日本昭和十三年（1938）
密城孙氏世谱		
宁越严氏咸北派谱	严锡熏	日本大正十五年（1926）
骊阳陈氏世谱		民国十四年（1925）
关北清州韩氏大同谱	韩基邦	日本昭和十二年（1937）
南阳洪氏派谱	洪允齐	日本昭和二年（1927）
昌原黄氏世谱		
蔚珍张氏世谱		
间珲万姓大同谱	姜运球、梁承武	日本昭和四年（1929）

北京图书馆藏珍本年谱丛刊（全二百册）

北京图书馆编　精装　16 开　定价：98000.00 元
ISBN 7－5013－1447－0/K·256　1999 年 4 月出版

　　本丛刊是我国第一部涵盖时间最长、收入历代年谱最多、规模最宏大、线装版本最完备的年谱资料汇编。收入 1996 年以前北京图书馆所藏中国历代人物的线装年谱，计 1212 种，谱主 1018 人。所收年谱的谱主卒年大体以 1911 年为下限，个别卒于民国及其以后的传统文化人士的年谱也酌情收入。年谱即以年系谱主事迹之书。每种年谱均介绍了谱主的生平事迹、学术思想、政治主张、交游涉猎乃至当时社会政治、经济、文化的情况，其中许多资料是历代正史、野史、方志、人物传记等典籍所疏漏阙略的。凡与年谱体例、功用相同之书，如年表、年略、述略、编年、年状、纪年、行实录、观生纪、梦痕录、知非录、言旧录、鸿爪录等等，虽不称年谱，本丛刊也予收入。年谱的变体，如诗谱、读书谱等也收入。有关年谱的考证、注释之书择要收入，分别附于相应年谱之后。所收年谱，按存世形式看，以单行本为主，旁及丛书所载、文集、杂著所附；按版本类型分，有刻本、稿本、抄本、石印本、铅印本等，凡属线装，均予收入。所收年谱以谱主生卒先后为序编排，生年相同者以其卒年为次。凡有数家为同一谱主撰谱者，各家年谱以其撰者时代为序。每种年谱之前简要注明谱名、卷数、撰者和版本。另编有《年谱丛刊详目》，集中著录所收年谱的谱名、卷数、谱主、撰者及其版本。所收 1200 余种年谱中仅明清稿本、抄本就占总数的十分之一多。所收年谱中有三分之一的版本是首次披露面世。其中许多年谱不仅自身版本珍贵，而且有历代收藏家及学者名人的印鉴、题跋、校语、批注。本丛刊首册附有 3 种索引：谱名（含异名）索引、谱主索引和撰者索引，均按笔画笔形顺序排列，分别注出相应的册次和页码。

书　名	编（著）者	版　本
舜年表一卷	（清）徐时栋编	民国十七年蓬学斋徐氏铅印《烟屿楼读书志》本
文王年表一卷　武王年表一卷　周公年表一卷　成王年表一卷	张寿镛编	民国三十一年铅印《诗史初稿》本
周公年表一卷	（清）牟庭编	清同治十年刻本
孔子编年五卷	（宋）胡仔编，（清）胡培翚校	清同治九年绩溪胡湛重刻胡培翚校注本
孔子论语年谱一卷	（元）程复心编	民国九年上海涵芬楼影印《学海类编》本
孔子年谱纲目　一卷　附孔庙正位图一卷	（明）夏洪基编	清同治间江都刻本
孔庙正位图一卷（孔子年谱纲目附）	（明）夏洪基编	清同治间江都刻本
至圣年表正讹一卷　附至圣像记一卷	（清）姜兆锡编	清刻本
至圣像记一卷（至圣年表正讹附）	（清）姜兆锡编	清刻本
至圣先师孔子年谱三卷	（清）杨方晃编	清乾隆二年刻本
孔子年谱一卷　附录一卷	（明）沈继震、（清）张次仲编	清康熙十六年一经堂刻本
孔子年谱一卷	（清）杜诏等编	抄本
孔子年谱辑注一卷	（清）江永编，黄定宜辑注	清道光二十七年萍乡文晟刻本
孔子年谱一卷	（清）郑环编	清嘉庆八年刻《孔子世家考》本
孔子编年四卷	（清）狄子奇编	清光绪十三年浙江书局刻本
先圣年谱考二卷	（清）黄位清编	清道光二十七年刻本
至圣谱考一卷	（清）徐慎安编	清光绪三年木活字本
孔子年谱一卷	（清）寇宗编	清光绪八年乐道斋刻本
孔子年谱一卷	石荣暲编	民国十七年铅印《尊孔史》本
子路年表一卷	（明）赵时雍编	明崇祯十三年刻《仲志》本
卜子年谱二卷	（清）陈玉澍编	民国四年铅印《雪堂丛刻》本
曾子年谱一卷	（清）冯云鹓编	清道光十二年刻《圣门十六子书》本
颛孙师年表一卷	（清）冯云鹓编	清道光间刻《圣门十六子书》本
墨子年表一卷	（清）孙诒让编	清宣统间刻《墨子间诂》本
孟子年谱一卷	（元）程复心编	民国九年上海涵芬楼影印《学海类编》本
孟子时事略一卷	（清）任兆麟编	清嘉庆二十四年两广节署刻《有竹居集》本
孟子时事考征四卷	（清）陈宝泉编	清嘉庆八年粹经堂刻本
孟子年谱二卷	（清）曹之升编	清道光九年安康张鹏盼刻本
孟子年谱一卷	（清）赵大浣编	清同治四年刻苏批孟子本
孟子时事年表一卷　后说一卷	（清）林春溥编	清咸丰五年福州汇印《竹柏山房十五种》本
孟子时事考二卷	（清）黄位清编	清道光二十七年刻本
孟子年谱一卷	（清）黄玉蟾编	民国间抄本
孟子年谱一卷	（清）管同编	清宝芸斋抄本
孟子编年四卷	（清）狄子奇编	清光绪十三年浙江书局刻本
孟子年谱一卷	（清）黄本骥编	清道光间刻《三长物斋丛书》本
孟子年表一卷	（清）孟经国编	清道光十二年私淑书屋木活字本
孟子年表一卷　孟子年表考五篇	（清）魏源编	清光绪四年刻《古微堂外集》本
孟子年谱一卷	马征麐编	民国间铅印《马钟山遗著》本
孟子年略一卷	易顺豫编	民国间铅印本
庄子年表一卷	马叙伦编	民国间铅印《天马山房丛著》本
屈原年表一卷	张松儒编	民国间油印《屈原》本
荀卿子年表一卷	（清）汪中编	民国十四年上海中国书店影印《汪氏丛书》本
韩非子年表一卷	容肇祖编	民国二十五年铅印《韩非子考证》本
先儒年表一卷	陈蛰生编	民国十四年丁氏十笏园石印《伏乘》本
贾太傅年表	（清）汪中编	清光绪三年至四年长沙刻《屈贾文合编》本
董子年表一卷	（清）苏舆编	清宣统二年刻《春秋繁露考证》本
太史公年谱一卷　附录一卷	张鹏一编	民国二十二年富平张氏在山草堂刻本
太史公系年考略一卷	王国维编	民国五年上海仓圣明智大学铅印《广仓学宭丛书甲类》本
太史公疑年考一卷	张惟骧编	民国间武进张氏刻《小双寂庵丛书》本
刘更生年表	（清）梅毓编	清光绪中南陵徐氏刻《积学斋丛书》本
许君年表一卷　考一卷	（清）陶方琦编	清抄本
许君疑年录一卷	（清）诸可宝编	民国八年天津金钺刻本

书　名	编（著）者	版　本
汉徐征士年谱一卷	（清）杨希闵编	清光绪四年刻《豫章先贤九家年谱》本
郑君纪年一卷	（清）陈鳣编，袁钧订正	清光绪十四年浙江书局刻《郑氏佚书》本
郑司农年谱一卷	（清）孙星衍编	清嘉庆十四年阮元刻本
郑康成年谱一卷	（清）沈可培编	清道光间吴江沈氏世楷堂刻《昭代丛书》本
汉大司农康成郑公年谱一卷	（清）侯登岸编	清道光二十一年写刻本
汉郑君年谱一卷	（清）丁晏编	清咸丰同治间山阳丁氏六艺堂刻同治元年汇印《颐志斋丛书》本
蔡中郎年表一卷	（清）王昶编	清刻《蔡中郎集》本
孔北海年谱一卷	缪荃孙编	民国间南陵徐氏刻《烟画东堂四谱》本
后汉侍中尚书涿郡卢君年表一卷	蒋元庆编	民国间苏州铅印本
汉管处士年谱一卷	（清）管世骏编	民国间吴光刘氏刻《求恕斋丛书》本
关王年谱图一卷	（元）胡琦编	民国间抄本
关圣帝君年表一卷	（清）张镇编	清乾隆间刻《关帝志》本
关帝年谱一卷	（清）柯汝霖编	清咸丰元年刻本
关圣帝君本传年谱一卷	（清）崇德弟子编	清光绪三十二年成都二仙庵刻《道藏辑要》本
关夫子编年集注一卷	张兹编	民国十四年石印本
汉昭烈帝年谱一卷	（清）王复礼辑	清康熙四十一年杭城尊行斋刻《季汉五志》本
赵顺平侯年谱一卷	（清）王复礼辑	清康熙四十一年杭城尊行斋刻《季汉五志》本
张桓侯年谱一卷	（清）王复礼辑	清康熙四十一年杭城尊行斋刻《季汉五志》本
诸葛忠武侯年谱一卷	（明）杨时伟编	民国间朱丝栏抄本
诸葛忠武侯年表一卷	（清）张鹏翮编	清刻《忠武志》本
诸葛忠武侯年谱一卷	（清）张澍编	清嘉庆道光间刻《诸葛忠武侯文集》本
汉诸葛忠武侯年谱一卷　附录一卷	（清）杨希闵编	清光绪四年刻《四朝先贤六家年谱》本
诸葛忠武侯年谱一卷	古直编	民国十八年中华书局铅印《层冰草堂丛书》本
魏陈思王年谱一卷	（清）丁晏编	清同治元年山阳丁氏六艺堂汇印《颐志斋丛书》本
许真君历年表一卷	（清）丁启健等编	清道光二十六年刻《逍遥山万寿宫志》本
孝侯公年谱一卷	（清）周湛霖辑注	清光绪七年木活字本
陆士衡年谱一卷	李泽仁编	民国二十三年成都茹古书局铅印《陆士衡史》本
右军年谱一卷	（清）鲁一同编	清咸丰间刻《通甫类稿》本
王羲之年谱一卷	麦华三编	1950年麦氏油印本
慧远大师年谱一卷	陈统编	民国二十五年燕京大学铅印《史学年报》第二卷第三期
陶靖节先生年谱一卷	（宋）吴仁杰编	清光绪二十五年贵阳陈氏刻本
柳村谱陶一卷	（清）顾易编	清雍正间刻本
靖节先生年谱考异二卷	（清）陶澍编	清刻本
晋陶靖节年谱一卷	（清）丁晏编	清同治元年山阳丁氏六艺堂汇印《颐志斋丛书》本
晋陶征士年谱一卷	（清）杨希闵编	清光绪四年刻《豫章先贤九家年谱》本
陶靖节年谱一卷　附录一卷	古直编	民国十五年广州中华书局铅印《隅楼丛书》本
华阳谱一卷	（宋）王质编	民国十二年沔阳卢氏慎始基斋影印《湖北先正遗书》本
昭明太子年谱一卷　附录一卷	胡宗楙编	民国二十一年永康胡氏梦选楼刻本
庚子山年谱一卷	（清）倪璠编	民国十二年沔阳卢氏慎始基斋影印《湖北先正遗书》本
智者大禅师年谱事迹一卷	（宋）释戒应编	1983年大藏经刊行会台北影印《大正新修大藏经》本
唐司空尚书右仆射赵国公封德彝历史一卷	封宝桢编	民国二十二年哈佛燕京学社铅印《封氏闻见记校正》本
魏文贞公年谱一卷	（清）王先恭编	清光绪九年长沙王氏刻本
王祖年谱一卷	汪斌编	民国二十五年石印《吴山汪王庙志略续编》本
唐玄奘法师年谱一卷	刘汝霖编	民国间铅印《女师大学术季刊》第一卷第三期及第二卷第二期
王子安年谱一卷	姚大荣编	清宣统三年普定姚氏刻《惜道味斋集》本
刘子玄年谱稿一卷	朱希祖编	民国间海盐朱希祖稿本
张曲江年谱一卷	（清）温汝适编	民国三十五年上海商务印书馆影印暨铅印《广东丛书》本
李翰林年谱一卷	（宋）薛仲邕编	明刻本
唐王右丞年谱一卷	（明）顾起经编	抄本
王右丞年谱一卷	（清）赵殿成编	清随锦斋田翠含刻《王右丞集》本
颜鲁公年谱一卷	（宋）留元刚编，（清）黄本骥订	清道光间刻《三长物斋丛书》本
杜二部年谱一卷	（宋）吕大防编	民国间上海商务印书馆影印《四部丛刊》本
杜工部年谱一卷	（宋）蔡兴宗编	民国间上海商务印书馆影印《四部丛刊》本

书　名	编（著）者	版　本
杜工部草堂诗年谱一卷	（宋）鲁訔编	民国间上海商务印书馆影印《四部丛刊》本
杜工部年谱一卷	（宋）黄鹤编	明刻本
杜工部年谱一卷	（宋）赵子栎编	民国三年天津华新印刷局铅印《杜工部草堂诗话》本
杜工部年谱一卷	（清）朱鹤龄编	清康熙元年金陵叶永茹万卷楼刻《杜工部全集》本
少陵先生年谱一卷	（清）钱谦益编	清康熙六年泰兴季氏静思堂刻《杜工部集》本
杜工部年谱一卷	（清）张远编	清康熙二十七年张氏蕉圃刻《杜诗会粹》本
杜工部年谱一卷	（清）朱鹤龄编，仇兆鳌订	清康熙间刻《杜诗详注》本
杜工部年谱一卷	（清）杨纶编	清同治十一年成都吴氏望三益斋刻《杜诗镜铨》本
杜少陵年谱一卷	（清）朱骏声编	民国间南林刘氏刻 1963 年上海古籍书店印《求恕斋丛书》本
杜少陵新谱六卷	李春坪编	民国二十四年来薰阁北平书店铅印本
岑参年谱一卷	赖义辉编	民国十九年铅印《岭南学报》第一卷第二期
唐李邺侯年谱一卷	（清）杨希闵编	清光绪四年新城杨氏福州刻《四朝先贤六家年谱》本
唐孟郊年谱一卷　附录一卷	华忱之编	民国二十九年国立北京大学图书馆铅印本
孟东野诗文系年考证一卷	华忱之编	民国三十年油印本
陆宣公年谱一卷	（明）陆申编	明正德十四年刻《唐陆宣公外集备录》本
唐陆宣公年谱一卷	（清）丁晏编	清同治元年山阳丁氏六艺堂汇印《颐志斋丛书》本
唐陆宣公年谱一卷	（清）杨希闵编	清光绪四年福州刻《四朝先贤六家年谱》本
陆宣公年谱集略一卷	耆英编	清刻《陆宣公集》本
韩吏部文公集年谱一卷	（宋）吕大防编	民国元年上海商务印书馆影印《新刊五百家注音辨昌黎先生文集》本
韩文公历官记一卷	（宋）程俱编	民国元年上海商务印书馆影印《新刊五百家注音辨昌黎先生文集》本
韩子年谱五卷	（宋）洪兴祖编	民国元年上海商务印书馆影印《新刊五百家注音辨昌黎先生文集》本
韩文公年谱一卷	（宋）樊汝霖编	民国元年上海商务印书馆影印《新刊五百家注音辨昌黎先生文集》本
韩子年表一卷	（宋）方崧卿编	民国元年上海商务印书馆影印《新刊五百家注音辨昌黎先生文集》本
韩文公年谱一卷	（宋）林云铭编	清康熙三十二年晋安林氏挹奎楼刻《韩文起》本
昌黎先生年谱一卷	（清）顾嗣立编	清康熙三十八年长州顾氏秀野草堂刻《昌黎先生诗集注》本
昌黎先生年谱一卷	（清）黄钺编	清咸丰七年四明鲍氏二客轩刻《昌黎先生诗赠注证讹》本
昌黎先生诗文年谱一卷	（清）方成珪编	民国十五年瑞安陈氏湫漻斋铅印《韩集笺正》本
白文公年谱一卷	（宋）陈振孙编	明抄本
白香山年谱旧本一卷	（清）汪立名编	清康熙四十二年汪氏一隅草堂刻《白香山诗集》本
柳先生年谱一卷	（宋）文安礼编	清雍正七年广陵马氏小玲珑山馆刻《韩文类谱》本
微之年谱一卷	（宋）赵令畤编	民国间抄本
李义山诗谱一卷	（清）朱鹤龄编	清刻本
重订李义山年谱一卷	（清）程梦星编	清刻《重订李义山诗集笺注》本
玉溪生年谱一卷	（清）冯浩编	清乾隆四十五年桐乡冯氏重刻《玉溪生诗详注》本
玉溪生年谱订误一卷	（清）钱振伦编	清同治五年盱眙吴氏望三益斋刻《樊南文集补编》本
玉溪生年谱会笺四卷　卷首一卷	张采田编	民国六年南林刘氏刻《求恕斋丛书》本
韩承旨年谱一卷	震钧编	民国八年上海扫叶山房石印《香奁集发微》本
韩翰林诗谱略一卷	缪荃孙编	民国间南陵徐氏刻《烟画东堂四谱》本
武肃王年表一卷	钱文选编	民国间抄《钱氏五王年表》本
文穆王年表一卷	钱文选编	民国间抄《钱氏五王年表》本
南唐中主年表一卷	唐圭璋编	民国二十五年上海正中书局铅印《南唐二主词汇笺》本
忠献王年表一卷	钱文选编	民国间抄《钱氏五王年表》本
忠逊王年表一卷	钱文选编	民国间抄《钱氏五王年表》本
忠懿王年表一卷	钱文选编	民国间抄《钱氏五王年表》本
南唐后主年表一卷	唐圭璋编	民国二十五年上海正中书局铅印《南唐二主词汇笺》本
胡正惠公年表一卷　附录一卷	胡宗楙编	民国二十一年胡氏梦选楼刻本
范文正公年谱一卷　补遗一卷　遗迹一卷　鄱阳遗事录一卷	（宋）楼钥编，范之柔补遗，陈贻范撰遗事录	元天历至正间吴县范氏岁寒堂刻明递修本
范文正公年谱一卷　补遗一卷	（宋）楼钥编，范之柔补遗	民国间上海商务印书馆影印《四部丛刊》本
宛陵先生年谱一卷	（元）张师曾编	清道光十年刻《宛陵先生集》本
庐陵欧阳文忠公年表一卷	（宋）胡柯编	民国间上海商务印书馆影印《四部丛刊》本
增订欧阳文忠公年谱一卷	（清）华孳亨编	清道光十四年吴江沈氏世楷堂刻《昭代丛书》本
欧阳文忠公年谱一卷	（清）杨希闵编	清光绪四年福州刻《豫章先贤九家年谱》本

书　名	编（著）者	版　本
赵清献公年谱一卷	（清）罗以智编	民国二十二年铅印《赵清献公集》本
直讲李先生年谱一卷	（宋）陈次公编	民国间上海商务印书馆影印《四部丛刊》本
宋韩忠献公年谱一卷	（清）杨希闵编	清光绪四年福州刻《四朝先贤六家年谱》本
道国元公濂溪周夫子年表一卷	（清）吴大澂主修，常在编	民国间朱丝栏抄本
石室先生年谱一卷	（宋）家诚之编	民国间上海商务印书馆影印《四部丛刊》本
南丰年谱一卷	（清）姚范编	清道光十六年桐城姚莹淮南监制官署刻《援鹑堂笔记》本
曾南丰年谱一卷	（清）孙葆田编	清抄本
曾文定公年谱一卷	（清）杨希闵编	清光绪四年福州刻《豫章先贤九家年谱》本
曾子固年谱稿一卷	周明泰编	民国二十一年文岚簃印书局铅印《三曾年谱》本
曾南丰先生年谱一卷	王焕镳编	民国二十年公孚印书局铅印本
温公年谱六卷	（明）马峦编	明万历四十六年司马露校刻本
司马太师温国文正公年谱八卷　卷后一卷　遗事一卷	（清）顾栋高编	民国六年南林刘氏刻《求恕斋丛书》本
宋司马文正公年谱一卷　附录一卷	（清）陈宏谋编	清乾隆六年桂林陈氏培远堂刻《司马文正公传家集》本
张子年谱一卷	（清）武澄编	清同治间刻《张子全书》本
王荆国文公年谱三卷　卷后一卷　遗事一卷	（清）顾栋高编	民国六年南林刘氏刻《求恕斋丛书》本
王荆公年谱考略二十五卷　卷首三卷　杂录一卷　附录一卷	（清）蔡上翔编	清嘉庆九年蔡氏存是楼木活字本
宋孙莘老先生年谱一卷　补遗一卷	（清）茆泮林编	清道光二十五年湘乡左氏咏史精庐刻本
宋徐节孝先生年谱一卷	段朝端编	民国十年如皋冒氏刻《楚州丛书》本
程颢年谱五卷	（清）池生春、诸星杓编	清咸丰五年刻《程子年谱》本
宋程纯公年谱一卷	（清）杨希闵编	民国二十三年北平燕京大学图书馆铅印《燕京大学图书馆丛书》本
伊川先生年谱一卷	（宋）朱熹编	清康熙二十八年刻《晦庵先生朱文公文集》本
伊川先生年谱七卷	（清）池生春、诸星杓编	清咸丰五年刻《程子年谱》本
曾子宣谱稿一卷	周明泰编	民国二十一年文岚簃印书局铅印《三曾年谱》本
东坡纪年录一卷	（宋）傅藻编	明刻《东坡先生诗集注》本
东坡先生年谱一卷　本传一卷	（宋）王宗稷编	明天启元年刻《东坡诗选》本
东坡先生年表一卷	（宋）王宗稷编，查慎行补注	清乾隆二十六年查氏香雨斋刻《补注东坡先生编年诗》本
苏颍滨年表一卷	（宋）孙汝听编	清光绪宣统间江阴缪氏刻《藕香零拾》本
山谷先生年谱三十卷	（宋）黄䜣编	民国三年乌程张氏刻《适园丛书》本
黄文节公年谱一卷	（清）杨希闵编	清光绪四年福州刻《豫章先贤九家年谱》本
曾子开年谱稿一卷	周明泰编	民国二十一年文岚簃印书局铅印《三曾年谱》本
淮海先生年谱一卷	（清）秦镛编，秦瀛重编	清嘉庆间刻本
米海岳年谱一卷	（清）翁方纲编	清嘉庆二十三年刻本
游定夫先生年谱一卷	（清）游智开编	清同治六年新化游智开和州官舍重刻《游定夫先生集》本
杨龟山先生年谱一卷	（清）张夏补编	清康熙四十六年刻光绪五年重修《杨龟山先生集》本
龟山杨先生年谱一卷	（清）毛念恃编	清乾隆十年金阳张氏刻《延平四先生年谱》本
宋杨文靖公龟山先生年谱二卷	（清）张夏补编	清康熙间刻本
张文潜先生年谱一卷	（清）邵祖寿编	民国十八年淮安刻《柯山集》本
陈了翁年谱一卷	（元）陈宣子编	民国二十五年海宁陈乃乾朱丝栏抄本
陈忠肃公年谱一卷	（明）陈载兴编	民国间朱丝栏抄本
澹真居士年谱一卷	陈思编	民国二十二年辽海书社铅印《辽海丛书》本
忠简公年谱一卷	（宋）乔行简编	清刻《宗忠简集》本
宗忠简公年谱二卷	（清）宗嘉谟编	民国六年常熟宗氏桐柏山房铅印本
邹道乡先生年谱一卷	（清）李兆洛编	清道光十三年邹禾刻《道乡公文集》本
尹和靖先生年谱一卷	（宋）佚名编	清抄本
豫章罗先生年谱一卷	（清）毛念恃编	清乾隆十年滢阳张坦重刻《延平杨罗李朱四先生年谱》本
石林先生两镇建康纪年略一卷	（清）叶廷琯编	清道光二十四年刻《石林居士建康集》本
梁溪先生年谱一卷	（宋）李纶编	清抄本
李忠定公年谱一卷	（清）杨希闵编	清同治五年福州刻本
胡少师年谱二卷	（清）胡培翚编，胡培系补编	清光绪八年绩溪胡廷桢刻本
易安居士年谱一卷	李文裿编	民国十六年冷雪盒铅印《漱玉集》本

书 名	编（著）者	版 本
洪忠宣公年谱一卷	（清）洪汝奎编	清宣统元年汉阳洪氏晦木斋刻《四洪年谱》本
宣抚资政郑公年谱一卷	（宋）郑世成编	民国间朱丝栏抄本
大慧普觉禅师年谱一卷	（宋）释祖咏、释宗演编	宋宝祐元年径山明月堂刻本
简斋先生年谱一卷	（宋）胡稗编	民国十八年上海商务印书馆影印《增广笺注简斋诗集》本
延平李先生年谱一卷	（清）毛念恃编	清乾隆间滏阳张安士重刻《延平四先生年谱》本
简惠公年谱一卷	（清）周湛霖编	清光绪七年木活字本
屏山先生年谱一卷	詹继良编	民国十一年铅印《屏山志略》本
宋少保岳鄂王行实编年二卷	（宋）岳珂编	清同治二年古潭余氏明辨斋刻本
岳武穆王年表一卷	（明）张应登、郑懋洵编	清刻《汤阳精忠庙志》本
增订忠武王年谱一卷	（清）岳士景编	清乾隆间刻《岳鄂王金陀粹编》本
岳忠武王年谱一卷	（清）黄邦宁编	清刻本
宋岳鄂王年谱六卷	钱汝雯编	民国十三年铅印本
岳武穆年谱一卷 附录四卷 附编一卷	李汉魂编	民国三十五年吴川李汉魂稿本
梅溪王忠文公年谱一卷 墓志铭一卷	（清）徐炯文编	清雍正六年刻《宋王忠文公集》本
洪文惠公年谱一卷	（清）钱大昕编	清光绪十三年长沙龙氏家塾重刻本
洪文安公年谱一卷	（清）洪汝奎编	清宣统元年刻《四洪年谱》本
洪文敏公年谱一卷	（清）钱大昕编	清嘉庆八年至十二年刻本
陆放翁年谱一卷	（清）钱大昕编	清嘉庆八年至十二年刻本
周益国文忠公年谱一卷	（宋）周纶编	清道光二十八年卢陵欧阳棨瀛塘别墅刻《周益国文忠公集》本
大郑公行年小记一卷	（清）孙衣言编	清同治十二年刻《逊学斋文钞》本
朱文公年谱一卷	（宋）李方子编	清雍正八年建安朱玉紫阳书堂刻《朱子文集大全类编》本
紫阳文公先生年谱二卷	（宋）李方子编，（明）李默订	明嘉靖间刻本
紫阳朱夫子年谱二卷	（明）何可化编，（清）朱烈订	清康熙间家刻本
朱子年谱一卷 附录一卷	（清）黄中编	清康熙二十九年黄氏咏古堂刻本
紫阳朱先生年谱一卷	（清）毛念恃编	清乾隆十年滏阳张坦重刻《延平杨罗李朱四先生年谱》本
朱夫子年谱一卷	（清）朱钦绅编	清乾隆二年南昌杨云服、荥河郭镈重刻本
文公朱夫子年谱一卷	（清）高愈编	清同治八年江苏书局刻《小学纂注》本
朱子年谱四卷	（清）王懋竑编	清道光光绪间南海伍氏刻《粤雅堂丛书》本
重订朱子年谱一卷	（清）褚寅亮编	清乾隆四十七年自刻本
朱子年谱一卷	（清）郑士范编	清光绪六年周氏正谊堂刻本
子朱子为学次第考三卷	（清）童能灵编	清乾隆间刻本
朱子年谱纲目十二卷	（宋）李元禄编	清嘉庆七年敬修斋湖南郴州刻本
张宣公年谱二卷	胡宗楙编	民国二十一年胡氏梦选楼刻本
东莱吕成公年谱一卷	（明）阮元声、史继任编	明崇祯五年刻《宋东莱吕成公外录》本
陈文节公年谱一卷	（清）孙锵鸣编	民国间永嘉黄氏铅印《敬乡楼丛书》本
象山陆先生年谱二卷	（宋）李子愿、袁燮编	明嘉靖三十八年晋江张乔相刻本
象山先生年谱一卷	（宋）李子愿编	清道光三年临川陆邦瑞槐堂书斋刻《象山先生全集》本
象山先生年谱三卷	（宋）李子愿编，李绂增订	清雍正十年刻本
陆象山年谱节要一卷	（清）方宗诚编	民国间朱丝栏抄本
陆文安公年谱二卷	（清）杨希闵编	清光绪四年新城杨氏福州刻《豫章先贤九家年谱》本
稼轩先生年谱一卷	（清）辛启泰编	清嘉庆十六年万载辛启泰刻《稼轩集钞存》本
稼轩先生年谱一卷	陈思编	民国二十二年辽海书社铅印《辽海丛书》本
慈湖先生年谱二卷 附慈湖先生世系一卷	（清）冯可镛、叶意深编	民国十九年宁波大酉山房刻《慈湖先生遗书》本
白石道人年谱一卷	陈思编	民国间辽海书社铅印《辽海丛书》本
西山真文忠公年谱一卷	（清）真采编	清乾隆二十九年刻《真西山全集》本
魏文靖公年谱一卷	缪荃孙编	民国间南陵徐氏刻《烟画东堂四谱》本
杜清献公年谱一卷	（清）王棻编	清同治九年吴县孙氏九峰书院刻光绪六年重校《杜清献公集》本
徐清正公年谱一卷	（明）徐鉴编	民国四年至九年刻《豫章丛书》本
吴梦窗事迹考略一卷	杨铁夫编	民国二十五年岭南杨氏抱香室铅印《吴梦窗词笺释》本
深宁先生年谱一卷	（清）钱大昕编	清嘉庆八年至十二年刻本
王深宁先生年谱一卷	（清）陈仅编	民国间四明张寿镛约园抄本
王深宁先生年谱一卷	（清）张大昌编	清光绪十六年浙江书局刻《玉海》本
草窗年谱一卷	（清）顾文彬编	清光绪八年元和顾氏刻《过云楼书画记》本

书 名	编（著）者	版 本
宋少保右丞相兼枢密使信国公文山先生纪年录一卷	（宋）文天祥编	民国间海宁陈氏慎初堂乌丝栏抄本
文文山年谱一卷	许浩基编	民国十六年上海商务印书馆铅印本
陆忠烈公年谱一卷	蒋逸雪编	民国十八年盐城光华印务局铅印本
谢皋羽年谱一卷	（清）徐沁编	清康熙间新安张潮刻《昭代丛书》本
契丹国九主年谱一卷	（金）佚名	一九六〇年中华书局北京影印《永乐大典》本
王黄华先生年谱一卷	金毓黻编	民国间辽海书社铅印《辽海丛书》本
闲闲老人年谱二卷	王树枏编	清光绪十三年新城王氏文莫室刻《闲闲老人诗集》本
杨文宪公考岁略一卷	（明）宋廷佐编	民国十二年陕西文献征辑处铅印《关陇丛书》本
耶律文正公年谱一卷 年谱余记一卷	王国维编	民国间东方文化事业委员会大字油印《王忠悫公遗书》本
湛然居士年谱一卷 世系杂考一卷	张相文编	民国二十四年铅印《地学丛书》本
元遗山先生年谱三卷 附录一卷	（清）翁方纲编	清道光绪间南海伍氏刻《粤雅堂丛书》本
元遗山全集年谱一卷	（清）施国祁编	清道光二年南浔蒋氏瑞松堂刻《元遗山诗集笺注》本
元遗山先生年谱二卷	（清）凌廷堪编	清道光二十九年泾县潘云阁刻《校礼堂全集》本
元遗山先生年谱略一卷	（清）余集编	清道光十年刻《得月簃丛书》本
广元遗山年谱二卷	（清）李光廷编	清同治五年番禺李氏自刻本
遯庵先生年谱一卷	孙德谦编	民国四年吴兴刘氏刻《求恕斋丛书》本
菊轩先生年谱一卷	孙德谦编	民国四年吴兴刘氏刻《求恕斋丛书》本
许文正公考岁略续一卷	（元）耶律有尚编	清乾隆五十五年刻《许文正公遗书》本
许鲁斋先生年谱一卷	（清）郑士范编	清光绪六年凤翔周宗钊正谊堂刻本
宋舒岳祥年谱一卷 卷首一卷 杂录一卷	（元）干人俊编	民国间油印本
郝文忠公年谱一卷	（清）王汝辑，秦万寿编，张翯补编	清乾隆三年刻道光间重印《陵川文集》本
佛光国师年谱一卷	（日）释佚名编	日本昭和十年瑞鹿山圆觉兴圣禅寺影印《佛光国师语录》本
宋仁山金先生年谱一卷	（明）徐袍编	清乾隆九年刻光绪十三年补刻《牵祖堂丛书》本
牧庵年谱一卷	（元）刘致编	民国间上海商务印书馆影印《四部丛刊》本
水邨先生年谱一卷	（清）龚望曾编	清道光十年南丰刘斯嵋刻《水云邨吟稿）本
临川吴文正公年谱一卷	（明）危素编	清乾隆间刻《草庐吴文正公集》本
楚国文宪公雪楼程先生年谱一卷	（元）程世京编	民国十八年海宁陈氏慎初堂乌丝栏抄本
定宇先生年表一卷	（清）陈嘉基编	清康熙间刻《陈定宇先生文集》本
虞文靖公年谱一卷	（清）翁方纲编	清嘉庆十一年南城曾氏刻《虞文靖公诗集》本
郭天锡年岁考略一卷	陈庆年编	民国间刻《横山乡人类稿》本
倪高士年谱一卷	（清）沈世良编	清宣统元年刻本
吴王张士诚载记正编一卷	支伟成编	民国二十一年铅印《吴王张士诚载记》本
环谷先生年谱一卷	（明）吴国英编	清康熙间刻《环谷集》本
贞素先生舒公年谱一卷	（明）舒正仪编	清道光间绩溪舒氏刻《贞素斋集》本
宋文宪公年谱二卷 附录一卷	（清）朱兴悌、戴殿江编，孙锵增辑	民国五年奉化孙氏刻《宋文宪公全集》本
刘文成公年谱稿二卷	刘耀东编	民国二十八年南田山启后亭铅印本
明翰林学士当涂陶主敬先生年谱一卷	（清）夏炘编	清咸丰同治间刻本
戴九灵先生年谱一卷	（明）戴殿江、戴殿泗编	清乾隆三十六年浦江戴氏刻《九灵山房集》本
方国珍寇温始末一卷	（清）叶嘉榆编，刘绍宽增订	民国二十三年瑞安林氏铅印《惜砚楼丛刊》本
青邱高季迪先生年谱一卷	（清）金檀编	清雍正六年金氏文瑞楼刻《青邱高季迪先生诗集》本
朝贵府君年谱一卷	（清）黄培芳编	清光绪三十一年香山黄氏纯渊堂刻《黄氏家乘》本
方正学先生年谱一卷 方氏本末记略一卷	（明）卢演、翁明英编	清同治十二年吴县孙熹杭州刻《逊志斋集》本
太师杨文贞公年谱一卷	（明）杨穤编，杨思尧补编	清道光间杨觐光刻本
致身录一卷 附编一卷 附录一卷	（明）史仲彬编	清康熙八年吴江史在相刻本
蔡氏文溥公自叙年谱一卷	（明）蔡溥编	民国八年木活字《德清蔡氏宗谱》本
曹月川先生年谱一卷	（明）张信民编	清正谊堂刻《曹月川先生集》本
建文年谱二卷 后事一卷 辨疑一卷	（明）赵士喆编	清初刻本
龚安节先生年谱一卷	（明）龚绂编	民国九年昆山赵氏刻《又满楼丛书》本
况太守年谱一卷	（清）况廷秀编	清道光二十九年苏州胡容本刻《况太守集》本
芳洲先生年谱一卷	（明）王翔编	清刻《芳洲文集》本
吴聘君年谱一卷	（清）杨希闵编	清光绪四年刻《豫章先贤九家年谱》本

书　名	编（著）者	版　本
薛文清公年谱一卷　行实一卷	（明）杨鹤，杨嗣昌编	明万历间沁水张铨刻本
明薛文清年谱一卷	（清）杨希闵编	民国二十三年北平燕京大学图书馆铅印《燕京大学图书馆丛书》本
杜东原先生年谱一卷	（明）沈周编	清光绪间刻《过云楼书画集》本
呆斋公年谱一卷	（清）刘作楳编	清刻《刘文安公策略》本
章恭毅公年谱一卷	（明）章玄应编	民国二十四年永嘉黄氏铅印《敬乡楼丛书》本
明三元太傅商文毅公年谱四卷	（明）商振伦编	明万历四十六年元始堂刻本
段容思先生年谱纪略一卷	（明）彭泽编	清道光三年刻本
邱文庄公年谱一卷	（清）王国栋编	清光绪二十四年琼山罕经书院刻本
云东逸史年谱一卷	（清）沈铭彝编	民国间上虞罗氏影印《云窗丛刻》本
双槐公年谱一卷	（清）黄佛颐编	清光绪二十九年香山黄氏纯渊堂刻《黄氏家乘续编》本
秦襄毅公自订年谱一卷	（明）秦纮编	明嘉靖十七年刻隆庆三年天启元年递修本
编次陈白沙先生年谱二卷　白沙丛考一卷　白沙门人考一卷	（清）阮榕龄编	清咸丰元年至八年新会阮氏梦菊堂刻本
胡文敬公年谱一卷	（清）杨希闵编	清光绪四年新城杨氏福州刻《豫章先贤九家年谱》本
刘忠宣公年谱二卷	（明）刘世节编	清刻本
枫山章文懿公年谱二卷	（明）阮鹗编	清光绪二十六年常熟丁秉衡乌丝栏抄本
李文正公年谱一卷	（清）朱景英编	清嘉庆八年刻《怀麓堂集》本
明李文正公年谱七卷	（清）法式善编，唐仲冕补编	清嘉庆九年蒙古法式善诗龛京师刻本
先自如府君年谱一卷	（清）顾易编	清初刻《玉峰雍里顾氏六世诗文集》本
文正谢公年谱一卷	（明）倪宗正原编，（清）谢钟和重编	清康熙间刻本
明南京工部尚书进阶荣禄大夫简庵陈公年谱一卷	（明）陈塏编、陈文匡等辑	明万历间刻本
王恭襄公年谱一卷　附录一卷	张友椿编	民国二十五年太原王氏齐芳堂铅印本
邵文庄公年谱一卷	（明）邵焘、吴道成编	民国间朱丝栏抄本
粤洲公年谱一卷	（清）黄佛颐编	清光绪二十九年香山黄氏纯渊堂刻《黄氏家乘续编》本
阳明先生年谱三卷	（明）钱德洪，罗洪先订	明嘉靖四十三年毛汝麒刻本
王阳明先生图谱一卷	（明）邹守益编	民国三十年程守中影印本
阳明先生年谱二卷	（明）李贽编	明万历三十七年武林继锦堂刻《阳明先生道学钞》本
阳明先生年谱一卷	（明）施邦曜编	清乾隆五十二年济美堂刻《阳明先生集要三编》本
王阳明先生年谱一卷	（清）张问达辑	清康熙间刻《王阳明先生文钞》本
明王文成公年谱节抄二卷	（明）钱德洪原本，（清）杨希闵节抄	清光绪四年福州刻《四朝先贤六家年谱》本
阳明先生年谱一卷　卷首一卷	（清）刘原道编	清光绪三十二年江南制造局铅印《阳明先生集要》本
王文成公年纪一卷	（清）陈澹然编	清光绪间石印本
王阳明年谱节录一卷　传习录节录一卷	陈筑山编	民国二十二年中华平民教育促进会北平铅印本
王文成公年谱节略一卷	（明）钱德洪原本，（日）三轮希贤节略	民国间抄本
桂古山年谱一卷	（明）桂萼编	清乾隆间刻《古山集》本
陈紫峰先生年谱二卷	（明）陈敦履、陈敦豫编	清乾隆二十二年晋江陈元锡重刻本
吉水毛襄懋先生年谱一卷	（明）毛栋编	民国间朱丝栏抄本
端岩公年谱一卷	（明）张文麟编	民国九年上海博古斋影印清嘉庆间常熟张海鹏刻《借月山房汇钞》本
何大复先生年谱一卷　附录三卷	刘海涵编	民国间刻《龙潭精舍丛刻》本
蓉川公年谱一卷	（明）齐祖名编	清光绪二十三年桐城徐氏刻《蓉川集》本
王心斋先生年谱一卷　补余一卷　补遗一卷	（明）董燧等编	民国元年东台袁承业铅印《王心斋先生集》本
石头录八卷卷首一卷	（明）霍韬编，霍与瑕补编，沈应乾、霍尚守注	清同治元年石头书院刻《霍文敏公全集》本
杨文宪升庵先生年谱一卷	（明）简绍芳编，（清）程封辑，孙锜补订	清道光间鹅溪孙氏刻《古棠书屋丛书》本
明修撰杨升庵先生年谱一卷	（清）程封编	清道光二十四年刻《新都县志》本
升庵先生年谱一卷	（清）李调元编	清道光五年绵州李夔补刻《函海》本
文裕公年谱一卷	（清）黄佛颐编	清光绪二十九年香山黄氏纯渊堂刻《黄氏家乘续编》本
乌拉哈哒贝勒辂绦达善年谱一卷	（清）穆精额编	清道光间《金山赫舍里氏渊源》朱格稿本
龙峰先生年谱一卷	（清）徐堂编	民国间朱丝栏抄本

书　名	编（著）者	版　本
王父云塘先生年谱一卷　行状一卷	（明）郭子章编	明万历间刻本
松溪程先生年谱一卷	（明）姜宝编	明万历十三年刻《程文恭公遗稿》本
唐一庵先生年谱一卷	（明）李乐编，（清）王表正重编，许正绶三编	清咸丰六年重刻本
吴太宰公年谱二卷	（明）吴惟贞编	明万历间刻本
太常公年谱一卷	（清）钱泰吉编	清光绪三十年钱志澄校刻本
吴疏山先生年谱一卷　附录一卷	（清）吴尚志、吴梅编	清刻《吴疏山先生遗集》本
王一庵先生年谱纪略一卷	袁承业编	民国元年东台袁承业铅印《王心斋先生集》本
谭次川自订年谱一卷	（明）谭大初编	明万历间刻本
明唐荆川先生年谱八卷	唐鼎元编	民国二十八年武进唐氏铅印本
太师杨襄毅公年谱十卷　存卷三、九卷	（明）项德桢编	明刻本
归震川先生年谱一卷	（明）孙岱编	清光绪间嘉兴金吴澜刻《归顾朱三先生年谱》合刻本
明归震川先生年谱一卷	张联骏编	民国间报纸剪贴本
严文靖公年谱一卷	（清）严炳、严燮编	清光绪九年西泾草堂木活字本
王东厓先生年谱纪略一卷	袁承业辑	民国元年东台袁承业铅印《王心斋先生集》本
幻迹自警一卷	（明）殷迈编	民国间海宁陈氏慎初堂乌丝栏抄本
海忠介公年谱一卷	（清）王国宪编	清光绪三十二年琼山崔经书院刻本
椒山先生自著年谱一卷	（明）杨继盛编	民国九年上海宏大善书总发行所石印《杨椒山公传家宝书》本
陈士元先生年谱一卷	胡鸣盛编	民国十八年铅印《国立北平图书馆月刊》本（第三卷第五期）
谭襄敏公年谱一卷	（明）佚名编	清嘉庆间木活字《谭襄敏公遗集》本
三一教主夏午尼林子本行实录一卷	（明）卢文辉存稿，（清）陈衷瑜编	民国二十八年锦江尚阳书院铅印本
哈达色勒贝勒年谱一卷	（清）穆精额编	清道光间《金山赫舍里氏渊源》朱格稿本
色勒福晋觉罗氏年谱一卷	（清）穆精额编	清道光间《金山赫舍里氏渊源》朱格稿本
观生记一卷	（明）耿定向编	民国十四年黄冈萧燿南武昌铅印《重订耿天台先生全书》本
太史来瞿唐先生年谱一卷	（明）古之贤编	清道光十一年端州区拔熙梁山官署刻本
弇州山人年谱一卷	（清）钱大昕编	清光绪十年长沙龙氏刻《嘉定钱氏潜研堂全书》本
瑯琊凤麟两公年谱合编一卷	（清）王瑞国编	清康熙五十二年瑯琊王良谷抄本
戚少保年谱耆编十二卷　卷首一卷	（明）戚祚国编	清道光二十七年王氏刻本
王师竹先生年谱一卷	刘海涵编	民国间刻《龙潭精舍丛刻》本
王文肃公年谱一卷	（明）王衡编，（清）王时敏续编	清光绪二十五年王宗愈刻本
茶史一卷	（明）朱庚编	民国十七年东方学会铅印《殷礼在斯堂丛书》本
顾襄敏公年谱一卷	（清）杨廷撰编	清道光二年经堂刻本
景素公自叙年谱一卷	（明）于孔兼编	清抄本
何伯子自注年谱一卷	（明）何出图编	清乾隆十八年何功璜刻本
一斋公年谱一卷	（清）陈斗初编	清道光二十九年重刻《一斋集》本
资德大夫兵部尚书郭公青螺年谱一卷	（明）郭孔延编	民国间朱丝栏抄本
憨山老人年谱自叙实录二卷　附录一卷	（明）释德清编，（清）释福征述疏	清顺治间刻本
哈达贝勒法克产年谱一卷	（清）穆精额编	清道光间《金山赫舍里氏渊源》朱格稿本
顾端文公年谱二卷　谱前一卷　谱后一卷	（清）顾枢编、顾贞观补订	清光绪三年泾里宗祠刻《顾端文公遗书》本
眉公府君年谱一卷	（明）陈梦莲编	明崇祯间刻本
蘧编二十卷	（明）叶向高编	民国二十四年海宁陈乃乾共读楼乌丝栏抄本
鹤坡公年谱一卷	（清）庄起元编	民国二十五年铅印《毗陵庄氏增修族谱》本
先考通议大夫全楚大方伯年谱略一卷	（清）庄鼎铉编	民国二十五年铅印《毗陵庄氏增修族谱》本
哈达贝勒顺克夷巴克什苏三音年谱一卷	（清）穆精额编	清道光间《金山赫舍里氏渊源》朱格稿本
高忠宪公年谱一卷	（明）华允诚编	清光绪二年刻《高子遗书》本
高忠宪公年谱二卷	（清）高世宁编	清康熙间刻本
理学张抱初先生年谱一卷	（明）冯奋庸编，（清）张弘文续编	清雍正间刻乾隆间增刻本
文贞公年谱一卷	（清）缪之镕编	清同治十三年实园刻《从野堂存稿》本
徐文定公年谱一卷	（清）徐允希、李杕编	清光绪二十二年上海慈母堂铅印《徐文定公集》本
高阳太傅孙文正公年谱五卷	（明）孙铨编	清乾隆六年孙尔然补刻本
安我素先生年谱一卷	（清）安绍杰编	清乾隆间年刻本
天童密云禅师年谱一卷	（清）释道忞编	清顺治十七年刻《密云禅师语录》本

书名	编（著）者	版本
袁中郎年谱一卷	佚名编	民国间抄本
淄川毕少保公年谱二卷	（清）毕口口编	清初抄本
杨忠烈公年谱一卷	（清）杨征午编	清道光十三年刻《杨忠烈公文集》本
毕司徒东郊先生年谱一卷	（明）胡博文编	清初抄本
海澄周忠惠公自叙年谱一卷	（明）周起元编，（清）王焕、王如续编	清同治十一年刻本
三峰和尚年谱一卷	（清）释弘储编	民国间影印本
魏廓园先生自谱一卷	（明）魏大中编	明崇祯元年刻《藏密斋集》本
左忠毅公年谱二卷	（清）左宰编	清道光二十九年刻本
左忠毅公年谱定本二卷	马其昶编	民国十四年蓬莱慕氏京师刻本
鹿忠节公年谱二卷　碑铭一卷　传一卷	（明）陈鋐编	清道光间寻乐堂刻本
王季重先生自敍年谱不分卷	（明）王思任、（清）王鼎起编	清初山阴王衮锡等刻本
真隐先生年谱一卷	（明）张有誉编，（清）刘之勃注	民国间抄本
刘职方公年谱一卷	（清）刘颖编	民国间朱丝栏抄本
春溥先生年谱一卷	（清）黄驹编	民国间印本
达尔汉贝勒巴彦摄津年谱一卷	（清）穆精额编	清道光间《金山赫舍里氏渊源》朱格稿本
刘子年谱二卷　录遗一卷	（清）刘汋编，董玚辑	清道光四年至十五年刻《刘子全书》本
刘忠介公年谱二卷	（清）刘汋编	清乾隆四十二年刘毓德刻本
［天佣子］年谱一卷	（清）张符骧、艾舟编	清康熙间刻《天佣子集》本
黄忠端公年谱二卷	（清）黄炳垕编	清光绪元年留书种阁刻本
周吏部年谱一卷	（明）殷献臣编	清康熙四十年刻本
［方孩未］年谱一卷	（明）方震儒编	清同治七年树德堂刻《方孩未先生文集》本
黄子年谱一卷	（明）洪思编	清道光二十四年龙溪曾省、林广迈校刻本
黄忠端公年谱四卷　补遗一卷	（明）庄起俦编	清道光九年刻本
徐霞客先生年谱	丁文江编	民国十七年上海商务印书馆铅印《徐霞客游记》本
徐霞客先生年谱订误一卷	方豪订误	民国三十一年国立浙江大学铅印《史地学部丛刊》第四号本
吕明德先生年谱四卷	（清）施化远等编	清康熙二年刻本
奉直大夫吏部员外郎豫如府君年谱二卷卷首一卷	（清）华衷黄述略，张夏参订，华王澄补编	清道光二十八年刻本
叶天寥自撰年谱一卷　续编一卷　别记一卷	（明）叶绍袁编	民国二年吴兴刘氏嘉业堂刻《嘉业堂丛书》本
侯忠节公年谱三卷　卷首一卷	（清）侯玄瀞编	民国二十二年铅印《侯忠节公全集》本
补辑李忠毅公年谱一卷	缪荃孙编	民国间南陵徐氏刻《烟画东堂四谱》本
先忠节公年谱略一卷	（清）吴蕃昌编	清初刻本
天山自叙年谱一卷	（明）郑鄤编	清宣统二年武进盛氏刻本
倪文正公年谱四卷	（清）倪会鼎编	清道光光绪间南海伍氏刻《粤雅堂丛书》本
陈忠洁公年谱一卷	（清）陈才伟编	清嘉庆二十四年重刻《陈忠洁公殉难录》本
忠节吴次尾先生年谱一卷　楼山遗事一卷	（清）夏燮编	清同治六年永宁官廨刻《楼山堂遗书》本
吴先生年谱一卷　贵池高田吴氏世表一卷	刘世珩编	清光绪至民国间刻民国九年贵池刘氏唐石簃印《贵池先哲遗书》本
张忠敏公年谱一卷	（清）张振珂编	清光绪五年江苏书局刻《张忠敏公遗集》本
金正希先生年谱一卷	（清）刘洪烈编	清光绪二十三年西湖书院木活字本
金正希先生年谱一卷　附录一卷	（清）程锡类编	民国十七年思贻堂刻本
金正希先生年谱一卷	（清）李宗煝编	清末抄本
贝子衔按班章京牛录额镇拜音岱年谱一卷	（清）穆精额编	清道光间《金山赫舍里氏渊源》朱格稿本
庄介吴公苇庵先生年谱一卷	（清）漆嘉祉编	清咸丰七年柏友山房刻《吴庄介公遗集》本
明大司马卢公年谱一卷	（清）卢安节编	清光绪元年会稽施惠重刻《明大司马卢公集》本
萝石先生年谱一卷	（清）左辉春编	民国间朱丝栏抄本
堵忠肃公年谱一卷	（明）堵胤锡自记，吴骞校	清嘉庆十年海宁吴骞抄本
堵文襄公年谱一卷	（明）堵胤锡自记，（清）佚名辑	清光绪十一年童斐抄本
堵文忠公年谱一卷	（清）张夏编	清道光二十三年锡山潘氏刻本
堵文忠公年谱一卷	（清）潘士超编	清光绪间刻《堵文忠公集》本
申端愍公年谱一卷	（清）申涵光等编	清光绪五年刻《畿辅丛书》本
葛中翰年谱一卷	（清）葛芾编	清光绪十六年重刻《葛中翰遗集》本
祁忠敏公年谱一卷	（明）王思任编	清初乌丝栏稿本

书　名	编（著）者	版　本
祁忠敏公年谱一卷	（明）王思任，（清）梁廷枏等补编	民国二十六年绍兴县修志委员会铅印《祁忠敏公日记》本
陶庵先生年谱一卷	（清）陈树德编，宋道南订	清光绪五年重刻《陶庵集》本
钱忠介公年谱一卷	冯贞群编	民国间四明张氏约园刻《四明丛书》本
陈忠裕公自著年谱三卷	（明）陈子龙编，（清）王沄续编，王昶辑	清嘉庆八年青浦何氏簳山草堂刻《陈忠裕公全集》本
姜贞毅先生自著年谱（一卷 续编一卷）	（明）姜埰编，（清）姜安节续编	清光绪十五年山东书局刻《敬亭集》本
金忠洁年谱一卷	（清）金镜，金钺订	清光绪五年刻《畿辅丛书》本
蔡忠烈公年谱一卷	（清）邹汉勋编，黄本骥重订	清光绪七年刻《蔡忠烈公遗集》本
疎香阁纪年一卷	（清）叶德辉编	民国间南阳叶氏刻《疎香阁遗录》本
武舟公年谱一卷	（清）李庆来编	清道光间刻《李氏三忠事迹考证》本
张忠烈公年谱一卷	（清）赵之谦编	清光绪二十二年慈溪童氏校刻本
头等侍卫莫尔欢年谱一卷	（清）穆精额编	清道光间《金山赫舍里氏渊源》朱格稿本
郑延平年谱一卷	许浩基编	民国十五年许氏杏荫堂铅印本
王伯子自叙年谱一卷	（清）王兆吉编	清顺治间正定王兆吉朱丝栏稿本
向若水公年谱一卷	（清）张杞编，水宝璐辑	清光绪十八年鄞县水嘉谷刻《四明水氏留硕稿》本
牧斋先生年谱一卷	（清）葛万里编	一笏斋绿丝栏抄本
钱牧翁先生年谱一卷	（清）彭城退士编	清宣统三年上海国学扶轮社铅印《牧斋晚年家乘文》本
钱牧斋先生年谱一卷	金鹤翀编	民国二十一年铅印本
清钱牧斋先生年谱一卷	张联骏编	民国间剪贴铅印本
李二何先生年谱一卷	李大中编	民国二十二年汕头志成公司铅印《李二何先生文存》本
岁寒居年谱不分卷	（清）孙奇逢编，魏一鳌增订	清康熙间稿本
征君孙先生年谱四卷	（清）戴明说编	清康熙间稿本
征君孙先生年谱二卷	（清）汤斌等编	清康熙间刻本
初代开山主法云顶和尚年谱一卷	（清）佚名编	清刻《鼎湖山庆云寺志》本
苍雪大师行年考略一卷	陈乃乾编	民国二十九年铅印本
声鹤公年谱一卷	（清）庄恒编	民国二十四年铅印《毗陵庄氏增修族谱》本
邢孟贞先生年谱一卷	（清）汤之孙编	清光绪十八年重刻《石臼集》本
李厴园先生年谱一卷 附录一卷 厴园集拾遗一卷	罗继祖编	民国二十五年石印本
奉常公年谱四卷	（清）王宝仁编	清道光十八年刻本
洪文襄公年谱一卷	（清）法式善编	民国间油印本
郑桐庵先生年谱二卷	（清）郑敷教编，徐云祥续编	民国二十三年昆山赵氏铅印《甲戌丛编》本
刘伯宗先生年谱一卷	刘世珩编	清光绪至民国间刻民国九年贵池刘氏唐石簃印《贵池先哲遗书》本
文康府君年谱一卷	（清）宋荦编	清康熙间刻《商丘宋氏三世遗集》本
徐闇公先生年谱一卷 附录一卷	陈乃乾、陈洙编	民国十五年金山姚氏怀旧楼刻《钓璜堂存稿》本
查东山先生年谱一卷 附录一卷	（清）沈起编，张涛、查縠注	民国间吴兴刘氏刻《嘉业堂丛书》本
陶密庵先生年谱一卷	梅英杰编	民国九年沩峤遗书馆刻本
王崇简年谱一卷	（清）王崇简编	民国间抄本
李寒支先生岁纪一卷	（清）李世熊编，李权续编	清道光间木活字本
万年少先生年谱一卷 附录一卷 隰西草堂集拾遗一卷 续一卷 年谱补正一卷	罗振玉编	民国八年上虞罗氏铅印本
罱耷山人年谱一卷 寅宾录一卷	（清）鲁一同编	民国间吴兴刘氏《嘉业堂丛书》本
白耷山人年谱一卷	张相文编	民国十一年铅印《阎古古全集》本
平南王元功垂范二卷 续一卷	（清）释今释编，张允格续编	清乾隆三十年平原张允格刻本
平南敬亲王尚可喜事实册一卷	罗振玉编	民国十三年东方学会铅印《史料丛刊》本
陈乾初先生年谱二卷	（清）吴骞编	民国四年上虞罗氏铅印《雪堂丛刻》本
陈乾初先生年谱二卷	（清）吴骞编，陈敬璋订补	清抄本
胡石庄年谱一卷	（清）胡玉章编	清道光二十五年刻《读书说》本
公他先生年谱略一卷	张廷鉴编	民国间朱丝栏抄本
傅青山先生年谱一卷	丁宝铨编	清宣统三年山阳丁氏刻《霜红龛集》本
天然和尚年谱一卷 著述考一卷	汪宗衍编	民国三十二年铅印本
吴梅村先生年谱四卷 世系一卷	（清）顾师轼编，顾思义订	清光绪三年太仓吴氏重刻、光绪二十三年印本
吴梅村年谱一卷	（日）铃木虎雄编	民国间抄本
易斋冯公年谱一卷	（清）毛奇龄编	清康熙五十九年萧山书留草堂刻《西河合集》本

书　名	编（著）者	版　本
先太高祖别驾公年谱一卷	（清）宋瀛编	清嘉庆二十六年刻《海沂诗集》本
黄梨洲先生年谱三卷	（清）黄炳垕编	清同治十二年黄氏家刻本
尊道先生年谱一卷	（清）凌锡祺编	清光绪二十六年刻《陆子遗书》本
张杨园先生年谱四卷　附录一卷	（清）姚夏编，陈梓增订	清道光十四年平湖沈氏补读书斋刻本
张杨园先生年谱一卷　附录一卷	（清）苏惇元编	清道光间刻本
杜茶村先生年谱一卷	（清）汪士沦编，王葆心补	民国二十四年黄冈汪氏铅印《黄冈二处士集》本
冒巢民先生年谱一卷	冒广生编	清光绪二十二年如皋冒氏刻《冒氏丛书》本
柴雪年谱一卷	（清）宋之绳编	民国间共读楼乌丝栏抄本
先府君年谱一卷	（清）孙无燀编	清同治九年刻《爱日堂全集》本
周栎园先生年谱一卷	（清）周在浚编	民国间朱丝栏抄本
先公田间府君年谱一卷	（清）钱扬禄编	清宣统三年铅印《国粹学报》第75至79期本
归玄恭先生年谱一卷	归曾祁编	民国七年蓝格稿本
归玄恭先生年谱一卷	赵经达编	民国十四年昆山赵氏刻《又满楼丛书》本
安道公年谱二卷	（清）陈溥编	清光绪间太仓缪氏刻《东仓书库丛刻初编》本
顾亭林先生年谱一卷	（清）吴映奎编	清光绪六年嘉兴金吴澜刻《归顾宋三先生年谱合刻》本
顾亭林先生年谱一卷	（清）顾衍生原编，吴映奎重编，车持谦增纂，李兆洛等参校	清抄本
顾亭林先生年谱一卷	（清）张穆编	清道光二十四年刻本
顾亭林先生诗谱一卷	（清）徐嘉编	清光绪二十三年山阳徐氏味静斋刻《顾亭林先生诗笺注》本
顾亭林先生年谱一卷	（清）吴映奎、车持谦编，钱邦彦校补	民国二十五年商务印书馆影印《四部丛刊》本
三补顾亭林年谱一卷	伦明编	民国间乌丝栏稿本
黄山年略一卷	（清）法若真编，法辉祖校定	清乾隆十六年刻本
大觉普济能仁国师年谱二卷	（清）释超琦编	清同治十三年释机心刻《普济玉林国师语录》本
魏贞庵先生年谱一卷	（清）魏荔彤编	清光绪五年定州王氏刻《畿辅丛书》本
程山谢明学先生年谱一卷	（清）谢鸣谦编	清刻本
依思公年谱一卷	（清）刘汉卿编	民国十八年铅印《武进西营刘氏家谱》本
先府君年谱一卷	（清）毛志锴编	清道光二十五年永思堂刻《刘村毛氏世谱》本
寒松老人年谱一卷	（清）魏象枢口授，魏学诚等录	清乾隆六年寒松堂刻本
壮悔堂年谱一卷	（清）侯洵编	民国间共读楼乌丝栏抄本
吴嘉纪年谱一卷	蔡观明编	1964年油印本
紫云先生年谱一卷	（清）钱聚仁编	清光绪十三年刻民国七年印本
悔庵年谱图诗图赞二卷	（清）尤侗编	清康熙间刻《西堂全集》本
施侍读年谱一卷	（清）施琮编	清抄本
施愚山先生年谱四卷	（清）施念曾编	清末木活字本
王船山先生年谱二卷	（清）刘毓崧编	清光绪十二年江南书局刻本
先船山公年谱前编一卷　后编一卷	（清）王之春编	清光绪十九年刻本
申凫盟先生年谱略一卷	（清）申涵煜、申涵盼编	清康熙十六年刻本
陆辛斋先生年谱拟稿一卷	（清）王简可编	清稿本
第三代继席弘化石门和尚年谱一卷	（清）释成鹫编	清刻《鼎湖山庆云寺志》本
徐俟斋先生年谱一卷　附录一卷	罗振玉编	民国八年上海聚珍仿宋印书局铅印本
李文襄公年谱一卷	（清）程光祖编	清康熙间刻《李文襄公奏议》本
董小宛考编年一卷	孟森编	民国二十五年大东书局上海铅印《心史丛刊》本
花甲自谱一卷	（清）吴庄编	清康熙二十六年刻《延陵合璧》本
钝翁年谱一卷	（清）汪筠编	清康熙间刻《钝翁前后类稿》本
续修文清公年谱不分卷	汪敬源编	民国间抄本
汪尧峰先生年谱一卷	赵经达编	民国十四年昆山赵氏刻《又满楼丛书》本
费燕峰先生年谱四卷	（清）费晃编	196（？）年扬州古籍书店朱丝栏抄本
张力臣先生年谱一卷	段朝端编	民国十年如皋冒氏刻《楚州丛书》本
潜庵先生年谱一卷	（清）王廷灿编	清康熙四十二年爱日堂刻《汤子遗书》本
汤文正公年谱定本一卷　附录一卷	（清）杨椿编	清乾隆八年重刻本
狷庵先生年谱一卷	（清）蒋炯编	清嘉庆七年兰里蒋氏印山楼刻《贞白斋诗集》本

书　名	编（著）者	版　本
朱柏庐先生编年毌欺录三卷　补遗一卷	（清）朱用纯编，金吴澜补编，李祖荣校辑	清光绪六年刻本
李二曲先生历年纪略一卷	（清）惠靇嗣编	清程氏刻本
二曲先生年谱二卷　附录一卷	（清）吴怀清编	民国十七年山阳吴氏默存斋北京刻《关中三李年谱》本
王文靖公年谱一卷	（清）王熙编	民国间抄本
上浦经历笔记二卷　拾遗一卷	（清）姚廷遴编	清抄本
朱竹垞先生年谱一卷	（清）杨谦编	清刻《曝书亭集诗注》本
稼书先生年谱一卷	（清）陆宸征、李铉编	清同治十三年虞山顾氏刻《小石山房丛书》本
陆子年谱二卷	（清）张师载编	清乾隆间刻本
陆稼书先生年谱定本二卷　附录一卷	（清）吴光酉重编	清雍正六年刻本
雪木先生年谱一卷　附录一卷	（清）吴怀清编	民国十七年山阳吴氏默存斋北京刻《关中三李年谱》本
石涛上人年谱一卷	傅抱石编	民国三十七年京沪周刊社铅印本
天生先生年谱三卷	（清）吴怀清编	民国十七年山阳吴氏默存斋北京刻《关中三李年谱》本
陈独漉先生年谱一卷	温肃编	民国八年广东刻《陈独漉先生集》本
溧阳仙山黄劬云年谱二卷	（清）黄如瑾编，黄梦麟等补编	清光绪间木活字本
我堂年谱一卷	（清）吴自肃编	清光绪九年陈州刻《吴氏世德录》本
吴渔山先生年谱二卷	陈垣编	民国二十六年北平辅仁大学刻蓝印本
翁铁庵年谱一卷	（清）翁叔元编	民国九年上海博古斋影印清嘉庆间刻《借月山房汇钞》本
渔洋山人自撰年谱二卷	（清）王士祯编，惠栋注补	清刻本
漫堂年谱四卷	（清）宋荦编	清康熙间商邱宋氏漫堂稿本
范忠贞年谱一卷	（清）柯汝霖编	清光绪五年当湖柯氏扫石山房刻本
颜习斋先生年谱二卷	（清）李塨编	清康熙四十六年刻本
颜习斋先生年谱节本一卷	瞿世英编	民国十八年中华平民教育促进总会铅印《修养集》本
蒙斋年谱一卷　续一卷　补一卷	（清）田雯编，田肇丽补编	清康熙间家刻本
熊文端公年谱一卷	（清）孔继涵编	清光绪十九年江苏书局刻《碑传集》本
阎潜邱先生年谱一卷	（清）张穆编	清道光二十七年寿阳祁氏馣䶄亭刻《顾阎年谱合刻》本
纪梦编年一卷　续编一卷	（清）方颙恺编	清同治二年南海伍氏粤雅堂刻《岭南遗书》本
正前锋章京玛拉浑年谱一卷	（清）穆精额编	清道光间《金山赫舍里氏渊源》朱格稿本
鸥盟己史一卷	（清）申涵盼编	民国间朱丝栏抄本
于襄勤公年谱墓志铭二卷	（清）宋荦、李树德编	清道光十八年于卿保刻本
万季野先生系年要录一卷	王焕镳编	民国三十三年张芝联绿格抄本
先寒村公年谱一卷　家书一卷	（清）郑勋编	清嘉庆十三年家刻本
华野郭公年谱一卷	（清）郭廷翼编	清道光二十一年吴江柳氏胜溪堂刻本
蒲柳泉先生年谱一卷	路大荒编	1955 年油印本
张文贞公年谱一卷	丁传靖编	清光绪三十一年刻本
文贞公年谱二卷	（清）李清植编	清道光五年刻本
榕村谱录合考二卷	（清）李清馥编	清道光六年刻本
厚斋自著年谱一卷	（清）张笃庆编	民国间朱丝栏抄本
草亭先生年谱一卷	（清）周廉编，周勉增订	清嘉庆二十五年刻《草亭先生集》本
莘野先生年谱一卷	（清）康纬编	民国间陕西通志馆铅印《关中丛书》本
莲洋吴征君年谱一卷	（清）翁方纲编	清乾隆三十九年刻《莲洋集》本
慈溪裘庶村太史年谱一卷	（清）裘姚崇编	清道光十九年奚疑斋木活字本
南畇老人自订年谱一卷	（清）彭定求编，彭祖贤续编	清光绪七年彭祖贤刻《长洲彭氏家集》本
筜一川自叙年谱一卷	（清）曾倬编	清光绪二十年常熟曾氏义庄木活字《习是堂文集》本
遂宁张文端公年谱一卷	（清）张知铨编	清光绪八年张知铨刻《张文端公全集》本
吴绛雪年谱一卷	（清）俞樾编	清宣统间国学扶轮社铅印《香艳丛书》本
查他山先生年谱一卷	（清）陈敬璋编	民国间吴兴刘氏刻《嘉业堂丛书》本
山西太原城守尉兆宝善年谱一卷	（清）穆精额编	清道光间《金山赫舍里氏渊源》朱格稿本
赵客亭先生年谱记略一卷	（清）吕元亮编	民国间上虞罗氏石印《百爵斋丛刊》本
张清恪公年谱二卷	（清）张师栻、张师载编	清乾隆间刻《正谊堂集》本
南山先生年谱一卷	（清）戴钧衡编	清光绪间刻《南山集》本
溧阳潘孝子铁庐先生年谱一卷	（清）许重炎编	清光绪十八年锡类堂木活字本《铁庐集》本

书　名	编（著）者	版　本
海康陈清端公年谱二卷　续传一卷　附录一卷	（清）丁宗洛编，梁成久附录	民国十年雷城铅印本
刘大山先生年谱一卷	（清）吴栖编	清光绪二年复庐校刻《匪莪堂文集》本
念庵府君年谱二卷	（清）王棠、王概编	清雍正间家诸诚王氏刻本
刘鳌石先生年谱一卷	丘复编	民国五年铅印《天潮阁集》本
敷九自订年谱一卷　续辑一卷	（清）潘兆鼎续，潘钟瑞续编	清光绪间长洲潘氏香禅精舍刻《香禅精舍集》本
李恕谷先生年谱五卷	（清）冯辰编，刘调赞续编，恽鹤生订，李锴重订	清道光十六年蠡吾李诰金陵刻本
焦南浦先生年谱一卷　附录一卷　增附一卷	（清）焦以敬编，焦以恕编	清光绪二十三年云间木活字本
絸斋府君年谱一卷　家传一卷	（清）宋朝立等编	清刻本
陈恪勤公年谱三卷	（清）唐祖价编	清道光间刻本
周渔潢先生年谱一卷	陈田编	民国间陈氏听诗斋石印本
闻邱先生自订年谱一卷	（清）顾嗣立编	民国二十五年铅印《丙子丛编》本
朱文端公年谱一卷	（清）朱瀚编，朱舲补编	清光绪间津河广仁堂刻《津河广仁堂所刻书》本
何端简公年谱一卷	（清）俞正燮编	清道光二十四年刻《何端简公集》本
王太常年谱一卷	（清）佚名编	清同治光绪间福山王氏刻《天壤阁丛书》本
尹太夫人年谱一卷	（清）尹会一编	清乾隆十年博野尹会一刻本
方望溪先生年谱一卷　附录一卷	（清）苏惇元编	民国间上海商务印书馆影印《四部丛刊》本
清大司马蓟门唐公年谱一卷	唐鼎元编	民国间毗陵唐氏铅印本
先六世祖近野公简略年谱一卷　附录一卷	曹秉璋编	1987年曹秉璋《曹近野先生年谱史料汇编》稿本
沈端恪公年谱二卷	（清）沈曰富编	清光绪间刻《沈端恪公遗书》本
诰封通议大夫色尔古德年谱一卷	（清）穆精额编	清道光间《金山赫舍里氏渊源》朱格稿本
诚斋公年谱一卷	（清）叶希曾编，叶之丰重编	清抄本
先府君北湖公年谱一卷	（清）张京颜编	清乾隆间海宁张氏写刻本
澄怀主人自订年谱六卷	（清）张廷玉编	清光绪六年桐城张绍文庞山刻本
黄侍郎公年谱三卷	（清）顾镇编	清乾隆间吴门刻本
沈归愚自订年谱一卷	（清）沈德潜编	清乾隆间刻《归愚全集》本
云卧府君笔记一卷	（清）瑶冈编	清抄本
唐俊公先生陶务纪年表一卷	郭葆昌编	民国二十六年定兴郭氏铅印本
山阴王衍山先生年谱一卷	（清）傅汝桂编，王蘅补注	民国间朱丝栏抄本
恩荣备载一卷	（清）王兰生编	清道光十六年交河王氏刻《交河集》本
襄勤伯鄂文端公年谱不分卷	（清）鄂容安等编	清抄本
江慎修先生年谱一卷	（清）江锦波，汪世重编	民国十二年中华书局铅印《放生杀生现报录》本
介山自订年谱一卷	（清）王又朴编	清乾隆间刻《诗礼堂全集》本
楼山省身录六卷	（清）王恕编	清宣统三年金陵铅印本
屈肖岩年谱一卷	（清）屈成霖编	清同治十三年常熟屈氏重刻《习是编》本
胡俟斋先生年谱一卷	（清）贾鹏程编	民国九年铅印《求志山房文稿》本
阿文勤公年谱一卷	（清）阿桂编	清嘉庆二十一年长白那彦成重刻《德荫堂集》本
敬亭公年谱二卷　卷首一卷　卷末一卷	（清）沈起元编，沈宗约补编	清道光二十七年刻本
自纪一卷	（清）王植编	清乾隆十一年刻《崇德堂稿》本
文端公年谱三卷	（清）钱仪吉编，钱志澄增订	清光绪二十年刻本
先水部公年谱一卷　世系略一卷　年谱识余一卷	（清）许士杰编	清乾隆间海宁许氏刻本
尹健余先生年谱三卷附录一卷	（清）尹嘉铨编，吕炽订正	清光绪五年定州王氏谦德堂刻《畿辅丛书》本
颜李学派的程廷祚一卷	胡适编	民国二十五年国立北京大学影印暨铅印《青溪文集》本
厉樊榭先生年谱一卷	（清）朱文藻编，缪荃孙重订	民国间吴兴刘氏刻《嘉业堂丛书》本
双池先生年谱四卷	（清）余龙光编	清同治五年婺源余氏刻本
周甲录一卷	（清）姚培谦编	清乾隆间刻《松桂读书堂集》本
舜山是仲明先生年谱一卷　附录一卷	（清）张敬立编，金吴澜补注	清光绪十三年嘉兴金氏武进木活字本
泰舒胡先生年谱一卷	（清）王永祺编	清光绪二十九年歙县胡氏重刻本
忆往编一卷	（清）宋在诗编	清刻本
世承佐领色尔布年谱一卷	（清）穆精额编	清道光间《金山赫舍里氏渊源》朱格稿本

书 名	编（著）者	版 本
先考释威府君年谱纪略一卷	（清）胡元琢编	清咸丰二年山阴胡氏刻《石笥山房集》本
先文恭公年谱十二卷	（清）陈钟珂编	清刻本
检讨公年谱一卷 附录一卷	（清）夏味堂编	清高邮夏氏刻本
吴山夫先生年谱一卷	（清）丁晏编	民国四年上虞罗氏铅印《雪堂丛刻》本
吴山夫先生年谱一卷	（清）段朝端编	民国十年如皋冒氏刻《楚州丛书》本
蚁园自记年谱一卷	（清）吴绍诗编	清乾隆间蒲坂吴氏本
永宇溪庄识阅历一卷	（清）曹庭栋编	清乾隆间刻《永宇溪庄识略》本
吴敬梓年谱一卷	胡适编	民国二十年上海亚东图书馆铅印《文木山房集》本
陈句山先生年谱一卷 紫竹山房诗钞一卷	（清）陈玉绳编	清嘉庆十二年刻《紫竹山房诗文集》本
可斋府君年谱一卷	（清）陈辉祖等编	清乾隆间祁阳陈氏刻本
冯潜斋先生年谱一卷	（清）劳潼编	清宣统三年学古堂重刻本
秋谷居士自撰年谱一卷	（清）梁潜编	清乾隆三十六年刻《剑虹斋集》本
全谢山先生年谱一卷 全氏世谱一卷	（清）董秉纯编	清同治十一年刻《鲒埼亭集》本
清诗人王用晦先生年谱一卷	（清）王今遥、王今通编	清光绪二十五年曲周王氏重刻《清白堂文存》本
作诗年谱一卷	（清）袁守定编	清光绪十三年重刻《说云诗钞》本
上湖纪岁诗编四卷 续编一卷	（清）汪师韩编	清光绪十二年钱塘汪氏刻《丛睦汪氏遗书》本
时庵自撰年谱一卷	（清）蒋元益编	清乾隆间刻本
成祖府君自著年谱一卷	（清）王蒙绪编，王凤文补编	清乾隆间诸城王氏刻本
随园先生年谱一卷	（清）方濬师编	清同治十一年肇罗道署刻本
沁园居士年谱一卷	（清）成一夔编	清乾隆五十六年刻《玉汝堂诗》本
五世祖廉访公年谱一卷	陈诗编	民国间庐江陈氏铅印本
韩湘岩先生年谱二卷 附录一卷	刘耀东编	民国三十六年启后亭铅印本
原任参将色尔福年谱一卷	（清）穆精额编	清道光间《金山赫舍里氏渊源》朱格稿本
敬亭自记年谱一卷	（清）王祖肃编	清乾隆间新城王氏刻本
阿文成公年谱三十四卷	（清）那彦成编，王昶勘定，卢荫溥增修	清嘉庆十八年刻本
曹剑亭先生自撰年谱一卷	（清）曹锡宝编	清光绪二十三年印书公会铅印本
纪年草一卷	（清）万廷兰编，万承绍等补编	清嘉庆十二年南昌万氏刻本
世承佐领色勤年谱一卷	（清）穆精额编	清道光间《金山赫舍里氏渊源》朱格稿本
陶园年谱一卷	（清）张家栻编	清咸丰间刻《紫岘山人全集》本
丰山府君自订年谱一卷	（清）梁国治编，梁承云等补编	清抄本
戴东原先生年谱一卷	（清）段玉裁编	清乾隆五十七年重刻本
清容居士行年录一卷	（清）蒋士铨编，蒋立仁补编	清刻本
王文端公年谱一卷	（清）阮元编	清嘉庆间刻《葆淳阁集》本
述庵先生年谱二卷	（清）严荣编	清嘉庆道光间刻《春融堂集》本
翌易畴先生年谱一卷	罗继祖编	民国二十三年库籍整理处石印《朱程段三先生年谱》本
瓯北先生年谱一卷	（清）佚名编	清光绪三年重刻《瓯北全集》本
诰封昭武大夫色敏年谱一卷	（清）穆精额编	清道光间《金山赫舍里氏渊源》朱格稿本
聱园府君年谱略一卷	（清）庄兆铃编	民国二十五年铅印《毗陵庄氏增修族谱》本
钱辛楣先生年谱一卷 续编一卷	（清）钱大昕编，钱庆曾校注并续编	清咸丰间刻本
茂园自撰年谱二卷	（清）康基田编，康亮钧补编	清道光七年兴县康亮钧刻本
朱笥河先生年谱一卷	罗继祖编	民国二十年上虞罗氏铅印《朱程段三先生年谱》本
朱笥河先生年谱一卷	王兰荫编	民国二十二年铅印《师大月刊》
韩理堂先生年谱一卷	丁锡田编	民国十七年潍县丁氏石印《十笏园丛刊》本
半塘山人自订年谱一卷	（清）林芳春编	清道光五年闽县林元英锦江官署刻《介石堂文钞》本
弇山毕公年谱一卷	（清）史善长编	清同治十一年镇洋毕长庆刻本
吴白华自订年谱一卷	（清）吴省钦编，吴敬枢续编	清嘉庆十五年石经堂刻《白华后稿》本
姜杜芗先生自订年谱一卷	（清）姜晟编，余肇钧重订	清咸丰同治间长沙余氏刻《明辨斋丛书》本
曹学士年谱一卷	（清）王鸿逵编	清嘉庆间次欧山馆蓝丝栏抄本
病榻梦痕录二卷 梦痕录余一卷	（清）汪辉祖口授，汪继培、汪继壕记录，汪继坊等补编	清光绪间江苏书局刻《龙庄遗书》本
南厓府君年谱三卷	（清）朱锡经编	清嘉庆间刻本
先大父泗州府君事辑一卷	（清）张穆编	清道光二十七年刻《希音堂集》本

书　名	编（著）者	版　本
姚惜抱先生年谱一卷	（清）郑福照编	清同治七年桐城姚濬昌刻本
香亭先生年谱一卷　续编一卷	（清）钱棨编，吴玉纶续编	清抄本
谦山行年录一卷	（清）熊枚编	清咸丰五年铅山熊嘉澍刻本
乾州公年谱一卷	（清）吴受福编	清光绪二十一年小穜字林刻《石锺山人遗稿》本
先太孺人年谱一卷	（清）陆继辂编	清光绪四年兴国州署刻《崇百药斋文集》本
段玉裁先生年谱一卷	刘盼遂编	民国二十五年北平来薰阁书店铅印《段王学五种》本
段懋堂先生年谱一卷	罗继祖编	民国二十三年库籍整理处石印《朱程段三先生年谱》本
内阁中书保存年谱一卷	（清）穆精额编	清道光间《金山赫舍里氏渊源》朱格稿本
云谷年谱一卷	（清）张邦伸编	清嘉庆九年隆昌张氏刻本
章实斋先生年谱一卷	赵誉船编	民国间上海真美书局石印《详注文史通义》本
楚珍日记年谱一卷	（清）尹壮图编，尹佩珩等续编	清道光五年蒙自尹氏刻本
露桐先生年谱前编四卷，续编二卷	（清）钱景星前编，李辙通续编	清嘉庆间高阳李氏刻本
钱南园先生年谱二卷	方树梅编	民国十八年晋宁方氏南荔草堂刻本
三松自订年谱一卷	（清）潘奕隽编	清道光十年吴县潘氏刻本
翠微山房自订年谱一卷	（清）曹锡龄编	清嘉庆间朱格稿本
是斋公年年一卷	（清）苏燕编	清光绪二十六年忠孝堂木活字《澄江苏氏族谱》本
邵二云先生年谱	黄云眉编	民国二十二年金陵大学中国文化研究所南京铅印《金陵大学中国文化研究所丛刊》本
吴苏泉编修年谱一卷	（清）吴保琳编	清末歙县吴保琳朱丝栏稿本
沈丹厓年谱一卷	（清）沈峻编，沈兆沄辑注	清咸丰四年天津沈氏重刻《欣遇斋诗钞》本
岱玖公年谱一卷	庄俞编	民国二十五年铅印《毘陵庄氏增修族谱》本
王石臞先生年谱一卷	闵尔昌编	民国间刻《高邮王氏父子年谱》本
肯庵自叙年谱一卷	（清）蒋基编	抄本
容甫先生年谱一卷	（清）汪喜孙编	民国十四年上海中国书店影印《江都汪氏丛书》本
汪容甫年表一卷	（清）汪喜孙编	民国十四年上海中国书店影印《江都汪氏丛书》本
逸云居士自订年谱一卷	（清）孙蔚编	清嘉庆间刻《逸云居士诗编》本
德壮果公年谱三十二卷	（清）花沙纳编	清咸丰六年刻本
洪北江先生年谱一卷	（清）吕培等编	清光绪三年阳湖洪用懃授经堂刻《洪北江遗集》本
戴可亭相国夫子年谱一卷	（清）汤金钊等编	清道光间大庚戴氏刻本
先君子太史公年谱一卷	（清）冯士履编，冯士镳补编	清道光间刻《小罗浮草堂文集》本
吴松圃府君自订年谱一卷	（清）吴璈编	清道光三年钱塘吴氏刻本
牧庵居士自叙年谱略二卷	（清）赵怀玉编	清道光间刻《亦有生斋集》本
黄仲则先生年谱一卷	（清）毛庆善编、季锡畴重编	清咸丰八年家刻《两当轩集》本
王壮节公年谱一卷	（清）王开云编	清咸丰四年玉屏王凤翯刻本
青城山人年谱一卷	（清）李钧简等编	清嘉庆十三年刻《青城山人集》本
沧来自记年谱一卷	（清）于鳌图编，王定保续编	清嘉庆间金陵刻本
乡石自订年谱一卷	（清）陆元鋐编，陆瀚续编	清道光间刻本
倪迂存先生年谱二卷	（清）江尔维编	清光绪十年望江倪文蔚两勉强斋刻《迂存遗文》本
黄勤敏公年谱一卷	（清）黄富民编，黄钺删定	清同治五年当涂黄氏金陵刻本
世承佐领庆安年谱一卷	（清）穆精额编	清道光间《金山赫舍里氏渊源》朱格稿本
周慕蘧年谱一卷	（清）邵甲名编	清咸丰二年刻《云卧山房集》本
鹤皋年谱一卷	（清）祁韵士编	民国间山西省文献委员会铅印《山右丛书初编》本
长山公自书年谱一卷	（清）黎安理编	清光绪十五年黎氏日本使署刻本
杏庄府君自叙年谱一卷	（清）左辅编，左昂等续编	清宣统二年木活字本
叶健庵自订年谱一卷	（清）叶世倬编	清稿本
叶健庵先生年谱二卷	（清）端木从恒编	清刻本
梅庵自编年谱二卷　续编一卷	（清）铁保编，瑞元、瑞恩续编	清道光间刻本
松文清公升官录一卷	（清）佚名	清朱格抄本
景廉堂年谱一卷	（清）徐青编	民国间抄《清芬丛钞》本
梧门先生年谱一卷	（清）阮元编	清嘉庆二十一年刻《存素堂诗续集录存》本
孙渊如先生年谱二卷	（清）张绍南编，王德福续编	清海虞顾氏刻本
诰赠中宪大夫抑庄府君年谱一卷	（清）吴祖昌编	清咸丰十一年南海吴氏刻《先大父抑庄府君行述》本

书　名	编（著）者	版　本
寄圃老人自记年谱一卷	（清）孙玉庭编	清道光间刻本
杨蓉裳先生年谱一卷	（清）杨芳灿编，余一鳌续编	清光绪五年上饶卢绍绪刻本
二十一世会稽镜西公年谱一卷	（清）岑象坤编	民国间蓝丝栏抄本
世承佐领明安年谱一卷	（清）穆精额编	清道光间《金山赫舍里氏渊源》朱格稿本
翻译生员翻译官教习福祝隆阿年谱一卷	（清）穆精额编	清道光间《金山赫舍里氏渊源》朱格稿本
竹冈鸿爪录一卷	（清）赵敬襄编	清嘉庆道光间刻《赵太史竹冈斋九种》本
仁庵自记年谱一卷	（清）魏成宪编	清道光间刻本
凌次仲先生年谱四卷	（清）张其锦编	民国间安徽丛书编印处影印暨铅印《安徽丛书》本
恽子居著作年谱一卷	（清）陈莲青编	清嘉庆二十年武宁卢旬宣南昌刻《大云山房文稿》本
惕园岁纪一卷	（清）陈宗英编	清咸丰元年刻《惕园全集》本
许顺庵老人自述年谱一卷	（清）许嘉猷编	清道光间海宁许氏刻本
韩桂舲先生自订年谱一卷	（清）韩對编	清道光间凤阳韩氏刻本
懋亭自定年谱四卷	（清）长龄编，桂轮续编	清道光二十一年桂丛堂刻本
辛笏谷年谱一卷	（清）辛从益编，辛桂云等补编	清咸丰元年刻《寄思斋藏稿》本
望坡府君年谱一卷	（清）陈景亮等编	清道光间闽县陈氏刻本
梅溪先生年谱一卷	（清）□颖编，钱泳校订	清金匮钱氏述祖德堂稿本
梅溪先生年谱一卷	（清）胡源、褚逢春编	民国间海宁陈乃乾共读楼抄本
跛奚年谱一卷	（清）叶葆编，叶锡麟续编	清咸丰六年秀水高均儒手写刻本
卢文肃公年谱一卷	（清）卢荫溥编	清道光十九年德州卢氏刻本
张夕庵先生年谱一卷	鲍鼎编	民国十五年石印《默厂所著书》本
江子屏先生年谱一卷	（清）闵尔昌编	民国十六年江都闵氏刻本
忠武公年谱一卷	（清）杨国佐、杨国桢编	清道光二十年刻本
时斋府君年谱不分卷	（清）李光涵等编	清道光间朱格抄本
一西自记年谱一卷	（清）张师诚编	清道光间归安张氏刻本
昇勤直公年谱二卷	（清）宝琳、宝珥编	清道光间刻本
散樗老人自纪年谱一卷	（清）蒋祥墀编	清道光间天门蒋氏刻本
竹南居士年谱一卷	（清）方华钦编	清道光二十年慈溪方氏刻本
焦理堂先生年谱一卷	闵尔昌编	民国十六年江都闵氏刻本
黄荛圃先生年谱二卷	（清）江标编	清光绪二十三年元和江氏长沙使院刻本
杨介坪先生自叙年谱一卷	（清）杨怿曾编，杨用溮续编	清道光间六安杨氏刻本
心铁石斋年谱一卷	（清）宋鸣琦编	清道光十二年诵梅堂刻本
独山莫贞定先生年谱一卷	万大章编	民国二十八年独山莫氏铅印本
春洋子自订年谱一卷	（清）张佑编	清道光间刻本
张船山先生年谱一卷	蔡坤编，蔡璐参校	1962年桐乡蔡璐稿本
张船山先生年谱一卷	王世芬编	民国十三年江都于氏刻本
觉生自订年谱一卷	（清）鲍桂星编	清同治间刻本
罗壮勇公年谱二卷	（清）罗思举编	清光绪宣统间泉唐汪氏刻《振绮堂丛书》本
校经庼自订年谱一卷	（清）李富孙编	清道光二十四年嘉兴李氏刻本
雷塘庵主弟子记八卷	（清）张鉴等编	清光绪间仪征阮氏嫏嬛仙馆刻本
杜文瑞公自订年谱一卷	（清）杜堮编，杜翔续编	清咸丰九年滨洲杜氏刻本
方聚成禅师年谱一卷	（清）释真净编	清道光五年刻本
绳枇斋年谱二卷	（清）蒋攸銛编，蒋霨远注	清道光十五年襄平蒋氏刻本
守拙居士自编年谱一卷	（清）蔡銮登编	清道光间桐乡蔡氏刻本
王伯申先生年谱一卷	闵尔昌编	民国间刻《高邮王氏父子年谱》本
顾千里先生年谱一卷　补遗一卷	（日）神田喜一郎编，孙世伟译	民国十五年大东书局铅印《国学月刊》第一卷第一期本
顾千里先生年谱二卷	赵诒琛编	民国间昆山赵诒琛刻《对树书屋丛刻》本
生述一卷	（清）张琛编	清道光咸丰间刻《日锄斋诗集》本
卞征君年谱一卷	卞宗谟编	民国元年揖峰书屋木活字《卞征君集》本
乾湘涵先生年谱一卷	（清）缪朝荃编	清光绪元年东仓书库刻《小谟觞馆全集》本
武进李先生年谱三卷　先师小德录一卷	（清）蒋彤编	民国间吴兴刘氏刻《嘉业堂丛书》本
瞿木夫先生自订年谱一卷	（清）瞿中溶编	民国间吴兴刘氏刻《嘉业堂丛书》本
书衣府君年谱一卷	（清）胡珵编	清道光间仁和胡氏刻本
平叔府君年谱一卷	（清）孙慧淳、孙慧翼编	清道光二十二年金匮刻本

书　名	编（著）者	版　本
鹿樵自叙年谱稿二卷	（清）张大镛编	清道光十八年昭文张氏刻本
云翁自订年谱一卷	（清）王楚堂编	清光绪十三年仁和王永言刻本
宫傅杨果勇侯自编年谱五卷	（清）杨芳编	清道光二十年南海傅祥麟宝和堂刻本
思补老人自订年谱一卷	（清）潘世恩编	清咸丰五年吴门潘氏刻本
恩福堂年谱一卷	（清）英和编，奎照补编	清道光间刻本
厚山府君年谱一卷	（清）卢端黼编	清道光间刻本
冯旭林先生年谱一卷　行述一卷	（清）王心照编	清道光十六年木活字《椿影集》本
方仪卫先生年谱一卷	（清）郑福照编	清同治七年刻《仪卫轩文集》本
先文端公自订年谱一卷	（清）汤金钊编，汤修续编	清咸丰六年萧山汤氏刻《寸心知室存稿》本
太鹤山人年谱一卷	（清）端木百禄编，陈谧补编	民国二十三年瑞安林氏铅印《惜砚楼丛刊》本
荷屋府君年谱一卷	（清）吴荣光编，吴尚忠、吴尚志补编	清道光间南海吴氏刻本
显考尊君府君年谱一卷	（清）童恩编	清同治间刻《今白华堂集》本
徐侣樵先生年谱一卷	（清）支清彦编	清咸丰五年锦屏徐氏刻本
俞理初先生年谱一卷　谱余一卷　诗文补遗一卷	王立中编，蔡元培补订	民国间安徽丛书编印处铅印《安徽丛书》本
退庵自订年谱一卷	（清）梁章钜编	清光绪元年福州梁氏杭州刻《二思堂丛书》本
包慎伯先生年谱一卷	胡韫玉编	民国二十二年安吴胡氏铅印《朴学斋丛刊》本
邓尚书年谱一卷　补遗一卷	邓邦宪编	清宣统元年江浦陈潜刻本
季思手订年谱一卷	（清）龚守正编	清咸丰间仁和龚氏刻本
岁贡士寿臧府君年谱一卷	（清）徐士燕编	民国间吴兴刘氏刻《嘉业堂丛书》本
慎斋年谱一卷	（清）陈益言编	清嘉庆七年金华陈氏刻《豫立轩文集》本
月沧自编年谱一卷	（清）吕璜编	清道光二十一年永福吕氏桂林刻《月沧文集》本
栗恭勤公年谱二卷	（清）张壬林编，傅钟沅订正	清光绪十六年刻本
汤贞愍公年谱一卷	陈韬编	民国二十二年铅印本
芸皋先生自纂年谱一卷	（清）周凯编	清道光二十年爱吾庐刻《内自讼斋文集》本
陶文毅公年谱二卷	王焕镳编	民国三十七年南通王焕镳油印本
鼎甫府君年谱一卷	（清）沈宗涵、沈宗济编	清道光三十年刻本
穆精额年谱一卷	（清）穆精额编	清道光间《金山赫舍里氏渊源》朱格稿本
苍溪府君年谱一卷	（清）倪宝璜编	清同治间刻本
知非录一卷	（清）孔昭杰编，孔宪阶等注	清咸丰间刻本
张南山先生年谱撮略一卷	（清）金青茅编	清咸丰间刻本
客世行年一卷	（清）冯古椿编	清乌丝栏抄本
张介侯先生年谱一卷　附录一卷	冯国瑞编	民国二十四年铅印《慰景庐丛刻》本
徐星伯先生事辑一卷	缪荃孙编	清光绪二十七年江阴缪氏刻《艺风堂文集》本
竹塍府君年谱一卷　附录一卷	（清）常恩编	清咸丰四年满洲纳喇氏刻本
知所止斋自订年谱一卷　补述一卷	（清）何汝霖编，何兆瀛补编	清咸丰三年江宁何氏刻本
云墀老人自订年谱一卷	（清）彭玉雯编	清光绪二年南昌彭氏刻本
杨国桢海棠氏自叙年谱一卷	（清）杨国桢编	清道光三十年崇庆杨氏刻本
释圭府君年谱一卷	（清）周汝笃、周汝策编	清同治间祥府周氏刻本
冯柳东先生年谱一卷	（清）史诠编	民国间嘉兴谭新嘉绿丝栏抄本
南村府君自订年谱一卷	（清）陈华龄编，陈锦补编	清咸丰五年甘泉陈氏刻本
先仲兄少司寇公年谱一卷	（清）法良编	清道光二十九年袁浦官署刻《抱冲斋诗集》本
兰石公年谱一卷	郭嗣蕃编	民国二十年莆田新民印书局铅印《增默庵文集》本
姚石甫先生年谱一卷	（清）姚濬昌编	清同治六年桐城姚氏安福县署重刻《中复堂全集》本
颐寿老人年谱二卷	（清）钱宝琛编，钱鼎铭、钱鼐铭补编并注	清同治八年太仓钱氏刻本
先温和公年谱一卷	（清）张茂辰等编	清同治间上海张氏刻本
汪荀叔自撰年谱一卷	（清）汪喜孙编	民国间灰格抄《寿母小记》本
阮邻自订年谱一卷	（清）徐保字编	清咸丰间乌程徐氏刻本
征君陈先生年谱一卷	（清）管庆祺编	民国二十七年铅印《戊寅丛编》本
言旧录一卷	（清）张金吾编	民国间吴兴刘氏刻《嘉业堂丛书》本
徐秋士先生自订年谱一卷	（清）徐元润编，徐春祺补编	清道光三十年太仓徐氏刻本

书　名	编（著）者	版　本
唊蔗轩自订年谱一卷　东归日记一卷	（清）方士淦编	清同治十一年两淮运署刻本
杜文正公年谱一卷	（清）杜翰、杜翱编	清咸丰九年滨州杜氏刻本
中议公自订年谱八卷　吹芦小草一卷	（清）杨炳堃编	清光绪十一年归安杨氏刻本
先恭勤公年谱四卷　诔词一卷	（清）徐彬、徐桐编	清咸丰九年静海徐氏刻本
东岩府君年谱一卷	（清）长启等编	清同治九年广州刻本
石隐山人自订年谱一卷	（清）朱骏声编，程朝仪续编，朱师辙补注	民国十八年铅印《国立北平图书馆月刊》第三卷第五期本
无成录一卷	（清）陆我嵩编	清道光二十八年浔州郡署刻本
凌台府君年谱一卷	（清）葛以简、葛以敦编	清道光间刻本
朝议公自订年谱一卷	（清）陆模编，陆衡燮等补编	清咸丰间娄县陆氏刻本
王宝仁自述行年纪略一卷	（清）王宝仁编	清光绪九年太仓王维骥重刻本
刘孟瞻先生年谱二卷　附录一卷	（日）小泽文四郎编	民国二十八年北平文思楼铅印本
彭春洲先生诗谱一卷	（清）李光廷编	清同治间刻《诗义堂集》本
柳堂纪年随笔二卷	（清）周凤翥编，周李燮续编	清道光光绪间云南周李氏景莲堂《周李合谱》稿本
宝素室金石书画编年录二卷	（清）释达受编	清抄本
丹魁堂自订年谱一卷　感遇录一卷	（清）季芝昌编	清咸丰十一年江阴季氏刻本
先文端公年谱一卷　行状一卷	（清）翁同书等编	清稿本
警石府君年谱一卷	（清）钱应溥编	清同治三年嘉兴钱氏刻本
定盦先生年谱一卷	吴昌绶编	清光绪三十四年仁和吴氏双照楼刻《龚礼部集》本
定盦年谱稿本一卷	黄守恒编	民国十二年燕京大学国学研究所北平铅印《碑传集补》本
定盦先生年谱外纪二卷	张祖廉编	民国九年嘉善张氏铅印《娟境楼丛刻》本
小浮山人年谱一卷	（清）潘曾沂编，潘仪凤续编	清咸丰间吴县潘氏苏州刻本
先河南公年谱二卷	（清）周廷冕编	清光绪四年临桂赁庐刻本
四留山人自记一卷	（清）陈肇编	清咸丰四年平度陈氏刻蓝印本
文节府君年谱一卷	（清）吴养原编	清咸丰同治间刻本
彭文敬公自订年谱一卷	（清）彭蕴章编，彭慰高等续编	清同治三年刻《彭文敬公全集》本
致初自谱一卷	（清）徐栋编，徐炳华续编	清同治四年安肃徐氏刻本
观斋行年自记一卷	（清）祁寯藻编，祁世长续编	清同治间寿阳祁氏刻本
骆文忠公自订年谱二卷	（清）骆秉章编	清光绪二十一年思贤书局长沙刻本
馥芬居日记一卷	（清）王汝润编	民国十五年铅印《先泽残存续编》本
吴竹如先生年谱一卷	（清）方宗诚编	清光绪四年畿辅志局刻本
思补过斋主人自叙年谱一卷	（清）李基溥编，李钟文、李继芳续编	清同治间长白李氏刻本
丁柘唐先生历年纪略一卷	（清）丁一鹏编	清末朱格抄本
柘唐府君年谱一卷	（清）丁寿恒等编	清抄本
大梦纪年一卷	（清）汪荆川编	清道光二十四年鬲津汪荆川刻本
勿斋自订年谱一卷	（清）陈士枚编，陈葆章续编	清同治间刻本
迟悔斋年谱一卷	（清）曹肃孙编	清同治光绪间刻《洛阳曹氏丛书》本
梦盦居士自编年谱一卷	（清）程庭鹭编	民国二十四年铅印《乙亥丛编》本
蕲未信斋主人自订年谱一卷	（清）徐宗幹编	清同治间南通徐氏刻本
王兰史自订年谱一卷	（清）王锡九编	清同治六年山阴王氏刻本
赵文恪公自订年谱不分卷	（清）赵光编	清光绪十六年昆明赵氏刻本
怛升自订年谱一卷	（清）徐广缙编	清光绪十八年鹿邑徐氏刻本
陡秋门先生年谱一卷	石荣暲编	民国十六年铅印本
萃英堂老人自订年谱一卷	（清）煦莽编	清同治间刻本
礼部君年谱一卷	梅英杰编	清宣统三年宁乡梅英杰刻《梅氏遗书》本
王靖毅公年谱二卷　附录四卷	（清）王家勤编	清同治间刻本
王文勤公年谱一卷	（清）王传璨编	民国二十二年闽县王氏铅印本
敬亭先生年谱一卷　附录一卷	（清）陈乐三编，王检心订正	清咸丰五年内乡王检心彭城重刻本
张亨甫先生年谱一卷	（清）李云浩编	清同治六年刻《张亨甫全集》本
向忠武公行略一卷	（清）过铸编	清梁溪过氏刻《向张二公传忠录》本
胞兄纪略二卷	（清）牛树桃编，牛树梅补编	清同治十三年蓉城刻《省斋全集》本
苏河督年谱一卷	（清）苏廷魁编	民国间抄本

书 名	编（著）者	版 本
南溪韩公年谱一卷	（清）陈昌运编	清宣统二年泉唐王氏铅印《振绮堂丛书初集》本
武秋瀛自订年谱一卷	（清）武澄清编	清光绪十四年刻本
先文忠公自订年谱一卷	（清）沈兆霖编	清同治间刻本
冯桂山自订年谱一卷	（清）冯德馨编，冯斯达续编	清同治间洛阳冯氏刻本
汪梅翁自书纪事一卷	（清）汪士铎编	民国二十二年铅印《骨董琐记》本
黼山府君年谱一卷	（清）余香祖、余家鼎编	清光绪二十二年刻本
一斋公年谱一卷	（清）周以均编	清光绪三年宁寿堂木活字《越城周氏支谱》本
厚庵自叙年华录一卷	（清）谢兰生编	清光绪间木活字本
邹叔绩先生年谱一卷	李景侨编	民国二十六年抱一遗集委员会铅印《抱一遗著》本
绳其武斋自纂年谱一卷	（清）黄赞汤编，黄祖络补编	清同治间庐陵黄氏刻本
先伯石州公年谱不分卷	张继文编，蔡侗订	民国十年石印本
歗麟残客自记年谱一卷	（清）周衡编	清稿本
著庵先生年谱一卷	（清）范兆兰编	清同治十三年真率堂刻本
郑子尹先生年谱一卷	赵恺编	民国十八年贵阳铅印《巢经巢遗诗》本
诰封光禄大夫刘公象久年谱一卷	（清）刘策先等编	清光绪二年沂水刘氏刻本
殷谱经侍郎自订年谱一卷	（清）殷兆镛编	清宣统三年吴江殷氏铅印本
张惠肃公年谱八卷 卷首一卷	张祖祐、张德广原编，林绍年等订，刘承幹等增辑	1962年扬州古旧书店油印本
朱九江先生年谱一卷	简朝亮编	清光绪二十三年顺德简氏读书草堂刻《朱九江先生集》本
朱九江先生年谱注一卷	张启煌注	民国十九年刻《朱九江先生集注》本
还读我书室老人手订年谱二卷	（清）董恂编	清光绪间甘泉董氏刻本
告存漫叟年谱一卷	（清）马先登编	清光绪十五年大荔马氏刻本
罗忠节公年谱二卷	（清）郭嵩焘编	清同治二年长沙刻本
遂翁自订年谱一卷	（清）赵昀编，赵继元等补编	清光绪间太湖赵氏刻本
王母先太夫人年谱一卷	王先谦编	清光绪二十六年湘乡陈毅等刻《虚受堂文集》本
梦因录一卷	（清）张文虎编	清光绪间刻《覆瓿集》本
龙川李夫子年谱一卷	（清）谢逢源编	196（?）年乌丝栏抄本
万清轩先生年谱一卷	（清）张鼎元编，（清）钱同寿校订	清光绪三十二年叠山书院刻《万清轩全书》本
余孝惠先生年谱一卷	（清）吴师澄编	清光绪间刻《尊小学斋集》本
侯官王壮愍公年谱一卷	（清）王裔云等编	民国三十年侯官王氏北平铅印本
敝帚斋主人年谱一卷 补一卷	（清）徐萧编，徐承禧等注补	清同治十三年福州邸舍刻本
甹斋自订年谱一卷	（清）翁同书编，翁同龢补编	清同治间常熟翁氏刻本
潘绂庭自订年谱一卷	（清）潘曾绶编，潘祖荫、潘祖年补编	清光绪九年吴县潘氏家刻本
曾文正公年谱十二卷	（清）黎庶昌编，李瀚章审订	清光绪二年传忠书局刻《曾文正公全集》本
鸿蒙室主人自订年表二卷	（清）方玉润编	清光绪间刻《星烈日记汇要》本
胡文忠公年谱一卷	（清）夏先范编，严树森鉴定	清光绪二十五年湖南粮储道署刻《胡文忠公政书》本
胡文忠公年谱三卷	梅英杰编	民国十八年宁乡梅氏抱冰堂刻本
石知府君年谱一卷	（清）佚名编	清同治间桐梓赵氏刻本
先父年谱一卷	李慎修编	民国间铅印《率性篇》本
先考至山府君年谱一卷	林履庄编	清光绪十三年大梁刻本
编年日记一卷	（清）丁守存编	清光绪间日照丁氏刻本
左文襄公年谱十卷	（清）罗正钧编	清光绪二十三年湘阴左氏长沙刻本
涂大司马年谱一卷 行述一卷	（清）涂宗瀛编，涂承儒、涂懋儒补编	民国九年芜湖江东印书馆铅印《六安涂大司马遗集》本
仲襄自叙一卷	（清）杨超格编	清绿丝栏抄本
谢家山人自订年谱一卷	（清）唐莹编，唐汝璪补编	清光绪间刻《谢家山人集》本
十年读书之庐主人自叙年谱一卷	（清）李钟文编，李熙麟、李照麟补编	清光绪十五年长白李氏刻本
椒生府君年谱一卷	（清）罗惇衍编，罗椠等续编	清光绪间顺德罗氏刻本
程竹溪先生年谱一卷	（清）严宝枝、谢家树编	清光绪三年吴县谢氏刻本
钱警斋公年谱一卷	（清）钱世铭编	清宣统三年镇洋钱氏刻本
八旬自述百韵诗一卷	（清）黄炳垔编	清同治光绪间余姚黄氏刻《留书种阁集》本

书　名	编（著）者	版　本
吴太夫人年谱三卷　续一卷	（清）董金鉴编	清末会稽董氏取斯家塾刻本
质斋先生年谱一卷	（清）王其慎编	清末刻本
静叟自述一卷	（清）仓景愉编	民国二十三年国立北平图书馆抄本
先考雨生府君年谱编略一卷	（清）张惟儁、张惟佶编	清光绪二十五年善化张氏刻本
文文忠公自订年谱二卷	（清）文祥编	清光绪八年刻《文文忠公事略》本
雪泥鸿爪四编	（清）邵亨豫编，邵松年、邵椿年续编	清光绪间常熟邵氏刻本
刘武慎公年谱三卷	（清）邓辅纶、王政慈编	清光绪间铅印《刘武慎公遗书》本
方柏堂先生年谱系略一卷	（清）陈澹然等编	清光绪间木活字《方柏堂先生事实考略》本
教谕公稀龄撮记一卷	（清）陈元恒编，陈作霖补编	民国间《金陵陈氏宗谱》稿本
主善堂主人年谱一卷	（清）成琦编	清光绪间满洲成琦稿本
损斋先生编年一卷	（清）杨玉清编	民国间海宁陈乃乾共读楼乌丝栏抄本
龚光禄公年谱一卷	（清）龚家尚编	民国七年仁和龚氏铅印本
芟闲年谱一卷	（清）潘曾玮编	清光绪十三年刻本
蘦叟年谱一卷　续一卷	（清）杨岘编，刘继增续编	民国间吴兴刘氏嘉业堂刻《吴兴丛书》本
庐山海印老人年谱一卷	（清）释本源编	清光绪二十六年西山翠岩寺刻本
张忠武公行略一卷	（清）过铸编	清梁溪过氏刻《向张二公传忠录》本
惕盦年谱一卷　适斋诗集四卷	（清）崇实编	清光绪三年长白完颜氏北京刻本
丁文诚公年谱一卷	（清）唐炯编	清光绪二十七年岳池刻本
马端敏公年谱一卷	（清）马新祐编	清光绪三年荷泽马氏刻本
通斋自记一卷	（清）蒋翘然编	清光绪间刻本
嵩庵府君年状一卷	（清）赵彻诒等编	清光绪间刻本
开封府君年谱二卷	（清）孙孟平编	清宣统二年铅印《孙先生遗书》本
曲园自述诗一卷　补一卷	（清）俞樾编	清光绪间德清俞氏刻《春在堂全书》本
知非录一卷	（清）庞钟璐编，庞鸿文、庞鸿书补编	清光绪间常熟庞氏刻本
桐溪达叟自编年谱一卷	（清）严辰编	清光绪间刻本
顾斋简谱一卷	杨恩澍编	民国间山西省文献委员会铅印《山右丛书初编》本
裴光禄年谱四卷	（清）裴士骐等辑，徐嘉编	清光绪二十五年刻本
陈元禄自订年谱一卷	（清）陈元禄编	清抄本
怀庭府君年状一卷	（清）陈鼎等编	清光绪间木活字本
梅府君年谱一卷　鸦岑诗录一卷	梅颐杰编	民国十三年宁乡梅氏铅印本
泾舟老人洪琴西先生年谱四卷	（清）章洪钧、陈作霖等编，魏家骅重编	民国二十八年铅印本
曾忠襄公年谱四卷　荣哀录二卷	（清）王定安编，萧荣爵增订	清光绪二十九年刻本
太学生段公斗垣年谱一卷	贾坛编	民国三年武威段氏多寿堂铅印《武威段氏族谱》本
清麓年谱二卷	（清）张元勋编	民国十一年刻本
贺清麓先生年谱一卷	孙乃琨编	民国十六年於陵石熙祚刻本
王壮武公年谱二卷	（清）罗正钧编	清光绪十八年湘乡王氏江宁刻《王壮武公遗集》本
李秀成大事年表一卷	李景侨编	民国二十六年抱一遗集委员会铅印《抱一遗著》本
小酉腴山馆主人自著年谱二卷	（清）吴大廷编	清光绪五年刻《小酉腴山馆集》本
耕经堂年谱三卷	（清）叶伯英编	清光绪间抄本
酒五经吟馆年谱一卷	（清）恭钊编	清光绪间刻《酒五经吟馆诗草》本
竹间道人自述年谱一卷	（清）黎培敬编，黎锦缨等补编	清光绪十七年湘潭黎氏刻《黎文肃公遗书》本
章午峰先生年谱一卷	（清）章家祚编	清光绪十八年铜陵章氏刻本
鸦槎年谱一卷	（清）崇厚述，衡永编	民国十九年铅印本
凫考通奉府君年谱一卷	刘锦藻编	清光绪间乌程刘氏刻本
寿州孙文正公年谱一卷	孙传楏编	民国间朱丝栏抄本
鲍公年谱一卷	（清）李叔璠编	清同治间刻本
酺南纪年随笔一卷	（清）周李燮编，周李培录	清道光光绪间云南周李氏景莲堂《周李合谱》稿本
草心阁自订年谱一卷	（清）徐景轼编	清光绪间刻本
雪鸿山馆纪年一卷	（清）赵守纯编	1958年广州古籍书店油印本
岑襄勤公年谱十卷	赵藩编	清光绪二十五年西林岑春荣河朔使署刻本
成山老人自撰年谱六卷　附录一卷	（清）唐炯编，唐坚续编	清宣统二年京师铅印本

书　名	编（著）者	版　本
潘文勤公年谱一卷	（清）潘祖年编	清光绪刻本
寄生府君年谱一卷	（清）堵焕辰编	清光绪间越城堵氏刻本
苏溪渔隐读书谱四卷	（清）耿文光编	清光绪间刻《耿氏丛书》本
先考子松府君年谱一卷　屠夫人行状一卷	夏庚复等编	民国九年上海聚珍仿宋印书局铅印本
王安甫年谱一卷	（清）王文思编	民国十五年铅印《先泽残存续编》本
三省轩自记一卷	（清）王世恩编	清光绪间木活字本
先考松生府君年谱四卷	丁立中编	清光绪二十五年钱塘丁氏嘉惠堂刻《宜堂类编》本
厚堂公自记年谱一卷	（清）钟念祖编	民国十二年至德堂木活字《会稽钟氏宗谱》本
先君舜臣府君年谱一卷	（清）涂儒翯编	民国十三年同文书社石印《大围山房文集》本
晚悔庵年谱一卷	邓崇甲编	民国间朱绿格抄本
子颖林公年谱一卷	（清）林绮编	清光绪三十二年富平林氏刻本
孟晋斋年谱一卷	（清）顾家相编	民国二年增刻重印《孟晋斋文集》本
蒿仁府君自订年谱一卷	（清）龚易图编，龚晋义等续编	清光绪十九年闽县龚氏刻本
畲经老人自述年谱一卷	（清）杜焕章编	民国十七年铅印《畲经馆遗集》本
怡园老人年谱一卷	（清）陈苇编	清光绪二十二年铅印《执砚山馆诗集》本
唐公年谱一卷　附录一卷	唐鸿学编	清光绪三十四年石印本
石柱山农行年录一卷	（清）吕凤岐编，吕贤钖续编	民国间铅印《静然斋杂著》本
春渚草堂居士年谱一卷	（清）朱彭年编，朱澍生补编	清光绪二十二年刻本
苏甫公年谱一卷	庄俞编	民国二十五年铅印《毗陵庄氏增修族谱》本
年事纪略　暖香堂笔记二卷	（清）延昌编，崇雯、崇霁续编	清末朱丝栏稿本
张文襄公年谱十卷	许同莘编	民国二十八年南皮张氏舍利函斋武汉铅印本
张文襄公年谱六卷	胡钧编	民国二十八年北京天华印书馆铅印本
严廉访自订年谱一卷	严金清编，张鉴续编	民国间铅印《严廉访遗稿》本
海珊自纪一卷	（清）翁曾翰编	清同治十一年常熟翁曾翰稿本
鞠笙年谱一卷　日记一卷	（清）邢崇先编	民国五年定襄牛氏铅印《雪华馆丛编》本
半隐先生花甲纪略一卷　华鄂堂文钞一卷	（清）钟毓编	清光绪二十五年江东钟氏刻本
虚阁先生年谱一卷	严蔚春述并鉴定，严谦润记	清末抄本
徐愚斋自叙年谱一卷　上海杂记二篇	（清）徐润编，徐廷銮等续编，阚泽整理	民国十六年香山徐氏铅印本
先考侍郎公年谱一卷	寿福等编	清宣统二年京邸铅印《嘉定长白二先生奏议》本
王筱泉先生年谱一卷	王孝箴等编	清光绪二十年刻《论语经正录》本
钟鹤笙征君年谱一卷	钟镜芙等编	民国间刻暨铅印《刖足集》本
焦雨田先生年谱二卷	鲍喜安等述，焦振沧编	民国二十五年铅印《焦雨田先生遗集》本
桐城吴先生年谱四卷	郭立志编	民国三十三年铅印《雍睦堂丛书》本
显考温毅府君年谱一卷	秦锡田编	民国十九年铅印《补晋书艺文志》本
杨珍林自订年谱一卷	（清）杨树编	民国十二年贵阳文通书局铅印本
天均卮言一卷	（清）郭阶编	清光绪间刻《春晖杂稿》本
再青先生年谱一卷	崔寿祺编	民国六年铅印《涉猎笔记》本
皇清诰授奉政大夫蕴山王公年谱一卷	（清）王泽澄等编	民国七年铅印《观城王蕴山公传记》本
笏珊年谱一卷	（清）张桂林编	清光绪二十二年成都森荣斋刻本
黄公度先生年谱一卷	钱尊孙编	民国二十五年上海商务印书馆铅印《人境庐诗草笺注》本
先公年谱一卷	王孝缉等编	民国二十三年铅印《王苏州遗书》本
陆文慎公年谱二卷	（清）陆宝忠编，陈宗彝续编	民国十二年刻本
曼君先生纪年录一卷	郑肇经编	民国二十三年泰兴郑余庆堂铅印《桂之华轩遗集》本
张达生先生年谱稿本一卷	张宗芳编	民国间抄本
江亭芙先生年历一卷	张寿镛编	民国二十一年至三十七年四明张氏约园刻《四明丛书》本
四十年艰辛记一卷	（清）朱庆奎编，朱启镕续编，朱启钤按语	民国二十四年至三十三年紫江朱氏北平铅印暨影印《紫江朱氏家乘》本
新淦公自订年谱一卷	（清）章定瑜编	民国二十二年铅印《新淦公遗稿》本
赵鲁庵先生年谱一卷	（清）赵天锡编	民国五年刻《赵鲁庵先生集》本
文芸阁先生年谱四卷	钱尊孙编	196（?）年扬州古旧书店赭丝栏抄本
先考罗公纪年录一卷	（清）罗春骥编	清光绪间刻《和州集》本
鲁斋年谱一卷	（清）翁传煦编，翁传照整理	清光绪间刻本

书　名	编（著）者	版　本
汪穰卿先生年谱一卷　传一卷	汪诒年编	民国间铅印《汪穰卿遗著》本
浏阳谭先生年谱一卷	陈乃乾编	民国十二年上海文明书局铅印《谭浏阳全集》本
先妣薛恭人年谱一卷　传略一卷	陈锵等编	清宣统三年刻《黛韵楼遗集》本
先府君晓亭公年谱一卷　附录一卷	曹英瑾编	民国三十七年高唐曹氏铅印本
方山民纪年诗一卷	方观澜编	民国间刻本
湘绮府君年谱六卷	王代功编	民国十二年湘潭王氏湘绮楼刻本
醉园府君年谱一卷	蒋兆兰、蒋兆燮编	民国五年宜兴蒋氏铅印《醉园诗存》本
石叟年谱一卷	黄文焕编	民国二年英山李氏铅印本
周悫慎公自著年谱二卷	周馥编	民国十一年秋浦周氏石印《周悫慎公全集》本
揾庐氏自编年谱一卷	童以谦编，童世亨续编	民国十二年嘉定童氏铅印本
邻苏老人年谱一卷	杨守敬编，熊会贞续编	民国四年石印本
王先谦自定年谱三卷	王先谦编	清光绪三十四年长沙王氏刻本
吕镜宇自叙年谱一卷	吕海寰编	清光绪间大兴吕海寰朱丝栏稿本
次皙次斋主人年谱一卷	孙振烈编	民国八年无锡孙氏铅印本
韧叟自订年谱一卷	劳乃宣编	清宣统至民国间上虞罗氏铅印《蟫隐庐丛书》本
福山石坞王君年谱一卷	王墭编	民国十五年石印本
祖庭闻见录一卷	张绍蕃编	民国六年天水张氏铅印本
朴翰臣年谱一卷	佚名编	民国七年石印本
艺风老人年谱一卷　行状一卷	缪荃孙编	民国二十五年北平文禄堂刻本
琼叟七十年谱一卷	李思敬编	民国四年上海商务印书馆铅印本
养云主人自编年谱一卷　续记一卷	王懋官编	清光绪三十二年申江石印暨民国六年铅印本
光禄大夫建威将军张公年谱一卷	穆印编	民国间铅印《光禄大夫建威将军张公集》本
潘孝端先生年谱一卷	潘肇元编	民国十八年铅印《樵叟集》本
师竹庐自述一卷	窦镇编	民国八年木活字《师竹庐随笔》本
慎独斋七十年谱一卷	关蔚煌编	民国间铅印本
止盦年谱一卷　附录一卷	瞿鸿禨编，瞿宣颖续编	民国二十三年善化瞿氏铅印《长沙瞿氏家乘》本
恩遇纪一卷	瞿鸿禨编	民国二十三年善化瞿氏铅印《长沙瞿氏家乘》本
部昀府君年谱一卷	王迈常编、王蘧常编	民国间铅印本
晏海澄先生年谱四卷　附录一卷	金兆丰编	民国十九年镇安晏氏北平刻本
惜分阴轩主人述略一卷	周憬编	民国九年无锡周氏铅印本
梁母潘太夫人年谱	梁寿臧、梁寿相编	民国八年梁氏铅印本
心乾氏自编年谱一卷	陈庆容编	民国十七年嘉定陈镜珩铅印本
陈玉苍先生年谱一卷	陈宗蕃编	民国二十一年铅印《望嵩堂奏稿》本
陶庐老人自订年谱二卷	王树枏编	民国二十四年抄本
崇德老人八十自订年谱一卷	曾纪芬述，瞿宣颖笔录	民国二十二年衡山聂氏铅印本
啬翁自订年谱二卷	张謇编	民国十四年铅印本
侯官严先生年谱一卷	严璩编	民国间铅印本
松寿老人自叙一卷	张勋编	民国间刻本
耳顽七十岁自叙不分卷	李钟珏编	民国间中华书局铅印本
窥园先生自订年谱一卷	许南英编	民国二十二年北京铅印《窥园留草》本
柯城马先生年谱一卷	陈祖壬编	民国间新城陈祖壬稿本
水竹邨人年谱二卷　附录一卷	贺培新编	民国间贺培新朱丝栏稿本
郑叔问先生年谱一卷	戴正诚编	民国三十年铅印本
葵园遁叟自订年谱一卷	高毓昌编	民国十四年铅印本
侯官陈石遗先生年谱七卷	陈声暨编，王真续编，叶长青补订	民国间刻本
侯官陈石遗先生年谱一卷	王真编	1960年油印本
止叟年谱一卷	韩国钧编	民国间铅印本
水盋云在图记不分卷	陈夔龙编	民国间石印本
默盦居士自定年谱一卷　续编一卷　附录一卷	王舟瑶编，王敬礼续编	民国间黄岩王氏铅印本
段甲楼先生年谱一卷	万大章等编	民国二十六年贵阳文通书局铅印《畅园诗草》本
容庵弟子记四卷	沈祖宪编，吴闿生编	民国二年铅印本
陈介石先生年谱一卷	陈谧编	民国二十三年见思堂铅印本

书　名	编（著）者	版　本
桂林梁先生年谱一卷　思亲记一卷	梁焕鼐、梁焕鼎编	民国十四年铅印《桂林梁先生遗书》本
潏园自述一卷	赵启霖编，赵殿续编	民国间抄本
范孙自定年谱一卷　补一卷	严修编，高彤续编	民国三十二年天津严氏刻本
狄存斋自订年谱一卷	周宗麟编	民国十九年铅印《狄存斋集》本
求我山人自订年谱一卷	庄景仲编	民国十八年奉化庄景仲铅印《求我山人杂著》本
追忆录一卷　续录一卷	殷葆诚编	民国间中华书局铅印本
庸叟编年录一卷	庸叟编	民国间庸叟朱丝栏稿本
提法公年谱一卷	张学华编，张澍棠补编	1952 年铅印本
王淡园自订年谱一卷	王陈常编	民国十二年美华印书局石印《赏心山房全稿》本
文叔公自著年谱一卷	钟寿康编	民国十二年至德堂木活字《会稽钟氏宗谱》本
畀庵主人自订年谱一卷	张茂镛编	民国初年苏州启新公司铅印本
桂林秦仲勤先生年谱一卷	秦恩述编，秦振夫补编	民国间石印本
黎元洪年谱资料一卷	薛明剑编	1961 年打字油印本
阮南自述一卷	王守恂编	民国间铅印《王仁安集》本
吴兴周梦坡先生年谱一卷	周延礽编	民国二十三年铅印暨影印《吴兴周梦坡先生讣告》本
合肥执政年谱初稿二卷	吴廷燮编	民国二十七年铅印本
吴渔川先生年谱一卷	刘治襄编	民国间铅印《庚子西狩丛谈》本
景牧自订年谱一卷	吴廷燮编	民国二十七年江宁吴氏铅印本
钝盦纪年一卷	陈炳华编	民国间北平陈炳华稿本
陆肃武将军年谱二卷	钟彤溁编，钟广生续编	民国十九年北平刻本
先考幼山府君年谱一卷	罗香林编	民国二十五年兴宁罗氏铅印《希山丛著》本
石琴庐主年谱一卷	张之汉编	民国间铅印《张仙舫运使哀铭录》本
声玲年谱一卷	汪声玲编	民国十六年铅印《旌德板桥汪三晖堂家乘》本
抑斋自述七种	王锡彤编	民国间铅印本
王筱汀先生年谱一卷　家传一卷	童坤厚编	民国二十八年铅印本
唾莽年谱一卷	郭敬安编	民国七年铅印本
自述录一卷	钮泽晟编	民国十三年吴兴钮氏铅印《钮寅身先生遗著》本
先烈谢飞麟先生年谱一卷	陈成编	民国间铅印《谢飞麟遗著》本
思缄公年谱一卷	冯飞编	民国二十五年铅印《毘陵庄氏增修族谱》本
泗阳张沌谷居士年谱一卷	张星烺编	民国二十四年中国地学会北平铅印《南园丛稿》本
榆庐年谱一卷续一卷	夏辛铭编，夏祖年、夏廷正续编	民国间桐乡夏氏铅印本
含嘉室自订年谱一卷	吴士鉴编	民国间铅印本
先府君萧公石斋年谱一卷	萧家仁编	民国间香港集大庄铅印本
苓泉居士自订年谱二卷	杨寿枏编	民国三十二年铅印本
陈少白先生年谱一卷	陈德芸编	民国二十四年铅印《陈少白先生哀思录》本
太炎先生自订年谱一卷	章炳麟编	民国间四明张氏约园乌丝栏抄本
朱征君年谱一卷	周云编	民国十七年江宁朱氏铅印本
一斋自编年谱一卷　续编一卷	陈毓瑞编	民国十七年江阴陈氏铅印本
涉园七十年记略一卷	陶湘编	民国二十八年武进陶氏铅印本
忍堪居士年谱一卷	邓镕编	民国二十一年铅印《荃察余斋诗存再续》本
袁屏山先生年谱一卷	袁丕元等编，林景泰、李士厚参订	民国二十七年铅印《袁屏山先生纪念集》本
倬盦自订年谱一卷	邵章编	1953 年北京油印《倬盦遗稿》本
蠖园年表一卷	朱启钤编	民国二十四年至三十三年紫江朱氏北平铅印暨影印《紫江朱氏家乘》本
梁任公先生年谱长编初稿	丁文江、赵丰田编	民国二十五年油印本
潘霞青先生年谱一卷	潘顼等编	民国二十二年铅印本
适园老人年谱一卷　附录一卷	权量编，权国华续编	民国十五年北京京华印书局铅印本
文数自撰年谱一卷	袁毓麟编	民国二十四年铅印《钱唐袁氏族谱》本
李希白先生年谱一卷	李根源编	民国二十年腾冲青齐李氏宗祠刻《腾冲青齐李氏宗谱》本
赛金花年表一卷	刘半农、商鸿逵编	民国二十三年星云堂书店铅印《赛金花本事》本
赛金花年谱一卷	李蜀宜编	民国二十四年铅印《时事新报》剪贴本
梦怀录一卷	谭新嘉编	民国间嘉兴谭新嘉稿本
畴隐居士自订年谱一卷	丁福保编	民国十八年无锡丁氏铅印本
钱士青先生编年事略一卷	甘泽沛、王永清编	民国二十五年铅印《诵芬堂文稿》本

書　名	編（著）者	版　本
錢士青先生年譜一卷	陳鳳章編	民國間鉛印本
錢士青先生年譜一卷	蔣綱裳編	1953 年鉛印本
粹廬自訂年譜一卷	劉潛編	民國間朱絲欄抄本
樂農自訂行年紀事一卷	榮宗銓編	民國間建東印刷公司上海鉛印本
環璽齋主人年譜一卷	馮汝玠編	民國間祥符馮汝玠朱絲欄稿本
先君年譜一卷	張鐘芸編	民國二十八年成都球新印刷廠鉛印《張列五遺札》本
天風澥濤館六十自述一卷	謝持編	民國間上海二我軒鉛印本
王海舉先生年譜一卷	王載紘編	1985 年平陽王載紘膠印本
盧慎之自訂年譜一卷	盧弼編	1958 年油印《慎園文選》本
演蒼年史一卷	謝蔭昌編	民國間吉林吉東印刷社鉛印本
陳英士先生年譜初稿一卷	何仲簫編	民國十九年鉛印《陳英士先生紀念全集》本
今傳是樓主人年譜一卷	李元暉編	民國三十年刻藍印《逸塘詩存》本
金公年譜一卷	申權編	民國間油印本
松石齋日記摘錄	吳恩培編	民國三十年遼陽吳氏照相排字《遼陽吳氏族譜》本
李氏復仇實錄	李贊皋編	民國二十四年遼陽李氏鉛印本
蔡渭生自編年譜一卷	蔡煥文編，蔡鎮瀛等續編	民國三十七年鉛印本
雪生年錄三卷	李根源編	民國二十三年騰衝李氏曲石精廬鉛印本
崇翰池年記一卷	崇雯編	民國間滿洲崇雯朱絲欄稿本
天行草堂主人自訂年譜一卷	章嶔編	民國二十四年鉛印《天行草堂主人遺稿叢刊》本
葉遐庵先生年譜一卷	遐庵年譜彙稿編印會編	民國三十五年廣州遐庵年譜彙稿編印會鉛印本
蔡公松坡年譜二卷	李文漢編	民國三十二年嵩明縣教育科石印本
淡志室主人紀年前編一卷	鄭裕孚編	民國間文蔚閣鉛印本
傅鈍安先生年譜一卷	傅熊湘編，劉鵬年續編	民國二十一年鉛印《鈍安遺集》本
汪精衛先生年譜一卷	張江裁編	民國三十二年東莞張氏拜裒堂鉛印《汪精衛先生行實錄》本
汪精衛先生著述年表一卷	張江裁編	民國三十二年東莞張氏拜裒堂鉛印《汪精衛先生行實錄》本
左盦年表一卷	錢玄同編	民國間吳興錢玄同烏絲欄稿本
霜厓先生年譜一卷	盧前編	民國二十八年石印《南北詞簡譜》本
磁費伯鴻先生年譜一卷	鄭子展編	民國間油印本
李抱一先生自訂年譜一卷	李景僑編，李載章續編	民國二十六年抱一遺集委員會鉛印《抱一遺著》本
孫庵老人自訂五十以前年譜二卷　年表一卷　附錄一卷	錢基厚編	民國三十二年無錫錢氏鉛印本
牛惠生先生年譜一卷	黃素封編	民國二十六年鉛印本
推十書系年錄一卷	李克齊、羅體基編	民國十四年尚友書塾鉛印本
吳碧柳自訂年表一卷	吳芳吉編	民國間成都大中印務局鉛印《成都追悼吳碧柳先生紀念刊》本
芋園四十年譜一卷	易雨仙編	民國間鉛印《芋園主人四十自述》本
摹廬著述紀年一卷	陳直編	1964 年鎮江陳直稿本

顧亭林先生年譜三種（一函四冊）

本社編　線裝　16 開　定價：320.00 元
ISBN 7 - 5013 - 1364 - 4/K · 241　1997 年 5 月出版

　　《校補顧亭林先生年譜》（一冊），錢邦彥校補，民國間印本。書前有錢邦彥的序、顧亭林先生像。書後附錄《諸人詩文及記傳》、王頌文的跋。《亭林年譜》（二冊），張穆編輯，清道光二十四年（1851）刻本。書前有顧亭林先生像。《三補顧亭林年譜》（一冊），倫明編，稿本。書前有序。書後附《顧亭林先生詩譜》，徐嘉編，清光緒刻本。

明人年譜十種（一函七冊）

本社編　線裝　16 開　定價：780.00 元
ISBN 7 - 5013 - 1360 - 1/K · 237　1997 年 5 月出版

　　《陽明先生年譜》，劉原道輯，書前有王陽明先生遺像。《王陽明年譜》，陳筑山輯，根據民國時期中華平民教育促進會印行的《王陽明年譜傳習錄節本》影印，書前有王陽明肖像、陳筑山的序，《王文成公年紀》，陳澹然撰。《王弇州年譜》，錢大昕編，書后有李賡芸的跋。《雲塘先生年譜》，郭子章等編，書前有吳子玉的《雲塘先生郭公行狀》。《黃忠端公年譜》，黃炳垕編，書前有黃炳垕的敘、黃忠端公像、劉宗周的贊。《太常公年譜》，錢泰吉撰，書前有明史劉傳、屠隆的《顯忠詞堂記》。《唐一庵先生年譜》，李樂等輯，書前有唐一庵先生像、許正綬的贊、凡例、《明史》本傳、《湖州府志》小傳，書后有吳光、宋瑾的序。《吴疏山先生年谱》，吴尚志等编，书前有吴疏山先生像，孙丕扬、严讷、舒化的吴疏山先生像赞。《周忠介公年谱》，殷献臣撰，书前有周忠介公赞像、彭定求的《重刻周忠介公年谱序》、小引。

王船山杨升庵先生年谱五种（一函四册）

本社编　线装　16开　定价：240.00元
ISBN 7－5013－1361－X/K·238　1997年5月出版

　　《王船山先生年谱》，清刘毓崧编，书前有曾国荃的序、刘毓崧的自序。《王船山公年谱》，清王之春辑，书前有国史儒林传、王之春的序、行述、奏疏、凡例、家谱世系表。书后有曾国藩的序（原题船山遗书序）、王之春的传（原题船山先生传）、余廷灿的传、唐鉴的学案、邓显鹤的《船山著述目录》。《升庵先生年谱》，清李调元编，书后有孙镔的序、升庵先生小像、孙镔的赞。《升庵年谱》，清简绍芳编，根据清道光刻本影印。《升庵先生年谱》，清程封编，根据清道光二十四年（1844）刻本影印。

清季洪洞董氏日记六种（全六册）

董寿平、李豫主编　精装　大32开　定价：950.00元
ISBN 7－5013－1311－3/K·226　1997年1月出版

　　《董氏日记六种》为董寿平先世遗著，为纪念董研樵先生诞辰165周年而编。
　　《岘樵山房日记》，清董文涣著。董文涣，字尧章，号研秋、研樵。岘樵山房为其室名别号。日记是董文涣同治元年（1862）至光绪三年（1877）所记日记手稿，原22册，今存16册。
　　《观阜山房日记》、《忘适适斋日记》，清董麟著。董麟，字祥甫，号云舫。日记分别是同治三年九月初一至五年九月二十九、光绪元年三月初一至十二月十五所记。
　　《佩芸日记》，清冯婉琳著。冯婉琳，字佩芸，号雁门女史。日记今存同治六年（1867）、同治七年、同治八年、光绪十年（1884）四册。在京记日常琐事、朋友交往、读书习字作诗；在洪洞则记抚育嗣子维城、侄女维芳作诗、礼佛念经、习练书法、观剧、读诗、作诗、与妯娌往来、与代州家中互通音讯。最有价值的部分，是关于当时气候的记录，京城三年之记录，可补故宫《晴雨录》记录之不足。
　　附《朗山杂记》，清杨昉著。杨昉，字少初，号朗山，是中国摄影的先驱者、中国北方摄影的奠基者，也是将西方先进的科学技术在中国进行推广实践的早期传播者。日记记录了从道光末年至光绪年间，拍摄大量的人像、风景、园林、字帖照片总结的摄影经验。还记录了大量日常生活中使用化学的经验方法。
　　《芸盦日记》、《鄃斋日记》，清董文灿著。董文灿，字藜辉，号芸盦、芸钺，鄃斋是其室名。前者为同治年间所记日记，今存五册：同治二年（1863）、四年、五年、七年、十二年。后者为光绪元年（1875）间所记日记，存一册。

汪辉祖自述年谱二种（一函三册）

［清］汪辉祖著　线装　16开　定价：330.00元
ISBN 7－5013－1363－6/K·240　1997年5月出版

　　包括《病榻梦痕录》二卷、《梦痕录余》二种。书前有汪辉祖的序。

史籍史料

二十五史补编断代分编系列（共五种）

　　全编共采录明清及民国学者对正史中的表志所作的增补、注释、考订、校勘之作240余种，其中旧有刻本180余种，稿本仅存者60余种。内中包括了天文、地理、兵刑、食货及经籍源流等各方面的材料，其于史学研究之功绩，惠及了一代代学者，以至出版七十年来，代有需求。

　　随着历史研究的不断深入，治断代史及某一专史的学者日多。本社有鉴于此，为方便学者个人案头使用，特将民国时期编印的《二十五史补编》断代分编，成《二十五史补编》系列共五种：《史记两汉书三史补编》（全四册）、《三国志补编》、《两晋南北朝十史补编》（全四册）、《隋唐五代五史补编》（全三册）、《宋辽金元明六史补编》（全二册），据民国时期开明书店版影印出版，以继流布之责。

史记两汉书三史补编（全四册）

二十五史补编编委会编　精装　16 开　定价：600.00 元
ISBN 7－5013－2730－0/K·1064　2005 年 2 月出版

　　本书为《二十五史补编》之一种，共收入明清民国学者补撰的《史记》、《汉书》、《后汉书》表、志专门著作30余种。

书　名	编（著）者	书　名	编（著）者
史记惠景间侯者年表校补一卷	（清）卢文弨撰	前汉书食货志注二卷	（清）刘光蕡撰
楚汉诸侯疆域志三卷	（清）刘文淇撰	前汉书艺文志注一卷	（清）刘光蕡撰
史记三书正伪三卷	（清）王元启撰	汉艺文志考证十卷	（宋）王应麟撰
史记月表正伪一卷	（清）王元启撰	补汉兵志一卷	（宋）钱文子撰
楚汉帝月表一卷	（清）吴非撰	续汉书志注补一卷	（清）卢文弨撰
史记三书释疑三卷	（清）钱塘撰	后汉公卿表一卷	（清）练恕撰
读史记十表十卷	（清）汪越撰，徐克范补	汉志郡国沿革考一卷	（清）黄大华撰
史记天官书补目一卷	（清）孙星衍撰	东汉皇子王世系表一卷	（清）黄大华撰
汉志水道疏证四卷	（清）洪颐煊撰	东汉三公年表一卷	（清）黄大华撰
汉书地理志补注一百三卷	（清）吴卓信撰	东汉中兴功臣侯世系表一卷	（清）黄大华撰
汉书地理志校本二卷	（清）汪远孙撰	后汉书朔闰考五卷	（清）徐绍桢撰
校正古今人表九卷	（清）翟云升撰	补后汉书艺文志一卷　考一卷	（清）曾朴撰
汉书地理志水道图说七卷	（清）陈澧撰	补续汉书艺文志一卷	（清）钱大昭撰
新莽职方考一卷	（清）谭其骧撰	后汉郡国令长考一卷	（清）钱大昭撰
汉书地理志详释四卷	（清）吕吴调阳撰	后汉书补表八卷	（清）钱大昭撰
汉书地理志校注二卷	（清）王绍兰撰	补后汉书年表十卷	（宋）熊方撰
汉书地理志校二卷	（清）杨守敬撰	熊氏后汉书年表校补五卷　补遗一卷　续补一卷	（清）诸以敦撰
校汉书八表八卷	（清）夏燮撰
新斠注地理志集释十六卷	（清）钱坫撰，徐松集释	补后汉书艺文志十卷	（清）顾櫰三撰
地理志稽疑六卷	（清）全祖望撰	后汉艺文志四卷	（清）姚振宗撰
人表考九卷	（清）梁玉绳撰	东汉诸帝统系图一卷	（清）万斯同撰
人表考校补一卷　续校补一卷	（清）蔡云撰	东汉诸王世表一卷	（清）万斯同撰
汉书艺文志拾补六卷	（清）姚振宗撰	东汉外戚侯表一卷	（清）万斯同撰
汉书艺文志条理八卷	（清）姚振宗撰	东汉云台功臣侯表一卷	（清）万斯同撰
汉志释地略一卷	（清）汪士铎撰	东汉宦者侯表一卷	（清）万斯同撰
汉志志疑一卷	（清）汪士铎撰	东汉将相大臣年表一卷	（清）万斯同撰
汉将相大臣年表一卷	（清）万斯同撰	东汉九卿年表一卷	（清）万斯同撰
新莽大臣年表一卷	（清）万斯同撰	补后汉书艺文志四卷	（清）侯康撰
汉书艺文志举例一卷	孙德谦撰	后汉县邑省并表一卷	周明泰撰
汉书地理志水道图说补正二卷	（清）吴承志撰	后汉郡国令长考补一卷	丁锡田撰
汉书律历志正讹一卷	（清）王元启撰	后汉匈奴表二卷	（清）沈惟贤撰
前汉匈奴表三卷　附录一卷	（清）沈惟贤撰	后汉三公年表一卷	（清）华湛恩撰

三国志补编

二十五史补编编委会编　精装　16开　定价：150.00元
ISBN 7－5013－2734－3/K·1068　2005年2月出版

本书是《二十五史补编》丛书之一，辑录明清民国学者补撰的《三国志》的大事表、大臣年表、职官表、疆域志、艺文志等著作计20种。如万斯同的《三国大事年表》、《魏方镇年表》、《魏将相大臣年表》、黄大华的《三国志三公宰辅年表》、吴增仅和杨守敬的《三国郡县表附考证》、洪饴孙的《三国职官表》、姚振宗的《三世艺文志》等，是研究三国史的重要参考文献。

书　名	编（著）者	书　名	编（著）者
三国志三公宰辅年表三卷	（清）黄大华撰	三国汉季方镇年表一卷	（清）万斯同撰
三国志世系表补遗附订讹一卷	陶元珍撰	三国大事年表一卷	（清）万斯同撰
三国郡县表附考证八卷	（清）吴增仅撰，杨守敬补正	魏国将相大臣年表一卷	（清）万斯同撰
补三国疆域志补注十五卷	（清）谢钟英撰	魏将相大臣年表一卷	（清）万斯同撰
三国大事表一卷	（清）谢钟英撰	魏方镇年表一卷	（清）万斯同撰
三国疆域表二卷	（清）谢钟英撰	汉将相大臣年表一卷	（清）万斯同撰
三国疆域志疑一卷	（清）谢钟英撰	吴将相大臣年表一卷	（清）万斯同撰
三国职官表三卷	（清）洪饴孙撰	三国诸王世表一卷	（清）万斯同撰
三国纪年表一卷	（清）周嘉猷撰	补三国艺文志四卷	（清）侯康撰
三国艺文志四卷	（清）姚振宗撰	三国志世系表一卷	周明泰撰

两晋南北朝十史补编（全四册）

二十五史补编编委会编　精装　16开　定价：600.00元
ISBN 7－5013－2728－9/K·1062　2005年2月出版

本书是《二十五史补编》丛书之一。共收入后人补撰的有关《晋书》、《宋书》、《南齐书》、《梁书》、《陈书》、《北齐书》、《北周书》、《南史》、《北史》、《隋书》十部正史的志、表著作60余种。是研究两晋南北朝历史不可或缺的参考文献。

书　名	编（著）者	书　名	编（著）者
晋书礼志校正一卷	（清）卢文弨撰	晋方镇年表一卷	吴廷燮撰
晋书天文志校正一卷	（清）卢文弨撰	东晋方镇年表一卷	吴廷燮撰
补晋书艺文志四卷	黄逢元撰	补晋书艺文志六卷	（清）文廷式撰
补晋书艺文志四卷　补遗一卷　附录一卷	（清）丁国钧撰，丁辰注并撰刊误	晋五胡表一卷	（清）沈惟贤撰
		后凉百官表一卷	（清）缪荃孙撰
西秦百官表一卷	（清）练恕撰	北凉百官表一卷	（清）缪荃孙撰
补晋方镇表一卷	秦锡圭撰	北燕百官表一卷	（清）缪荃孙撰
补晋执政表一卷	秦锡圭撰	南凉百官表一卷	（清）缪荃孙撰
补晋异姓封爵表一卷	秦锡田撰	西凉百官表一卷	（清）缪荃孙撰
补晋宗室王侯表一卷	秦锡田撰	夏百官表一卷	（清）缪荃孙撰
补晋僭国年表一卷	秦锡田撰	十六国年表一卷	（清）张愉曾撰
新校晋书地理志一卷	（清）方恺撰	补宋书艺文志一卷	聂崇岐撰
补晋书经籍志四卷	（清）吴士鉴撰	宋州郡志校勘记一卷	（清）成蓉镜撰
晋书地理志新补正五卷	（清）毕沅撰	补宋书刑法志一卷	（清）郝懿行撰
东晋疆域志四卷	（清）洪亮吉撰	补宋书食货志一卷	（清）郝懿行撰
十六国疆域志十六卷	（清）洪亮吉撰	宋诸王世表一卷	（清）万斯同撰
补晋兵志一卷	（清）钱仪吉撰	宋方镇年表一卷	（清）万斯同撰
两晋诸帝统系图一卷	（清）万斯同撰	宋将相大臣年表一卷	（清）万斯同撰
晋诸王世表一卷	（清）万斯同撰	宋书补表四卷	（清）盛大士撰
晋功臣世表一卷	（清）万斯同撰	补宋书宗室世系一卷	（清）罗振玉撰
晋将相大臣年表一卷	（清）万斯同撰	补梁疆域志四卷	（清）洪齮孙撰
东晋将相大臣年表一卷	（清）万斯同撰	梁诸王世表一卷	（清）万斯同撰
晋方镇年表一卷	（清）万斯同撰	梁将相大臣年表一卷	（清）万斯同撰
东晋方镇年表一卷	（清）万斯同撰	补南北史艺文志三卷	徐崇撰
伪成将相大臣年表一卷	（清）万斯同撰	东晋南北朝舆地表二十八卷	（清）徐文范撰
伪汉将相大臣年表一卷	（清）万斯同撰	南北史年表一卷	（清）周嘉猷撰
伪燕将相大臣年表一卷	（清）万斯同撰	南北史世系表一卷	（清）周嘉猷撰
伪赵将相大臣年表一卷	（清）万斯同撰	南北史帝王世系表一卷	（清）周嘉猷撰
伪后燕将相大臣年表一卷	（清）万斯同撰	南北史补志十四卷	（清）汪士铎撰
伪南燕将相大臣年表一卷	（清）万斯同撰	南北史补志未刊稿十三卷	（清）汪士铎撰
伪秦将相大臣年表一卷	（清）万斯同撰	补南齐书艺文志四卷	陈述撰
伪后秦将相大臣年表一卷	（清）万斯同撰	齐诸王世表一卷	（清）万斯同撰
晋僭伪诸国世表一卷	（清）万斯同撰	齐将相大臣年表一卷	（清）万斯同撰
晋僭伪诸国年表一卷	（清）万斯同撰	齐方镇年表一卷	（清）万斯同撰
补晋书艺文志四卷	（清）秦荣光撰	北齐诸王世表一卷	（清）万斯同撰

书　名	编（著）者	书　名	编（著）者
北齐异姓诸王世表一卷	（清）万斯同撰	魏异姓诸王世表一卷	（清）万斯同撰
北齐将相大臣年表一卷	（清）万斯同撰	魏外戚诸王世表一卷	（清）万斯同撰
补陈疆域志四卷	臧励龢撰	魏将相大臣年表一卷	（清）万斯同撰
陈诸王世表一卷	（清）万斯同撰	西魏将相大臣年表一卷	（清）万斯同撰
陈将相大臣年表一卷	（清）万斯同撰	东魏将相大臣年表一卷	（清）万斯同撰
魏书礼志校补一卷	（清）卢文弨撰	元魏方镇年表二卷	吴廷燮撰
补魏书兵志一卷	谷霁光撰	魏书地形志校录三卷	（清）温曰鉴撰
魏书官氏志疏证一卷	（清）陈毅撰	北周公卿表一卷	（清）练恕撰
魏诸帝统系图一卷	（清）万斯同撰	周诸王世表一卷	（清）万斯同撰
魏诸王世表一卷	（清）万斯同撰	周公卿年表一卷	（清）万斯同撰

隋唐五代五史补编（全三册）

二十五史补编编委会编　精装　16 开　定价：490.00 元

ISBN 7－5013－2733－5/K·1067　2005 年 2 月出版

　　本书内收对《二十五史》之隋书、新旧唐书、新旧五代史的考证、订伪、拾遗、校补之作近 40 种，所有补编内容均出自万斯同、缪荃孙、罗振玉、姚振宗等大家之手。本书原为《二十五史补编》的一部分，此次断代分编出版，旨在方便学者个人研究使用。

书　名	编（著）者	书　名	编（著）者
隋唐之际月表一卷	（清）黄大华撰	武氏诸王表一卷	（清）万斯同撰
隋书地理志考证九卷	（清）杨守敬撰	唐诸蕃君长世表一卷	（清）万斯同撰
隋书经籍志考证十三卷	（清）章宗源撰	唐折冲府考四卷	（清）劳经原撰，劳格校补
隋书经籍志考证五十二卷	（清）姚振宗撰	五代地理考一卷	（清）练恕撰
隋诸王世表一卷	（清）万斯同撰	五代纪年表一卷	（清）周嘉猷撰
隋将相大臣年表一卷	（清）万斯同撰	吴将相大臣年表一卷	（清）万斯同撰
隋书经籍志补二卷	张鹏一撰	南唐将相大臣年表一卷	（清）万斯同撰
唐藩镇年表一卷	（清）黄大华撰	蜀将相大臣年表一卷	（清）万斯同撰
唐折冲府考校补一卷	谷霁光撰	后蜀将相大臣年表一卷	（清）万斯同撰
唐折冲府考补拾遗一卷	罗振玉撰	南汉将相大臣年表一卷	（清）万斯同撰
唐折冲府考补一卷	罗振玉撰	北汉将相大臣年表一卷	（清）万斯同撰
唐方镇年表八卷　考证二卷	吴廷燮撰	补五代史艺文志一卷	（清）顾櫰三撰
唐书宰相世系表订伪十二卷	（清）沈炳震撰	五代诸王世表一卷	（清）万斯同撰
唐将相大臣年表三卷	（清）万斯同撰	五代诸将相大臣年表一卷	（清）万斯同撰
唐功臣世表一卷	（清）万斯同撰	五代诸国年表一卷	（清）万斯同撰
唐镇十道节度使表一卷	（清）万斯同撰	五代诸镇年表一卷	（清）万斯同撰
唐边镇年表一卷	（清）万斯同撰	五代诸国世表一卷	（清）万斯同撰
唐宦官封爵表一卷	（清）万斯同撰	吴越将相大臣年表一卷	（清）万斯同撰
		吴越将相州镇年表一卷	（清）万斯同撰

宋辽金元明六史补编（全二册）

二十五史补编编委会编　精装　16 开　定价：320.00 元

ISBN 7－5013－2735－1/K·1069　2005 年 3 月出版

　　本书是《二十五史补编》丛书之一，收入明清民国学者补撰的关于宋、辽、金、元、新元、明六部正史的年表、考略、艺文志、地理志等专门著作 37 种。如万斯同的《宋大臣年表》、吴廷燮的《北宋经抚年表》、《南宋制抚年表》、缪荃孙的《辽艺文志》、卢文弨的《金史礼志补脱》、钱大昕的《元史氏族表》、金门诏的《补三史艺文志》、吴廷燮的《明督抚年表》等，对于研究正史文献具有重要的参考价值。

书　名	编（著）者	书　名	编（著）者
补三史艺文志一卷	（清）金门诏撰	北宋经抚年表五卷	吴廷燮撰
补辽金元艺文志一卷	（清）倪灿撰，卢文弨录	南宋制抚年表二卷	吴廷燮撰
宋辽金元四史朔闰考二卷	（清）钱大昕撰，钱侗增补	金史礼志补脱一卷	（清）卢文弨撰
宋史地理志考异一卷	聂崇岐撰	金宰辅年表一卷	（清）黄大华撰
宋史艺文志补一卷	（清）倪灿撰，卢文弨录	金方镇年表一卷	吴廷燮撰
北宋经抚年表五卷	吴廷燮撰	金诸帝统系图一卷	（清）万斯同撰
南宋制抚年表二卷	吴廷燮撰	金将相大臣年表一卷	（清）万斯同撰
宋中兴三公年表一卷	宋人撰	金衍庆宫功臣录一卷	（清）万斯同撰
宋大臣年表二卷	（清）万斯同撰	辽方镇年表一卷	吴廷燮撰
西夏艺文志一卷	（清）王仁俊撰	辽史地理志考五卷	（清）李慎儒撰

书　名	编（著）者	书　名	编（著）者
辽史纪年表一卷	（清）汪远孙撰	元行省丞相平章政事年表一卷	吴廷燮撰
西辽纪年表一卷	（清）汪远孙撰	元史氏族表三卷	（清）钱大昕撰
辽史艺文志补证一卷	（清）王仁俊撰	补元史艺文志四卷	（清）钱大昕撰
辽艺文志一卷	（清）缪荃孙撰	明宰辅考略一卷	（清）黄大华撰
补辽史艺文志一卷	（清）黄任恒撰	明七卿考略一卷	（清）黄大华撰
辽诸帝统系图一卷	（清）万斯同撰	残明宰辅年表一卷	（清）傅以礼撰
辽大臣年表一卷	（清）万斯同撰	残明大统历一卷	（清）傅以礼撰
元分藩诸王世表一卷	（清）黄大华撰	建文逊国之际月表二卷	（清）刘廷銮撰
元西域三藩年表一卷	（清）黄大华撰	明督抚年表六卷	吴廷燮撰

九通拾补（全八册）

贾贵荣辑　精装　16 开　定价：2900.00 元
ISBN 7 - 5013 - 2436 - 0/K·824　2004 年 6 月出版

　　本书共收录有关"九通"（"九通"即《通典》、《通志》、《文献通考》、《续通典》、《续通志》、《续文献通考》、《清通典》、《清通志》、《清文献通考》）的续补、订误、考疑、校勘、拾遗等专门著作 14 种。其中 6 种属首次披露。是研究中国古代典章制度历史的必要参考文献。

书　名	编（著）者	版　本
通典校勘记	傅增湘撰	民国二十七（1927）国立北平图书馆抄本
二通札记	（清）钱方琦纂	《得天爵斋丛书》抄本
文献通考经籍校补	（清）卢文弨撰	民国十二年（1923）北京直隶书局影印《抱经堂丛书》本
读通考	（清）黄式三撰	清光绪十四年（1888）刻《儆居集》本
六通订误	（清）席裕福撰	民国年间上海图书集成局铅印本
抄郑樵通志六书略平议	（清）宦懋庸撰	稿本
文献通考纪要	（清）佚名撰	清武英殿刻本
续文献通考补	（清）朱奇龄撰	清抄本
续通志谥略	吴省兰撰	嘉庆间刻本
历代大礼辨误	（清）丁立钧撰	清至民国抄本
历代服制考原	（清）蔡子嘉纂	清光绪十四年（1888）西山草堂石印本
历代丁祭礼乐备考	（清）邱之编	清抄本
古刑法质疑	（清）章震福撰	清光绪三十四年（1908）铅印本
九通政要考	（清）孙荣编	清光绪三十二年（1906）四川泸州学正署刻本

历代正史研究文献丛刊

北京图书馆出版社编

　　收录明代以来至现代学者撰写的有关正史的考证、补缺、专论等。为免重复，凡《二十五史补编》、《二十四史订补》已收之书，本书不再选入。清代三大名著即钱大昕《廿二史考异》、赵翼《廿二史札记》与王鸣盛《十七史商榷》，曾为学界研究历代正史提供了极大便利，由于多有出版，本书也不再选入。本丛刊采取分批出版的方式，卷帙大者独立出版，小者合编。先期出版《读二十五史蠡述》、《二十四史三表》、《二十四史月日考》、《二十二史考论》，此后还将继续编辑刊印。

读二十五史蠡述（全三册）

李澄宇撰　精装　大 32 开　定价：720.00 元
ISBN 7 - 5013 - 2729 - 7/K·1063　2005 年 2 月出版

　　对二十五部正史的版本、传承及所记载的人物、大事等，分别进行考辩、论述。

二十二史考论（全三册）

[清] 杭世骏、牛运震等撰　精装　大 32 开　定价：720.00 元
ISBN 7 - 5013 - 2743 - 2/K·1074　2005 年 3 月出版

　　收录了清代著名学者研究正史所著的考证、订补、札记著作 6 种：杭世骏的《诸史然疑》、牛运震的《空山堂读史纠缪》、卢文弨的《读史札记》、钱大昕的《诸史拾遗》、沈豫的《读史杂记》以及刘体仁的《十七史说》。

二十四史月日考（全七册）

[清] 汪曰桢撰　精装　大 16 开　定价：3300.00 元

ISBN 7－5013－2741－6/K·1072　2005 年 4 月出版

《二十四史月日考》是清人汪曰桢的一部手稿，现存一百余卷，二十九册。内容包括对前十七史重要史事确切时间的考订。据《清史稿》记载，原稿全二百三十六卷，可知此书不是一部未竟稿本，而是佚失了后七史部分，是为憾事。今广为搜讨，未发现此稿本的其它版本。今据国家图书馆藏稿本影印出版，以飨学者。

二十四史三表（全五册）

[清] 段长基撰　精装　大 16 开　定价：2300.00 元

ISBN7－5013－2742－4/K·1073　2005 年 5 月出版

包括《二十四史统计表》、《二十四史沿革表》与《二十四史疆域表》。

二十四史订补（全十五册）

徐蜀选编　精装　16 开　定价：6000.00 元

ISBN 7－5013－1146－3/K·190　1996 年 12 月出版

20 世纪 30 年代中期，开明书店出版《二十五史补编》，汇集 240 余种订补之作，然所及仅限于各史之表、志，纪、传之属，为此，编者在《补编》之外，扩大选书的范围，编辑出版本书，共收书 160 余种。凡与《二十四史》有关的订补著作，1949 年以前编选或出版的稿本、抄本、刻本、影印本，均在选择的范围。凡《二十五史补编》已收之书，本书不再选入。所收书的版本侧重于稿本、抄本、初刻本及足本。影印时，内容不作任何改动。书前有前言、总目。每册书前有分册目录。

二十四史订补断代分编（共六种）

《史记》订补文献汇编

徐蜀编　精装　16 开　定价：290.00 元

ISBN 7－5013－1154－4/K·805　2004 年 4 月出版

本书共收录后人对《史记》的订补文献 16 种。

书　名	编（著）者	版　本
史记探源	（清）崔适著	宣统二年刻本
校刊史记集解索引正义札记	（清）张文虎著	同治十一年金陵书局
史记正义佚文纂录	李蔚芬撰	民国时期刻本
史记订补	（清）李笠著	民国十三年刻本
史记琐言	（清）沈家本著	《沈寄簃先生丛书》本
学古堂日记·史记	（清）雷浚等编	光绪刻本
史记校	（清）王筠著	民国二十四年印本
史记识误	周尚木著	民国十七年石印本
史记考证	（清）杭世骏著	民国时期刻本
史记正讹	（清）王元启著	乾隆四十年刻本
史记校注	佚名著	民国时期影印本
史记拾遗	（清）林茂春著	稿本
史记注补正	（清）方苞著	广雅书局刊本
史表功比说	（清）张锡瑜著	广雅书局刊本
景祐本史记校勘记	龙良栋著	台湾影印本
史记毛本正识	（清）丁晏著	广雅书局刊本

丙汉书订补文献汇编（全三册）

徐蜀编　精装　16 开　定价：860.00 元

ISBN 7－5013－1156－0/K·806　2004 年 4 月出版

本书收录与《汉书》、《后汉书》有关之订补著作共计 41 种。凡《二十五史补编》已收之书，本书不再选入。

书　名	编（著）者	版　本
汉书古义考	（清）侯邲著	清抄本
汉书蒙拾	（清）杭世骏辑	钱塘汪氏刻本
汉书辨疑	（清）钱大昭著	广雅书局刊本

书　名	编（著）者	版　本
汉书考异	（清）钱大昕著	畅园抄本
汉书校证	（清）史学海著	传抄本
汉书正误	（清）王峻著	传抄本
汉书音义	（隋）萧该著	清光绪十四年刻本
读汉书札记	杨树达著	民国时期印本
读汉书札记	宁调元著	民国四年印本
汉书注考证	（清）何若瑶著	广雅书局刊本
汉书注校补	（清）周寿昌著	清刻本
汉书补注	（清）王荣商著	清刻本
汉书补注订误	周正权著	
汉书补注补正	杨树达著	民国十四年商务印书馆初印本
汉书琐言	（清）沈家本著	《沈寄簃先生丛书》本
学古堂日记·汉书	（清）雷浚编	光绪刻本
汉书引经异文录证	（清）缪祐孙著	光绪十一年刻本
汉书西域传补注	（清）徐松著	道光九年刻本
汉书地理志水道图说补正	（隋）吴承志著	《求恕斋丛书》本
后汉书训纂	（清）惠栋著	抄本
后汉书蒙拾	（清）杭世骏辑	钱塘汪氏刻本
后汉书辨疑	（清）钱大昭著	广雅书局刻本
后汉书琐言	（清）沈家本著	《沈寄簃先生丛书》本
后汉书拾遗	（清）林茂春著	稿本
后汉书补逸	（清）姚之骃辑	会稽徐氏抄本
后汉书校语稿本	（清）吴寿旸著	稿本
后汉书补注	（清）惠栋著	嘉庆德裕堂刻本
后汉书补注续	（清）侯康著	广雅书局刊本
后汉书注又补	（清）沈铭彝著	同治八年刻本
后汉书注补正	（清）周寿昌著	广雅书局刊本
后汉书注考证	（清）何若瑶著	广雅书局刊本
谢氏后汉书补逸	（清）姚之骃辑，孙志祖增订	稿本
续汉书辨疑	（清）钱大昭著	广雅书局刊本
十意辑存	（汉）蔡邕著	清东阳《于氏丛书》本
后汉书华佗传补注	（清）张骥著	民国二十四年刻本
后汉郡国职方表	（清）刘庠著	稿本
汉季方镇年表	（清）吴廷燮著	景社堂刊本
学古堂日记·后汉匈奴表	（清）雷浚编	光绪刻本
两汉刊误补遗	（清）吴仁杰著	《知不足斋丛书》本
两汉订误	（清）陈景云著	《丙子丛编》本

魏晋南北朝正史订补文献汇编（全三册）

徐蜀编　精装　16开　定价：860.00元
ISBN 7-5013-1125-0/K·809　2004年4月出版

　　本书辑录了清代学者钱大昭、罗振玉、沈家本、杭世骏、李慈铭等人著作计40余种。

书　名	编（著）者	版　本
三国志辨误	（宋）无名氏著	清抄本
三国志辨疑	（清）钱大昭著	广雅书局刊本
三国志质疑	（清）徐绍桢著	光绪十二年广东刻本
三国志证闻	（清）钱仪吉著	光绪江苏书局刻本
三国志证闻校勘记	（清）罗振玉著	
三国志考证	（清）潘眉著	广雅书局刊本
三国志旁证	（清）梁章钜著	广雅书局刊本
三国志琐言	（清）沈家本著	《沈寄簃先生丛书》本
三国志补注	（清）沈钦韩著	稿本
三国志补注	（清）杭世骏著	清刻本
三国志补注续	（清）侯康著	广雅书局刊本
三国志补义	（清）康发祥著	咸丰十一年泰州康氏家刻本
三国志证遗	（清）周寿昌著	广雅书局刊本
三国志裴注述	（清）林国赞著	学海堂刻本
补三国食货志	（清）佚名著	
三国方镇年表	（清）吴廷燮著	景杜堂刊本
晋书考证	（清）孙人龙辑	清抄本

书　名	编（著）者	版　本
晋书考证	（清）傅云龙校	抄本
晋书校文	（清）丁国钧著	稿本
晋书校勘记	（清）周家禄著	广雅书局刊本
晋书音义	（唐）何超著	元刻明修本
晋书辑本	（清）汤球辑	广雅书局刊本
晋书补传赞	（清）杭世骏著	钱塘汪氏刻本
晋书地理志注	马与龙著	民国二十一年印本
晋书补表	（清）赵在翰著	小积石山房印本
晋五胡指掌	（明）张大龄著	昆山赵氏刻本
宋书札记	（清）李慈铭著	民国时期印本
补南齐书经籍志	陈鸿儒等编	民国间蓝印本、抄本
梁书札记	（清）李慈铭著	民国时期印本
梁书斠议	（清）罗振玉著	
陈书斠议	（清）罗振玉著	
魏书源流考	李正奋著	抄本
魏书校勘记	（清）王先谦著	
魏书札记	（清）李慈铭著	民国时期印本
魏书宗室传注	（清）罗振玉注	民国时期印本
魏书宗室传注校补	（清）罗振玉著	民国时期印本
补后魏书艺文志	李正奋编	民国间抄本
西魏书	（清）谢启昆著	清刻本
北齐书斠议	（清）罗振玉著	
北齐书校证	愿学斋主人著	稿本
北齐书旁证	愿学斋主人著	稿本
补北齐书疆域志	佚名著	
周书斠议	（清）罗振玉著	
南北朝侨置州郡考	（清）胡孔福著	清抄本

隋唐五代正史订补文献汇编（全四册）

徐蜀编　精装　16开　定价：960.00元
ISBN 7－5013－1162－5/K·807　2004年3月出版

　　内收1949年以前出版的宋代至近现代著名学者编著的有关隋唐五代正史的订补文献二十五种。包括考证、札记、校勘记、注释、辑佚、续补等等，是研究隋唐五代史不可或缺的珍贵资料。

书　名	编（著）者	版　本
隋书考证	（清）傅云龙校	抄本
隋书札记	（清）李慈铭著	民国时期印本
隋书斠议	（清）罗振玉著	
旧唐书校勘记	（清）罗士琳，刘文淇校勘	惧盈斋刻本
旧唐书疑义	（清）张道著	光绪七年刻本
旧唐书逸文	（清）岑建功编	
新唐书斠议正误	罗振常著	民国时期印本
唐书释音	（宋）董冲著	重刻汲古阁本
唐书注	（清）唐景崇注	
唐书西域传注	（清）沈惟贤著	光绪二十四年刻本
新唐书艺文志注	（清）佚名著	民国间抄本
唐藩镇指掌	（明）张大龄著	民国重刻明刊本
续唐书	（清）陈鳣著	道光四年刻本
旧五代史辑本发覆	陈垣著	
五代史校勘札记	（清）刘光蕡著	清刻本
五代史记纂误补	（清）吴兰庭著	嘉庆刻本
五代史记纂误续补	（清）吴光耀著	光绪十四年江夏吴氏刻本
五代史记纂误补续	（清）周寿昌著	小对竹轩刻本
五代春秋志疑	（清）华湛恩著	光绪间印本
五代史补	（宋）陶岳著	毛氏汲古阁刻本
五代史续补	（清）牛坤著	道光刻本
五代史记注补	（清）徐炯著	清抄本
补五代史艺文志	（清）宋祖骏编	咸丰刻本
补南唐书艺文志	（清）汪之昌编	光绪二十五年抄本
五代史补考	（清）徐炯著	《适园丛书》本

宋辽金元正史订补文献汇编（全三册）

徐蜀编　精装　16开　定价：860.00元

ISBN 7-5013-1138-2/K·810　2004年4月出版

　　选收明清迄民国时期著名学者编撰的有关宋、辽、金、元四朝正史的订误、补遗、注释、校勘等专门著作19种。另有关于西夏历史记载的3种史书。是研究宋、辽、金、元和西夏历史不可或缺的参考文献。

书　名	编（著）者	版　本
元史译文证补	（清）洪钧著	光绪二十三年刻本
元书后妃公主列传	（清）毛岳生撰	《渐学庐丛书》本
元史地理通译	张郁文辑	苏州利苏印书社本
木剌夷补传稿		光绪二十年刻本
宋史忠义传王禀补传	王国维撰	《广仓学术丛书》本
宋史李重进列传注		京华印书局本
西夏志略		京华印书局本
西夏纪	戴锡章著	京华印书局本
西夏书事	（清）吴广成著	民国时期印本
辽史拾遗	（清）厉鹗著	振绮堂刊本
辽史拾遗补	（清）杨复吉著	振绮堂刊本
辽史语解		清光绪四年江苏书局刻本
西辽立国本末考	（清）丁谦著	上海国粹学报印本
辽史地理志今释		清光绪四年江苏书局刻本
金史语解		清光绪四年江苏书局刻本
金史详校	（清）施国祁著	光绪六年会稽章氏刻本
金史艺文略		稿本
元史本证	（清）汪辉祖著	咸丰间刻本
元史考订	（清）曾廉撰	清刻本
元史弼违	（明）周复俊著	民国间刻本
元史备忘录	（明）王光鲁编，（清）陶越重订	清抄本
元史语解		清光绪四年江苏书局刻本

《明史》订补文献汇编

徐蜀编　精装　16开　定价：260.00元

ISBN 7-5013-2200-7/K·801　2004年4月出版

　　本书辑录了明代至民国时期学者研究《明史》的专著计9种。对《明史》作了详尽的考证、校订、辨误、辑佚、对《明史》研究具有重要的学术价值。

书　名	编（著）者	版　本
明史例案	（清）刘承幹纂	嘉业堂刊本
明史考证攗逸	（清）王颂蔚著	《嘉业堂丛书》单行本
国史考异	（清）潘柽章著	
明宫史	（明）刘若愚编述	国学扶轮社印本
明史拟稿	（清）尤侗著	清刻本
明史分稿残本	（清）方象瑛著	《振绮堂丛书》本
明史馆稿传	（清）朱彝尊著	民国四年郑氏风雨楼影印本
《明史》外国传	（清）尤侗著	《西堂余集》本
季明封爵表	毛乃庸著	民国间印本

史籍史料　明清史料

国家图书馆藏明代大统历日汇编（全六册）

本社影印室编　精装　大32开　定价：1350.00元

ISBN 978-7-5013-3358-5/K·1421　2007年9月出版

　　明朝初年在元代郭守敬的《授时历》基础上，颁布了《大统历》。本书共收录了明代正统至崇祯年间颁行的《大统历》99种105册，以万历年间居多。所收《大统历》几乎全为明刻本，经周绍良、李一氓、郑振铎等人收藏，很多是国内孤本。时间上最早为正统十一年（1446），最晚为崇祯十四年（1641）。虽因年代久远，屡经辗转，有一些品相受到不同程度的破损，但无论从数量上、还是从内容上来说，都可谓馆藏珍本。另外后附《大统历注》（明人撰）、《大统历法启蒙》（清·王锡阐撰）两部相关文献。本书填补了明代大统历法出版的空白，具有很高的版本和文献价值。

大明正统十一年岁次丙寅大统历	大明万历三年岁次乙亥大统历
大明正统十二年岁次丁卯大统历	大明万历四年岁次丙子大统历
大明正统十三年岁次戊辰大统历	大明万历五年岁次丁丑大统历
大明正统十四年岁次己巳大统历	大明万历七年岁次己卯大统历
大明景泰元年岁次庚午大统历	大明万历八年岁次庚辰大统历
大明景泰三年岁次壬申大统历	大明万历九年岁次辛巳大统历
大明景泰四年岁次癸酉大统历	大明万历十年岁次壬午大统历
大明景泰八年岁次丁丑大统历	大明万历十二年岁次甲申大统历
大明成化四年岁次戊子大统历	大明万历十三年岁次乙酉大统历
大明成化六年岁次庚寅大统历	大明万历十四年岁次丙戌大统历
大明成化八年岁次壬辰大统历	大明万历十六年岁次戊子大统历
大明成化十五年岁次己亥大统历	大明万历十七年岁次己丑大统历
大明成化十六年岁次庚子大统历	大明万历十八年岁次庚寅大统历
大明成化十八年岁次壬寅大统历	大明万历二十年岁次壬辰大统历
大明成化二十年岁次甲辰大统历	大明万历二十一年岁次癸巳大统历
大明正德三年岁次戊辰大统历	大明万历二十二年岁次甲午大统历
大明正德十二年岁次丁丑大统历	大明万历二十三年岁次乙未大统历
大明正德十三年岁次戊寅大统历	大明万历二十五年岁次丁酉大统历
大明正德十五年岁次庚辰大统历	大明万历二十六年岁次戊戌大统历
大明正德十六年岁次辛巳大统历	大明万历二十七年岁次己亥大统历
大明嘉靖元年岁次壬午大统历	大明万历二十八年岁次庚子大统历
大明嘉靖二年岁次癸未大统历	大明万历二十九年岁次辛丑大统历
大明嘉靖三年岁次甲申大统历	大明万历三十年岁次壬寅大统历
大明嘉靖五年岁次丙戌大统历	大明万历三十一年岁次癸酉大统历
大明嘉靖六年岁次丁亥大统历	大明万历三十二年岁次甲辰大统历
大明嘉靖十年岁次辛卯大统历	大明万历三十三年岁次乙巳大统历
大明嘉靖十一年岁次壬辰大统历	大明万历三十四年岁次丙午大统历
大明嘉靖十二年岁次癸巳大统历	大明万历三十五年岁次丁未大统历
大明嘉靖十三年岁次甲午大统历	大明万历三十六年岁次戊申大统历
大明嘉靖十八年岁次己亥大统历	大明万历三十七年岁次己酉大统历
大明嘉靖十九年岁次庚子大统历	大明万历三十八年岁次庚戌大统历
大明嘉靖二十年岁次辛丑大统历	大明万历三十九年岁次辛亥大统历
大明嘉靖二十二年岁次癸卯大统历	大明万历四十年岁次壬子大统历
大明嘉靖二十三年岁次甲辰大统历	大明万历四十一年岁次癸丑大统历
大明嘉靖二十四年岁次乙巳大统历	大明万历四十四年岁次丙辰大统历
大明嘉靖二十六年岁次丁未大统历	大明万历四十五年岁次丁巳大统历
大明嘉靖二十九年岁次庚戌大统历	大明万历四十七年岁次己未大统历
大明嘉靖三十一年岁次壬子大统历	大明万历四十八年岁次庚申大统历
大明嘉靖三十六年岁次丁巳大统历	大明泰昌元年岁次庚申大统历
大明嘉靖三十八年岁次己未大统历	大明天启元年岁次辛酉大统历
大明嘉靖三十九年岁次庚申大统历	大明天启二年岁次壬戌大统历
大明嘉靖四十二年岁次癸亥大统历	大明天启三年岁次癸亥大统历
大明嘉靖四十四年岁次乙丑大统历	大明天启四年岁次甲子大统历
大明嘉靖四十五年岁次丙寅大统历	大明天启五年岁次乙丑大统历
大明嘉靖四十六年岁次丁卯大统历	大明崇祯三年岁次庚午大统历
大明隆庆三年岁次己巳大统历	大明崇祯八年岁次乙亥大统历
大明隆庆四年岁次庚午大统历	大明崇祯十二年岁次己卯大统历
大明隆庆五年岁次辛未大统历	大明崇祯十四年岁次辛巳大统历
大明隆庆六年岁次壬申大统历	大统历注　　（明）佚名撰
大明万历元年岁次癸酉大统历	大统历法启蒙　　（清）王锡阐撰
大明万历二年岁次甲戌大统历	

清末民国财政史料辑刊（全二十四册）

本社影印室辑　精装　16开　定价：9700.00元
ISBN 978－7－5013－3365－3/K·1426　2007年4月出版

　　本书收入清末民国时期财政史料51种，是研究清代民国财政史的重要文献。内容包括各种档案、统计数据、地方政府财政报告等。大致可归为以下三类：清末、北洋政府、国民政府时期中央和各省区政府有关财政的文书、表册、档案等；清末清理财政后编辑的"各省财政说明书"，以及地方史志等文献中保存的地方财政资料；私人和团体著述等其它文献。

书　名	版　本
度支部奏维持预算实行办法折稿	清宣统三年（1911）集成图书公司铅印本
度支部清理财政处档案	清宣统间铅印本
财政部新订各项公债库券程表汇编	民国二十一年（1933）财政部铅印本
民国二年度国家预算公债专表	民国二年（1913）财政部铅印本
谨拟财政公所分科办法	清抄本
山西清查章程	清光绪九年（1883）江西书局重刻本
山西藩库收支各款表说明书	民国初年铅印本
山西运库内外销收支款说明书	清宣统年间铅印本
山西各厅州县内外销留支等款说明书	清宣统年间铅印暨石印本
山东省光绪三十四年出入各款总表	清宣统元年（1909）朱丝栏稿本
山东调查陆军财政局试办宣统三年预算比较表	清宣统三年（1911）稿本
山东省德州盐栈出入款项六柱清册	清宣统二年（1910）朱丝栏抄本
山东省清理财政局拟定财政公所收支表	清宣统二年（1910）稿本
宣统三年陕西各府厅州县岁入岁出款目预算表	陕西图书馆排印本
湖南海常各关财政款目说明书	
浙江省中华民国元年七月一日起至八月末日止决算表	浙江财政司编印本
民国二年度国家预算广西省岁入岁出表	财政部编印本
江苏省六年秋勘蠲缓减征实征银米清册	
民国八年度贵州省国家岁入岁出预算表	财政部印刷局印本
民国八年度川边国家岁入岁出预算分表	财政部印刷局印本
民国八年度云南省国家岁入岁出预算分表	财政部印刷局印本
民国八年度新疆省国家岁入岁出预计分表	参议院公报科刷印本
民国八年度恰克图国家岁出预算分表	财政部印刷局印本
民国八年度科布多国家岁出预算分表	财政部印刷局印本
安徽省民国十一、十二年国家地方岁出岁入简表	
民国十八年福建财政厅验税契证	
四川款目说明书	
华北解放区农民收入与负担问题材料汇编	华北财办财政组油印本
山西全省各府厅州县地方经理各款说明书	山西清理财政局本
吉林行省财政各种说明书	清宣统二年（1910）铅印本
洛川财政志	民国三十三年（1944）华泰印刷厂铅印本
江北清理财政说明书	清宣统间铅印本
广西财政沿革利弊说明书	清宣统二年（1910）广西官书局铅印本
广东财政说明书	清宣统二年（1910）广东清理财政局铅印本
浙江财政说明书	清宣统元年（1909）石印本
安徽田赋一览	民国间铅印本
福建财政沿革利弊说明书	清宣统间铅印本
整理闽省财政商榷书	民国十八年（1929）铅印本
湖南财政款目说明书	清宣统三年（1911）湖南清理财政局铅印本
山东清理财政局编订全书财政说明书	清宣统年间铅印本
苏属财政说明书	清宣统间铅印本
甘肃清理财政说明书	清宣统间石印本
四川财政考	民国三年（1914）四川将军署印刷局铅印本
四川财政说明书摘要	民国间朱丝栏抄本

书　名	版　本
湖北财政纪略	民国六年（1917）湖北吏治研究所铅印本
中国财政论	民国间油印本
清财政考略	民国三年（1914）石印本
清理财政章程解释	清宣统元年（1909）河南清理财政局石印本
论海牙和平会无干涉中国财政之理	清宣统三年（1911）铅印本
光绪财政通纂	清光绪三十一年（1905）蓉城文化书局铅印本
中国财政纪略	清光绪二十九年（1903）上海广智书局铅印本

清末民初宪政史料辑刊（全十一册）

[清] 宪政编查馆编，本社影印室辑　精装　16开　定价：4700.00元
ISBN 7－5013－2839－0/K·1221　2005年12月出版

　　清末民初的宪政运动是中国政治制度发展史上波澜壮阔的一页。前后数十年间，我国的宪政之路经历了异常艰难曲折的过程。本刊所选史料计50余种，均系国家图书馆珍藏，多为当时的宪政编查馆、预备立宪会和筹备国会事务局等机构编辑，是研究清末民初宪政历史的第一手资料。

书　名	版　本
谘议局章程议员选举章程	清光绪三十四年（1908）铅印本
宪政编查馆奏核民政部修订法律大臣会奏禁烟条例折	
安徽宪政调查局民事习惯问题答案	清宣统间抄本
考察英国政府臣民答问	清末铅印本
宪政编查馆奏遵办民政财政统计编订表式酌举例要折并单四件	
宪政编查馆奏拟订结社集会律原折清单	
宪政编查馆奏拟订宗室觉罗诉讼章程折	
宪政编查馆奏各省谘议局及案语并议员选举章程	宣统元年（1909）铅印本
大清国籍条例	
宪政编查馆奏城镇乡地方自治章程并选举章程折	
宪政编查馆奏遵设贵胄法政学堂拟定章程折	
宪政编查馆奏考核违警律折	
宪政编查馆奏遵议宪法大纲等筹备事宜折	
奏定宪政编查馆办事章程	农工商部印刷科刊印本
宪政编查馆奏调员分任馆务折	
宪政编查馆奏遵旨议覆国籍条例颁行折并清单	
宪政编查馆奏核订京师地方自治章程暨选举章程折	
宪政编查馆奏议考察宪政大臣奏谘议章程折	
宪政编查馆会奏拟订结社集会律原折	
宪政编查馆奏核州县事实分别劝惩折	
宪政编查馆会奏限制京外各衙门调用人员及游学毕业生办法折	
宪政编查馆奏请通饬各衙门设立宪政筹备处折	
宪政编查馆奏议覆吴士鉴奏请申明议案权限折	
宪政编查馆奏遵限考核京外各衙门第二届筹办宪政成绩折	
宪政编查馆奏遵限考核各衙门第一届宪政成绩	
宪政编查馆奏稿汇订	清光绪三十三年（1907）稿本
宪政编查馆奏会议禁革买卖人口旧习办法折	
宪政编查馆奏考核直省巡警道官制细则折	
宪政编查馆会奏酌拟切实考验外官章程折	
宪政编查馆奏考核提法使官制并考用属官章程折	
宪政编查馆奏议沉家本等奏编定现行刑律折等	
宪政编查馆奏议覆赵炳麟奏捐纳流品太杂请变通办法	
宪政编查馆奏京旗选举归并顺属办理折	
宪政编查馆奏复核各部院筹备未尽事宜折	
宪政编查馆奏议覆闽浙总督奏乡官考试任用章程折	
宪政编查馆会奏核订游学毕业生廷试录用章程折	

书　名	版　本
宪政编查馆会奏遵设专科考核议院筹备事宜折	
宪政编查馆奏考核违警律折	
宪政编查馆会奏遵议宪法大纲暨议院选举各法折等	
宪政编查馆奏考核报律原折	
宪政编查馆奏遵办民政财政统计表式折	
预备立宪公会第一年收支清册	清光绪三十三年（1907）铅印本
重订立宪国民读本	民国商务印书馆铅印本
谘议局章程讲义	清宣统元年（1909）铅印本
最新职官全录	清宣统元年冬季刻本
筹备第一次国会报告书	民国间抄本
中华民国国会组织法、参议院议员选举法、众议院议员选举法、众议院议员湖南覆选区表	民国间铅印本
国会问题文件廿二种	民国初朱丝栏抄本
国会同人诗钞	民国间稿本
吉林法政学堂校外自修讲义	

罪惟录（全三册）

［清］查继佐著　精装　16开　定价：700.00元
ISBN 7－5013－3165－0/K·1400　2006年10月出版

　　《罪惟录》是统记明代史事的纪传体史书。明末清初史学家查继佐（1601～1676）撰。查氏字伊璜，人称东山先生或朴园先生。浙江海宁人。明亡后更名为左尹非人，坚持反清立场，谓必明室再兴之后，始恢复原姓名。本书原名《明书》，后因遭庄氏史狱牵连，以"获罪惟录书"而署书名，故名《罪惟录》。原书帝纪二十二卷，志三十二卷，列传三十六卷，后由张宗祥等人整理，定为一百零二卷。与《明史》相比，该书多南明诸帝纪；志的部分也较细，设有《土田志》、《贡赋志》、《屯田志》等；传的部分以事立传，不以人立传。是研究明代，包括南明历史的重要资料。本书底本为据吴兴刘氏嘉业堂本影印的《四部丛刊》三编本。另附《东山国语》、《鲁春秋》。

明清遗书五种

［明］姜垓、［清］解瑶等撰，高洪钧编　精装　32开　定价：120.00元
ISBN 7－5013－3132－4/K·1286　2006年10月出版

　　本书收录姜垓、解瑶、朱溶等明清学人的未刊著作5种。有明姜垓著《流览堂诗稿残编》六卷；清朱溶撰《忠义录》八卷；清解瑶所撰《松斋遗文》二卷；清潘焕龙所著《卧园诗话》四卷；清陈重所著《花著龛诗存》四卷，底本均为稀见清代稿本或孤本。其内容有诗词、诗话、杂文、书信以及明清传记，尤其《忠义录》对于研究明末清初的历史具有重要的文献价值。

清代方略全书（全二百册）

［清］方略馆编，本社影印室辑　精装　大32开　定价：47000.00元
ISBN 7－5013－2832－3/K·1214　2006年4月出版

　　清代方略是记载清代二百多年军政大事尤其是历次平定边疆事件始末的官修实录文献。共24种，计康熙朝4种，乾隆朝11种，嘉庆朝3种，道光朝1种，同治朝2种，光绪朝3种。内容涉及清代开国、康乾平定边疆叛乱、陕甘云贵等地回族起义、太平天国、捻军等重大历史事件。目次如下：

书　名	编（著）者	版　本
皇清开国方略	阿桂等撰	清光绪十三年广百宋斋铅印本
平定察哈尔方略	勒德洪撰	北京图书馆出版社据《清史研究通讯》重排本
平定三逆方略	勒德洪撰	民国二十四年商务印书馆《四库全书珍本初集》本
平定海寇方略	国立中央研究院历史语言研究所编	民国十九年《代官书记明台湾郑氏亡事》铅印本
亲征平定朔漠方略	温达等撰	清康熙内府刻本
平定金川方略	来保等撰	清自得园朱丝栏抄本

书 名	编（著）者	版 本
平定两金川方略	阿桂等撰	清乾隆刻本
平定准噶尔方略	傅恒等撰	清朱丝栏抄本
钦定剿捕临清逆匪纪略	舒赫德等撰	清乾隆刻本
钦定兰州纪略	方略馆纂	一九八五年中央民族学院图书馆影印《古籍珍本丛书》本
钦定石峰堡纪略		清朱丝栏抄本
平定台湾纪略		清朱丝栏抄本
钦定安南纪略		清抄本
钦定巴勒布纪略		民国二十二年国立北平图书馆抄本
廓尔喀纪略	保泰等撰	清朱丝栏抄本
钦定平苗纪略	鄂辉等撰	清嘉庆武英殿刻活字印本
钦定平定教匪纪略	拖津等撰	清刻本
钦定剿平三省邪匪方略	庆桂等撰	清嘉庆十五年武英殿刻本
钦定平定回疆剿擒逆裔方略	曹振镛等撰	清道光刻本
钦定剿平粤匪方略	奕䜣等撰	清同治十一年铅印本
钦定剿平捻匪方略	奕䜣等撰	清同治十一年铅印本
钦定平定陕甘新疆回匪方略	奕䜣等撰	清光绪二十二年铅印本
钦定平定云南回匪方略	奕䜣等撰	清光绪二十二年铅印本
钦定平定贵州苗匪纪略	奕䜣等撰	清光绪二十二年铅印本

明清史料丛书八种（全八册）

于浩辑　精装　大 32 开　定价：1950.00 元
ISBN 7 – 5013 – 2835 – 8/K · 1217　2005 年 12 月出版

　　本书收录了著名学者罗振玉、谢国桢等人所编的关于明清时期（尤其是明末清初）史料的丛书 8 种：《清初史料四种》（谢国桢辑）、《纪载汇编》（清·佚名辑）、《史料丛刊初编》（罗振玉辑）、《明季稗史汇编》（清·留云居士辑）、《明季稗史续编》（商务印书馆辑）、《明季辽事丛刊》（罗振玉辑）、《明季史料零拾》（罗福颐校录）、《痛史》（乐天居士辑），多为清末民初出版的稀见史料，很少被再版和标点过，这些史料反映了这一特殊历史时期的军事、政治、社会和经济情况，如满族兴起、清初建制、明末东林党、明清战争、明末起义军以及名臣遗事等等，对于研究明清之际的社会变迁有重要的文献价值。

清代漕运全书（全八册）

［清］载龄等修纂　精装　16 开　定价：3500.00 元
ISBN 7 – 5013 – 2464 – 6/K · 938　2004 年 12 月出版

　　清制，漕运全书每十年汇纂一次。本书辑录清雍正年间漕运全书（三十九卷，清抄本）与清光绪朝漕运全书（九十六卷，清光绪间刻本），据国家图书馆藏底本影印而成。此书的出版必能为学术界提供有关清代经济史研究的重要资料。

清人校勘史籍两种（全三册）

［清］卢文弨校补，蒋光煦辑　精装　大 32 开　定价：350.00 元
ISBN 7 – 5013 – 2467 – 0/K · 941　2004 年 8 月出版

　　清人治校勘，盛于前代，尤其乾嘉时期，涌现了诸多校勘名家，如惠栋、戴震、钱大昕、段玉裁、王念孙等人。他们重文字、音韵、训诂之学，精于史籍的校勘、注释、辨伪、辑佚，并且旁通金石、地理、天文、历法的考证，对于古籍和史料的整理，取得前所未有的学术成就。其中卢文弨的《群书拾补》、蒋光煦的《斠补隅录》等都堪称清代校勘学的一流著作。此次影印，《群书拾补》所用底本为民国十二年（1923）北京直隶书局的《抱经堂丛书》本；而《斠补隅录》则以清光绪九年（1883）刻本为底本。作为清人校勘方面的代表作，将两书一并影印出版，以求有裨益于学界。

清末时事采新汇选（全二十册）

国家图书馆分馆编选　精装　16 开　定价：9800.00 元
ISBN 7 – 5013 – 2181 – 7/K · 691　2003 年 11 月出版

　　本书为存世较早、收报最多的综合性清末报刊文摘集。原书为活字本，共 420 卷。收录清光绪二十八年至三十三年间朝廷的政事动态、谕旨、奏折和 40 余家中外报刊发表的新闻、政论等，内容极其丰富。对于了解晚清社会风尚、文化思潮大有裨益。书前附有全部的卷、册标识及文献目录，查检极为方便。

稿本清代人物史料三编/外一种（全十册）

朱彭寿编　精装　大 16 开　定价：4600.00 元
ISBN 7 – 5013 – 1903 – 0/K · 395　2002 年 4 月

　　本书收入清末民初仕宦朱彭寿的著述稿本《皇清纪年五表》、《皇清人物考略》、《皇清人物通检》三编及外一种：《古今人生日考》。三编以不同形式记载清代名人简历，共计收录清代人物 20000 左右。就其所收录的人员之广，考证之全，记述之精，此前尚未发现在同类著述中有能出其右者，是了解研究清代历史不可缺少的工具书。《古今人生日考》收录上古至清末凡4200 余人的生辰资料，依次按月、日编排，在人物姓氏之上均标明官阶职业，在生辰之前皆注明出处，是查考历史人物生辰的专用工具书。

明末清初天主教史文献丛编（一函五册）

周弥方编校　线装　16 开　定价：560.00 元
ISBN 7 – 5013 – 1717 – 8/K · 310　2001 年 2 月出版

　　本书收录明万历至清康熙年间关天主教史的文献 7 种，即《辩学遗牍》、《代疑篇》、《三山论学纪》、《天学传概》、《破邪集》、《辟邪集》、《不得已》7 篇。内容有传教士、僧人、官员的信件、奏疏、论辩、揭帖等，反映了当时天主教在中国传教的情况及其遭到的抵御，以及中西方文化冲突，具有较高的史料价值。作者以北京、上海、南京等地图书馆所藏善本为底本进行点校，亦具有版本意义。

钦定工部则例正续编（全二十册）

本社编　精装　16 开　定价：5000.00 元
ISBN 7 – 5013 – 1416 – 0/Z · 236　1997 年 7 月出版

　　中国古代匠作资料丛刊之一。所谓则，就是法则、准则或规则；例，就是先例、成例或定例。"钦定工部则例"，即由皇帝亲自批准颁行、由工部主管的有关营造制作事务的规则和定例。内容包括每种营造建筑、制作物品的规格尺寸或重量，工艺，材料的品种、成色和产地，工价、材料费和运费等。"则例"所述建筑和物品的范围包括与国家政治、军事、文化以及皇室活动、生活有关的建筑和物品，如城垣、公廨、仓廒、营房、园林、陵寝、军械、军需、钱币、仪仗、家具、服饰、文具等。涉及的工种大致有金作、银作、镀金作、铜作、铁作、锡作、玉作、木作、竹作、藤作、缠筋作、漆作、泥金作、棕作、毡作、皮作、缨作、绣作、毛袄作、门神作、帘子作等数十个门类。本书由三种资料组成：
　　1. 清乾隆十四年（1749）工部所编《钦定工部则例》五十卷（后附《乘舆仪仗做法》二卷）；
　　2. 清乾隆五十八年（1793）工部所编《钦定工部则例》九十八卷（与上一《则例》内容不同）；
　　3. 嘉庆二十二年（1817）所编《工部续增做法则例》一百五十三卷。
　　以上均为清工部刻本。

稿本航海述奇汇编（全十册）

[清] 张德彝著　精装　16 开　定价：3600.00 元
ISBN 7 – 5013 – 1299 – 0/K · 221　1997 年 5 月出版

　　张德彝（1847～1919），原名德明，字在初，汉军镶黄旗人，是同文馆出身的清代后期职业外交官员。本书共收 8 种述奇，是很具史料价值的日记体著作，现存七十八卷。日记内容非常广泛，其中记有大量的关于西方及其他地区的风俗民情、生活习惯，并记载了他所接触的众多的中外人士。此次根据张德彝自己誊清的稿本影印。每种《述奇》前面都有明确纪年的《自叙》、内容基本相同的《凡例》。

清季外交史料（全五册）

王彦威纂辑，王亮编，王敬立校　精装　16 开　定价：165.00 元
统一书号：11201 · 75　1987 年 9 月出版

　　记载自光绪元年（1875）起至宣统三年（1911）止。光绪元年至三十年（1904）四月之史料，是王彦威搜集军机处档案辑录而成，分为上谕档、洋务档、折单档、议复档、交发档、奏单奏片档、随手登记档、电寄档、电报档、商约收发电档、教案收发电档、东事收发电档等，原稿未分注。光绪三十年五月至三十四年（1908）之史料，为王亮所补编，都遵照王彦威遗稿体例。宣统三年之文件是王亮采集清前外务部档案及当时驻外各使领存稿和各项重要出版品，凡所引均分别注录档名。
文件编次：凡折片以奉旨日期为准，其它文电以收到时日为序。本书对于与我国陆地各省边境划界等事十分注意，特附刊当日进呈地图 16 帧，以资印证。书前有相片 18 幅，《清季外交史料总目》，徐世昌、蒋中正、蔡元培、顾维钧、胡适、蒋廷黻、袁同礼、章楑的序，王彦威的自序，何奏簧的《清故太常寺卿王公毅夫墓志铭并序》，邵瑞彭的《清太常寺卿黄严王公毅夫家传》，舟瑶的《从叔父太常公行状》，王亮的《清季外交史料述略》、《清季外交史料例言》、《清季外交史料全书检查

表》。附地图 16 幅（一袋）。水竹邨人封面题字。

两朝平攘录

[明] 诸葛元声辑，商濬校　线装　长 16 开　定价：15.00 元
1981 年出版

　　全五卷。本书是根据北京图书馆、中央民族学院图书馆所藏配齐影印。书前有商濬的《隆万两朝平攘录序》、王泮的叙、吴丰培的跋，顾廷龙封面题字。

地方志·书目文献丛刊（全四十册）

孙学雷主编　精装　大 32 开　定价：9700.00 元
ISBN 7－5013－2463－8/K·937　2004 年 12 月出版

　　《地方志·书目文献丛刊》系从国家图书馆地方志专藏中，精选出清季民初通志艺文志中经籍志部分，加以编选、汇集而成，在各地历次递修志书中，选取撰修年代最晚、包含经籍志内容最全的方志。在通志经籍志阙如的个别省份，以相应区域性书目略加配补，从而在地方通代存佚书目的基础上，形成全国性的通代经籍志集成。本丛刊所收版本主要集中于清代至民国时期；版本类型包括稿本、刻本、石印本、铅印本等。为方便读者查阅，提供三种检索途径：（一）、每卷总目，列入所选每种方志在各册的分布、页码；（二）、各分册细目，录入所选方志类目所在页码，如史部下分列正史、别史、杂史、奏议、传记、职官、时令等；（三）、本丛刊编有《书名笔画索引》，统一编排，单行一册出版。

地方志书目文献丛刊·书名索引

骈宇骞编　精装　大 32 开　定价：260.00 元
2007 年 8 月出版

　　本书为《地方志·书目文献丛刊》的配套书名笔画索引。编制精审，收书目 10 万余种，亦可作为历代方志所见书目文献的专题索引工具书使用。

《四库全书》提要稿辑存（全五册）

张升编　精装　大 32 开　定价：920.00 元
ISBN 7－5013－3140－5/K·1287　2006 年 8 月出版

　　本书收集《浙江采集遗书总录》、《江苏采集遗书目录》和清代四库馆臣撰写的《四库全书》提要稿，共涉及图书 6000余种。书后附《书名著者综合索引》。是研究清代文化史尤其是《四库全书》的重要文献。

书　名	编（著）者	版　本
浙江采集遗书总录	（清）沈初撰，卢文弨校	清乾隆四十年刻本
江苏采辑遗书目录	（清）黄烈编	清归安姚觐元咫进斋绿丝栏抄本
惜抱轩书录	（清）姚鼐撰	清光绪七年金陵孙氏抄本
南江文抄	（清）邵晋涵撰	清道光刻本
《四库全书》提要稿	（清）余集撰	《秋室学古录》本
《四库全书》提要稿	（清）翁方纲撰	1974 年台湾文海出版社影印《复初斋文集》稿本
《四库全书》提要稿	（清）陈昌图撰	据《南屏山房集》重排本
《四库全书》提要散稿	张升辑	

日本藏汉籍善本书志书目集成（全十册）

贾贵荣辑　精装　16 开　定价：4800.00 元
ISBN 7－5013－2112－4/K·555　2003 年 6 月出版

　　本书共收录清末民初著名藏书家、学者和日本汉学家编撰的日藏汉籍珍善本书志、书目计 7 种，内容涉及每种书的刊刻墨印、行款卷数、名家题校及著者、藏书者等，全面反映了一千多年来我国古籍流传日本列岛的历史状况，为今人了解和研究国内失传的珍稀古籍版本提供了必不可少的佐证；也为研究中国古籍流传日本的历史和现状，进而研究中日文化交流史提供了必要的参考资料。

北京图书馆出版社

古籍影印书目（1979－2007）

〇九四

书　名	编（著）者	版　本
经籍访古志六卷　补遗一卷	（日）澁江全善、森立之编	清光绪十一年徐承祖聚珍排印本
日本访书志十六卷　补遗一卷	杨守敬撰	清光绪二十三年宜都杨守敬邻苏园刻本
日本访书志补一卷	杨守敬撰，王重民辑	民国十九年中华图书馆协会北平铅印本
书舶庸谭九卷	董康撰	民国二十八年自刻本
古文旧书考四卷　附录一卷	（日）岛田翰编	日本东京民友社明治三十七年聚珍排印本
静嘉堂秘籍志五十卷	（日）河田罴编	日本大正六年刻本
日本国见在书目录	（日）藤原佐世撰	清光绪中遵义黎氏日本东京使署影刻本

宋元版书目题跋辑刊（全四册）

贾贵荣、王冠辑　精装　16 开　定价：1600.00 元
ISBN 7－5013－2111－6/K·554　2003 年 6 月出版

　　本辑刊共收录明清以来著名藏书家、文献学家编撰的有关宋元版书的目录、题跋、通考等专门著作 27 种，以目录、题跋、通考依次编排。末一册附《书名索引》，极易检索。对于今人鉴赏与收藏宋元版书籍具有重要的参考价值。

书　名	编（著）者	版　本
汲古阁珍藏秘本书目	（清）毛扆编	清嘉庆五年黄氏士礼居刻本
季沧苇藏书目·延令宋板书目	（清）季振宜撰	清嘉庆十年黄氏士礼居刻本
述古堂宋板书目	（清）钱曾撰	道光三十年南海伍氏刻《粤雅堂丛书》本
求古居宋本书目	（清）黄丕烈撰	民国七年长沙叶氏《观古堂书目丛刻》本
宋元旧本书经眼录	（清）莫友芝撰	清同治年间独山莫氏刻本
传是楼宋元板书目	（清）徐乾学撰	清光绪十一年刻《传砚斋丛书》本
结一庐藏宋元本书目	（清）朱学勤撰	清光绪二十一年长沙叶氏《观古堂书目丛刻》本
海源阁藏书目	（清）杨绍和撰	清光绪十四年江标刻本
丰顺丁氏持静斋宋元校抄本书目	（清）江标编	清光绪二十一年江标刻本
铁琴铜剑楼藏宋元本书目	（清）瞿镛撰	清光绪二十三年江标刻本
艺芸书舍宋元本书目	（清）汪士钟撰	清宣统元年《晨风阁丛书》刻本
滂喜斋宋元本书目	吴县潘氏藏，清□□辑	清宣统元年《晨风阁丛书》刻本
上善堂宋元精抄旧抄书目	（清）孙从添撰	民国瑞安陈氏《湫漻斋丛书》刻本
木犀轩藏宋元本书目	（清）李盛铎编	清末刻本
好古堂收藏宋元板书目	（清）姚际恒编	民国十八年江苏省立国学图书馆影印旧抄本
宋元本行格表	（清）江标编	清光绪二十三年江标刻本
百宋一廛书录	（清）黄丕烈撰	民国二年乌程张钧衡刻《适园丛书》本
寒云手写所藏宋本提要廿九种	袁克文撰	民国间影印本
经籍跋文	（清）陈鳣撰	清道光十七年海昌蒋光煦刻本
古泉山馆题跋	（清）瞿中溶撰	清宣统二年江阴缪荃孙刻本
宋椠本考	（日）岛田翰撰	日本明治三十七年《古文旧书考》刻本
五代两宋监本考	王国维撰	1940 年商务印书馆《海宁王静安先生遗书》本
笺经室所见宋元书题跋	曹元忠撰	民国《吴中文献小丛书》刻本
福建板本志	佚名撰	民国刻本
宋本考：蜀刻纪略	佚名撰	民国松风室抄本
两浙古刊本考	王国维撰	
广东宋元明经籍椠本纪略	黄慈博撰	民国刻本

稿抄本明清藏书目三种

［清］钱谦益等著　精装　16 开　定价：360.00 元
ISBN 7－5013－2106－X/K·550　2003 年 5 月出版

　　明清两代，学人辈出，涌现了许多著名的藏书楼与藏书家。本书收录了明代王道明的《笠泽堂书目》、清代大藏书家钱谦益的《绛云楼书目》和清代学者姚际恒的《好古堂书目》。底本均为明清抄本或稿本，具有重要的版本价值和文献价值。其中《绛云楼书目》作为钱谦益的私家藏书目录，收书近 3000 种，宋元椠本约 50 种，并按经史子集分类，著录简约。《好古堂书目》则为姚际恒的家藏书目，不仅分经、史、子、集四部，而且类目设置更加详尽，书后附有 23 种宋元版书目，具有较高的学术价值。

书　名	编（著）者	版　本
笠泽堂书目	（明）王道明藏编	山东大学图书馆藏明抄本
绛云楼书目	（清）钱谦益编	南开大学图书馆藏清稿本
好古堂书目	（清）姚际恒撰	华东师范大学图书馆藏清抄本

中国近代古籍出版发行史料丛刊(全二十八册)

徐蜀、宋安莉编　精装　16开　定价:14000.00元
ISBN 7-5013-2100-0/Z·301　2003年5月出版

　　本书在数十种清末民国时期的图书馆销售目录、宣传册页及征订样本的基础上编辑而成。清朝末年,西学东渐,废科举、倡科学,使古籍的流传受到不小影响。然而西方先进的印刷术、造纸术及图书经营、宣传模式的传入,在客观上又有利于古籍的出版与流通。本书试图通过当时官办、民办书局、书坊、书店等种类繁多的征订目录与广告,透射出这一特定时期古籍存在与流通的状况。

　　书中所列古籍大致可分为两类:1.宋元以来的刻本与写本旧籍;2.当时以刻印或石印、铜印等新技术制作的古籍。所列图书均注明版本、册数、价格。由于新印古籍每一种就经常用两三种甚至更多品种的纸张印刷,故目录分别标注价格。除销售书目外,还有降价书目及具有参股性质的预订书目。许多书目中附有各种形式的宣传广告。

　　本书对研究中国古籍的发展与流通、中国近代出版业的发展、中国近代印刷史和造纸史及现存古籍价值的评定,都有十分重要的参考价值。肖东发先生为本书作序;任继愈先生为本书题写书名。

山东书局木板书籍目录	中国书店直省志目	抱经堂旧书目录	传经堂书店旧本书目
江南书局书目	中国书店书目	抱经堂书局临时书目	树仁书店书目
江苏官书坊重订核实价目	中国书店新旧书目	抱经堂残书目录	汉文渊书肆目录
江苏书局价目	中国书店戊辰年第二期临时书目	抱经堂书局上海分局旧书目录	墨缘堂经籍金石书画目录
江苏省立第二图书馆官书所所核实书籍价目	中国书店金石拓本目录	(上海)来青阁书目	邃雅斋书目
中央大学区立苏州图书馆印行所书籍价目	中国书店廉价书目	(上海)来青阁廉价书目	鸿宝斋书局各种书目一览表
江苏省立苏州图书馆印行所木刻图书目录	中国书店散页书目	(苏州)来青阁书庄书目	蟫隐庐书目
直隶官书局运售各省书籍总目	中国通艺馆书目	来薰阁书目	蟫隐庐新板书目
直隶书局图书目录	文友堂书目	受古书店旧书目录	蟫隐庐旧本书目
直隶书局新旧书目录	文玉山房书价目	受古书店廉价书目	丽泽堂书目
直隶书局新收书目录	文学山房书目	受古书店	佛经流通处目录
直隶书局旧书目录	古物书画流通处古画古书目录	中一书局图书目录	金陵刻经处流通经典目录
直隶运售各省官刻书籍总目	申报馆书目	保文堂书局书目	古越徐氏所刻书目
浙江公立图书馆附设印行所书目	西泠印社金石印谱法帖藏书目	保萃斋书目	周氏书目
浙江省立图书馆附设印行所书目	同文书局石印书目	修绠堂书目	罗雪堂先生校印书籍目录
浙江官书局书目	同文书店书目	振新书社书目	贵池刘氏所刻书价目
陕西官书局书目	江左书林书目	通学斋书店新收书目	湖北先正遗书分售价目
湖北官书处书目	江东茂记书局图书目录	通学斋书目	中国版画史样本
湖北官书处新编书目	志古堂校刊书目录	萃文书局书目	仰视千七百二十九鹤斋丛书样本
湖北崇文书局书目	求古斋金石书画碑帖图书目录	扫叶山房书籍发兑	指海总目(附样本)
湖南官书报局图书汇目	宋经楼书店旧本书目	扫叶山房书目	美术丛书预约样本
广雅版片印行所书目	豸华堂续编实价书籍碑版字画总目	章福记书局图书目录表	张氏适园丛书样本
广雅书局书目	东来阁书目	开明书局书目	景印国藏善本丛刊样本
三友堂书目	述文堂书目	富晋书社新旧书籍碑帖书画目录	湖北先正遗书样本
大成书局图书目录	抱芳阁书目	稊米楼书目	影印元明善本丛书十种样本
大华书店新旧书目	抱经堂新书目录	复初斋书目录	影印岱南阁丛书样本
千顷堂书局图书目录	抱经堂书目	复初斋廉价书目录	续古逸丛书样本

宋版书考录

黄丕烈、王国维等撰　精装　16开　定价:96.00元
ISBN 7-5013-2097-7/K·544　2003年4月出版

　　本书共收录清代及民国时期著名学者编撰的有关宋代所刻书籍的考证、题跋(录)类著作7种。计有黄丕烈《百宋一廛书录》、陈鳣《经籍跋文》、瞿中溶《古泉山馆题跋》、袁克文《寒云手写所藏宋本提要二十九种》、王国维《五代两宋监本考》等。内容涉及宋代刻书渊源、特色以及宋版书的刊刻墨印、传承流布诸方面,是研究稀世文物——宋版书的重要参考文献,也是鉴赏和收藏宋版书不可缺少的佐证。

书　名	编(著)者	版本
百宋一廛书录	(清)黄丕烈撰	民国二年乌程张钧衡刻《适园丛书》本
寒云手写所藏宋本提要二十九种	袁克文撰	民国间影印本
经籍跋文	(清)陈鳣撰	清道光十七年海昌蒋光煦刻本
古泉山馆题跋	(清)瞿中溶撰	清宣统二年江阴缪荃孙刻本

书　名	编（著）者	版　本
宋椠本考	（日）岛田翰撰	日本明治三十七年《古文旧书考》刻本
五代两宋监本考	王国维撰	1940 年商务印务馆《海宁王静安先生遗书》本
笺经室所见宋元书题跋	曹元忠撰	民国《吴中文献小丛书》刻本

闽蜀浙粤刻书丛考

王国维等撰　软精装　16 开　定价：60.00 元
ISBN 7－5013－2089－6/K・541　2003 年 4 月出版

　　本书共收录清末民国时期著名学者撰写的有关福建、四川、浙江、广东等地宋元以来刻书史的专门著作 4 种，计有王国维撰《两浙古刊本考》、黄慈博编撰《广东宋元明经籍刊本记略》、佚名编辑《福建版本志》及佚名编撰的抄本《宋本书考：蜀刻纪略》。全面记载和考察了我国古代地方主要刻书重地——闽、蜀、浙、粤刻书源流、规模、发展历史，归纳总结了各地刻本的刊刻墨印特点及传承流布情况等，是研究我国地方刻书史及至文化史的必要参考文献，也是鉴定和收藏古籍版本的重要依据。其中佚名编辑《福建版本志》八卷是文化大师、著名藏书家郑振铎所藏；《宋本书考：蜀刻纪略》乃首次批露。

书　名	编（著）者	版　本
宋本书考：蜀刻纪略	佚名撰	民国松风室抄本
两浙古刊本考	王国维撰	1940 年商务印务馆《海宁王静安先生遗书》本
广东宋元明经籍椠本纪略	黄慈博撰	民国刻本
福建版本志	佚名编	清刻本

国家图书馆藏古籍题跋丛刊（全三十册）

国家图书馆编　精装　16 开　定价：15000.00 元
ISBN 7－5013－1902－2/Z・295　2002 年 5 月出版

　　本书收录国家图书馆藏书籍题跋类古籍 67 种，系明、清及民国时期著名藏书家、目录学家或学者的著作。所影印版本包括大量的刻本以及少数抄本和稿本。书后附《题跋篇名索引》，便于查阅。本书对于研究古代文献、古籍版刻源流及书籍校刊具有重要的文献价值，是各大中型公共图书馆、高校图书馆及相关研究型图书馆应重点收藏的文献。

书　名	编（著）者	版　本
南濠居士文跋	（明）都穆撰	民国十三年苏州江氏文学山房木活字本
红雨楼题跋	（明）徐㶿撰，（清）郑杰辑	清嘉庆三年郑杰注韩居刻本
隐湖题跋	（明）毛晋	民国八年常熟丁氏刻本
牧斋题跋	（清）钱谦益撰	清抄本
渔洋书籍跋尾	（清）王士祯撰，刘坚编	清乾隆间刻本
经史序录	（清）吴承渐编	清康熙三十一年思训堂刻本
读书引	（清）王谟辑	清乾隆四十八年刻本
藏书题识	（清）汪璐辑	民国间一箖一剑馆绿丝栏抄本
小岷斋读书日札	（清）汪沆撰	民国间一箖一剑馆抄本
可庐著述十种叙例	（清）钱大昭撰	清嘉定钱大昭得自怡斋刻本
知圣道斋读书跋尾	（清）彭元瑞撰	清嘉庆间刻本
四部寓眼录	（清）周广业撰	民国二十二年上虞罗振常蟫隐庐上海铅印本
四部寓眼录补	（清）周广业撰	民国二十五年上虞罗振常蟫隐庐上海影印本
经籍跋文	（清）陈鳣撰	清道光十七年海昌蒋光煦刻本
思适斋书跋	（清）顾千里撰，王大隆辑	民国二十四年秀水王大隆学礼斋蓝印本
思适斋集外书跋辑存	（清）顾千里撰，蒋祖诒辑，邹百耐增辑	民国二十四年吴县邹百耐百拥楼苏州铅印本
思适斋集补遗	（清）顾千里撰，王大隆辑	民国二十四年秀水王大隆学礼斋蓝印本
半毡斋题跋	（清）江藩撰	清光绪间吴县潘祖荫刻本
百宋一廛书录	（清）黄丕烈撰	民国二年乌程张钧衡刻本
士礼居藏书题跋记	（清）黄丕烈撰，潘祖荫辑	清光绪十年吴县潘祖荫滂喜斋朱印本
士礼居藏书题跋记续	（清）黄丕烈撰，缪荃孙辑	清光绪二十二年元和江标刻本
荛圃藏书题识	（清）黄丕烈撰，缪荃孙辑	民国八年金陵书局刻本
荛圃刻书题识	（清）黄丕烈撰，缪荃孙辑	民国八年金陵书局刻本
荛圃藏书题识续录	（清）黄丕烈撰，王大隆辑	民国二十二年秀水王大隆学礼斋蓝印本

书　名	编（著）者	版　本
士礼居藏书题跋记续编	（清）黄丕烈撰，孙祖烈辑	民国六年上海医学书局石印本
士礼居藏书题跋补录	（清）黄丕烈撰，李文裿辑	民国十八年李文裿冷雪盦铅印本
拜经楼藏书题跋记	（清）吴寿旸纂	清道光二十七年海昌蒋氏宜年堂刻本
校经庼题跋	（清）李富孙撰	民国间杭州西泠社吴氏木活字本
古泉山馆题跋	（清）瞿中溶撰	清宣统二年江阴缪荃孙刻本
破铁网	（清）胡尔荣撰	清宣统二年江阴缪荃孙刻本
曝书杂记	（清）钱泰吉撰	清道光十九年海昌蒋光煦别下斋刻本
劳氏碎金	（清）劳经等撰，吴昌绶辑	民国间吴昌绶双照楼铅印本
郑堂读书记	（清）周中孚撰	民国十年吴兴刘承幹嘉业堂刻本
东湖丛记	（清）蒋光煦撰	清光绪九年江阴缪荃孙刻本
华延年室题跋	（清）傅以礼撰	清宣统元年俞人蔚铅印本
开卷有益斋读书志	（清）朱绪曾撰，刘寿曾、朱桂模编	清光绪六年金陵翁氏茹古阁刻本
开卷有益斋读书续志	（清）朱绪曾撰，刘寿曾、朱桂模编	清光绪六年金陵翁氏茹古阁刻本
书籍碑版题跋偶录	（清）潘志万辑	清光绪间抄本
仪顾堂题跋	（清）陆心源撰	清光绪十六至十八年归安陆心源刻本
仪顾堂续跋	（清）陆心源撰	清光绪十六至十八年归安陆心源刻本
雁影斋题跋	（清）李希圣撰	民国二十四年湘阴李氏铅印本
国朝文楲题辞	（清）平步青撰	民国铅印本
皕宋楼藏书题跋辑录		民国间吴兴沈氏感峰楼乌丝栏抄本
古籍题跋辑抄	（清）佚名编	民国间朱丝栏抄本
寐叟题跋	沈曾植撰	民国十五年商务印书馆上海影印本
日本访书志	杨守敬撰	清光绪二十三年宜都杨守敬邻苏园刻本
日本访书志补	杨守敬撰，王重民辑	民国十九年中华图书馆协会北平铅印本
小石山房佚存书录	顾葆龢编	民国间抄本
自明诚廔题跋零篇	龙官崇撰	民国二十六年顺德龙氏中和园铅印本
周悫慎公全集提要	孙雄撰	民国二十四年周氏师古堂刻本
笺经室所见宋元书题跋	曹元忠撰	民国间抄本
雪堂校刊群书叙录	罗振玉撰	民国七年上虞罗振玉铅印本
大云书库藏书题识	罗振玉撰	1943 年上虞罗振玉铅印本
藏园群书题记	傅增湘撰	民国三十二年企麟轩铅印本
藏园群书题记续集	傅增湘撰	民国二十七年江安傅增湘藏园铅印本
瓜圃丛刊叙录	金梁辑	民国十三年铅印本
瓜圃丛刊叙录续编	金梁辑	民国十七年铅印本
寒云手写所藏宋本提要廿九种	袁克文撰	民国二十年影印手稿本
郋园四部书叙录	叶德辉撰，刘肇隅编	民国十六年湘潭叶德辉观古堂刻本
铜井文房书跋	莫堂撰，陈乃乾辑	民国间陈氏慎初堂稿本
枣花阁图书题跋记	史宝安辑	民国二十六年国立北平图书馆传抄江安傅增湘藏抄本
五十万卷楼群书跋文	莫伯骥撰	民国三十七年抄本
读书题识	朱希祖撰	民国间国立北平图书馆绿丝栏抄本
壁书楼题跋	李楘撰	民国间朱丝栏稿本
矩园余墨序跋	叶恭绰撰	196？年影印暨铅印本
访余录	（日）岛田翰撰	大正十年铅印本

珍稀古籍书影丛刊

本社影印室辑，共出版以下数种：

书　名	编（著）者	版　本
铁琴铜剑楼善本书影	瞿启甲编	民国十一年常熟铁琴铜剑楼影印本
盋山书影	南京国学图书馆编	民国十七年南京国学图书馆影印本
涉园所见宋版书影	陶湘编	民国二十六年武进陶氏影印本
文禄堂书影	王文进编	民国二十六年北平文禄堂影印本
宋元书式	佚名编	民国间上海有正书局影印本

书　名	编（著）者	版　本
嘉业堂善本书影	刘承幹编	民国十八年吴兴刘氏嘉业堂上海影印本
故宫善本书影	故宫博物院图书馆选编	民国十九年故宫博物院影印本
重整内阁大库残本书影	故宫博物院文献馆编	民国二十二年故宫博物院文献馆影印本
留真谱	（清）杨守敬编	民国六年石印本
访书余录	（日）和田维四郎编	日本大正七年东京精艺出版合资社刊本

铁琴铜剑楼善本书影

瞿启甲编　精装　16 开　定价：360.00 元

ISBN 7－5013－2105－1/K·549　2003 年 5 月出版

　　铁琴铜剑楼是清乾嘉年间著名藏书家瞿绍基及其子孙五代的藏书楼，为清代四大藏书楼之一。铁琴铜剑楼素以诸多宋元椠本、孤本和流传极少的稀见珍本著称于世。本书是第四代楼主瞿启甲所编。仿杨守敬《留真谱》体例，将辑录宋本 160 种，金本 4 种，元本 106 种，摹其行款、序跋，汇为书影。全书鉴藏之精审，甄选之严谨，刷印之工整，都可谓早期书影的典范。

盋山书影

南京国学图书馆编　精装　16 开　定价：270.00 元

ISBN 7－5013－2102－7/K·546　2003 年 5 月出版

　　据 1928 年石印本影印。全书分一、二辑，第一辑为宋本，收书影 34 种；第二辑为元本，收书影 91 种，每种书影一至五页不等，按经、史、子、集四部分类排列。各书影均附有时任南京国学图书馆馆长的柳诒徵先生所撰的识语。全书印制精良，选页精善，是不可多得的研究、欣赏、珍藏的书影佳作。

涉园所见宋版书影·文禄堂书影·宋元书式

陶湘等编　精装　16 开　定价：290.00 元

ISBN 7－5013－2108－6/K·552　2003 年 5 月出版

　　《涉园所见宋版书影》共二辑，不分卷。共收书影 39 种，每种书影一至数页不等，按经、史、子、集四部分类排序。所选书页大都是有关版本考订者，如原本的牌记、序、跋等。许多重要的书影之后，还附带影印惠栋、翁方纲、黄丕烈、杨守敬、李盛铎、吴序、傅增湘、袁克文等人的题跋，不只笔墨灿然，实可谓鉴别版本的指南针。此书为陶湘所编，民国二十六年（1937）武进陶氏影印本。

　　《文禄堂书影》不分卷，收书影 50 种，按经、史、子、集四部分类排列，其中经部 8 种，史部 13 种，子部 6 种，集部 23 种。书前有详细目录，说明每种书影的作者及版本，是本书的一大特点。此书为王文进编，民国二十六年（1937）影印本。王文进（1894—1960），字晋卿，自号梦庄居士，河北省任邱县人。民国间在北京琉璃厂一带设文禄堂书铺，专为当时学界名流耆宿访求善本，故于宋椠元刊、蜀版闽刻辨识颇精，由他经手售出的宋、元、明本及各家抄本甚多。雷梦水所著《书林琐记》曾说道："先生历年积存宋、元精本残编约四百数十叶，摘其最精者辑印为《文禄堂书影》。"此为本书的另一大特点。

　　《宋元书式》收书影 142 种，其中经部 30 种，史部 47 种，子部 28 种，集部 37 种。此书的优点在于书影之版框一如原书开本之大小，这比文字描述更形象准确，具有一定的版本价值。尤其值得一提的是，此书收有南宋绍兴四年（1134）温州州学刻本《大唐六典》卷三第十五页之书影一帧，虽不能明其所自，但各家所藏之宋本《六典》恰好都缺这一页。《古逸丛书三编》本《大唐六典》影印时正是以此补全的，可谓弥足珍贵。此书惟一的缺憾在于除收此百余帧书影外，其他一切附属文字，如目录、识语等，概付阙如。佚名编，民国间上海有正书局影印本。

嘉业堂善本书影·故宫善本书影

刘承幹等编　精装　16 开　定价：320.00 元

ISBN 7－5013－2102－7/K·547　2003 年 6 月出版

　　《嘉业堂善本书影》共收书影 162 种，分经、史、子、集五卷（史部二卷），每卷下又以宋本、元本区别为两类；《故宫善本书影》以故宫所藏为依托，择取书页的经、史、子、集四部汇编为初、二编，共收书影 140 余种。

留真谱（全二册）

［清］杨守敬编　精装　16 开　定价：590.00 元

ISBN 7－5013－1787－9/K·812　2004 年 4 月出版

　　本书为清末杨守敬编刻，系覆刻部分宋元本及日本森立之影摹古抄本而成。计二十卷，收入书影 449 种，为我国最早的书影。

访书余录

(日) 和田维四郎编　精装　16 开　定价：290.00 元
ISBN 7-5013-2768-8　2005 年 4 月出版

　　日本人和田维四郎编，日本大正七年（1918）东京精艺出版合资会社印行。中国著名学者兼收藏家郑振铎先生所藏。此书是编者从日本正仓院、内府、社寺、图书馆及缙绅所藏书中精编而成。所收书分为四类：一为中国古籍日本旧钞本及其标本，收书影 42 种；二为古写经及其标本，收书影 41 种；三为古刊本及其标本，此类又分二种，一为古刊佛书，收书影 54 种，一为佛经以外的古刊本，收书影 68 种；四为活字本及其标本，收书影 37 种。于每一类，编者首先总述此类的基本特点，其次附以书影，每种书影收一帧或数帧不等。此书是研究日本刊刻汉籍版本的重要参考资料。

明代书目题跋丛刊（全二册）

冯惠民、李万健等选编　精装　16 开　定价：264.00 元
ISBN 7-5013-1028-9/K·159　1994 年 1 月出版

　　选收明代书目 30 种，基本包括了现存明代的书目著作。有《文渊阁书目》以下官藏书目 8 种，《晁氏宝文堂书目》以下私藏书目 16 种，《道藏目录》以下专科书目 3 种，《隐湖题跋》以下题跋 3 种。

文学艺术

历代书画录辑刊（全十六册）

本社影印室辑　精装　16开　定价：6900.00元
ISBN 978－7－5013－3483－4/K・1514　2007年8月出版

　　本书辑录历代重要书画录著作近60种，包括董其昌《董华亭书画录》、张爰《大风堂书画录》、张伯驹《丛碧书画录》等。

书　名	编（著）者	版　本
国朝院画录二卷	（清）胡敬辑	清光绪二十三年（1843）仁和胡敬崇雅堂刻本
南薰殿图像考二卷	（清）胡敬辑	清光绪二十三年（1843）仁和胡敬崇雅堂刻本
董华亭书画录	（明）董其昌撰，（清）青浮山人辑	清光绪二十二年（1896）刻本
颂斋书画录	容庚撰	民国二十五年（1936）北平燕京大学考古学社铅印本
伏庐书画录	容庚撰	民国二十五年（1936）北平燕京大学考古学社铅印本
别下斋书画录七卷	（清）蒋光煦撰，许光诒校	清末抄本
岳雪楼书画录五卷	（清）孔广陶编	清光绪十五年（1889）三十三万卷堂刻本
自怡悦斋书画录三十卷	（清）张大镛撰	清道光十二年（1832）虞山张氏刻本
吴越所见书画录六卷	（清）陆时化编	清光绪五年（1879）娄东陆氏怀烟阁活字本
梦园书画录二十四卷	（清）方濬颐辑	清光绪三年（1877）定远方氏刻本
大风堂书画录	张爰编	民国间铅印本
丛碧书画录	张伯驹撰	民国二十一年（1932）油印本
觯斋书画录	郭葆昌撰	民国十五年（1926）铅印本
江村消夏录三卷	（清）高士奇撰	民国十二年（1923）上海有正书局影印本
爱日吟庐书画录四卷	（清）葛金烺编	清宣统二年（1910）当湖葛氏刻本
爱日吟庐书画续录八卷	葛嗣浵编	清宣统二年（1910）当湖葛氏刻本
爱日吟庐书画别录四卷	葛嗣浵编	清宣统二年（1910）当湖葛氏刻本
爱日吟庐书画补录一卷	葛嗣浵编	清宣统二年（1910）当湖葛氏刻本
宝迂阁书画录四卷　附录一卷	陈夔麟编	民国间石印本
虚斋名画录十六卷	（清）庞元济撰	清宣统元年（1909）乌程庞氏刻本
盛京故宫书画录七卷	金梁编	民国十三年（1924）铅印本
海王村所见书画录	（清）李葆恂撰	民国五年（1916）义州李放刻本
曝画纪余十二卷	（清）秦炳文撰，秦潜编辑	民国十九年（1930）梁溪秦氏铅印本
刺绣书画录七卷	朱启钤辑	民国二十五年（1936）上海神州国光社铅印本
清内府藏刻丝绣线书画录二卷	朱启钤辑	民国十九年（1930）阚铎无冰阁铅印本
内务部古物陈列所书画目录十四卷　附录三卷　补遗二卷	何煜纂	民国十四年（1925）京华印书局铅印本

历代著录画目正续编（全二册）

（美）福开森、容庚编　精装　16 开　定价：260.00 元
ISBN 978 – 7 – 5013 – 3463 – 6/K · 1496　2007 年 6 月出版

　　本书包括美国福开森所编《历代著录画目》（金陵大学中国文化研究所丛刊甲种，民国铅印本）及容庚先生的《历代著录画目续编》（稿本）。

　　《历代著录画目》编成出版于 1934 年。作者积三十年之功，参考各种相关著录 200 余种，计收历代画家 2300 余人的画作目录近 50000 条，一一按姓氏排比编辑，并标明出处。

　　《历代著录画目续编》完成于 1948 年，是容庚先生的编辑稿本，属首次披露面市。作为《历代著录画目》的续编，体例一仍前书。计引书 60 余种，收历代画家 900 余人的画目近 6000 条。

　　今将二书合璧，并进一步完善了检索方式，以飨同好。

赋话广聚（全六册）

王冠辑　精装　大 32 开　定价：1350.00 元
ISBN 7 – 5013 – 3191 – X/K · 1411　2006 年 12 月出版

　　本书汇编涉及赋体文学作品的形式、内容、历史源流的评论之作 24 种。

书　名	编（著）者	版　本
文心雕龙·诠赋	（南朝·梁）刘勰撰，（清）纪昀评，黄叔琳注	民国影印本
赋谱	（唐）佚名撰，张伯伟校考	凤凰出版社 2002 年《全唐五代诗格汇考》本
声律关键	（宋）郑起潜撰	《宛委别藏》抄本
文筌·楚赋谱·汉赋谱·唐赋谱说	（元）陈绎曾撰	清李士菜家抄本
诗源辩体·楚诗	（明）许学夷撰	民国铅印本
古赋辩体	（元）祝尧撰	文渊阁《四库全书》本
赋话	（清）李调元撰	《函海》本
历代赋话	（清）浦铣撰	清乾隆刻本
续历代赋话	（清）浦铣撰	清乾隆刻本
复小斋赋话	（清）浦铣撰	清乾隆刻本
春晖园赋苑卮言	（清）孙奎撰	清道光刻本
读赋卮言	（清）王芑孙撰	《国朝名人著述丛编》本
作赋例言	（清）汪廷珍撰	清道咸间木活字本，即《逊敏堂丛书》本
见星庐赋话	（清）林联桂撰	清光绪间《高凉耆旧遗集》本
赋品	（清）魏谦升撰	据抄本重排
增注赋学指南	（清）余丙照撰	清光绪刻本
艺概·赋概	（清）刘熙载撰	清同治刻本
輶轩语·赋语	（清）张之洞撰	《慎始基斋丛书》本
四六丛话·赋话	（清）孙梅辑	清光绪刻本
历代诗话·楚辞·赋	（清）吴景旭撰	民国间嘉业堂刻本
骚赋论	（清）程廷祚撰	《金陵丛书》本
策学备纂·赋学	（清）沈祖燕编	清光绪间上海点石斋校印本
赋则	（清）鲍桂星撰	清刻本
赋史大要	（日）铃木虎雄撰，殷石臞译	民国间正中书局铅印本

清词综（全八册）

本社影印室编　精装　大 32 开　定价：1500.00 元
ISBN 7－5013－3143－X/K·1289　2006 年 10 月出版

　　本书汇集有清一代编纂的三部词综，即：王昶《国朝词综》四十八卷附二集八卷、黄燮清《国朝词综续编》二十四卷、丁绍仪《清词综补》五十八卷。所选作者起自清初顺治间，迄至清末，约三千余人，涵盖了有清一代著名词家及其代表作品，所选作品绝大部分并不见载于《清史列传》和《清史稿》等史籍。

　　《国朝词综》，王昶撰，其最初刊本是嘉庆八年青浦王氏三泖渔庄刊本，今据光绪二十八年（1902）金匮浦氏重修本影印。

　　《国朝词综续编》，黄燮清撰，黄氏卒后九年（即同治十二年），由其婿宗景藩刊于湖北，今即据此本影印。

　　《国朝词综补》，丁绍仪撰，清光绪九年（1883）刊本。

中国诗话珍本丛书（全二十二册）

蔡镇楚编　精装　大 32 开　定价：4800.00 元
ISBN 7－5013－2620－7/K·959　2004 年 12 月出版

　　中国素有诗国之誉，因之历代诗话，卷帙繁复。现已编纂出版的诗话类丛书，所收录的历代诗话著作，尚不及知见诗话的十分之一，故而中国历代诗话创作中的许多珍贵文献资料，至今仍然没有见于学界。其于中国诗学、美学、文献学、民俗学、语言学、文化学等方面的价值，始终难以发挥。国内著名的诗话学研究学者、湖南师大文学院蔡镇楚教授集多年研究成果，编成《中国诗话珍本丛书》。全书精选上起宋代下迄民国的诗话珍本 66 种（凡中华书局、人民文学出版社、上海古籍出版社已经点校出版的诗话，均不予重复收录），所选均为学术价值较高，版本珍贵，且民国以来罕见出版、流传较少，世人难以得见之著。其中不但有日本珍藏的宋代版本、多年深藏于图书馆的手抄本，还有国内已经散佚，现仅韩国存有的宋、明两代编著的诗话珍本。书前有编者序。

书　名	编（著）者	版　本
六一诗话	（宋）欧阳修撰	宋刻本
唐宋分门名贤诗话	（宋）佚名撰辑	明刻本
玉壶诗话	（宋）释文莹撰	明刻本
风月堂诗话	（宋）朱弁撰	明抄本
西清诗话	（宋）蔡絛撰	明抄本
诗谳	（宋）周紫芝撰	明刻本
吴氏诗话	（宋）吴子良撰	清刻本
容斋诗话	（宋）洪迈撰	清刻本
北山诗话	（宋）佚名撰	明抄本
诗林广记	（宋）蔡正孙撰	明刻本
新编四六宝苑群公妙语	（宋）祝穆撰	明抄本
东坡诗话录	（元）陈秀明编	明刻本
诗法正论	（元）傅若金撰	明刻本
南溪笔录群贤诗话	（元）佚名撰	明刻本
余冬诗话	（明）何孟春撰	明刻本
梦蕉诗话	（明）游潜撰	明刻本
名贤诗评	（明）俞允文撰	明刻本
诗话类编	（明）王昌会编	明刻本
菊坡丛话	（明）单宇撰	明刻本
名家诗法	（明）黄省曾撰	明刻本
冰川诗式	（明）梁桥撰	明刻本
诗薮	（明）胡应麟撰	明刻本
艺薮谈宗	（明）周子文编	明刻本
雪涛诗评	（明）江盈科撰	民国铅印本
匡秀诗评	（明）江盈科撰	民国铅印本
豫章诗话	（明）郭子章撰	明刻本

书　名	编（著）者	版　本
佘山诗话	（明）陈继儒撰	清刻本
作诗体要	（明）杨良弼撰	明稿本
诗法要标	（明）吴默等辑	明稿本
龙性堂诗话续集	（清）叶矫然撰	清稿本
古今诗塵	（清）方起英撰，张希杰增订	清稿本
杜律诗话	（清）陈廷敬撰	日刻本
榕城诗话	（清）杭世骏撰	清刻本
春秋诗话	（清）劳孝舆撰	清刻本
古今诗话探奇	（清）蒋鸣珂编	民国石印本
蒲褐山房诗话	（清）王昶撰	清稿本
拜经楼诗话续编	（清）吴骞撰	清抄本
梧门诗话	（清）法式善撰	清稿本
八旗诗话	（清）法式善撰	清稿本
瓶水斋诗话	（清）舒位撰	清刻本
十二石山斋诗话	（清）梁九图撰	清刻本
雁荡诗话	（清）梁章钜撰	清刻本
石园诗话	（清）余成教撰	清刻本
匏庐诗话	（清）沈涛撰	清刻本
名媛诗话	（清）沈善宝撰	民国铅印本
越缦堂诗话	（清）李慈铭撰，蒋瑞藻辑	民国铅印本
东泉诗话	（清）马星翼撰	清刻本
藻川堂谭艺	（清）邓绎撰	清刻本
不敢居诗话	（清）佚名撰	清抄本
浴泉诗话	（清）于春沾撰	清抄本
春草堂诗话	（清）谢堃撰	清刻本
射鹰楼诗话	（清）林昌彝撰	清刻本
然脂余韵	（清）王蕴章撰	民国铅印本
诗家正法眼藏	（清）刘子芬撰	民国铅印本
青楼诗话	（清）雷瑨撰	民国铅印本
桃花源诗话	（清）吕光锡撰	民国袖珍本
小招隐馆谈艺录初编	（清）王礼培撰	民国铅印本

域外诗话珍本丛书（全二十册）

蔡镇楚编　精装　大32开　定价：4600.00元
ISBN 7－5013－3196－0/K·1415　2006年9月出版

　　本书是我社前此出版的《中国诗话珍本丛书》的姐妹篇，精选影印古代朝鲜、日本学者有关中国古典诗学、诗人、诗作的诗话撰著珍本88种，是此类文献在国内的首次披露。全书分为日本卷与朝韩卷。日本卷共收诗话48种，其中大部分用中文书写，余者为日文或中日文对照，内容偏重于诗论及有关诗体、诗格、诗法、诗眼、诗韵、诗病诸方面的评说；朝韩卷收诗话40种，均用中文书写，内容多为对古代朝韩的汉诗、汉诗人、汉诗历史的记述与评说。本书的编辑意在使中国学人对域外诗话及其涉于中国者，能有一个比较全面的了解，为中国古典诗学、美学与国际汉学的研究提供更为广阔的学术视野与文化背景。全书主要据日本大政八年（1919）东京文会堂刊印《日本诗话丛书》及韩国赵钟业编《韩国诗话丛编》本影印。

书　名	编（著）者	书　名	编（著）者
·日本卷·		淇园诗话	皆川原撰
济北诗话	释师练撰	木石园诗话	九保善教撰
史馆茗话	林悫撰	幼学诗话	东条耕撰
诗法正义	石川凹撰	作诗质的	冢田虎撰
诗史鬯	市野光彦撰	侗庵非诗话	古贺煜撰
诗律初学钞	梅室洞云撰	竹田庄诗话	田能村孝宪撰
初学诗法	贝原笃信	柳桥诗话	加藤良白撰
读诗要领	伊藤东涯撰	诗辙	三浦晋撰
丹丘诗话	芥焕彦章撰	诗格集成	长山贯撰
斥非	太宰纯撰	诗圣堂诗话	大湟行撰
诗论	太宰纯撰	梧窗诗话	林瑜撰
诗学逢原	阮瑜撰	淡窗诗话	广濑建撰
诗格刊误	日尾约撰	诗山堂诗话	小畑行简撰
诗律	赤泽一撰	·朝韩卷·	
葛原诗话	释慈周撰	破闲集	李仁老撰
葛原诗话后篇	释慈周撰	补闲集	崔滋撰
葛原诗话标记	猪饲彦博撰	东人诗话	徐居正撰
葛原诗话纠谬	津阪孝绰撰	秋江冷话	南孝温撰
五山堂诗话	菊池桐孙撰	霁湖诗话	梁庆遇撰
诗学新论	原田温撰	清江诗话	李济臣撰
作诗志彀	山本信有撰	惺叟诗话	许筠撰
夜航诗话	津阪孝绰撰	溪谷漫笔	张维撰
夜航余话	津阪孝绰撰	学诗准的	李植撰
孝经楼诗话	山本信有撰	芝峰类说	李晬光撰
词坛骨鲠	松邨良猷撰	小华诗评	洪万宗撰
艺园锄莠	松邨良猷撰	小华诗评补遗	洪万宗撰
辨艺园锄莠	系井君凤撰	诗文清话	佚名撰
敝帚诗话	西岛长孙撰	诗话抄成	佚名撰
孜孜斋诗话	西岛长孙撰	诗话丛林	洪万宗撰
锦天山房诗话	友野焕撰	壶谷诗评	南龙翼撰
诗学还丹	原孝衡撰	屯庵诗话	申昉撰
沧溟近体声律考	泷川撰	百家诗话钞	李钰撰
锄雨亭随笔	东聚撰	杨梅诗话	朴趾源撰
松阴快谈	长野确撰	东国诗话汇成	洪重寅撰
老圃诗	安积觉撰	诗话汇成	佚名撰
日本诗史	江邨绥撰	龟磵诗话	南羲采撰
海东诗话（甲种）	佚名撰	西京诗话	金渐撰
海东诗话（乙种）	佚名撰	青邱诗话拾遗稿	徐湄撰
海东诗话（丙种）	佚名撰	绿帆诗话	朴永辅撰
海东诗话（丁种）	佚名撰	壶山诗文评	朴文镐撰
东国诗话	佚名撰	训蒙诗话	权鲁郁撰
诗话类聚	佚名撰	古今诗话	佚名撰
樗湖随录	赵德润撰	东诗丛话	佚名撰
东国诗话	佚名撰	东诗丛话（东洋文库本）	佚名撰
兰室诗话	成海应撰	东诗话	河谦镇撰

历代诗话统编（全五册）

[清]何文焕、丁福保编　精装　16开　定价：1900.00元
ISBN 7－5013－2104－3/K·548　2003年5月出版

　　汇辑三部诗话丛书为一编：清何文焕《历代诗话》、清末丁福保编《历代诗话续编》及《清诗话》。这三部诗话丛书均对学术界产生过较大影响且编辑体例一致，内容上相互补充、前后相续。即均为辑录体诗话汇编，只汇刻诗话原作，不作分类摘录，凡卷帙浩繁可自单行的诗话总集均不在收录范围之内。

　　《历代诗话》清乾隆间何文焕编纂。何文焕，字也夫，（今浙江）嘉善人。他鉴于"前贤小品，每易散遗"，将其中较有新意、文笔有致，可资考鉴的诗话之作汇为一编，始南朝梁钟嵘《诗品》，迄明代顾元庆《夷白斋诗话》。辑录梁、唐、宋、元、明历代诗话之著27种，凡五十七卷，后附考索一卷，评论诗话作家的具体观点，汇编成册，给研究者提供了许多方便。

　　此后，清末江苏无锡人丁福保（字仲祐，1874－1952）编印了《历代诗话续编》及《清诗话》。《历代诗话续编》名为续编，实为补编，是对何文焕《历代诗话》的补充。所选上起唐人孟棨《本事诗》，下讫明陆时雍《诗综总论》，共收唐、宋、金、元、明历代诗话29种，所录偏重于诗学理论、诗艺、诗法方面的诗话之作。是编尤可称道之处，在于搜辑刊印了几种世已罕见的诗话著述，如天一阁珍藏的《观林诗话》、明钞本《艇斋诗话》、明永乐大典本《藏海诗话》，抄本《逸志堂诗话》等。使这些罕见的诗话乃至孤本得以传世。

　　《清诗话》收清人创作的诗话43种，汇集了王夫之《姜斋诗话》、王士禛《渔洋诗话》、叶燮《原诗》、沈德潜《说诗晬语》等许多重要的诗话代表作，基本反映了清代的学术风气和各家流派的诗话主张。

　　总之，凭借两位编者的三部诗话丛书，中国古代许多诗人事迹、诗坛轶事、文学掌故、作品本事得以流传，不少古代佚诗和零章断句得以保存，其中的古代诗歌考订、诠释之作，更为后世研究古代作家作品提供了许多珍贵资料。尽管后世有挂漏之讥，然其存亡流布之功，俱不可没。

　　今据何文焕《历代诗话》清乾隆刻本、丁福保编《历代诗话续编》、《清诗话》上海医学书局民国铅印本影印出版。

绣像小说（全十册）

李伯元主编　精装　大32开　定价：2100.00元
ISBN 7－5013－2831－5/K·1213　2006年4出版

　　《绣像小说》为刊行于1903－1906年的小说半月刊，前后共刊行72期。其中刊载了众多晚清著名作家创作及翻译的小说精品，代表了晚清小说期刊的最高文学成就，同时也是研究晚清文学史、文化史、社会史的珍贵资料。据该刊重编本影印，打破原刊一部小说分期连载的形式，每部小说首尾相连、独立完整，并有插图贯穿始终，便于阅读欣赏。

中国历代围棋棋谱（全三十册）

国家图书馆分馆编　精装　16开　定价：15000.00元
ISBN 7－5013－2433－6/K·821　2004年8月出版

　　围棋发源于中国，是我国一项古老的文化遗产。因其精湛的艺术性、深厚的文化性及严谨的科学性，故历经两千多年沧桑而始终不衰。本书从国家图书馆藏珍善本中精选汇编中国古代围棋书籍65部，其中既有广为人知的围棋名著，更有许多鲜为人知的围棋佳作。内容包括棋谱、棋理、棋评以及围棋的布局、定式、中盘、收官等。本书不仅能使广大读者欣赏到中国古代围棋博大精深的文化和技艺，而且也不失为一部难得的图书收藏精品。

书　名	编（著）者	版　本
棋品	（梁）沈约撰	清顺治间刻本
棋经十三篇	（宋）张拟撰	明刻本
原弈	（唐）皮日休撰	明刻本
弈旨	（汉）班固撰	明刻本
围棋赋	（汉）马融撰	明刻本
序棋	（唐）柳宗元撰	明刻本
悟棋歌	（宋）吕公撰	明刻本
四仙子图序		明刻本
弈旦评（附弈难）	（明）冯元仲撰	清顺治间刻本
弈问	（明）王世贞撰	清顺治间刻本
棋手势	（梁）徐泓撰	清顺治间刻本
弈史	（明）王穉登撰	清刻本
玉局钩玄	（明）项世芳辑	清刻本
弈律	（明）王思任撰	明万历间虞山毛氏汲古阁刻本
棋国阳秋（附弈棋诗）	黄铭功撰	民国六年湘阴黄氏石印本
棋局诸图	（宋）李逸民辑	民国五年南陵徐乃昌刻本

书　名	编（著）者	版　本
坐隐斋先生自订棋谱全集	（元）晏天章，（元）严德甫辑	明书林王公行刻本
坐隐先生订棋谱	（明）汪廷讷撰	明刻本
弈薮	（明）苏之轼编	明刻本
弈正	（明）雍熙日撰	明刻本
弈时棋谱	（明）周冕，（明）汪一廉撰，（明）成于乐编	明刻本
石山仙机	（明）许穀编	明金陵世德堂刻本
弈时初编	（明）成于乐编	明刻本
弈选	（明）佚名编	明刻本
仙机武库	（明）佚名编	明末刻本
官子谱	（清）陶式玉评辑	清康熙三十三年刻本
弈学会海	（清）董耀编	清康熙三十七年刻本
组汇弈谱选	（清）金树志选	清康熙五十五年刻本
不古编	（清）吴贞吉评辑	清康熙间蒋焜榕城盐署刻本
弈墨	（清）王明廷等鉴定，季德评选	清康熙间刻本
围棋近谱	（清）金枨志编	清康熙间刻本
兼山堂弈谱	（清）徐星友评辑	清康熙间刻本
受三子谱	（清）过文年撰	清雍正三年梅影楼刻本
残局类选	（清）钱长泽选	清乾隆三十五年云间钱氏笙雅堂刻本
弈理析疑	（清）松龄撰	清乾隆五十五年刻本
弈妙	（清）施绍闾鉴定	清乾隆间崇雅堂刻本
弈萃官子	（清）卞文恒评选	清嘉庆二十一年邗江卞氏味书斋刻本
弈程	（清）张雅博辑	清嘉庆间张雅博退一步山房刻本
受子谱选	（清）李汝珍辑	清嘉庆间刻本
寄闲斋精选官子谱	（清）兴廉辑	清嘉庆间刻本
空中楼阁棋谱	（清）兴廉辑	清嘉庆间刻本
稼书楼弈谈	（清）徐德焕，员履亨辑	清咸丰六年晋阳邑员氏兰岩别墅刻本
周懒予先生围棋谱	（清）周篔辑	清同治十二年江左书林刻本
六家弈谱	（清）王彦侗辑	清咸丰间刻本
弈局指南	（清）佚名撰	清同治三年揭阳会习经湖楼抄本
陈方七局	（清）常仲仰编	清光绪十一年南京李光明庄刻本
餐菊斋棋评	（清）周鼎撰	清同治十一年活字本
待月簃棋谱	（清）方濬颐辑	清光绪元年刻本
待月簃弈存	（清）方濬颐辑	清光绪元年刻本
弈括	（清）黄龙士撰	清光绪十四年蜗簏刻本
陈子仙围棋百局	（清）赵晋卿编	清光绪十六年刻本
国弈	（清）鲍鼎辑	清光绪十三至十五年蜗簏刻本
寄青霞馆弈选	（清）王存善辑	清光绪二十一年刻本
寄青霞馆续刻弈选	（清）王存善辑	清光绪二十一年刻本
晚香亭弈谱	（清）程兰如编	清光绪二十一至二十二年洪嗣棋抄本
新旧棋谱汇选	（清）佚名编	清刻本
官子谱	（清）佚名撰	清刻本
海昌二妙集	（清）浮昙末斋辑	清光绪二十三年浮昙末斋刻本
弈潜斋集谱初编	（清）邓元鏸编	清光绪间无锡邓元鏸弈潜斋刻本
弈潜斋集谱二编	（清）邓元鏸编	清光绪间无锡邓元鏸弈潜斋刻本
树滋堂四子谱（附官者谱）	（清）过文年撰，刘壮国辑	清清颖刘壮国刻本
居易堂围棋新谱	（清）沈赋汇选	清刻本
血泪图四子谱	（清）佚名编	清刻本暨抄本
石研斋弈萃	（清）秦恩复撰	清抄本
名弈拟局	（清）佚名编	清抄本
尊天爵斋弈谱	（清）傅延涛、李琳、周鼎编	民国间上海文瑞楼石印本
潘景斋弈谱约选	楚桐隐，章芝楣评	民国三年石印本
受子谱	毛孝光辑	民国元年上海文瑞楼石印本

书 名	编（著）者	版 本
趣园围棋入门碎谱	蔡丕撰，蔡振绅录绘	民国二十六年上海明善书局石印本
八大家受子弈谱	佚名编	民国间抄本
名家弈谱	上海文瑞楼辑	民国元年上海文瑞楼石印本
新桃花泉	佚名编	民国七年上海有正书局石印本
问秋吟社弈评初编	汪富评辑	民国六年北京中亚书局石印本

国家图书馆藏古籍艺术类编（全三十八册）

徐蜀编　精装　16 开　定价：16800.00 元
ISBN 7 – 5013 – 2452 – 2/K·931　2004 年 7 月出版

　　《国家图书馆藏古籍艺术类编》从国家图书馆馆藏古籍中精选唐代至民国编纂的艺术类珍贵资料 50 余种裒为一辑，影印出版。内容涉及书画史、书画家传、书画题跋、书画评论、书画目录、书画技法、墨谱、砚志等等。此类文献的部分单行本及专题结集此前均曾有出版，但像本书这种规模的精选、汇编、结集，应该说还是第一次。且所选均为版本精良、流传较少、读者不易得见之书，其中有不少清代大家的抄稿本，有些尚属首次披露面市，实为难得的艺术文献珍藏。

书 名	编（著）者	版 本
书画·总论		
书画史	（宋）米芾撰	明翻宋本
清河书画舫	（明）张丑撰	清乾隆本
须静斋云烟过眼录	（清）潘世璜撰	清宣统刻本
瓯钵罗室书画过目考	（清）李玉棻编辑	清光绪刻本
历代书画史汇考	刘敦编	稿本
书画·目录		
云烟过眼录	（宋）周密撰	清光绪刻本
云烟过眼录续集	（元）汤允谟撰	清光绪刻本
墨缘汇观	（清）安岐辑撰	清抄本
书画鉴影	（清）李佐贤辑	清同治刻本
内府书画编纂稿		清稿本
丁亥烬遗录	（清）桂馥编辑	清光绪刻本
书画·题识		
书画题跋记并续	（明）郁逢庆编	清抄本
书画跋跋	（清）孙矿撰	清乾隆刻本
王箬林先生题跋二种	（清）王澍撰	清乾隆刻本
王奉常书画题跋	（清）王时敏撰	清宣统刻本
湛园题跋	（清）姜宸英撰	清乾隆刻本
书学·总论		
史传书小史	（宋）陈思纂	清抄本
笔法源流（附字学心传）	（明）高松撰	清雍正刻本
书史会要	（明）陶宗仪撰	明崇祯刻本
艺舟双楫	（清）包世臣撰	清光绪刻本
广艺舟双楫	（清）康有为著	清光绪刻本
书法问津	聂守仁撰	民国稿本
书学·技法		
五十六种书法	（唐）韦续撰	清抄本
陈眉公先生手评书法离钩	（明）潘之淙编	明天启刻本
篆诀百韵歌	吴肇周辑	民国稿本
书学·题识		
铁函斋书跋	（清）杨宾撰	清抄本
快雨堂题跋	（清）王文治撰	清末民初抄本

书 名	编（著）者	版 本
画学·总论		
史传绘事备考	（清）王毓贤撰	清抄本
南宋院画录	（清）厉鹗辑	清刻本
国朝画征录	（清）张庚撰	清乾隆刻本
国朝画识	（清）冯金伯撰	清道光刻本
墨香居画识	（清）冯金伯撰	清道光刻本
历代画史汇传	（清）彭蕴璨撰	清抄本
增广历代画史汇传补编	吴心毂撰	民国铅印本
清代画史增编	盛金薰辑	民国铅印本
画学·题识		
历代题画诗类	（清）陈邦彦编	清康熙内府写刻本
画耕偶录	（清）邵梅臣撰	清乾隆刻本
穰梨馆过眼录	（清）陆心源撰	清光绪刻本
穰梨馆过眼续录	（清）陆心源撰	清光绪刻本
南宗衣钵跋尾	罗振玉辑述	日本大阪博文堂铅印本
文房用具·墨		
墨法集要	（明）沈继孙撰	清乾隆刻本
墨表	（清）万寿祺辑	清嘉庆抄本
墨谱	（清）薛鼎铭辑注	清抄本
南学制墨札记	（清）谢崧岱撰	清光绪刻本
十六家墨说	吴昌绶辑	民国刻本
文房用具·砚		
端溪砚谱	佚名撰	抄本
端溪砚石考	（清）高兆撰	抄本
端石拟	（清）陈龄撰	清同治刻本
说砚	（清）朱彝尊撰	抄本
水坑石记	（清）钱朝鼎撰	抄本
端溪砚志	（清）吴绳年撰	清乾隆刻本
端溪砚坑记（附端砚铭）	（清）李兆洛撰	抄本

稀见旧版曲艺曲本丛刊

　　《稀见旧版曲艺曲本丛刊》第一次全面系统地收集、整理、出版流传于各地濒临湮灭的古刊旧版曲艺曲本，不仅使这些"文史研究的多棱化石"重放异彩，更为传统文化，尤其是曲本文学的深入研究提供了全新的文化视角和宝贵的文献资料。

潮州歌册卷（全七十册）

北京图书馆出版社编　精装　16开　定价：30000.00元
ISBN 7－5013－1929－4/K·410　2002年9月出版

　　潮州歌册是流行于广东潮汕及附近地区的曲艺品种——潮州歌的表演底本。《稀见旧版曲艺曲本丛刊》第一辑"潮州歌册卷"收入清代以来潮汕地区著名的"李万利"、"李春记"、"瑞文堂"等书坊刊行的稀见旧版潮州歌册130种，计一千四百六十余卷。其中包括广为传诵的"隋唐演义"、"梨花征西"、"双鹦鹉"、"五虎平西"、"玉楼春"、"万花楼"等。这些歌册所表现的宏富的社会生活、典型的叙事长歌体例、鲜明的潮州方言特点，为文学、美学、语言学、文献学、版本学、民俗学、社会学等领域的研究工作，开启了一座全新的文献宝库。此书的出版引起了社会各界广泛关注，《光明日报》、《人民日报·海外版》及《文化报》、《中国艺术报》等均对此进行了深入报道。

[新造·本朝] 一世报全歌	[新造] 双太子下棚禹龙山全歌	[新造] 玉盒仙琴金宝扇全歌
[新造] 二岁夫全歌	[新造] 双玉凤全歌	[新造] 萧光祖下棚宝鱼兰全歌
[新造] 忠义节	[新造] 双玉鱼佩全歌	[新造] 玉环记全歌
[新造] 十二寡妇征西	[新造] 双凤钗全歌	[新造·绍十洲] 玉楼春全歌
[新造] 八宝金钟全歌	[新造] 双奇缘全歌	[新造] 玉麒麟双状元全歌
[新造] 八宝金钟全歌下集	[新造] 双白燕全歌	[新造] 反唐开坟全歌
[新造] 八仙图全歌	[新造] 双驸马全歌	[新造] 四美图全歌
[新造] 上海杀子报	[新造] 双鹦鹉全歌	[新造] 三合奇全歌
[新造] 方大人德政歌	[新造] 双退婚鸾凤图全歌	[新造] 水蛙记全歌
[新造] 五虎平西珍珠旗全歌	[新造] 双退婚下紫荆亭全歌	[新造] 白绫像全歌
[新造] 五虎征北全歌	[新造] 双金龙全歌	[新造] 白莲花全歌
[新造] 五虎平南全歌	[新造] 双玉镯全歌	[新造] 白扇记全歌
[新造] 五凤朝阳全歌	[新造] 玉针记全歌	[新造] 刘元普双生贵子全歌
[新造] 五美缘全歌	[新造] 玉鸳鸯全歌	[新造] 刘明珠全歌
[新造] 五星图全歌	[新造] 玉鸳鸯珠衫记	[新造] 东汉刘秀全歌
[新造] 六奇阵全歌	[新造] 玉花瓶全歌	[新造] 三国刘皇叔招亲全歌
[新造] 六奇阵全歌下集	[新造] 玉钏缘全歌	[新造] 行乐图全歌
[新造] 双错误奇中奇全歌	玉钏缘谢玉辉平金番全歌	[新造] 三国刘皇叔取东川全歌
[新造] 双太子红罗衣全歌	[新造] 玉如意下棚全歌	[新造] 刘成美忠节全歌
[新造] 西番珊瑚枕全歌	[新撰] 玉钏环续再生缘	[新造] 薛仁贵征东全歌
[新造] 孝顺孟日红割股救姑全歌	[新造] 挽面案全歌	[新造] 龙井渡头残瓦记全歌
[新造] 竹钗记全歌	[新造] 海门案全歌	[新造] 宋朝卖油郎全歌
[新造] 再合鸳鸯全歌	[新造] 背解红罗全歌	[新造] 木廷仙双玉鱼全歌
[新造] 阴阳会铁扇记全歌	[新造] 玉沙蚨全歌	[新造] 碧玉鱼仔全歌
[新造] 铁扇记下棚全歌	[新造] 金燕媒全歌	[新造] 温凉宝盏全歌
[新造] 阴阳双宝扇	[新造] 金钗罗帕记全歌	[新造] 雌雄宝盏全歌
[新造] 狄青上棚包公出世	[新刻] 金狗精全歌	[新造] 临江楼全歌
[新造] 万花楼全歌	[新造] 潘葛子全歌	[新造] 绿牡丹全歌
[新造] 龙图公阴阳判全歌	[新造] 秦凤兰忠义亭全歌	[新造] 蒋兴哥重会珍珠衫全歌
[新造] 升仙图全歌	[新造] 秦雪梅全歌	[新造] 蜘蛛记全歌
[新造] 宋朝明珠记全歌	[新造] 秦世美全歌	[新造] 尼姑案全歌
[新造] 灵芝记蝴蝶引	[新造] 庞卓花全歌	[新造] 移花接木竹箭悮全歌
[新造] 伯皆子香罗帕记全歌	[新造] 崔鸣凤子全歌	[新造] 赐绿袍全歌
[新造] 李旦仔全歌	[新造] 粉粧楼全歌	[新造] 锦鸳鸯全歌
[新造] 李春凤全歌	[新造] 珊瑚宝杨大贵全歌	锦香亭绫帕记全歌
[新造] 黄双孝琼花记全歌	[最新] 翁万达全歌	[新造] 辗龙镜韩廷美全歌
[新造] 柳世清双罤鱼全歌	[新造] 隋唐演义右调弹词	[新造] 辗龙镜下棚红书剑全歌
[新造] 柳树春八美图全歌	[新造] 宋帝昺全歌	[最新] 潮州柳知府全歌
[新造] 李九我相爷全歌（又名《金针记》）	[新造] 纸容记全歌	[最新] 饶安案全歌
[新抄] 两度梅蟹针记全歌	张翼鹏王秀珍男贞女烈香毡记全歌	[新造] 广东案警富新书全歌
[新造] 梅良玉下棚两度星全歌	[新造] 省城滴水记全歌	[新造] 乾隆君游江南全歌
[新造] 度三娘全歌	[新造] 杨文广平南蛮十八洞全歌	[新造] 冯长春全歌
	[新造] 梨花征西全歌	[新造] 麒麟图全歌

北京图书馆藏珍本小说丛刊·第一辑（全十五册）

刘一平主编　精装　大32开　定价：1980.00元

ISBN 7-5013-1203-6/I·95　1996年3月出版

共收十三种：

1. 《新编鸳鸯影》，樵云山人编，根据清初刊本影印，共十八回；
2. 《听月楼》，根据清嘉庆二十四年（1819）刊本影印，共二十回，书前有序、绣像八幅；
3. 《风月鉴》，[清] 吴贻先撰，根据清嘉庆刊本影印，共十六回，书前有叙，书后有方钰的跋；
4. 《风月梦》，邗上蒙人撰，根据清光绪十年（1884）刻本影印，共三十二回，书前有自序；
5. 《梦中缘》，[清] 李修行撰，根据清崇德堂刊本影印，共十五回，书前有莲溪的叙；
6. 《绘芳录》，西泠野樵著，根据清光绪本影印，共八十回，书前有序；

7.《阙史》，［唐］参寥子述，根据清光绪三年（1877）刻本影印，共二卷，书前有序；

8.《狐狸缘全传》，［清］醉月山人撰，根据清光绪刻本影印，共二十二回，书前有赞像八幅；

9.《西湖拾遗》，［清］陈树基辑，根据清嘉庆刻本影印，共四十八卷，书前有陈树基的序、胡适的笔记，书后有梅溪的后序；

10.《西湖佳话》，［清］墨浪子辑，根据清刻本影印，共十六卷，书前有序、西湖全图；

11.《西湖真诠》，［清］陈士斌撰，根据清芥子园刊本影印，共一百回，书前有尤侗的序、赞图二十幅；

12.《西游补》，［明］董说撰，根据明崇祯刻本影印，共十六回，书前有嶷如居士的序、绣像十六幅、静啸斋主人的《西游补答问》，书后有刘复的《西游补作者董若雨传》、《董若雨年表》；

13.《西游记记》，［清］释怀明撰，根据清抄稿本影印，书前有《西游记叙言》。

丛书前有刘一平的前言。

祁彪佳文稿（全三册）

［明］祁彪佳 著　精装　16 开　定价：295.00 元

ISBN 7 - 5013 - 0860 - 8/K · 100　1991 年 6 月出版

祁彪佳（1602－1645），字弘吉，号世培，别号远山主人，是明代山阴著名藏书家祁承爜之子。他不仅是明末名宦，还是一位文学家兼戏曲作家。此次从北京图书馆善本部所藏珍本中选出一部分汇编成册，影印出版。本书收录祁彪佳的奏疏、日记、书信及文学作品共 15 种，除《远山堂诗集》为清初祁氏远山堂抄本外，其余均为明末抄本或稿本。全书分为三册：第一册主要收录崇祯年间祁彪佳巡按苏松时所上奏疏，反映了当时的社会状况；第二册收《祁忠敏公日记》十五卷及远山堂曲品、剧品和诗集，另有尺牍一种。日记所记多为明末朝章国故及当时清流党人之行述。曲、剧品则是我国古典曲、剧中最重要的文献之一；第三册收尺牍 6 种，其中《远山堂尺牍》和第二册所收的《抚吴尺牍》等是作者原稿。书前有出版说明。

地方志与边事资料

国家图书馆藏琉球资料汇编（全三册）

黄润华、薛英编　精装　16开　定价：980.00元
ISBN 7–5013–1744–5/K·317　2000年10月出版

　　本书收集国图藏有关琉球国历史和中琉关系史的稀见典籍17种。是研究中琉关系、日琉关系、琉球历史的珍贵资料。本书第一版于2000年出版后，受到学界欢迎与好评，2003年再版时对第一版序言和书名页注录中的一些错误作了修订。

书　名	编（著）者	版　本
纪录汇编·使琉球录	（明）陈侃撰	明万历四十五年陈于廷刻本
殊域周咨录·琉球	（明）严从简辑	明万历二年刻本
琉球记附中山诗集	（明）胡靖著	清顺治十年刻本
会稽夏氏宗谱·使琉球录	（明）夏子阳、王士桢编	明夏氏活字本
说铃·使琉球纪	（清）张学礼撰	清刻本
使琉球杂录	（清）汪楫撰	清康熙二十五年刻本
册封疏钞	（清）汪楫编	清康熙二十五年刻本
中山沿革志附中山诗文	（清）汪楫撰	清康熙雍正间刻悔斋集本
琉球图说	（明）郑若曾著	清康熙三十七年郑定远刻本
中山传信录附赠送诗文	（清）徐葆光撰	清康熙六十年二友斋刻本
琉球国志略	（清）周煌撰	清乾隆二十四年漱润堂刻本
续琉球国志略	（清）赵新撰	清光绪八年刻本
琉球入学见闻录	（清）潘相撰	清乾隆二十九年刻本
琉球诗录	（琉球）阮宣诏等著，（清）孙衣言评	清道光二十四年刻本
琉球诗课	（清）徐乾评定，（琉球）林世功等著	清同治十二年刻本
琉球译	（清）翁树清撰	抄本

国家图书馆藏琉球资料续编（全二册）

北京图书馆出版社编　精装　16开　定价：900.00元
ISBN 7–5013–1948–0/D·46　2002年10月出版

　　本书收录了国家图书馆及部分兄弟图书馆所藏琉球资料17种。其中有数种抄本流传甚少，内容十分珍贵，是研究明清时期中琉、日琉，特别是琉球历史文化等极为重要的文献资料。

书　名	编（著）者	版　本
使琉球录	（明）郭汝霖、李际春撰	清抄本
续琉球国志略	（清）齐鲲、费锡章撰	清嘉庆间武英殿活字本
琉球入太学始末	（清）王士桢撰	清道光刻本
琉球地理小志并补遗附说略	（日）中根淑等撰，（清）姚文栋译	清光绪九年刻本
中山纪略	（清）张学礼撰	清光绪间上海著堂铅印本
中山见闻辨异	（清）黄景福撰	清光绪间上海著堂铅印本
使琉球记	（清）李鼎元撰	清光绪间上海著堂铅印本
琉球实录	（清）钱（？）撰	清光绪间上海著堂铅印本

书　名	编（著）者	版　本
琉球形势略	（日）中根淑撰	清光绪间上海著堂铅印本
琉球朝贡考	（清）王韬撰	清光绪间上海著堂铅印本
琉球向归日本辨	（清）王韬撰	清光绪间上海著堂铅印本
琉球国向国让等禀		清抄本
琉球国中山世鉴		抄本
中山世谱		抄本
琉球往来		抄本
琉球诗录	（清）徐葆评定	清同治间刻本
古琉球吟	（日）桥本德有则著	日本昭和三年铅印本

国家图书馆藏琉球资料三编（全二册）

王菡选编　精装　16 开　定价：800.00 元
ISBN 7－5013－3363－7/K・1424　2006 年 11 版

　　该书从国图所藏明清时期十余位出使琉球的使臣及随从的文集中辑录整理出与琉球相关的诗文记载汇为一编，与我社此前已出版的《国家图书馆藏琉球资料》汇编、续编相互补充，同为研究中国对外关系史，尤其是中琉关系史不可或缺的珍贵资料。

书　名	编（著）者	版　本
石泉山房文集	（明）郭汝霖撰	《四库全书存目丛书》本
观海集	（清）汪楫撰	清雍正十一年（1733）刊本
玉岩诗集附池北偶谈晚晴簃诗汇	（清）林麟焻撰	清康熙间刊本
海舶三集	（清）徐葆光撰	清雍正间刻本
海东集	（清）周煌撰	清乾隆二十七年（1762）刊本
海东续集	（清）周煌撰	清乾隆三十四年（1769）刊本
海山存稿	（清）周煌撰	清乾隆五十八年（1793）刊本
石柏山房诗存	（清）赵文楷撰	清咸丰七年（1857）刊本
师竹斋集	（清）李鼎元撰	清嘉庆七年（1802）刊本
东瀛百咏	（清）齐鲲撰	清嘉庆十三年（1808）刻本
一品集	（清）费锡章撰	清嘉庆十三年（1808）恩诒堂刊本
还砚斋全集	（清）赵新撰	清光绪间刻本
梦楼诗集	（清）王文治撰	清乾隆间刊本
要务汇编	（中山国）蔡温编	清康熙五十七年（1718）居易堂刊本

历代边事资料辑刊（全五册）

本社影印室辑　精装　大 32 开　定价：1300.00 元
ISBN 7－5013－2801－3/K・1203　2005 年 9 月出版

　　本书收集关于历代边疆资料文献 7 种，其中明人著述有《说郛边事丛集》、《边事小记》（明・周文郁纂）、《全边纪略》（明・方孔炤辑），清人著述有《边事汇钞》（清・朱克敬辑），《边事续钞》（清・朱克敬辑）、《柔远新书》（清・朱克敬著），以及民国著述《壬子边事管见》（民国・罗廷钦著），内容涉及历代西北、东北、西南等边疆地区的地理、政治、军事，多为稀见史料，对于研究明清史、边疆史及民族关系史具有重要价值。

日本藏中国罕见地方志丛刊（全三十四册）

精装　16 开

　　北京图书馆出版社从北京图书馆搜集的流散于海外的方志缩微胶卷中，选取了其中现为日本所藏、国内罕见的地方志近百种，编成丛刊，影印出版。选入本丛刊的方志主要是明、清两代所修，其中大部分是原刻本。原则上每种书为一册；但卷数少者数种合为一册。以地区划分，归类相聚，各类中又以修撰时间先后为序。卷数多者一种析为数册。书前有出版说明。杨殿珣扉页题字。

［万历］桃源县志・［万历］承天府志

定价：65.00 元　ISBN 7－5013－0844－6/K・94　1991 年出版

　　《［万历］桃源县志》二卷，［明］郑天佐、李征纂，根据日本尊经阁文库藏明万历四年（1576）刻本影印。书前有李征的《刻县志引语》、《桃源县志图》。

　　《［万历］承天府志》二十卷，［明］孙文龙纂辑，根据日本尊经阁文库藏明万历三十年（1602）刻本影印。书前有孙文龙、邓原岳、李维桢的序，凡例。

［万历］高州府志·［万历］雷州府志
定价：62.00元　ISBN 7－5013－0835－7/K·89　1991年出版

　　《［万历］高州府志》十卷，［明］曹志遇等纂修，根据日本尊经阁文库藏明万历刻本影印。书前有曹志遇的序。

　　《［万历］雷州府志》二十二卷，［明］欧阳保等纂修，根据日本尊经阁文库藏明万历四十二年（1614）刻本影印。书前有董肇胤的序、纂修姓氏名单。

［万历］宾州志·［嘉靖］南宁府志·［万历］太平府志
定价：73.00元　ISBN 7－5013－0845－4/K·95　1991年出版

　　《［万历］宾州志》十四卷，［明］郭棐纂修，根据日本内阁文库藏明万历十五年（1587）刻本影印。书前有郭棐的序。书后有方式的跋。

　　《［万历］太平府志》三卷，［明］蔡迎恩、甘东阳纂，根据日本内阁文库藏明万历五年（1577）刻本影印。李一迪的《太平府志序》、蔡迎恩的《太平府志前序》、《太平府志凡例》。书后有彭登瀛的《太平府志后序》。

　　《［嘉靖］南宁府志》十一卷，［明］方瑜纂辑，根据日本内阁文库藏明嘉靖四十三年（1564）刻本影印。书前有董传策的序。书后有陈大纶的《郡志后序》。

［万历］严州府志
定价：75.00元　ISBN 7－5013－0812－8/K·83　1991年出版

　　［明］杨守仁修，徐楚纂，共二十五卷，根据日本德山毛利家藏明万历六年（1578）刻本影印。书前有徐楚的《严陵新志引》、胡拱辰的《旧志序》、《郡志凡例》。

［万历］新修南昌府志
定价：86.00元　ISBN 7－5013－0813－6/K·84　1991年出版

　　［明］范涞修，章潢纂，共三十卷，根据日本内阁文库藏明万历十六年（1588）刻本影印。书前有范涞的《新修南昌府志序》、张位的《南昌府志序》、邓以赞的《南昌郡志序》、万恭的《南昌府志序》、万廷言的《南昌府志序》、熊钊的《南昌府图志书序》。书后有章潢的后序。

［万历］福宁州志
定价：57.00元　ISBN 7－5013－0837－3/K·91　1991年出版

　　［明］殷之辂修，朱梅等纂，共十七卷，根据日本尊经阁文库藏明万历四十四年（1616）刻本影印。书前有殷之辂的《重修福宁州志序》、金郑宪的《福宁州旧志序》、陈襄的《嘉靖福宁州志序》、盛继的《隆庆福宁州志序》、史起钦的《万历福宁州志序》、修志姓氏、凡例。书后有张大光的跋。

［万历］粤大记
定价：72.00元　ISBN 7－5013－0834－9/K·88　1991年出版

　　［明］郭棐纂，共三十二卷，根据日本内阁文库藏明万历年间刻本影印。现存三十一卷，缺卷一。

［万历］琼州府志
定价：84.00元　ISBN 7－5013－0836－5/K·90　1991年出版

　　［明］欧阳璨等修，陈于宸等纂，共十二卷，根据日本国会图书馆藏明万历刻本影印。书前有戴熺的序、凡例。

[万历] 福州府志·［万历］南安府志
定价：78.00 元　ISBN 7–5013–0811–X/K·82　1991 年出版

　　《［万历］福州府志》三十六卷，［明］林燫等纂修，根据日本内阁文库藏明万历二十四年（1596）刻本影印。书前有沈桐的叙、《重修福州府志名氏》。
　　《［万历］南安府志》二十五卷，［明］商文昭、卢洪夏等纂修，根据日本尊经阁文库藏明万历年间刻本影印。书前有张弼的序、谢诏的《重修南安府志序》。本卷封面和书名页标题为《重修南安府志》。

[崇祯] 松江府志（全二册）
定价：194.00 元　ISBN 7–5013–0889–6/K·106　1991 年出版

　　［明］方岳贡修，陈继儒纂，共五十八卷，根据日本所藏明崇祯三年（1630）刻本影印。书前有曹文衡的《松江府志序》、方岳贡的志序、董其昌的《重修松江府志序》、陈继儒的《修志始末记》、《修志题名》。

[嘉靖] 湖广图经志书（全二册）
定价：204.00 元　ISBN 7–5013–0886–1/K·103　1991 年出版

　　［明］薛刚纂修，吴廷举续修，共二十卷，根据日本尊经阁文库藏明嘉靖元年（1522）刻本影印。书前有吴廷举的《续修湖广通志序》、《湖广图经志书凡例》。书后有赵迁的《续湖广通志后序》、吴廷举的《书续湖广通志后》。

[康熙] 新会县志
定价：58.00 元　ISBN 7–5013–0885–3/K·102　1991 年出版

　　［清］贾雒英修，薛起蛟等纂，十八卷首一卷。根据日本东洋文化研究所藏清康熙二十九年（1690）刻本影印。书前有贾雒英、李余玉、苏楫汝、李朝鼎的《新会县志序》，李承箕的《新会县旧志序》。

[万历] 儋州志·［雍正］揭阳县志
定价：75.00 元　ISBN 7–5013–0893–4/K·107　1991 年出版

　　《［万历］儋州志》三集，［明］曾邦泰等纂修，根据日本尊经阁文库藏明万历四十六年（1618）刻本影印。书前有《儋州志小引》、董绫的《儋州志序》、《儋州志凡例》。
　　《［雍正］揭阳县志》八卷，［清］陈树芝纂修，根据日本内阁文库藏清雍正九年（1731）刻本影印。书前有陈树芝的序，薛侃、盛端明、王凤、郑大苍、韩日缵、陈鼎新、汪国士、林杭学、郑濂、罗国珍、余元起的旧序，陈树芝的凡例。

[万历] 贵州通志
定价：83.00 元　ISBN 7–5013–0851–9/K·96　1991 年出版

　　［明］王耒贤、许一德纂修，共二十四卷，根据日本尊经阁文库藏明万历二十五年（1597）刻本影印。书前有《贵州通志序》、应朝卿的《重修贵州通志序》、江东之的《重修贵州通志序》、《贵州通志凡例》。

[万历] 续修严州府志
定价：66.00 元　ISBN 7–5013–0888–8/K·105　1991 年出版

　　［明］吕昌期修，俞炳然纂，共二十四卷，根据日本东洋文库藏抄本影印。书前有杨一葵、吕昌期的序，《严州府志舆图》、徐楚的《旧志序》、《郡志凡例》、《续修凡例》。

[崇祯] 嘉兴县志
定价：133.00 元　ISBN 7–5013–0887–X/K·104　1991 年出版

　　［明］罗炌修，黄承昊纂，共二十四卷，根据日本宫内省图书寮藏明崇祯十年（1637）刻本影印。书前有黄承昊的《续修嘉兴县志序》、汤齐的《嘉兴县志序》、李日华的《嘉兴县志序》、屠中孚的《嘉兴县志序》、汤齐的《修志约》、汤齐的《修志申文》、《续修志呈》。

[万历] 吉安府志
定价：75.00 元　ISBN 7-5013-0852-7/K·97　1991 年出版

　　[明] 余之祯等纂修，共三十六卷，根据日本内阁文库藏明万历十三年（1585）刻本影印。书前有《吉安府志凡例》、《纂修姓氏》。

[万历] 永安县志·[万历] 福安县志·[万历] 建阳县志
定价：59.00 元　ISBN 7-5013-0853-5/K·98　1991 年出版

　　《[万历] 永安县志》九卷，[明] 苏民望、萧时中纂，根据日本东京图书馆藏明万历二十二年（1594）刻本影印。书前有周贤宣的《永安县旧志序》、苏民望的《永安县志序》、《纂修姓氏》、《志例》。
　　《[万历] 福安县志》九卷，[明] 陆以载等纂，根据日本尊经阁文库藏明万历二十五年（1597）刻本影印。书前有陆以载的《新修福安县志序》、《新修福安县志姓氏》、《修志凡例》。
　　《[万历] 建阳县志》八卷，[明] 魏时应修，田居中、张榜纂，根据日本国会图书馆藏明万历二十九年（1601）刻本影印。书前有杨德政的《重修建阳县志叙》、魏时应的《建阳县志序》、《修志姓氏》、《建阳县志总考》、《建阳县志凡例》。

[成化] 湖州府志·[崇祯] 乌程县志·[万历] 六安州志
定价：86.00 元　ISBN 7-5013-0900-0/K·110　1991 年出版

　　《[成化] 湖州府志》二十四卷（存十八卷），[明] 陈颀修，劳钺续修，张渊纂，根据日本静嘉堂文库藏明成化十一年（1475）刊本弘治补刊本影印。书前有劳钺的《湖州府图志序》、《湖州府志凡例》。
　　《[崇祯] 乌程县志》十二卷，[清] 刘沂春修，徐守刚纂，根据日本国会图书馆藏明崇祯十年（1637）刻本影印。书前有唐世济的《修乌程县志》、陈以诚的《重修乌程县志序》、徐朴的《乌程县志凡例附修志原委》。
　　《[万历] 六安州志》八卷，[明] 李懋桧纂修，根据日本国会图书馆藏明万历十二年（1584）刻本影印。书前有李懋桧的序、《六安州修志姓氏》、凡例、《重修六安州志图》。

[嘉靖] 惠州府志·[嘉靖] 潮州府志·[嘉靖] 香山县志
定价：55.00 元　ISBN 7-5013-0904-3/K·113　1991 年出版

　　《[嘉靖] 惠州府志》十二卷，[明] 李玘修，刘梧纂，根据日本东京图书馆藏明嘉靖二十一年（1542）刻本影印。书前有李玘的《惠州府志叙》、黄佐的《惠州府旧志序》、郑维新的《惠大记序》、汪思的《惠大记序》、苏润的《旧惠阳志序》。书后有陈文献的《惠州府志后叙》。
　　《[嘉靖] 潮州府志》八卷，[明] 郭春震纂修，根据日本尊经阁文库藏明嘉靖二十六年（1547）刻本影印。书前有郭春震的序、林庭㭊的《重刊潮州府志序》、车份的《潮州府旧志序》。
　　《[嘉靖] 香山县志》八卷，[明] 邓迁修，黄佐纂，根据日本国会图书馆藏明嘉靖二十七年（1548）刻本影印。书前有黄佐、曹逴的序。书后有邓迁的《香山志后序》、杨维震的《香山县志跋》。

[康熙] 瑞金县志·[康熙] 续修瑞金县志·[康熙] 上犹县志
定价：49.00 元　ISBN 7-5013-0914-0/K·117　1992 年出版

　　《[康熙] 瑞金县志》十卷，[清] 朱维高修，杨长世纂，根据日本内阁文库藏清康熙二十二年（1683）刻本影印。书前有朱维高的《瑞金县志序》、吕若愚的《重修瑞金县志序》、潘舜历的《续瑞金县志序》、地舆图。
　　《[康熙] 续修瑞金县志》十一卷，[清] 郭一豪修，朱云映、谢重拔纂，根据日本内阁文库藏清康熙四十九年（1710）刻本影印。书前有杨以兼的《续修邑志跋》、续修县志姓氏。
　　《[康熙] 上犹县志》十卷，[清] 章振萼纂修，根据日本内阁文库藏清康熙三十六年（1697）刻本影印。书前有吴国社的序、振萼的叙、孙必达的序、荣白的旧叙、章振萼的凡例、纂修姓氏。

[万历] 保定府志
定价：101.00 元　ISBN 7-5013-0916-7/K·119　1992 年出版

　　[明] 冯惟敏纂修，王国桢续修，王政熙续纂，共四十卷，根据日本内阁文库藏万历三十六年（1608）刻本影印。书前有高耀的《保定府志序》、孙承宗的《修志自叙》、王政熙的《续修保定府志序》、王国桢的《重修保定府志序》、凡例、《纂修府志檄文》、修志名氏、重修府志名氏。书后有孙慎的序。

[康熙] 南海县志·[康熙] 琼山县志
定价：77.00 元　ISBN 7-5013-0913-2/K·116　1992 年出版

　　《［康熙］南海县志》十七卷，［清］郭尔戺、胡云客纂修，根据日本内阁文库藏清康熙三十年（1691）刻本影印。书前有胡云客、郭尔戺、梁佩兰的序，纂修姓氏，朱光熙、庞景忠、刘廷元、王学曾、李昂英、陈大震的旧序，冼国幹的凡例。

　　《［康熙］琼山县志》十卷，［清］王赞修，关必登纂，根据日本内阁文库藏清康熙四十七年（1708）刻本影印。书前有王赞、关必登的序，潘廷侯、佟世南的旧志序，王赞的凡例。

［康熙］永州府志
定价：93.00 元　ISBN 7－5013－0915－9/K·118　1992 年 5 月出版

　　［清］刘道著修，钱邦芑纂，共二十四卷，根据日本内阁文库藏清康熙九年（1670）刻本影印。书前有刘道著的序、刘作霖的叙、《纂修姓氏》、《纂修凡例》。原书缺后序、跋。

［顺治］固始县志·［顺治］光州志
定价：57.00 元　ISBN 7－5013－0950－7/K·128　1992 年出版

　　《［顺治］固始县志》十卷，［清］包韺纂修，根据日本内阁文库藏清顺治十七年（1660）刻本影印。书前有彭宾、薛良的序，刘士迻、余继善的后序，院橄，修志姓氏。

　　《［顺治］光州志》十二卷，［清］庄泰弘修，孟俊纂，根据日本内阁文库藏清顺治十六年（1659）刻本影印。书前有彭宾《光州志序》、庄泰弘的《重修光州志叙》、孟俊的《光州志序》、陈秉的《浮光志序》、胡延年的《重修光州志序》、方济奎的《光州志序》、杨凤苞的《光州志序》、陈烨的《光州志旧叙》、陈璋的《光州志旧序》、《重修光州志例》、修志姓氏。书后有傅挺的《光州志跋语》。

［万历］新宁县志·［道光］重辑新宁县志
定价：55.00 元　ISBN 7－5013－0953－1/K·131　1992 年出版

　　《［万历］新宁县志》八卷，［明］沈文系纂修，根据日本东洋文库藏明万历三十四年（1606）刻本影印。书前有董其昌的叙、顾起宪的序、车大任的叙。书后有曹一夔、沈文系的后跋。

　　《［道光］重辑新宁县志》三十二卷首一卷，［清］安舒原辑，张德尊重辑纂修，根据日本东洋文库藏清道光三年（1823）刻本影印。书前有张德尊的《重辑新宁县志序》、安舒和蒋舒惠的《新宁县志原序》、纂修姓氏。

［康熙］麻阳县志·［康熙］安乡县志·［乾隆］续增城步县志
定价：56.00 元　ISBN 7－5013－0952－3/K·130　1992 年出版

　　《［康熙］麻阳县志》十卷，［清］黄志璋纂修，根据日本内阁文库藏清康熙二十四年（1685）刻本影印。书前有黄志璋的叙、赵健的《麻阳县志旧序》。

　　《［康熙］安乡县志》十二卷，［清］王基巩纂修，根据日本内阁文库藏清康熙二十六年（1687）刻本影印。书前有王基巩的《重修安乡县志序》、《图经》、图、县志凡例、纂修姓氏。

　　《［乾隆］续增城步县志》不分卷，［清］贾构修，易文炳、向宗乾纂，根据日本东洋文库藏清乾隆五十年（1785）刻本影印。书前有贾构、易文炳、向宗乾的续志序，纂修姓氏。

［崇祯］廉州府志·［雍正］灵山县志
定价：51.50 元　ISBN 7－5013－0951－5/K·129　1992 年出版

　　《［崇祯］廉州府志》十四卷，［清］张国经修，郑抱素纂，根据日本内阁文库藏明崇祯十年（1637）刻本影印。书前有张国经的《重修廉州府志序言》。书后有郑抱素的《廉州府志后跋》。

　　《［雍正］灵山县志》十二卷，［清］盛熙祚纂修，根据日本内阁文库藏清雍正十一年（1733）刻本影印。书前有杜兆观的《灵山县志书序》、盛熙祚的《重修灵山县志序》、林长存的《灵山县志原序》、《灵山县旧志纂校姓氏》。

［嘉靖］仙游县志·［嘉靖］福清县志续略·［崇祯］海登县志·［崇祯］尤溪县志
定价：88.00 元　ISBN 7－5013－0966－3/K·136　1992 年 11 月出版

　　《［嘉靖］仙游县志》八卷，［明］林有年纂，根据日本尊经阁文库藏明嘉靖十七年（1538）刻本影印。书前有林富的序、凡例、《仙游县前后修志姓氏》。

　　《［嘉靖］福清县志续略》十八卷，［明］（释）如一纂，根据日本国会图书馆藏明嘉靖二十六年（1547）刻本影印。书前有（释）如一的叙、图、凡例。

　　《［崇祯］海登县志》二十卷，［明］梁兆阳修，蔡国祯、张燮等纂，根据日本东京图书馆藏明崇祯六年（1633）刻本影印。书前有王志道、梁兆阳的序，凡例，纂修姓氏。

《［崇祯］尤溪县志》九卷，［明］邓一萧纂修，根据日本国会图书馆藏明崇祯九年（1636）刻本影印。书前有邓一萧的叙、赵璧的序、蒋尧勋的序。书后有田振先的书。

［隆庆］楚雄府志·［万历］铜仁府志·［万历］合州志·［康熙］涪州志
定价：62.00 元　ISBN 7-5013-1003-3/K·153　1992 年 11 月出版

《［隆庆］楚雄府志》六卷，［明］徐栻修，张泽等纂，根据日本静嘉堂文库藏明隆庆二年（1568）刻本影印。书前有徐栻的序、纂修姓氏。

《［万历］铜仁府志》十二卷，［明］陈以跃纂修，根据日本国会图书馆藏明万历后期刻本影印。书前有凡例。

《［万历］合州志》八卷，［明］刘芳声修，田九垓纂，根据日本内阁文库藏明万历七年（1579）刻本影印。书前有刘芳声的《重修合州志序》、修志姓氏、图、凡例。书后有王大酞的后序、岳元辅的《合志又语》、田九垓的《州志跋语》。

《［康熙］涪州志》四卷，［清］董维祺修，冯懋柱纂，根据日本内阁文库藏清康熙五十三年（1714）刻本影印。书前有董维祺的《重庆府涪州志序》，冯懋柱的《附序》，文珂、刘之益、夏国孝的旧序，凡例，修志姓氏。书后有孙于朝的《涪州志跋》。

［万历］滕县志·［万历］罗山县志·［康熙］罗山县志·［万历］汝州志·［崇祯］郾城县志
定价：70.00 元　ISBN 7-5013-1002-5/K·152　1992 年 11 月出版

《［万历］滕县志》八卷，［明］杨承父修，王元宾纂，根据日本尊经阁文库藏明万历十三年（1585）刻本影印。书前有杨承父的序。书后有方元脩的后序。

《［万历］罗山县志》四卷，［明］李弘道纂修，根据日本宫内省图书寮藏明万历十一年（1583）刻本影印。书前有刘世德的序。

《［康熙］罗山县志》八卷，［清］阎兴邦、鲁麟纂修，根据日本东洋文库藏清康熙三十年（1691）刻本影印。书前有鲁麟的序。

《［万历］汝州志》四卷，［明］方应选修，张维新纂，根据日本宫内省图书寮藏明万历二十四年（1596）刻本影印。书前有方应选、张维新、艾穆、杨三聘、朱维京的序。书后有李开芳的《读汝志后》。

《［崇祯］郾城县志》十卷，［明］李振声修，李豫纂，根据日本京都大学藏明崇祯十年（1637）刻本影印。书前有李振声的序、图、凡例。书后有李葆毕的后跋。

［康熙］翁源县志·［康熙］阳春县志·［康熙］程乡县志·［康熙］临高县志
定价：89.00 元　ISBN 7-5013-1004-1/K·154　1992 年 11 月出版

《［康熙］翁源县志》七卷，［清］刘士麒纂修，根据日本内阁文库藏清康熙二十五年（1686）刻本影印。书前有刘士麒的《新修翁源县志序》、《原纂修县志姓氏》、《编纂姓氏》。书后有刘士麒的跋。

《［康熙］阳春县志》十八卷，［清］康善述纂修，根据日本内阁文库藏清康熙二十六年（1687）刻本影印。书前有康善述的《重修阳春县志序》、《阳春县志旧序》。

《［康熙］程乡县志》八卷，［清］刘广聪纂，根据日本东洋文库藏清康熙三十年（1691）刻本影印。书前有李钟麟、刘广聪的《程乡县志序》，迟煊、薛侨、孙录、王吉人、李士淳的《程乡县前志序》，图，凡例。

《［康熙］临高县志》十二卷，［清］樊庶纂修，根据日本内阁文库藏清康熙四十六年（1707）刻本影印。书前有樊庶的序、凡例、《临高县志总论》。

日本藏中国罕见地方志丛刊续编（全二十册）
殷梦霞选编　精装　16 开　定价：9800.00 元
ISBN 7-5013-2151-5/K·673　2003 年 8 月出版

本书共收集流失海外、为日本收藏、国内罕见的地方志计 16 种。其中 11 种为明代所纂，5 种为清代所修，多为国内无藏的稀见之本。

书　名	编（著）者	版　本
［万历］沙河县志八卷	（明）姬自修等纂，谷师顾重修	明万历三十七年刻本
［崇祯］蔚州志四卷	（明）来临纂修	明崇祯抄本
［康熙］平乡县志六卷	（清）赵弼修，赵培基纂	清康熙十九年刻本
［万历］沁源县志二卷	（明）李守贞纂修	明万历间刻本
［弘治］太仓州志十卷	（明）李端修，桑悦纂	清宣统元年汇刻本
［嘉靖］山阴县志	（明）许东望修，张天复，柳文纂	明嘉靖三十年刻本

书　名	编（著）者	版　本
[康熙] 常山县志十五卷	（清）杨滐纂修	清康熙二十二年抄本
[康熙] 昌化县志十卷	（清）谢廷玑纂修	清康熙间抄本
[康熙] 建宁府志五十卷	（清）程应熊、姚文燮纂修	清康熙五年抄本
[永历] 宁洋县志九卷	（明）金基纂修	南明永历二十九年刊本
[万历] 归化县志十卷 图一卷 附一卷	（明）周宪章纂修	明万历四十二年刻本
[崇祯] 寿宁待志二卷	（明）冯梦龙纂修	明崇祯十年刻本
[崇祯] 肇庆府志五十卷	（明）陆鳌、陈烜奎纂修	明崇祯六年至十三年刻本
[嘉靖] 平凉府志十三卷	（明）赵时春纂修	明嘉靖三十九年刻本
[万历] 通渭县志存一卷	（明）刘世纶重修、白我心纂	明万历四十四年刻本
[光绪] 镇番乡土志二卷	（清）刘春堂、聂守仁编	清抄本

使朝鲜录（全二册）

殷梦霞、于浩选编　精装　16开　定价：900.00元
ISBN 7－5013－2126－4/D·48　2003年6月出版

　　本丛书主要收录了宋代和明清两朝出使朝鲜的使臣所撰写的见闻录，以及私家撰著涉及朝鲜历史的著述，共计20余种。其中包括稀见善本2种、抄稿本数种，其余刻本和印本亦多属国家图书馆藏稀见之本。内容包括历朝使臣经历海道和陆路沿途数千里的所见所闻，涉及所经之处的山川形胜、历史掌故、典章制度以及各地的民风习俗等。因多属使者亲身经历、亲笔记述，故史料详实可信，文献价值颇高；其中也不乏使臣们舟车劳顿之余诗赋唱和与遣怀记兴之作。所以本丛书从中国使臣这一群体的特殊视角，为人们提供了研究朝鲜历史、中朝关系史以及中朝贸易交通史弥足珍贵的参考文献，尤其对研究历史上中国与周边邻国的特殊外交体制——封贡制度有非常重要的意义。此前学者研究更多侧重于朝鲜方面的记载，而此类文献多被忽视，故刻印不多，流传极少。本丛书的编纂即是重新发掘现存该类文献，统一编排，并影印出版。

书　名	编（著）者	版　本
宣和奉使高丽图经	（宋）徐兢撰	清乾隆五十八年刻本
宣和奉使高丽图经·斠补隅录	（清）蒋光煦辑校	清光绪九年刻本
使高丽录	（宋）徐兢撰	清重刻本
奉使朝鲜倡和集	（明）倪谦撰	清宣统二年刻本
朝鲜纪事	（明）倪谦撰	清宣统二年刻本
辽海编	（明）倪谦撰	明成化五年刻本
宝颜堂订正方洲先生奉使录	（明）张宁撰	清初重刻本
朝鲜赋	（明）董越撰，魏元旷校勘	民国四至九年刻本
朝鲜杂志	（明）董越撰	民国三十年上海影印本
使朝鲜录	（明）龚用卿撰	
奉使朝鲜稿	（明）朱之蕃撰	刻本
輶轩纪事	（明）姜曰广撰	清光绪十九至二十一年刻本
东游集	（清）阿克敦撰	清嘉庆二十一年刻本
奉使图	（清）阿克敦撰	清嘉庆二十一年刻本
奉使朝鲜驿程日记	（清）柏葰撰	清道光二十三年刻本
东使纪事诗略	（清）魁龄撰	清同治五年刻本

著名图书馆藏稀见方志系列

华东师范大学图书馆藏稀见方志丛刊（全二十册）

黄秀文、吴平主编　精装　16开　定价：9000.00元
ISBN 7－5013－2813－7/K·1212　2005年10出版

　　地方志是我国特有文献，其编纂历史悠久，种类齐全，内容丰富，是一个无可替代的巨大宝库。本丛刊内收华东师大图书馆珍藏明代至民国地方志20种（收藏单位均不超过三、四家），是地方志整理出版工作的又一新收获。无疑将有利于地方志文献在更大范围内的研究与利用。

书　名	编（著）者	版　本
[嘉靖] 陕西通志四十卷	（明）赵廷瑞纂修	明嘉靖二十一年（1542）刊本
[嘉靖] 新宁县志十卷	（明）王臣修，陈元珂纂	明嘉靖二十四年（1545）刊本

书　名	编（著）者	版　本
横溪录八卷	（明）徐鸣时纂	明抄本
[淳熙]三山志四十二卷	（宋）梁克家撰辑，（明）林材订正	明崇祯十一年（1638）刻本
[万历]开原图说二卷	（明）冯瑗纂	抄本
[康熙]江都县志十六卷	（清）李苏纂修	清康熙五十六年（1717）刊本
[乾隆]乾州志四卷	（清）王玮纂修	清乾隆四年（1739）刊本
[乾隆]广西府志二十卷	（清）周采修、李绶等纂	清乾隆四年（1739）刊本
襄城文献录十二卷	（清）刘宗泗辑	清乾隆四年（1739）刊本
[乾隆]闽清县志十卷	（清）姚循义纂修	清乾隆七年（1742）抄本
[乾隆]宜良县志四卷	（清）李淳纂修	清乾隆五十一年（1786）刊本
[乾隆]当阳县志九卷首一卷	（清）黄仁修、童峦纂	清乾隆五十九年（1794）刊本
[道光]威远厅志八卷	（清）谢体仁纂修	清道光十七年（1837）刊本
[乾隆]通州志十卷　首一卷　末一卷	（清）高天凤修、金梅纂	清乾隆四十八年（1783）刊本清道光十八年（1838）修订
[光绪]朝城县志略一卷	（清）李煜纂修	清光绪间抄本
崖州直隶州乡土志二卷	（清）汤宝芬修	抄本
[宣统]恩安县志六卷	（清）汪炳谦纂修	清宣统三年（1911）抄本
[宣统]昭觉县志稿四卷	（清）徐怀璋纂修	清宣统三年（1911）稿本
[民国]同正县志不分卷	钱承聪纂	民国间抄本
南浔镇志稿四卷	周子美纂修	稿本

陕西省图书馆藏稀见方志丛刊（全十六册）

陕西省图书馆编　精装　16开　定价：7200.00元
ISBN 7-5013-3158-8/K·1397　2006年9月出版

　　内收陕西省图书馆藏稀见方志47种，收藏者均不超过三、四家，其中25种抄稿本为该馆独家收藏。

书　名	编（著）者	版　本
[康熙]鄠县志十二卷图一卷	（清）康如琏修纂	清康熙二十一年（1862）刻本
[雍正]鄠县重续志五卷	（清）鲁一佐修纂	清雍正十年（1732）刻，乾隆十六年（1751）增补本
[雍正]泾阳县志八卷	（清）屠楷纂修	清雍正十年（1732）刻本
泾阳乡土志三卷	（清）佚名编	清光绪二十三年（1879）稿本
[乾隆]重修盩厔县志十四卷	（清）杨仪修、王开沃纂	抄本
盩厔县乡土志十五卷	（清）左一芬纂修	清末抄本
[顺治]邠州志四卷	（明）姚本修、阎奉恩纂，（清）苏东柱续修	清顺治六年（1649）刻，康熙四十四年（1705）增补本
邠县乡土志不分卷	（清）张殿华辑	清光绪间稿本
[康熙]三水县志四卷	（清）林逢泰修、文倬天纂	清康熙十六年（1677）刻本
[康熙]淳化县志八卷	（清）张如锦纂修	清康熙四十一年（1702）吏隐堂刻本
[康熙]长武县志二卷	（清）张纯儒、莫琛修纂	清康熙十六年（1677）刻本
富平乡土志不分卷	（清）佚名撰	清末抄本
蓝田县乡土志	（清）佚名修纂	清宣统二年（1910）抄本
朝邑乡土志不分卷	（清）朱续馨编	清宣统年间抄本
合阳县新志材料不分卷	陈禄、窦建章修，雷葆谦纂	民国石印本
合阳县乡土志一卷	（清）萧钟秀编纂	民国抄本
白水县乡土志	佚名纂	民国十三年（1924）抄本
[雍正]镇安县志三卷	（清）武维绪修、任毓茂纂	雍正四年（1726）刻本
[康熙]山阳县初志三卷	（清）秦凝奎修纂	清康熙三十三年（1694）刻本
[乾隆]商南县志十二卷	（清）罗文思纂修	抄本
商南县乡土志	（清）佚名纂	清宣统二年（1910）抄本
岐山县乡土志三卷	（清）佚名纂	清光绪三十四年（1908）抄本
[顺治]汧阳志不分卷	（清）王国玮纂修	清顺治十七年（1660）增刻顺治十年（1653）本
[雍正、乾隆]增补汧阳志	（清）吴宸梧、管葹纂修增补	清乾隆元年（1736）增刻康熙五十七年（1718）本
武功县乡土志一卷	（清）高锡华撰	清光绪末年抄本
[道光]凤县乡土志不分卷	（清）陈韶纂	清道光六年（1826）抄本
[道光]增修怀远县志四卷	（清）苏其照原本，何丙勋增补	抄本
府谷县乡土志四卷	严用琛修，高峋纂	民国十三年（1924）重抄本
[顺治]安塞县志十卷	（清）李暲修，郭指南纂	清乾隆九年（1744）倪嘉谦抄本
甘泉县乡土志不分卷	（清）佚名纂	清宣统二年（1910）抄本
[雍正]安定县志不分卷	（清）吴瑛修、王鸿蔼等纂	抄本

书　名	编（著）者	版　本
［道光］安定县志八卷　首一卷	（清）姚国龄修，米毓璋纂	清道光二十六年（1846）修，抄本
［康熙］延长县志十卷　首一卷	（清）孙芳馨修，樊钟秀等纂	清康熙五十三年（1714）修，抄本
［康熙］中部县志四卷	（清）李暄修，刘尔怡纂	清康熙三十二年（1693）刻本
南郑乡土志一卷	（清）佚名纂	清末抄本
［光绪］宁羌州乡土志二卷	（清）陈苣芬修，黎彩彰纂	清光绪间汉南允贞学社活字本
［光绪］略阳乡土志三卷	（清）佚名纂	清光绪间抄本
［光绪］佛坪厅乡土志不分卷	（清）佚名纂	清光绪三十四年（1908）抄本
［光绪］留坝乡土志不分卷	（清）王懋照修，吴从周编	清光绪三十三年（1907）修，抄本
［康熙］汉阴县志六卷	（清）赵世震修，汪泽延纂	清康熙二十六年（1687）刻本
［乾隆］平利县志书不分卷	（清）佚名纂	抄本
［民国］镇坪县乡土志三卷	袁家声修，刘式金编	民国十二年（1923）修，抄本
［光绪］砖坪厅志不分卷	（清）佚名修纂	清光绪三十二年（1906）稿本
［天顺］重刊襄阳郡志四卷	（明）张恒修纂	明天顺年间刻本
［光绪］黑龙江述略六卷	（清）徐宗亮修纂	清光绪十七年（1891）刻本
［道光］印江县志二卷	（清）郑士范修纂	清道光十七年（1837）刻本

北京师范大学图书馆藏稀见方志丛刊（全二十二册）

北京师范大学图书馆编　精装　16开　定价：9700.00元
ISBN 978 – 7 – 5013 – 3484 – 1/K・1515　2007年7月出版

　　北京师范大学图书馆始于1902年成立的京师大学堂图书室，历史悠久，馆藏丰富，古籍线装书达三万余种三十七万余册之多。尤以地方志为特色，藏历代方志两千余种，其中省志82种、府志186种、州志215种、县志1800余种，其中不少为稀见珍品。本丛刊萃选北京师范大学图书馆所藏稀见地方志（乡土志）29种，多为明、清两代抄、刻本，少数几种为民国时期的油印、石印或铅印本。其中［康熙］碮伯所志、［咸丰］崇义县续志、［道光］玉门县志、［光绪］武清县志、［嘉庆］蛤仔难纪略、［嘉庆］巫山县志、［清末］无锡斗门小志、［民国］古北口志、［民国］杏花村续志、［民国］叶县乡土志等十余种是北京师范大学图书馆独家收藏的版本，实属珍罕。

书　名	编（著）者	版　本
［民国］古北口志不分卷		民国二十四年（1935）日伪热河省公署古北口办事处油印本
［光绪］武清县志十卷　首一卷　末一卷	（清）蔡寿臻、钱锡宷纂修	稿本
［顺治］蓟州志二卷	（清）李英纂修	清顺治十六年（1659）刻本
［康熙］河间县志十二卷	（清）袁元修，杨九有纂	清康熙十三年（1674）刻本
［民国］绥蒙辑要十卷	陈玉甲编	民国间铅印本
［雍正］凤翔县志十卷	（清）韩镛修纂	清雍正十一年（1733）刻本
［嘉靖］河州志四卷	（明）吴祯编，刘卓校刊	明嘉靖四十二（1563）年仕优堂刻本
［乾隆］玉门县志一卷	（清）佚名撰	清道光六年（1826）赵麟趾抄本
［康熙］碮伯所志一卷	（清）梁景岱鉴定，李天祥纂	稿本
［光绪］泰安县乡土志不分卷	（清）杨承泽编	光绪三十三年（1907）铅印本
［民国］兴化县小通志不分卷	阮性传纂	民国间抄本
［万历］皇明常熟文献志十八卷	（明）管一德纂	明万历三十三年（1605）刻本
［光绪］无锡斗门小志不分卷	（清）佚名纂	稿本
［康熙］象山县志十六卷	（清）胡祚远修，姚廷杰纂	清康熙三十七年（1698）刻本
［乾隆］庐州卫志六卷　首一卷	（清）尹焕纂	乾隆十二年（1747）刻本
［民国］杏花村续志三卷　首一卷　末一卷	胡子正编纂	稿本
［康熙］彭泽县志十四卷首一卷	（清）王廷藩修，潘瀚等纂	清康熙二十二年（1683）刻本
［乾隆］宁州志十卷	（清）张耀曾修，陈昌言纂	清乾隆二年（1737）刻本
［道光］吉水县志三十二卷　首一卷	（清）周树怀修纂	清道光五年（1825）刻本
［康熙］长葛县志八卷	（清）何鼎纂修	清康熙三十年（1691）刻本
［咸丰］崇义县续志二卷	（清）汪报闰修，陈世玮纂	清咸丰六年（1856）刻本
［嘉庆］蛤仔难纪略一卷	（清）谢金銮撰	道光十四年（1834）刻本
［乾隆］郏县续志一卷	（清）张楣修，聂宪纂	清乾隆七年（1742）修，乾隆八年（1743）刻本
［康熙］建宁县志十四卷	（清）周燨等掌修，陈恂纂	清康熙十一年（1672）刻本
［顺治］阌乡县志六卷	（清）张三省、杨遵修，杜允中等纂	清顺治十一年（1654）刻，顺治十六年（1659）、康熙五年（1666）增刻本
［雍正］巫山县志不分卷	（清）佚名纂修	中国书店1963年抄本
［康熙］鄜署杂抄十二卷　首一卷　末一卷	（清）汪为熹纂	清康熙五十八年（1719）纶嘏堂刻本
［民国］叶县乡土志不分卷	（民国）郭登峰编	民国十三年（1924）石印本

禅宗全书（全一〇一册）

蓝吉富主编　精装　16 开　定价：18000.00 元

ISBN 7－5013－2602－9/B·108　2004 年 12 月出版

　　本丛书共收辑六世纪至二十世纪佛教禅宗典籍 570 余部，分为史传、宗义、语录、清规、杂集五类，编为一百册，外加总目索引一册，是迄今为止中外各国收录禅宗典籍最多的禅宗类丛书。

历朝学案拾遗（全三册）

梁启超、王恩洋等撰，本社影印室辑　精装　大 32 开　定价：720.00 元

ISBN 7－5013－2591－X/K·952　2004 年 12 月出版

　　共收入清代及民国时期著名学者编著的学案类著作 10 余种，其中有墨子学案（梁启超撰）、孔子学案、老子学案、曾国藩学案等；另有关于著名学案的札记、补遗，如宋元学案补遗残稿、明儒学案札记等。本书是研究中国哲学史、学术史、思想史乃至整个文化史的重要参考文献。

书　名	编（著）者	版　本
老子学案	王恩洋撰	民国三十三年四川东方文教研究院铅印本
孔子学案	王恩洋撰	民国三十二年四川东方文教研究院铅印本
墨子学案	梁启超撰	民国十年共学社《哲人传记丛书》本
孟子学案	王恩洋撰	民国三十三年四川东方文教研究院铅印本
宋元学案补遗残稿	佚名辑	清抄本
明儒学案札记	冯惠撰	民国三十八年稿本
宋元学案札记	冯惠撰	民国三十八年稿本
补明儒东莞学案	容肇祖撰	民国年间北京铅印本
明儒学案书后	夏成吉撰	民国九年开封新民社石印本
止修学案录要	（明）李材撰	民国间刻《李见罗先生全集》本
学案备忘录	佚名撰	民国年间铅印本
曾文正公学案	沈宗元撰	民国八年成都昌福公司铅印本
王国维先生之思想	王恩洋撰	民国三十二年四川东方文教研究院铅印本
廖氏学案序	刘师培撰	民国十年四川存古书局刻本

明清四大高僧文集（全四种）

曹越主编　平装　32 开　定价：198.00 元

ISBN 7－5013－2616－9/B·110　2004 年 12 月出版

　　本书收入明末清初四大高僧：紫柏老人、蒲益大师、云栖株宏、憨山大师之著述 4 种。

丛书佛教文献类编（全六册）

北京图书馆出版社、河南省图书馆合编　精装　16 开　定价：2400.00 元

ISBN 7－5013－2432－8/K·820　2004 年 5 月出版

　　本书从国家图书馆、河南省馆所藏部分古籍丛书中选编佛教文献 70 余种，内容涉及佛教经、律、论及注疏、指南、研究著述等等，多为《大藏经》所未收者。古籍丛书以其体例灵活、网罗宏富的特点，在保存和流传佛教文献方面，有着不可替代的作用。有些编者在汇编汇刻丛书时，还对收入其中的佛教文献作了校勘订正，其文献价值更远胜过单刻本。今我社将散存在丛书中的藏外佛教文献结集出版，无疑将极大地丰富当前的佛学研究。

书　名	编（著）者	版　本
经之属		
六朝写本大集经残一卷　存卷十九	罗振玉辑	《贞松堂藏西陲秘籍丛残》本
摩诃般若波罗蜜经残一卷　存卷九	罗振玉辑	《贞松堂藏西陲秘籍丛残》本
魏晋间写本摩诃般若波罗蜜残一卷　存大品第二十四	罗振玉辑	《贞松堂藏西陲秘籍丛残》本
佛说十八泥犁经一卷	（汉）释安世高译	《郋园先生全书》本
佛说杂藏经一卷	（晋）释法显译	《郋园先生全书》本
饿鬼报应经一卷	（晋）释法显译	《郋园先生全书》本
佛说鬼问目连经一卷	（汉）释安世高译，罗振玉辑	《贞松堂藏西陲秘籍丛残》本
残写经二种	罗振玉辑	《贞松堂藏西陲秘籍丛残》本
律之属		
魏晋间书残律三种	罗振玉辑	《贞松堂藏西陲秘籍丛残》本
论之属		
佛说大乘金刚经论		《三余堂丛刻》本
秘密之属		
千手千眼观世音菩萨广大圆满无碍大悲心陀罗尼经一卷	（唐）释伽梵达摩译	博古斋影《士礼居黄氏丛书》本
佛说安宅咒经	罗振玉辑	《贞松堂藏西陲秘籍丛残》本
心要经一卷	（唐）释道㲀译	清光绪间刻《函海》本
经疏之属		
维摩诘经解二种	（东晋）释僧肇注	《贞松堂藏西陲秘籍丛残》本
金刚般若波罗蜜经注二卷	（清）俞樾注	《春在堂全书》本
金刚经订义一卷	（清）俞樾撰	《春在堂全书》本
佛说四十二章经注一卷	宋真宗注	《郋园先生全书》本
佛说四十二章经注	沙门守遂注	《津逮秘书》本
佛说四十二章经笺注	丁福保笺注	《丁氏佛教丛书》本
经义二种	罗振玉辑	《贞松堂藏西陲秘籍丛残》本
唐人行书经义一卷	罗振玉辑	《贞松堂藏西陲秘籍丛残》本
心经笺注	丁福保笺注	《丁氏佛学丛书》本
心经详注	丁福保注	《丁氏佛学丛书》本
佛说八大人觉经笺注	丁福保笺注	《丁氏佛学丛书》本
佛遗教经笺注	丁福保笺注	《丁氏佛学丛书》本
观世音经笺注	丁福保笺注	《丁氏佛学丛书》本
高王观世音经笺注	丁福保笺注	《丁氏佛学丛书》本
金刚经笺注	丁福保笺注	《丁氏佛学丛书》本
阿弥陀经笺注	丁福保笺注	《丁氏佛学丛书》本
盂兰盆经笺注	丁福保笺注	《丁氏佛学丛书》本
无量义经笺注	丁福保笺注	《丁氏佛学丛书》本
观普贤菩萨行法经笺注	丁福保笺注	《丁氏佛学丛书》本
观无量寿佛经笺注（附观无量寿佛经图）	丁福保笺注	《丁氏佛学丛书》本
佛经精华录笺注	丁福保笺注	《丁氏佛学丛书》本
诸宗之属		
令旨解二谛义一卷	（梁）萧统撰	清宛委山堂刻《说郛》本
宝藏论一卷	（后秦）释僧肇撰	清光绪间刻《函海》本
相宗络索一卷	（清）王夫之撰	《船山遗书》本
止观辅行传宏诀（一名辅行记）一卷	（唐）释湛然述，（清）胡澍录	《漪喜斋丛书》本
西斋争土诗三卷附录一卷校讹一卷补校一卷	（元）释梵琦撰，（清）胡珽校讹，董金鉴补校	《丛书集成初编》本
永嘉集一卷（附永嘉证道歌）	（唐）释元觉撰	《永嘉诗人祠堂丛刻》本
唱经堂圣人千案一卷	（清）金人瑞撰	《风雨楼丛书》本

书 名	编（著）者	版 本
总录之属·概论		
郁单越颂一卷	（清）黄周星撰	《檀几丛书初集》本
学佛捷径	丁福保编纂	《丁氏佛学丛书》本
象教皮编六卷	（明）陈士元辑	清嘉庆间刻《学津讨原》本
读大乘起信论捷诀	丁福保编纂	《丁氏佛学丛书》本
总录之属·杂说		
牟子一卷	（汉）牟融撰，（清）孙星衍校	清嘉庆二十年刻《平津馆丛书》本
法苑珠林一卷		清宛委山堂刻《说郛》本
法苑珠林一卷		民国间石印《唐人说荟》本
大藏治病药一卷		民国间石印《唐人说荟》本
法藏碎金录一卷	（宋）晁迥撰	清宛委山堂刻《说郛》本
罗湖野录一卷	（宋）释晓莹撰	清宛委山堂刻《说郛》本
禅本草	（宋）释慧日撰	《五朝小说大观》本
禅门本草补一卷	（明）袁中道撰	清宛委山堂刻《说郛续》本
北山录一卷	（宋）□□撰	清宛委山堂刻《说郛》本
北山录		商务印书馆铅印《说郛》本
牧牛图颂一卷又十颂一卷	（□）释普明等撰	《喜咏轩丛书》本
奏对机缘一卷	（清）释道忞撰	清康熙间刻《昭代丛书》本
念佛三昧一卷	（清）金人瑞撰	《檀几丛书》本
佛解六篇	（清）毕熙旸撰	《檀几丛书》本
梵珠一卷	（清）俞樾撰	《春在堂全书》本
佛学笔记	（民国）徐昂撰	《徐氏全书》本
总录之属·感应		
金刚经鸠异一卷	（唐）段成式撰	《五朝小说大观》本
鹦鹉舍利塔记一卷	（唐）韦皋撰	民间国石印《唐人说荟》本
现果随录一卷	（清）释戒显录	清康熙间刻《说铃》本
总录之属·护教		
宗禅辩	（宋）张商英撰	《丛书集成初编》本
护法论		商务印书馆铅印《说郛》本
总录之属·音义		
新译大方广佛华严经音义四卷		《粤雅堂丛书》本
楞严咒校勘记一卷	（民国）徐昂撰	《徐氏全书》本
总录之属·序赞		
唐人草书经赞一卷		《贞松堂藏西陲秘籍丛残》本
佛国禅师文殊指南图赞一卷		《吉石庵丛书》本
护国寺元人诸天画像赞一卷	（明）傅严撰	《武林掌故丛编》本

墨子大全（全一百册）

任继愈、李广星主编　精装　大 32 开

　　《墨子大全》共收战国至 2002 年间有关墨学著作 300 余种，精装一百册，分三编出版。计第一编古代部分（战国至清末）二十册，第二编近代部分（1911－1949）三十册，第三编现代部分（1949－2002）五十册。

第一编（古代部分，全二十册）

定价：5000.00 元

ISBN 7－5013－1932－4/B·102　2002 年 10 月出版

　　共收战国至清末墨学研究专著与名校本、名刻本等 30 余种，基本以版本先后为序，作者相同之书相对集中，编为二十册。本编主要特点有三：其一，囊括明代茅坤、朗兆玉，清代王念孙、毕沅、孙诒让、曹耀湘等墨学大师之研究专著，承载古代墨学研究发展之最高成果；其二，荟萃各种名家批校本，黄丕烈、卢文弨、傅山、许宗彦诸文献大家之手泽展卷可观；其三，版本珍稀，明刻本、明清抄本及和刻本近 20 余种，占全编三分之二。如明《道藏》本，明芝城铜活字蓝印本，明嘉靖唐尧臣刻本等名刻本均属稀世珍品。总之，《墨子大全》（第一编）汇辑古代墨学研究之全部学术成果，乃今人研究墨学，继承墨学文化遗产，光大墨子精神之文献基石。

书　名	编（著）者	版　本
墨子十五卷	（周）墨翟撰，（清）傅山校，卢文弨校跋	明正统十年（1445）刻万历二十六年（1598）印《道藏》本
墨子三卷	（清）黄丕烈跋	明抄本
墨子十五卷	（清）黄丕烈校并跋	明嘉靖三十一年（1552）芝城铜活字蓝印本
墨子十五卷	（周）墨翟撰	明嘉靖三十二年（1553）唐尧臣刻本
墨子十五卷	（周）墨翟撰	明嘉靖江藩刻本
墨子类纂一卷	（明）沈津纂	明隆庆元年（1567）含山县儒学刊本
墨子批校六卷	（明）茅坤撰	明隆庆间童思泉刊本
墨子批校六卷	（明）茅坤撰	明万历刻本
墨子批选二卷	（明）李贽撰	明万历三年（1575）刻本
墨子批校六卷	（明）茅坤撰	明万历间书林童思泉刻
墨子删定一卷	（明）潜庵子纂	明万历五年（1577）刻《子汇》本
墨子品节一卷	（明）陈深纂	明万历十九年（1591）刻本
墨子四卷	（明）冯梦祯辑	明万历三十年（1602）刻本
墨子奇赏二卷	（明）陈仁锡撰	明天启六年（1626）三经斋刻本
墨子评十五卷	（明）郎兆玉评	明堂策槛刻《且且庵初笺十六子》本
墨子与墨者一卷		清康熙九年（1670）刻《绎史》本
墨子十五卷		清乾隆三十八年（1773）《四库全书》抄本
墨子注十六卷	（清）毕沅撰，戴望校并跋，谭仪校	清乾隆四十九年（1784）毕氏灵严山馆刻本
墨子注十六卷	（清）毕沅撰	日本天宝六年（1836）江户松本氏重刻经训堂本
墨子十五卷	（清）许宗彦校	清刻本
墨翟考	（清）吴承烜辑	抄本
墨经正文解义四卷	（清）邓云昭撰	清抄本
墨子经说解一卷	（清）张惠言撰，孙诒让校	清抄本
墨子平议三卷	（清）俞樾撰	清刻本
墨子杂志六卷	（清）王念孙撰	清道光十二年（1832）刻本
墨子刊误二卷	（清）苏时学撰	民国十七年（1928）中华书局聚珍仿宋印本
墨子勘注补正二卷　附考定墨子经下篇一卷	（清）王树枏撰，吴汝纶勘正并撰	清光绪十三年（1887）文莫室刊本
墨子间诂十五卷	（清）孙诒让撰	清光绪二十一年（1895）苏州毛上珍聚珍活字本
墨子间诂十五卷	（清）孙诒让撰	清宣统二年（1910）刻本
墨子注三卷	（周）王闿运撰	清光绪三十年（1904）江西官书局刊本
墨子笺十五卷	（清）曹耀湘撰	清光绪三十二年（1906）湖南官书局排印本
点勘墨子读本十六卷	（清）吴汝纶撰	清宣统元年（1909）衍星社排印本
墨商三卷	（清）王景羲撰	清宣统二年（1910）永嘉王氏刻本

第二编（民国部分，全三十册）
定价：8000.00 元
ISBN 7－5013－2113－2/K·556　2003 年 11 月出版

　　子目略。

第三编（现代部分，全五十册）
定价：13000.00 元
ISBN 7－5013－2588－X/K·950　2004 年 12 月出版

　　子目略。

续百子全书（全二十五册）
钟肇鹏选编　精装　大 32 开　定价：4860.00 元
ISBN 7－5013－1435－7/Z·239　1998 年 8 月出版

　　本书是一部丛书。全书共选编先秦至清末的子书百余种。除收有儒家、道家、法家、兵家、农家、数术和杂家的著述，还有关书法、绘画及茶文化等各方面的书。在选编过程中对每种书的版本均加以认真考究。前有钟肇鹏的序。

书　名	编（著）者	版　本
圣门十六子书	（清）冯云鹓辑	清道光十四年（1834）崇川冯氏刊本
曾子家语六卷	（清）王定安辑	清光绪十六年（1836）金陵刻本
子思子内外篇七卷	（清）黄以周辑解	清光绪南菁书院刻本
家语证伪十一卷	（清）范家相撰	清光绪十五年（1835）会稽徐氏铸学斋刊稿本
孔子集语十七卷	（清）孙星衍辑	《平津馆丛书》本
鲁连子	（战国）鲁仲连撰	《玉函山房辑佚书》本
春秋繁露十七卷	（汉）董仲舒撰	宋嘉定四年（1211）江右计台刻本
桓子新论三卷	（汉）桓谭撰	《全后汉文》本
政论一卷	（汉）崔寔撰	《全后汉文》本
仲长子昌言二卷	（汉）仲长统撰	《玉函山房辑佚书》本
人物志三卷	（魏）刘劭撰	《守山阁丛书》本
桓氏世要论	（魏）桓范撰	《全上古三代秦汉三国六朝文》本
物理论	（晋）杨泉撰	《平津馆丛书》本
袁子正书	（晋）袁准撰	《玉函山房辑佚书》本
傅子三卷	（晋）傅玄撰，叶德辉辑	《观古堂所著书》本
帝范四卷	（唐）李世民撰	《清芬堂丛书》本
三教论衡	（唐）白居易撰	《说郛》本
因论	（唐）刘禹锡撰	《百川学海》本
省心录	（宋）林逋著	《学海类编》本
常语三卷	（宋）李觏撰	《直讲李先生文集》本
通书解	（宋）朱熹撰	《朱子三书》本
西铭解	（宋）朱熹撰	《朱子三书》本
正蒙初义十七卷	（宋）张载撰，（清）王植注	《四库全书》本
潜虚	（宋）司马光撰	清影宋抄本
潜虚发微论	（宋）张敦实撰	清影宋抄本
渔樵对问	（宋）邵雍撰	《百川学海》本
观物外篇二卷	（宋）邵雍撰	《皇极经世》本
小学集解六卷	（清）张伯行著	《正谊堂全书》本
先圣大训六卷	（宋）杨简辑并注	明刻本
晁氏儒言	（宋）晁说之撰	《学海类编》本
昭德新编二卷	（宋）晁迥撰	《晁氏丛书》本
迩言	（宋）刘炎撰	《百陵学山》本
刍言三卷	（宋）崔敦礼撰	《函海》本
心经政经合编	（宋）真德秀辑	江苏书局刊本
龙门子凝道记二卷	（明）宋濂著	《宋文宪公全集》本
谰言长语	（明）曹安撰	《四库全书》本
胡子衡斋八卷	（明）胡直撰	《豫章丛书》本
本语六卷	（明）高拱撰	《四库全书》本
呻吟语六卷	（明）吕坤撰	《吕子遗书》本
心斋约言	（明）王艮著	《学海类编》本
甘泉新论	（明）湛若水著	《学海类编》本
困知记四卷	（明）罗钦顺撰	《正谊堂全书》本
学范	（明）赵撝谦撰	清初刻本
绎志十九卷	（明）胡承诺撰	清同治浙江书局刊本
庸言	（明）桑悦著	《学海类编》本
留书	（明）章世纯撰	明崇祯刻本
黄书	（清）王夫之撰	《船山遗书》本
破邪论	（清）黄宗羲著	《黎洲遗著汇刊》本
弘道书三卷	（清）费密撰	《费氏遗书三种》本
四存编	（清）颜元撰	《颜李丛书》本
潜书四卷	（清）唐甄撰	清光绪三十二年（1906）山东官印书局铅印本
论学小记三卷	（清）程瑶田著	《通议录》本

书　名	编（著）者	版　本
意言	（清）洪亮吉著	《洪北江诗文集》本
浮邱子十二卷	（清）汤鹏撰	清刻本
齐民四术	（清）包士臣著	《安吴四种》本
默觚三卷	（清）魏源撰	《古微堂内集》本
治平通义八卷	（清）陈虬撰	清光绪刻本
六斋卑议	（清）宋恕著	《敬乡楼丛书》本
仁学	（清）谭嗣同撰	民国铅印本
道德真经指归	（汉）严遵撰，谷神子注	《道藏辑要》本
文子缵义十二卷	（宋）杜道坚撰	《二十二子》本
坐忘论	（唐）司马承祯撰	《道藏辑要》本
玄纲论二卷	（唐）吴筠撰	《道藏辑要》本
道体论	（唐）通玄先生述	《道藏辑要》本
至言总五卷	（五代）范翛然撰	《道藏辑要》本
化书	（南唐）谭峭著，（明）王一清注	《道藏辑要》本
大道论	周固朴著	《道藏辑要》本
席上腐谈二卷	（元）俞琰撰	《宝颜堂秘籍》本
析疑指迷论	（元）牛道淳撰	《道藏辑要》本
道德会元二卷	（元）李道纯撰	《道藏辑要》本
墨娥小录十四卷		影明刻本
计然万物录		《龙溪精舍丛书》本
五行大义五卷	（隋）萧吉撰	《知不足斋丛书》本
元包经传五卷	（北周）卫元嵩述，（唐）李江注，苏源明传	《学津讨原》本
长短经九卷	（唐）赵蕤撰	清抄本
鹿门子	（唐）皮日休撰	《子汇》本
两同书二卷	（唐）罗隐撰	《天一阁》本
谗言五卷	（唐）罗隐撰	《清芬堂丛书》本
草木子四卷	（明）叶子奇撰	《四库全书》本
蟫龙子	（明）董毂著	《百陵学山》本
含玄子十六卷	（明）赵枢生撰	明活字本
物理小识十二卷	（明）方以智撰	清光绪刻本
敖书二卷	（清）贺贻孙撰	《豫章丛书》本
三略直解		《重刊武经七书汇解》本
唐太宗李卫公问对三卷		《武经七书汇解》本
泛胜之书二卷	（汉）泛胜之撰	《玉函山房辑佚书》本
农书附蚕书	（宋）陈旉撰，秦观撰	《四库全书》本
农桑衣食撮要	（元）鲁明善撰	《四库全书》本
农说	（明）马一龙著	《宝颜堂秘籍》本
农候杂占四卷	（清）梁章钜著	《二思堂丛书》本
海味索隐	（明）屠本畯著	《说郛续》本
记海错	（清）郝懿行著	《郝氏遗书》本
医说十卷	（宋）张杲撰	《四库全书》本
茶经三卷	（唐）陆羽撰	《学津讨原》本
茶品要录	（宋）黄儒著	《夷门广牍》本
茶谱	（明）顾元庆撰	明刻本
茶疏	（明）许次纾撰	《宝颜堂秘籍》本
续茶经	（清）陆廷灿撰	《四库全书》本
古画品录	（南齐）谢赫撰	《美术丛书》本
笔法记	荆浩撰	《画论丛刊》本
绘事微言二卷	（明）唐志契撰	《四库全书珍本初集》本
书法雅言	（明）项穆撰	《美术丛书》本
画旨	（清）董其昌著	《画论丛刊》本
苦瓜和尚画语录	（清）石涛著	《美术丛书》本

中国哲学范畴丛刊（二函十一册）

钟肇鹏选编　线装　定价：966.00 元
ISBN 7－5013－1320－2/B·80　1997 年 6 月出版

　　选辑 7 种探讨中国哲学范畴的古籍汇为一编。

　　《北溪字义》二卷，〔宋〕陈淳撰，根据《北溪陈先生遗书》本（咸丰辛酉 1861 年长沙余氏校刊本）影印。原名《字义详解》，又名《四书性理字义》或《四书字义》。共分 26 门。上卷：命、性、心、情、才、志、意、仁义礼智信、忠信、忠恕、一贯（旧脱，据清漳本补）、诚、敬、恭敬；下卷：道、理、德、大极、皇极、中和、中庸、礼乐、经权、义利、鬼神（附魂魄）、佛老。本书所讲的范畴都是程朱理学中的重要哲学范畴。书前有余庠钧的《选刻北溪先生遗书弁言》、陈淳《四书字义原叙》、李昴英的《四书字义旧跋》。书后有林同的跋。

　　《易微言》二卷，〔清〕惠栋撰，根据《周易》卷 20～21 用《学海堂经解》本（卷 349～350）影印。本书是解释《周易》范畴的。上卷：元、体元、无、潜、隐（附爱）、微、三微、知微之显、几、虚、独、始、素、深、初、本、至、要、约、极、一、致一、贯、一贯、忠恕之义、一贯之道、子、藏、心、养心；下卷：道、玄、神、妙、诚、仁、中、善、纯、精、易简、性命、三才、才、情、积、三五、理。

　　《孟子字义疏证》三卷，〔清〕戴震撰，根据《微波榭丛书》刊《戴氏遗书》本影印。初稿名《绪言》。修订稿改名《孟子私淑录》，定稿称《孟子字义疏证》。是戴震（18 世纪中的大学问家）最后一部著作。上卷为"理" 15 条，中卷"天道" 4 条、"性" 9 条，下卷"才" 3 条、"道" 4 条、"仁义礼智" 2 条、"诚" 2 条、"权" 2 条。其中"理"字占全书的三分之一。书前有序。

　　《性命古训》一卷，〔清〕阮元撰，根据《揅经室集》用《四部丛刊》本（据阮氏刊影印）影印。本书专讲"性"、"命"两个范畴，将《尚书》、《诗经》、《易经》、《孝经》、《礼记》、《左传》、《谷梁传》、《论语》、《孟子》中关于"性"、"命"的古训和论述汇集起来并参考汉儒古注加以阐释。

　　《汉儒通义》七卷，〔清〕陈澧撰，根据《东塾丛书》本影印。分为天地、阴阳、五行、鬼神、人物等 67 门。本书专门采摭汉代说经之书而不参杂子史，没有案语。书前有序、采录诸书的目录、条例。书后有胡锡燕的跋。

　　《经训比义》三卷，〔清〕黄以周撰，根据清光绪二十二年（1896）江阴南菁讲舍刊本影印。本书仿阮元的《性命古训》体例，扩大为 24 目。上卷：命、性、才、情、欲、心、意；中卷：道、理、仁、礼、智、信；下卷：忠、恕、静、敬、刚、中。书前有黄以周的弁言、同门校刊姓名、刘芬的序、黄以周的叙目。书后有黄以恭、黄以周的跋。

　　《理学字义通释》，刘师培撰，根据《刘申叔遗书》本影印。刘师培字申叔。本书列举了"理"、"性情、志、意、欲"，"仁、惠、恕"，"命"，"心、思、德"，"义"，"恭、敬"，"才"，"道"，"静"等 10 余个范畴，从文字训诂上一一加以辨析。书前有序。

禅宗名著选编

净慧编　精装　16 开　定价：40.00 元
ISBN 7－5013－1081－5/B·70　1994 年 2 月出版

　　以日本大正藏为底本，选收 19 种禅学原典加以影印，对原来排版印刷上的错误加必要校勘。

释氏十三经

中国佛学院、中国佛教协会编
精装　16 开　定价：45.00 元
ISBN 7－5013－0769－5/B·59　1989 年 10 月出版
精装　大 32 开　定价：28.00 元
ISBN 7－5013－0769－5/B·69
平装　大 32 开　定价：20.00 元
ISBN 7－5013－0960－4/B·66　1993 年 10 月出版

　　学者模拟儒家的"十三经"这一名目，从佛家经典中拈出 13 部，编成《释氏十三经》。本世纪初，上海佛学书局曾出版过《释氏十三经》。此次出版重新选定，将原书中《圆觉》、《梵纲》、《佛遗教》、《四十二章》、《八大人觉》、《无量寿》六经，换成《胜鬘》、《十住行道品》、《金光明》、《解深密》、《大日》、《坛经》。其中除《坛经》是汉人（唐韩朝能）述作外，其他都是从梵文翻译的。版本选用金陵刻经处本（其中《十住行道品》、《大日》虽非金陵本，然属同类刻本）。赵朴初封面题字。

金石文献

历代陶文研究资料选刊（全三册）

本社影印室辑　精装　16 开　定价：1200.00 元
ISBN 7－5013－2799－8/K·1201　2005 年 11 月出版

　　本书选收清代民国时期著名学者编撰的有关陶文、砖文、瓦文研究资料共计 16 种而成，是研究中国古代历史的重要参考文献。

书　名	编（著）者	版　本
浙江砖录	（清）冯登府辑	清道光间刻本
千甓亭砖录	（清）陆心源纂	清光绪七年（1881）刊本
千甓亭砖续录	（清）陆心源纂	清光绪间刊本
百砖考	（清）吕佺孙撰	清光绪四年（1878）刻本
台州砖录	（清）黄瑞撰	民国三年（1914）吴兴刘氏嘉业堂刻本
台州金石砖文阙访目	（清）黄瑞编辑，王棻校正	民国嘉业堂校刊本
砖文考略砖文考略之余	（清）宋经畲撰	民国五年（1916）《广仓学窘丛书》本
高昌专录	罗振玉撰	民国二十二年（1933）石印本
雪堂专录	罗振玉撰	民国六－七年（1917－1918）石印本
泆安廎砖录	王修编	民国十九年（1930）铅印本
广州城残砖录	（清）汪兆镛撰	
秦汉瓦图记	（清）朱枫撰	清乾隆二十四年（1759）刻本
十钟山房藏齐鲁三代周秦两汉瓦当文字目	（清）陈介祺撰	
汉甘泉瓦记	（清）林佶撰	清道光十三年（1833）刻本
温州古甓记	（清）孙诒让撰	民国间铅印本

历代石经研究文献辑刊（全八册）

贾贵荣辑　精装　大 32 开　定价：2300.00 元
ISBN 7－5013－2783－1/K·1093　2005 年 6 月出版

　　本辑刊是对历代有关石经研究文献 54 种进行整理，依通考、汉石经、魏石经、唐石经、后蜀石经、宋石经、清石经的顺序非列，编为八册。相信本书的编辑与出版，定能为中国思想史和古文字学的研究提供方便快捷且史料真实可靠的参考文献。

书　名	编（著）者	版　本
大学石经古本序引旁释申释石经考	（清）李兆洛撰	民国二十七年（1938）商务印书馆影印明万历刻本
石经考辨	（清）雪樵辑	清咸丰元年（1851）维风堂刻《李养一先生文集》本
历代石经略	（清）桂馥撰	清同治六年（1867）刻本
石经鲁诗	（清）马国翰辑	清光绪九年（1883）刻本

书　名	编（著）者	版　本
汉魏石经考	（清）刘传莹著	清光绪十年（1884）重刻《玉函山房辑佚书》本
石经考	（清）顾炎武撰	清光绪十六年（1890）四川尊经书局刻《石经汇函》本
石经考异	（清）杭世骏撰	清光绪十六年（1890）四川尊经书局刻《石经汇函》本
石经考文提要	（清）彭元瑞撰	清光绪十六年（1890）四川尊经书局刻《石经汇函》本
石经补考	（清）冯登府撰	清光绪十六年（1890）四川尊经书局刻《石经汇函》本
仪礼石经校勘记	（清）阮元撰	清光绪十六年（1890）四川尊经书局刻《石经汇函》本
石经考		稿本
石经考		清抄本
清李兆洛撰石经	（清）张邦伸纂辑	清抄本
石经备考	（清）徐嵩撰	清抄本
石经	（清）张萱撰	清抄本
跋石经	（清）徐世溥撰	清抄本
石刻补叙	（清）曾宏父纂述	清抄本
汉魏石经考	（清）万斯同撰	民国八年（1919）重修吴江沈氏世楷堂刻《昭代丛书》本
唐宋石经考	（清）万斯同撰	民国八年（1919）重修吴江沈氏世楷堂刻《昭代丛书》本
新出汉魏石经考	吴维孝撰	民国十六年（1927）上海文瑞楼书局影印《悫斋丛书》本
历代石经考	张国淦撰	民国十九年（1930）燕京大学国学研究所铅印本
汉魏石经残字校录	山东省立图书馆编，陈绳甫校	民国二十三年（1934）山东省立图书馆铅印《海岳楼金石丛编》本
熹平石经残字	（清）陈宗彝摹	清道光间刻本
旧雨楼汉石经残石记	方若药撰	民国铅印本
汉石经残字考	（清）翁方纲撰	清光绪十六年（1890）四川尊经书局刻《石经汇函》本
汉石经考异补正	（清）瞿中溶撰	民国三年（1914）刻本
汉熹平石经残字集录	罗振玉撰	民国印本
汉熹平石经残字集录续编补遗	罗振玉撰	民国石印本
汉熹平石经残字集录三编	罗振玉撰	民国石印本
汉熹平石经残字集录四编	罗振玉撰	民国石印本
汉熹平石经集录又续编	罗振玉撰	民国二十三年（1934）上虞罗氏七经堪石印本
汉熹平石经集录续补	罗振玉撰	民国间上虞罗氏石印本
魏三体石经遗字考	（清）孙星衍撰	清嘉庆十一年（1806）五松书屋刻本
魏石经考	（清）冯登府撰	稿本
魏石经考	王国维撰	民国五年（1916）上海仓圣智大学印《广仓学窘丛书》本
魏三体石经录	吴宝炜辑	民国十二年（1923）石印本
魏正始石经残石考	王国维撰	民国十六——十七年（1927－1928）海宁王氏铅印暨石印《海宁王忠悫公遗书》本
论魏三体石经古文之来源并及两汉经古文写本的问题	孙次舟撰	民国二十八年（1939）《齐鲁大学季刊》新第一卷铅印本
新出三体石经考	章炳麟撰	民国三十三年（1944）成都薛氏崇礼堂刻《章氏丛书续编》本
增订三体石经时代辨误	王小航撰	民国间刻《水东集初编》本
唐石经考正	（清）王朝璩撰	清嘉庆五年（1800）刻本
唐国子学石经	（清）顾炎武辑	清嘉庆十六年（1811）川上草堂刻本《秋浦丛抄》本
唐石经校文	（清）严可均撰	清光绪十六年（1890）四川尊经书局刻《石经汇函》本

书 名	编（著）者	版 本
开成石经图考	（清）魏锡曾撰	清宣统二年（1910）江阴缪荃孙刻本
唐开成石经考异	（清）吴骞撰	民国二十六年（1937）吴县王氏铅印《丁丑丛编》本
唐石经考异附补	（清）钱大昕撰，臧庸撰补，孙毓修辑	民国十年（1921）上海商务印书馆印《涵芬楼秘笈》本
蜀石经残字	（清）陈宗彝辑	清道光六年（1856）三山陈氏重刻本
后蜀毛诗石经残本	（清）王昶撰	清光绪十六年（1890）四川尊经书局刻《石经汇函》本
蜀石经校记	缪荃孙撰	民国初年国粹学报社铅印《古学汇刊》本
蜀石经毛诗考异	（清）吴骞辑	民国十一年（1922）上海博古斋影印《愚古丛书》本
北宋汴学二体石经记	（清）丁晏撰	清光绪十六年（1890）四川尊经书局刻《石经汇函》本
北宋汴学篆隶二体石经跋	（清）王秉恩著，强敦宦抄	清至民国间抄本
钦定石经目录奏修石经字像册	（清）蔡赓年撰	民国二十二——二十五年（1933－1936）铅印《武进陶氏书目丛刊》本
奏修石经字像册	（清）蔡赓年撰	清稿本

历代石刻史料汇编（全十六册）

国家图书馆善本金石组编　精装　16 开　定价：9000.00 元
ISBN 7－5013－1518－3/K·275　2000 年 8 月出版

　　本书是一套上起先秦、下迄清末的大型石刻文献汇编，集现存千余种金石志书之大成。其编辑有如下特点：一、搜罗宏富、史料真实。全书合计收石刻文献 17000 余篇，从秦砖汉瓦到碑文墓志，上下两千年，内容涵盖中国古代政治、经济、军事、民族、宗教、文学、科技、民俗、教育、地理等各个方面。二、精心编辑、版本珍贵。由于历史原因，石刻文献大多分别散见于数以千计的文献之中，给研究者带来利用上的极大不便。编者查阅了现存的千余种的金石志书（包括地方志中的金石志），经过认真对比去重，从中精心辑录出 17000 余篇石刻文字。每篇不仅有石刻原文，还有历代金石学家撰写的考释文字。另外，各书所用版本皆是编者从国家图书馆数以百万的藏书中优选而成，这不仅保证了该书的学术价值，也使购买者同时有幸欣赏到国图珍本的原貌。三、编排科学、利用方便。按朝代分编既保证了的有序利用，又给学者的择选利用提供了单种或多种购买的自由性。全书各种均精心编制了每编的目录和索引，目录置于每编第一册之前，索引则附于每编末一册之尾，便于读者利用。

古代石刻文献断代分编（共五种）

国家图书馆善本金石组编　精装　16 开

　　《古代石刻文献断代分编》系《历代石刻史料汇编》的分编，共 5 种：《先秦秦汉魏晋南北朝石刻文献全编》（全二册）；《隋唐五代石刻文献全编》（全四册）；《宋代石刻文献全编》（全四册）；《辽金元石刻文献全编》（全三册）；《明清石刻文献全编》（全三册），共计十六册。全套书体例一致，均采用上下两栏格式。

先秦秦汉魏晋南北朝石刻文献全编（全二册）

定价：600.00 元
ISBN 7－5013－2087－X/K·539　2003 年 3 月出版

　　本书是国家图书馆善本金石组专家辑录的先秦秦汉魏晋南北朝时期石刻文字资料的总集，所收资料全部采自民国和民国以前辑录编印的金石志书（包括地方志中的金石志），内容涉及先秦秦汉魏晋南北朝时期政治、经济、文化、社会风俗诸方面，共计 1700 篇。编有目录索引，方便读者利用。

隋唐五代石刻文献全编（全四册）

定价：1100.00 元
ISBN 7－5013－2134－5/K·566　2003 年 6 月出版

　　本书内容涉及隋唐两代政治、经济、文化、风俗诸方面，共计近 3000 篇，编为四册，并编有目录、索引，是研究隋唐两代历史、文化不可或缺的第一手资料。

宋代石刻文献全编（全四册）

定价：1100.00 元
ISBN 7－5013－2083－7/K·536　2003 年 3 月出版

本书系宋代石刻史料的汇编，乃国家图书馆善本部金石组的专家学者从 1000 多种历代金石著作（包括地方志）中摘编而成，共 4000 余篇文献。是研究宋代政治、经济、军事、地理和文化诸方面历史不可多得的参考资料。

辽金元石刻文献全编（全三册）

定价：860.00 元

ISBN 7 - 5013 - 2090 - X/K · 542　2004 年 6 月出版

本书收录民国及民国以前编印的金石志书（包括地方志中的金石志）中有关辽、金、元的石刻文献资料，共约 2500 余篇，资料系统完备，翔实可靠，实用性强，是学者研究治学的必备之书。

明清石刻文献全编（全三册）

定价：860.00 元

ISBN 7 - 5013 - 2088 - 8/K · 540　2003 年 3 月出版

本书从明清两朝的金石志书以及方志的金石史料中辑录出珍贵文献 3600 余篇，析为三册，内容涉及明清的政治、经济、山川地理、人物传记诸方面，多为正史中所未载，具有极高的史料价值，对明清两朝的历史研究大有裨益。

国家图书馆藏金文研究资料丛刊（全二十二册）

徐蜀选编　精装　16 开　定价：11000.00 元

ISBN 7 - 5013 - 2405 - 0/K · 796　2004 年 3 月出版

国家图书馆收藏北宋至近代千年间历代学人整理编撰的有关金文文献数百种，达数千余卷。内容包括历代学者收集整理的金文目录和对金文的分类、探源、考证疏释等；历代爱好者收藏编制的钟鼎彝器目录和对钟鼎彝的分类、拓印、考释等。既有吴其昌、吴式芬、孙诒让、王国维、罗振玉、容庚等大家之作，也不乏少为人知的一般学者的金文著作。本刊共精选国家图书馆收藏的北宋至近代的 30 余位学者整理编撰的金文著作 30 余种。

书　名	编（著）者	版　本
金文历朔疏证	吴其昌撰	民国二十三（1934）年刻本
金文世族谱	吴其昌撰	民国二十五年（1936）商务印书馆印本
金文分域编	柯昌济撰	民国二十四年（1935）《余园丛刻》本
金文分域续编	柯昌济撰	民国二十六年（1937）新新印务局印本
各家所藏钟鼎彝器目录	（清）佚名辑	清抄本
簠斋赐寄自藏金石拓本录目	（清）陈介祺藏并辑	清光绪元年（1875）抄本
读雪斋金文目手稿	（清）孙汝梅撰	民国十六年（1927）据手稿影印本
簠斋藏古目	陈介祺藏	民国二十五年（1936）刻本
金文集存三编总目	王文焘编	民国十一年（1922）抄本
啸堂集古录	（宋）王俅撰	宋刻本
啸堂集古录考异	（清）张蓉镜撰	清嘉庆十七年（1812）刻本
筠清馆金石文字	（清）吴荣光撰	清末刻本
清仪阁金石文字拓片	（清）张廷济辑	民国石印本
十六长乐堂古器款识考	（清）钱坫辑	清嘉庆元年（1796）刻本
攈古录金文	（清）吴式芬撰	清光绪二十一年（1895）刻本
从古堂款识学	（清）徐同柏辑	清刻本
古籀拾遗	（清）孙诒让辑	清光绪十四 - 十六年（1888 - 1890）刻本
古籀余论	（清）孙诒让辑	民国刻本
攀古楼彝器款识	（清）潘祖荫辑	清同治十一年（1872）京师滂喜斋刻本
古文审	（清）刘心源撰	清光绪十七年（1891）龙江楼斋刻本
定远方氏吉金彝器款识	（清）方焕经藏，章琢其辑	民国十四年上海会文堂书局影印本
奇觚室吉金文述	（清）刘心源撰	清光绪二十八年（1902）石印本
愙斋集古录	（清）吴大澂辑	民国十年（1921）上海涵芬楼石印本
缀遗斋彝器款识考释	（清）方益辑	民国二十年（1931）上海商务印书馆石印本
金文编	容庚撰	民国十四年（1925）石印本
金文续编	容庚撰	民国二十四年（1935）石印本

书　名	编（著）者	版　本
商周文拾遗	（清）吴东发释注	中国书店影印本
观堂古金文考释五种	王国维撰	民国十六年（1927）海宁王氏校印本
积古斋钟鼎彝器款识	（清）阮元藏、朱为弼辑	清刻本
历代钟鼎彝器款识法帖	（宋）薛尚功撰	清刻本
壶公师考释金文稿	（清）张之洞	清光绪二十七年（1901）王仁俊抄本
簠斋金文考	（清）陈介祺撰	民国二十六年（1937）铅石印本
盘亭小录	（清）刘铭传辑	清同治十年（1873）刻本

敦煌资料丛编三种（一函五册）

本社编　线装　16 开　定价：420.00 元
ISBN 7 – 5013 – 1720 – 8／K · 311　2000 年 7 月出版

　　本书将《敦煌零拾》、《流沙访古记》、《敦煌石室遗书》等 3 种记述敦煌遗址发现、研究，以及文献资料整理的丛书汇编成册。3 种丛书共收有关文献或论述 30 余种，对敦煌研究工作的概况作了较为系统的介绍。

甲骨文研究资料汇编（全二十八册）

丛刊编委会编　线装　16 开　定价：16000.00 元
ISBN 7 – 5013 – 1636 – 8／K · 295　2000 年 3 月出版

　　甲骨文是研究中国古代历史以及古文字的重要参考资料。自甲骨文发现百余年来，众多学者对甲骨文进行了广泛深入的研究，但这些研究成果或因年代久远，或因藏地分散等原因，很多资料，尤其是早期的文献资料，普通读者已很难得见。本《丛刊》共分"汇考"、"图像"、"文字"、"工具书"、"杂录"等几个部分，收录《殷契通释》、《殷商贞卜文字考》、《契学概论》、《甲骨文录解题》、《甲骨地名通论》、《铁云藏龟》、《甲骨文字编》等典籍 70 余种，约两万余页，几乎囊括了甲骨文发现之后，公布发表的有关资料和论著。

书　名	编（著）者	版　本
铁云藏龟	（清）刘鹗藏、包鼎释，铁云藏龟之余，罗振玉辑	一九三一年上虞罗振常石印本
殷墟书契考释	罗振玉撰	一九一四年上虞罗振玉永慕园影印本
殷商贞卜文字考	罗振玉撰	一九一○年上虞罗振玉石印本
殷墟书契菁华	罗振玉辑	一九一四年上虞罗振玉影印本
殷墟书契前编	罗振玉编	一九一二年上虞罗振玉永慕园日本影印本
殷墟书契续编	罗振玉编	一九三三年上虞罗振玉殷礼在斯堂影印本
簠室殷契类纂	王襄撰	一九二○年天津博物馆天津石印本
簠室殷契征文附考释	王襄编	一九二五年天津博物馆影印本
殷代贞史待征录	王襄编	稿本
簠室殷契序		稿本
甲骨文字研究	郭沫若撰	一九三一年上海大东书局上海影印本
殷契粹编附考释	郭沫若撰	一九三七年东京文求堂影印本
卜辞通纂附考释	郭沫若撰	一九三七年东京文求堂石印影印本
甲骨学商史论丛初集	胡厚宣撰	一九四四年成都齐鲁大学国学研究所石印本
甲骨学商史论丛二集	胡厚宣撰	一九四四年成都齐鲁大学国学研究所石印本
甲骨六录	胡厚宣撰	一九四五年成都齐鲁大学国学研究所石印本
元嘉造像室藏甲骨文字	胡厚宣编	一九五○年石印本
颂斋藏甲古文字	胡厚宣编	一九五○年石印本
战后京津新获甲骨集	胡厚宣编	一九五四年上海群联出版社影印本
战后宁沪新获甲骨集	胡厚宣编	一九五一年来薰阁书店石印本
殷墟文字类编	商承祚编	一九二三年番禺商承祚决定不移轩刻本
甲骨文字研究	商承祚撰	一九三二年北平聚魁堂装订讲义书局北平影印本
殷墟文字待问编	商承祚编	一九二三年番禺商承祚决定不移轩刻本
福氏所藏甲骨文字	商承祚撰	一九三三年南京金陵大学中国文化研究所北平影印铅印本
殷契佚存	商承祚撰	一九三三年南京金陵大学中国文化研究所北平印本

书　名	编（著）者	版　本
天壤阁甲骨文存并考释	王熙荣藏、唐兰释	一九三九年辅仁大学北平影印本
甲骨地名通检	曾毅公撰	一九三九年齐鲁大学国学研究所铅印本
殷墟书契续编校记	曾毅公撰	一九三九年齐鲁大学国学研究所铅印本
甲骨缀存	曾毅公撰	一九三九年石铅印本
甲骨缀合编	曾毅公辑	一九五○年修文堂石印本
殷契卜辞附释文及文编	容庚等撰	北平哈佛燕京学社石印本
卜辞研究	容庚编	一九四二年国立北京大学铅印石印本
殷契钩沉	叶玉森撰	一九二九年北平富晋书社玻璃版北平影印本
说契	叶玉森撰	一九二九年北平富晋书社玻璃版北平影印本
铁云藏龟拾遗附考释	刘鹗藏、叶玉森撰	一九二五年丹徒叶玉森五凤砚斋影印本
殷墟书契前编集释	叶玉森撰	一九三四年上海大东书局上海影印本
柏根氏旧藏甲骨文字	（英）明义士编	一九三五年济南齐鲁大学铅印石印本
库方二氏藏甲骨卜辞	（英）库全英，（美）方法翰藏	一九三六年商务印书馆上海石印本
中央大学史学系藏甲骨文字题记	李孝定编，蒋维松释文	一九四○年成都石印本
契文举例	（清）孙诒让撰	一九一七年影印孙诒让稿本
龟甲文字概论	陈晋撰	一九三三年上海中华书局上海石印本
殷墟礼契考	陈邦福撰	一九二九年石印本
殷契琐言	陈邦福撰	一九三四年石印本
龟甲兽骨文字	（日）林泰辅辑	民国间北平富晋社影印日本大正六年影印本
叙圃甲骨释略	何遂撰	一九四一年影印本
殷契通释	徐协贞撰	一九三三年北平文楷斋北平刻蓝印本

中国古钱币图谱考释丛编（全二册）

本社编　精装　大32开　定价：125.00元
ISBN 7－5013－0963－9/K·134　1992年12月出版

　　收录宋代到民国间所著泉志、钱谱、钱录11种，以原书刊印时间为序，其中各书中有关外域钱的章节及部分均已删去。

书　名	编（著）者	版　本
泉志九卷	（宋）洪遵撰，（明）徐象梅校并图篆	明万历间刻本
嘉荫簃论泉绝句二卷	（清）刘喜海撰	清道光间刻本
钱式图二卷	（清）谢堃辑	清道光间刻本
钱谱	（清）朱多焵撰	清道光间刻本
选青小笺十卷　题词一卷	（清）许元恺藏并辑	清道光间刻本
古泉丛话三卷	（清）戴熙撰	清同治年间刻本
钦定钱录十五卷	（清）梁诗正等撰	清光绪间刻本
历朝泉法	子枚著	清光绪间刻本
退庵钱谱八卷　附录一卷	（清）夏荃辑	民国间刻本
文韵馆藏泉	文韵馆藏并辑	民国间印本
泉影四卷	关百益撰	民国间刊本

古玉考释鉴赏丛编

精装　大32开　定价：72.00元
ISBN 7－5013－0962－0/K·133　1992年12月出版

　　收录清末、民国初年的古玉研究著作8种：1. 玉谱类编四卷，清末徐寿基著；2. 古玉图考，清末吴大澄著；3. 玉说，民国初年李乃宣著；4. 玉纪，清末陈性著；5. 玉纪补，清末吕美璟著；6. 玉雅，民国初年李凤廷著；7. 玉纪正误，清末李凤廷著；8. 古玉辨，民国初年刘大同著。书前有杨东明的《清末民初古玉研究的成就（代序）》。

综合文献

国家图书馆藏敦煌遗书

任继愈主编　精装　8 开　单册定价：990.00 元
2005 年 12 月起陆续出版

　　本书以中国国家图书馆收藏的 16000 多件敦煌遗书为底本影印出版。是迄今为止披露该馆敦煌遗书藏品最大最全的一部大型图录。除图版外，有总目、条记目录及新旧编号对照表。本书对敦煌遗书的文献研究、文物研究与文字学研究具有重要价值，是敦煌学研究、中古史研究、文献学研究、宗教学研究必不可少的第一手资料。现已出版至第五十六册。

华东师范大学图书馆藏稀见丛书汇刊（全四十册）

黄秀文、吴平编　精装　大 32 开　定价：9800.00 元
ISBN 7－5013－3168－5/K·1401　2006 年 10 月出版

　　本书收录华东师范大学图书馆所藏 8 种稀见丛书。所收丛书与已出版的数种《丛书集成》不重复，包含了许多稀见的珍贵文献资料，是各大图书馆必备之书。

书　名	编（著）者	版　本
白云斋丛著八册	（清）吉棠撰	华东师范大学图书馆藏稿本
宋氏全集九十二卷	（清）宋荦撰	清康熙五十年商丘宋氏刻本
皇清百名家诗八十九卷	（清）魏宪编选	清康熙中福清魏氏枕江堂刻本
郑氏丛刻	（清）郑之侨辑撰	清乾隆二十五年刻本
教素园七子诗钞七卷	（清）吴授兔辑	清乾隆三十四年刻本
高梅亭读书丛钞	（清）高嵋集评	清乾隆五十三年广郡永邑培元堂杨氏刻本
唻蔗轩遗著八卷	（清）方士淦撰	清同治十一年两淮运署刻本
求是斋算学四种四卷	（清）张楚钟撰	清同治十二年广东富文斋刻本

鸣沙石室佚书正续编

罗振玉编纂　平装　16 开　定价：95.00 元
ISBN 7－5013－2197－3/K·800　2004 年 2 月出版

　　本书辑录罗振玉《鸣沙石室佚书》与《鸣沙石室佚书续编》二书而成。其中《鸣沙石室佚书》包括敦煌鸣沙山千佛洞所藏唐人卷轴写本《春秋谷梁传解释》等 18 种书，《鸣沙石室佚书续编》收录 4 种书残卷而成。

书　名	编（著）者	版　本
鸣沙石室佚书	罗振玉编	民国二年东方学会影印本
鸣沙石室佚书续编	罗振玉编	民国六年上虞罗氏刊本

古籍佚书拾存（全八册）

殷梦霞等编　精装　16 开　定价：2800.00 元
ISBN 7－5013－2152－3/K·674　2003 年 8 月出版

本书汇集成书于清代及民国年间、文献价值较高而版本稀见、流传不广的辑佚书六种，共得古代佚存典籍200余种，其中不乏珍贵的汉魏遗编，流失域外、国内罕见的隋唐典籍，更有鲜见流传的明清著述。内容涉及经、史、子、集各部。

书　名	编（著）者	版　本
佚存甲集	（民国）张南祴辑	清光绪三十三年排印本
佚存丛书	（日）林衡辑	民国十三年上海商务印书馆影印本
佚笈姑存	（明）王若之撰	清刻本
佚礼抉微	（清）丁晏辑	清光绪间南菁书院丛书本
辑佚丛刊	陶栋辑	民国三十七年上海中华书局排印本
佚书拾存	（清）姚东升辑撰	国家图书馆藏稿本

古籍丛残汇编（全七册）

钟肇鹏编　精装　16开　定价：1900.00元
ISBN 7－5013－1832－8/Z·290　2001年11月出版

　　古籍丛书浩如烟海。本编即将分散在不同丛书中的古类书、古佚书150余种精选采撷出来，裒为一辑。这些典籍分别成书于三国至北宋之间，在漫长的流传过程中都曾经散失，又经后人辑印，才得以保存至今。其内容涉及经史子集，均为史料价值高、版本稀见、流传不广之书。计有《皇览》、《修文御览》、《玉烛宝典》、《文馆词林》、《鸣沙石室古籍丛残·类书丛残》、《类林》、《雕玉集》、《七略别录佚文》、《七录目录》、《汉魏遗书抄》（104种）、《茆氏辑古逸书》（10种）、《经典集林》（30种）。今将其影印出版，旨在使其广为流传，为文史研究及古籍整理校勘工作者提供便利。

北京图书馆古籍珍本丛刊（全一百二十册）

北京图书馆古籍出版编辑组编　精装　16开　定价：3000.00元
ISBN 7－5013－1707－0/Z·282　2000年7月出版

　　本丛刊共收古籍473种，近八千卷，分经、史、子、集四部。所收古籍有宋金元明清各代的刻本，元明清三代的抄本、稿本。《丛刊》中近四分之一为北京图书馆独家收藏的孤本。凡已收入《四部丛刊》（商务印书馆出版）的同一版本古籍不再收录。《丛刊》中的方志部分也不与《天一阁藏明代方志选刊》重出。各书分类及版本著录，均据《北京图书馆古籍善本书目》（书目文献出版社1987年版）。书前有出版说明。

　　第一册——经部（周易集解·尚书考异·尚书谱·三礼考注·孟子节文）
　　1990年9月出版，国内版：110.00元，国外版：220.00元，ISBN 7－5013－0545－5/Z·10。
　　《周易集解》十七卷，略例注一卷，［唐］李鼎祚、邢琦辑纂，明嘉靖三十六年（1557）朱睦㮮聚乐堂刻本。
　　《尚书考异》不分卷，［明］梅鷟撰，明白鹤山房抄本。
　　《尚书谱》五卷，［明］梅鷟撰，清抄本。
　　《三礼考注》六十四卷，序录一卷，纲领一卷，［元］吴澄撰，明成化九年（1473）谢士元刻本。
　　《孟子节文》七卷，［明］刘三吾辑，明初刻本。

　　第二册——经部（诗辑·春秋繁露·春秋公羊经传解诂·春秋正旨）
　　1989年9月出版，国内版：86.50元，ISBN 7－5013－0546－3/Z·11；国外版：173.00元，ISBN 7－5013－0608－7/Z·25。
　　《诗辑》三十六卷，［明］严粲撰，明味经堂刻本。
　　《春秋繁露》十七卷，［汉］董仲舒撰，宋嘉定四年（1211）江右计台刻本。
　　《春秋公羊经传解诂》十二卷，释文一卷，［汉］何休撰，［唐］陆德明释，宋淳熙抚州公使库刻绍熙四年（1193）重修本。
　　《春秋正旨》一卷，［明］高拱撰，明万历刻本。

　　第三册——经部（礼书·纬谶候图校辑）
　　1991年3月出版，国内版：77.00元，ISBN 7－5013－0822－5/Z·82；国外版：154.00元，ISBN 7－5013－0823－3/Z·83。
　　《礼书》一百五十卷，［宋］陈祥道撰，元至正七年（1347）福州路儒学刻明修本。
　　《纬谶候图校辑》不分卷，［清］殷元正辑，陆明睿增订，清抄本。

　　第四册——经部（乐律全书）
　　1990年12月出版，国内版：114.00元，ISBN 7－5013－0702－4/Z·45；国外版：228.00元，ISBN 7－5013－0703－2/Z·46。
　　［明］朱载堉撰，明万历郑藩刻本。

　　第五册——经部（尔雅·尔雅新义·博雅·埤雅·增修复古编·续复古编·增广钟鼎篆韵·集钟鼎古文韵选·集篆古文韵海）

1989 年 10 月出版，国内版：98.00 元，ISBN 7－5013－0676－1/Z·36；国外版：196.00 元，ISBN 7－5013－0677－X/Z·37。

《尔雅》三卷，［宋］邓樵注，元刻本。

《尔雅新义》二十卷，叙录一卷，［宋］陆佃撰，［清］宋大樽校，清嘉庆十三年（1808）陆氏三间草堂刻本。

《博雅》十卷，［魏］张揖撰，［隋］曹宪音解，明正德十五年（1520）皇甫录世业堂刻本。

《埤雅》二十卷，［宋］陆佃撰，明成化十五年（1479）刘廷吉刻嘉靖二年（1523）王俸重修本。

《增修复古编》四卷，［宋］张有撰，［元］吴均增补，明初刻本。

《续复古编》四卷，［元］曹本撰，明抄本。

《增广钟鼎篆韵》七卷，［元］杨铜撰，清抄本。

《集钟鼎古文韵选》五卷，［明］释道泰撰，清抄本。

《集篆古文韵海》五卷，［宋］杜从古撰，清嘉庆元年（1796）项世英抄本。

第六册——经部（华夷译语·高昌馆课·回回馆杂字·译语·百译馆译语·暹罗馆译语·八馆馆考）

1990 年 11 月出版，国内版：93.00 元，ISBN 7－5013－0704－0/Z·47；国外版：186.00 元，ISBN 7－5013－0705－9/Z·48。

《华夷译语》不分卷，［明］火原洁撰，明抄本。

《增定华夷译语》□卷（存二卷），［明］火原洁撰，明刻本。

《高昌馆课》不分卷，明抄本。

《高昌馆译书》一卷，清初刻本。

《高昌馆杂字》一卷，清初同文堂抄本。

《回回馆杂字》一卷，清初同文堂抄本。

《回回馆译语》一卷，清初刻本。

《译语》不分卷，清袁氏贞节堂抄本。

《百译馆译语》一卷，清初同文堂抄本。

《西天馆译语》一卷，清初刻本。

《西番译语》一卷，清初刻本。

《暹罗馆译语》一卷，清抄本。

《八馆馆考》一卷，清初同文堂抄。

第七册——史部·杂史类（楚纪）

1991 年 4 月出版，国内版：128.00 元，ISBN 7－5013－0801－2/Z·72；国外版：256.00 元，ISBN 7－5013－0802－0/Z·73。

［明］廖道南撰，共六十卷，明嘉靖二十五年（1546）李桂刻本。

第八册——史部·杂史类（皇明修文备史）

1991 年 4 月出版，国内版：104.00 元，ISBN 7－5013－0803－9/Z·74；国外版：208.00 元，ISBN 7－5013－0804－7/Z·75。

共一百五十五卷，题清顾炎武编，清抄本。

第九册——史部·杂史类（西南纪事·确庵曾先生西蜀平蛮全录·甲乙记政录续丙纪政录续丁记政录新政·督师纪略·蜀事纪略·平闽记）

1990 年 9 月出版，国内版：110.00 元，国外版：220.00 元，ISBN 7－5013－0784－9/Z·66。

《西南纪事》六卷，［明］郭应聘撰，明刻本。

《确庵曾先生西蜀平蛮全录》十五卷，［明］曾省吾撰，明万历九年（1581）张一鲲刻本。

《甲乙记政录》一卷，《读丙记政录》一卷，《续丁记政录》一卷，《新政》一卷，［明］徐肇台撰，明崇祯刻本。

《督师纪略》十三卷，［明］茅元仪撰，明末刻本。

《蜀事纪略》一卷，［明］朱燮元撰，明天启刻本。

《平闽记》十三卷，［清］杨捷撰，清康熙二十二年（1683）世泽堂自刻本。

第十册——史部·杂史类（皇明驭倭录·虔台倭纂·倭情考略·倭患考原·安南来威图册·皇明臣略纂闻·宝日堂杂抄）

1990 年 11 月出版，国内版：100.00 元；国外版：200.00 元，ISBN 7－5013－0824－1/Z·84。

《皇明驭倭录》九卷，附略二卷，寄语略一卷，［明］王士骐辑，明万历刻本。

《虔台倭纂》二卷，图一卷，［明］谢杰撰，柳邦奇等辑，明万历二十三年（1595）自刻本。

《倭情考略》一卷，［明］郭光复撰，明万历二十五年（1597）自刻本。

《倭患考原》二卷，《恤援朝鲜倭患考》一卷，［明］黄俣卿撰，清抄本。

《安南来威图册》三卷，辑略三卷，［明］冯时旸、梁天锡、江美中辑撰，明隆庆刻本。

《皇明臣略纂闻》十二卷，［明］瞿汝说辑，明崇祯八年（1635）瞿式耜刻本。

《宝日堂杂抄》不分卷，［明］张鼐辑，明张氏宝日堂抄本。

第十一册——史部·杂史类（建文朝野汇编·建文书法拟·名臣宁攘要编·夷俗记·辽事述）

1989 年 12 月出版，国内版：82.00 元，ISBN 7－5013－0555－2/Z·12；国外版：164.00 元，ISBN 7－5013－0607－9/Z·24。

《建文朝野汇编》二十卷，［明］屠叔方撰，明万历刻本。

《建文书法拟》前编一卷，正编二卷，附编二卷，［明］朱鹭撰，明万历刻本。

《名臣宁攘要编》□□卷（存十二种十二卷），［明］项德祯编，明刻本。

《夷俗记》一卷，《世系表》一卷，［明］萧大亨撰，明万历二十二年（1594）自刻本。

《辽事述》不分卷，清抄本。

第十二册——史部·杂史类（吾学编·明季水西记略·泰昌朝记事·郑华亭考选处分始末·中州战略·朝野公言）
1990 年出版，国内版：100.00 元，ISBN 7－5013－0678－8/Z·38；国外版：200.00 元，ISBN 7－5013－0679－6/Z·39。
《吾学编》六十九卷，〔明〕郑晓撰，明隆庆元年（1567）郑履淳刻本。
《明季水西记略》一卷，〔清〕李珍撰，清抄本。
《泰昌朝记事》一卷，〔清〕李逊之撰，清抄本。
《郑华亭考选处分始末》一卷，清康熙五十七年（1718）抄本。
《中州战略》一卷，〔明〕高谦撰，清顺治刻本。
《朝野公言》一卷，明崇祯七年（1634）施嘉遇等刻本。

第十三册——史部·杂史类（蓝玉党供状·世庙识余录·万历三大征考·万历三十一年癸卯楚事妖书始末·闲思往事·启祯两朝剥复录·玉镜新谭）
1992 年 3 月出版，107.00 元，ISBN 7－5013－0881－0/Z·102。
《蓝玉党供状》不分卷，明抄本。
《世庙识余录》二十六卷，〔明〕徐学谟辑，明徐兆稷活字印本。
《万历三大征考》三卷，《东夷考略》一卷，〔明〕茅瑞征撰，明天启浣花居自刻本。
《万历三十一年癸卯楚事妖书始末》不分卷，明刻本。
《闲思往事》不分卷，〔明〕曹珖撰，明抄本。
《启祯两朝剥复录》十卷，〔明〕吴应箕撰，清初吴氏楼山堂刻本。
《玉镜新谭》十卷，〔明〕朱长祚撰，明崇祯刻本。

第十四册——史部·传记类（孔颜孟三氏志·义勇武安王集·重编义勇武安王集·忠武录·孝顺事实·女范编·帝鉴图说）
1992 年 3 月出版，112.00 元，ISBN 7－5013－0898－5/Z·111。
《孔颜孟三氏志》六卷，《提纲》一卷，〔明〕刘浚撰，明成化十八年（1482）张泰刻本。
《义勇武安王集》八卷，〔明〕顾问辑，明嘉靖四十三年（1564）顾梦羽刻本。
《重编义勇武安王集》八卷，〔清〕钱谦益辑，稿本。
《忠武录》五卷，〔明〕沈津辑，明嘉靖十九年（1540）唐藩刻本。
《孝顺事实》十卷，〔明〕朱棣撰，明永乐十八年（1420）内府刻本。
《女范编》四卷，〔明〕黄尚文辑，明万历刻本。
《帝鉴图说》不分卷，〔明〕张居正等辑，明万历三年（1575）郭庭梧刻本。

第十五册——史部·传记类（国朝内阁名臣事略·皇明辅世编）
1992 年 3 月出版，119.00 元，ISBN 7－5013－0883－7/Z·104。
《国朝内阁名臣事略》十六卷，〔明〕吴伯与撰，明崇祯五年（1632）魏光绪刻本。
《皇明辅世编》六卷，〔明〕唐鹤征纂，明崇祯十五年（1642）陈睿谟刻本。

第十六册——史部·传记类（兰台法鉴录·南垣论世考）
1991 年 3 月出版，国内版：80.00 元，ISBN 7－5013－0805－5/Z·76；国外版：160.00 元，ISBN 7－5013－0806－3/Z·77。
《兰台法鉴录》二十三卷（书名页、目录页误为二十八卷），〔明〕何出光、陈登云等撰，喻思恂续，明万历二十五年（1597）刻崇祯四年（1631）续刻本。
《南垣论世考》十四卷，〔明〕余懋学撰，卢大中续，明万历刻本。

第十七、十八册——史部·传记类（两浙名贤录上、下）
1989 年 1 月出版，国内版：110.00 元，ISBN 7－5013－0445－9/Z·6；国外版：220.00 元。
〔明〕徐象梅撰，明天启徐氏光碧堂刻本。

第十九册——史部·传记类（莆阳文献·今献备遗·松陵文献·藩献记·西巡录·丙子西征记）
1997 年 4 月出版，175.00 元，ISBN 7－5013－1282－6/Z·181。
《莆阳文献》十三卷，列传七十五卷，〔明〕郑岳辑，明万历四十四年（1616）黄起龙刻本。
《今献备遗》四十二卷，〔明〕项笃寿撰，明万历十一年（1583）项氏万卷堂刻本。
《松陵文献》十五卷，〔清〕潘柽章撰，清康熙三十二年（1693）潘耒刻本。
《藩献记》四卷，〔明〕朱谋㙔撰，明万历刻本。
《西巡录》一卷，〔明〕陈尧撰，明嘉靖刻本。
《丙子西征记》一卷，〔清〕顾栋撰，清抄本。

第二十册——史部·传记类（使西日记·味水轩日记·孙夏峰先生日谱残稿·呼桓日记·文文肃公日记·司徒恩遇日记·祁忠敏公日记）
1995 年 6 月出版，172.00 元，ISBN 7－5013－1201－X/Z·166。
《使西日记》二卷，〔明〕都穆撰，明刻本。
《味水轩日记》八卷，〔明〕李日华撰，清抄本。

《孙夏峰先生日谱残稿》不分卷，［明］孙奇逢撰，稿本。

《呼桓日记》五卷，［明］项鼎铉撰，清抄本。

《文文肃公日记》二卷，《北征纪行》一卷，［明］文震孟撰，稿本。

《司徒恩遇日记》二卷，［明］毕自严撰，清康熙五十七年（1718）抄本。

《祁忠敏公日记》十五卷，［明］祁彪佳撰，明末祁氏远山堂抄本。

第二十一册——史部·传记类（春浮园别集·果亲王西藏日记·宋元科举题名录·宋历科状元录附元朝历科状元姓名）

1997 年 12 月出版，310.00 元，ISBN 7 – 5013 – 1376 – 8/Z·196。

《运使复斋郭公言行录》一卷，《敏行录》一卷，［元］徐东撰，元至顺刻本。

《春浮园别集五种》六卷，［明］萧士玮撰，清初刻本。

《果亲王西藏日记》不分卷，［清］允礼撰，清稿本。

《宋元科举题名录》七卷，清抄本。

《宋历科状元录》八卷，附元朝历科状元姓名，［明］宋希召撰，明刻本。

《元统元年进士题名录》一卷，清影元抄本。

《皇明三元考》十四卷，《科名盛事录》七卷，［明］张弘道、张凝道辑，明书林何敬塘刻本。

《皇明历科状元录》四卷，［明］陈鎏辑，明隆庆刻本。

第二十二册——史部·地理类（圣朝混一方舆胜览·山东海疆图记·康熙章邱县志·新修河东运司志·全陕政要·三省备边图记）

1997 年 4 月出版，242.00 元，ISBN 7 – 5013 – 1296 – 6/Z·183。

《圣朝混一方舆胜览》三卷，明初刻事文类聚翰墨全书本。

《山东海疆图记》九卷，清抄本。

《康熙章邱县志》十二卷首一卷，［清］钟运泰、高崇岩纂修，清康熙三十年（1691）刻本。

《新修河东运司志》十卷，［清］冯达道纂修，张应征续修，清康熙十一年（1672）刻本。

《全陕政要》四卷，［明］龚辉撰，明嘉靖刻本。

《三省备边图记》不分卷，［明］苏愚撰，明万历刻本。

第二十三册——史部·地理类（修攘通考·皇舆考·阙里志）

1998 年 10 月出版，310.00 元，ISBN 7 – 5013 – 1377 – 6/Z·197。

《修攘通考》六卷，［明］何镗编，明万历六年（1578）自刻本。

《皇舆考》十卷，［明］张天复撰，明嘉靖三十六年（1557）应明德刻本。

《阙里志》十五卷，［明］陈镐撰，孔弘乾续修，明嘉靖三十一年（1552）孔承业刻本。

第二十四册——史部·地理类（［洪武］京城图志·［嘉靖］南畿志·［正德］江宁县志·［顺治］溧水县志）

1990 年 11 月出版，国内版：130.00 元；国外版：260.00 元，ISBN 7 – 5013 – 0778 – 4/Z·60。

《［洪武］京城图志》一卷，［明］王俊华纂修，清抄本。

《［嘉靖］南畿志》六十四卷，［明］闻人诠、陈沂纂修，明嘉靖刻本。

《［正德］江宁县志》十卷，［明］王诰、刘雨纂修，明正德刻本。

《［顺治］溧水县志》十卷，［清］闵孤鲁、林古度纂修，清顺治刻本。

第二十五册——史部·地理类（［万历］扬州府志·扬州足征录·［万历］监城县志）

1991 年 5 月出版，国内版：105.00 元，ISBN 7 – 5013 – 0807 – 1/Z·78；国外版：210.00 元，ISBN 7 – 5013 – 0808 – X/Z·79。

《［万历］扬州府志》二十七卷首一卷，［明］杨洵、陆君弼等纂修，明万历刻本。

《扬州足征录》二十七卷，［清］焦循辑，清云蓝阁抄本。

《［万历］监城县志》十卷，［明］杨瑞云、夏应星纂修，明万历刻本。

第二十六册——史部·地理类（［正德］姑苏志·上）

1998 年 11 月出版，310.00 元，ISBN 7 – 5013 – 1378 – 4/Z·198。

［明］林世远、王鏊等纂修，共六十卷，上册卷一至卷四十一，明正德刻嘉靖续修本。

第二十七册——史部·地理类（［正德］姑苏志（下）·［嘉靖］常熟县志）

1998 年 12 月出版，310.00 元，ISBN 7 – 5013 – 1379 – 2/Z·199。

《［正德］姑苏志》（下）（卷四十二至卷六十），明正德刻嘉靖续修本。

《［嘉靖］常熟县志》十三卷，［明］冯汝弼、邓韨纂修，明嘉靖刻本。

第二十八册——史部·地理类（［成化］宁波郡志·敬止录·四明文献考）

1997 年 12 月出版，310.00 元，ISBN 7 – 5013 – 1380 – 6/Z·200。

《［成化］宁波郡志》十卷，［明］张瓒、杨寔纂修，明成化刻本。

《敬止录》四十卷，［明］高于泰撰，［清］徐时栋辑，清烟屿楼抄本。

《四明文献考》不分卷，明抄本。

第二十九册——史部·地理类（［嘉靖］徽州府志·［弘治］休宁志）

1997 年 12 月出版，310.00 元，ISBN 7－5013－1381－4/Z·201。

《［嘉靖］徽州府志》二十二卷，［明］何东序、汪尚宁纂修，明嘉靖刻本。

《［弘治］休宁志》三十八卷（存三十二卷），［明］程敏政纂修，欧阳旦增修，明弘治四年（1491）刻本。

第三十册——史部·地理类（南昌郡乘·信丰县志）

1997 年 12 月出版，310.00 元，ISBN 7－5013－1382－2/Z·202。

《［康熙］南昌郡乘》五十五卷（存四十九卷），［清］叶舟、陈弘绪纂修，清康熙刻本。

《［康熙］信丰县志》十二卷首一卷（存十二卷），［清］杨宗昌、曹宣光纂修，清康熙刻本。

第三十一册——史部·地理类（［康熙］袁州府志·［嘉靖］吉安府志）

1997 年 4 月出版，222.00 元，ISBN 7－5013－1337－7/Z·133。

《［康熙］袁州府志》二十卷首一卷，［清］李芳春、袁继梓纂修，清康熙九年（1670）刻本。

《［嘉靖］吉安府志》□□卷（存十二卷），［明］王昂重编，明嘉靖刻本。

第三十二册——史部·地理类（赣州府志·南安府志·雩都县志）

1997 年 12 月出版，310.00 元，ISBN 7－5013－1383－0/Z·203。

《赣州府志》十五卷，［明］余文龙、谢诏纂修，清顺治十七年（1660）汤斌刻本。

《南安府志》二十卷，［清］李世昌纂修，清康熙抄本。

《雩都县志》十四卷，［清］卢振先、管奏韺纂修，清康熙四十七年（1708）刻本。

第三十三、三十四、三十五册——史部·地理类（［弘治］八闽通志·［康熙］福建通志）

1989 年 8 月出版，国内版：180.00 元，ISBN 7－5013－0457－2/Z·8；国外版：360.00 元，ISB 7－5013－0674－5/Z·34。

《［弘治］八闽通志》八十七卷，［明］黄仲昭纂修，明弘治四年（1491）刻本。

《［康熙］福建通志》六十四卷，［清］金铉、郑开极纂修，清康熙刻本。

第三十六册——史部·地理类（［康熙］衡州府志）

1991 年 4 月出版，国内版：99.00 元，ISBN 7－5013－0826－8/Z·865；国外版：198.00 元，ISBN 7－5013－0827－6/Z·87。

［清］张奇勋、周士仪纂修，谭弘宪、周士仪续修，共二十三卷，清康熙十年（1671）刻二十一年（1682）续修本。

第三十七册——史部·地理类（［康熙］宝庆府志）

1997 年 12 月出版，310.00 元，ISBN 7－5013－1385－7/Z·205。

［清］梁碧海、刘应祁纂修，共三十八首一卷，清康熙二十三年（1684）刻本。

第三十八册——史部·地理类（［嘉靖］广东通志初稿·［康熙］广东舆图·［成化］广州志）

1997 年 12 月出版，310.00 元，ISBN 7－5013－1386－5/Z·206。

《［嘉靖］广东通志初稿》四十卷首一卷，［明］戴璟、张岳等纂修，明嘉靖刻本。

《［康熙］广东舆图》十二卷，［清］蒋伊、韩作栋等撰，清康熙二十四年（1685）韩作栋刻本。

《［成化］广州志》三十二卷（存九卷），［明］吴中、王文凤纂修，明成化刻本。

第三十九册——史部·地理类（［康熙］新修广州府志·上）

1998 年 10 月出版，310.00 元，ISBN 7－5013－1387－3/Z·207。

［清］王永瑞纂修，共五十四卷（存四十四卷），清康熙抄本。

第四十册——史部·地理类（［康熙］新修广州府志（下）·［顺治］潮州府志·［康熙］韶州府志）

1998 年 9 月出版，310.00 元，ISBN 7－5013－1388－1/Z·208。

《［康熙］新修广州府志》（下）（卷四十一至五十三）。

《［顺治］潮州府志》十二卷，［清］吴颖纂修，清顺治十八年（1661）刻本。

《［康熙］韶州府志》十六卷（存十卷），［清］马元纂修，清康熙刻本。

第四十一册——史部·地理类（［嘉靖］广西通志·殿粤要纂）

1998 年 6 月出版，310.00 元，ISBN 7－5013－1389－X/Z·209。

《［嘉靖］广西通志》六十卷，［明］林富、黄佐纂修，明嘉靖刻蓝印本。

《殿粤要纂》四卷，［明］杨芳、詹景凤纂修，明万历三十年（1602）杨芳刻本。

第四十二册——史部·地理类（［嘉靖］四川总志）

1997 年 4 月出版，200.00 元，ISBN 7－5013－1344－X/Z·186。

［明］刘大谟、杨慎等纂修，共八十卷，明嘉靖刻本。

第四十三册——史部·地理类（黔记）

1997 年 12 月出版，310.00 元，ISBN 7－5013－1390－3/Z·210。

［明］郭子章撰，共六十卷（存五十六卷，另抄配二卷），明万历刻本。

第四十四册——史部·地理类（［康熙］云南通志·［康熙］剑川州志）
1998 年 12 月出版，310.00 元，ISBN 7－5013－1391－1/Z·211。
《［康熙］云南通志》三十卷首一卷，［清］范承勋、吴自肃纂修，清康熙刻本。
《［康熙］剑川州志》二十卷，［清］王世贵、张伦纂修，清康熙五十二年（1713）刻本。

第四十五册——史部·地理类（［康熙］大理府志·［康熙］鹤庆府志·［康熙］建水州志·［康熙］永昌府志）
1998 年 10 月出版，310.00 元，ISBN 7－5013－1392－X/Z·212。
《［康熙］大理府志》三十卷首一卷，［清］李斯佺、黄元治纂修，清康熙刻本。
《［康熙］鹤庆府志》二十六卷，［清］佟镇、邹启孟纂修，清康熙五十三年（1714）刻本。
《［康熙］建水州志》十八卷首一卷，［清］陈肇奎、叶涞纂修，清康熙刻本。
《［康熙］永昌府志》二十六卷首一卷，［清］罗纶、李文渊纂修，清康熙刻本。

第四十六册——史部·政书类（皇明制书·宪章类编）
1998 年 6 月出版，310.00 元，ISBN 7－5013－1393－8/Z·213。
《皇明制书》十四卷，明镇江府丹徒县刻本。
《宪章类编》四十二卷，［明］劳堪撰，明万历六年（1578）自刻本。

第四十七册——史部·政书类（经世挈要·工部厂库须知·缮部纪略·两浙南关榷事书·榷政纪略·天津卫屯垦条款）
1998 年 3 月出版，310.00 元，ISBN 7－5013－1394－6/Z·214。
《经世挈要》二十二卷（存二十卷），［明］张燧撰，明崇祯六年（1633）傅昌辰版筑居刻本。
《工部厂库须知》十二卷，［明］何士晋撰，明万历刻本。
《缮部纪略》一卷，［明］郭尚友撰，明万历四十二年（1614）任家相等刻本。
《工师雕斲正式鲁班木经匠家镜》三卷（卷首一卷），［明］午荣、章严撰，清刻本。
《两浙南关榷事书》不分卷，［明］杨时乔撰，明隆庆元年（1567）自刻本。
《榷政纪略》四卷，《奏疏》一卷，《莅政八箴》一卷，［明］堵胤锡撰，明崇祯刻本。
《天津卫屯垦条款》不分卷，明天启刻本。

第四十八册——史部·政书类（实政录·宝坻政书·按吴檄稿·军政事宜·扬州营志）
1997 年 12 月出版，310.00 元，ISBN 7－5013－1395－4/Z·215。
《实政录》九卷，［明］吕坤撰，明万历二十六年（1598）赵文炳刻本。
《宝坻政书》十二卷，［明］刘邦谟、王好善辑，明万历刻本。
《按吴檄稿》不分卷，［明］祁彪佳撰，明末抄本。
《军政事宜》一卷，［明］庞尚鹏撰，明万历五年（1577）自刻本。
《扬州营志》十六卷，［清］陈述祖、李北山纂修，清道光十一年（1831）刻本。

第四十九、五十册——史部·政书类（皇明泳化类编上、下）
1997 年 1 月出版，282.00 元，ISBN 7－5013－1246－X/Z·173。
［明］邓球编，共一百三十六卷，续编十七卷，明隆庆刻本。

第五十一册——史部·政书类（嘉靖事例·圣驾重幸太学录·常熟县儒学志·军政事例·岭西水陆兵纪）
1997 年 12 月出版，310.00 元，ISBN 7－5013－1396－2/Z·216。
《嘉靖事例》不分卷，［明］范钦等编，明抄本。
《圣驾重幸太学录》不分卷，［明］夏言等辑，明嘉靖刻本。
《常熟县儒学志》八卷，［明］缪肇祖、冯复京纂修，明万历三十八年（1610）蒋国扶刻本。
《军政条例类考》六卷，［明］霍□辑，明嘉靖三十一年（1552）刻本。
《岭西水陆兵纪》二卷，《拙政篇》一卷，［明］盛万年撰，清雍正宝纶堂刻本。
《四川各地勘案及其它事宜档册》不分卷，明嘉靖抄本。

第五十二、五十三册——史部·政书类（万历会计录上、下）
1989 年 3 月出版，国内版：100.00 元，ISBN 7－5013－0444－0/Z·5；国外版：200.00 元，ISBN 7－5013－0616－8/Z·30。
［明］张学颜等撰，共四十三卷，存四十二卷，明万历十年（1582）刻本。

第五十四册——史部·政书类（万历大政类编）
1997 年 12 月出版，310.00 元，ISBN 7－5013－1397－0/Z·217。
不分卷，明祁氏澹生堂远山堂抄本。

第五十五册——史部·政书类（漕运全书）
1990 年 9 月出版，国内版：107.00 元，ISBN 7－5013－0780－6/Z·62；国外版：214.00 元，ISBN 7－5013－0781－4/Z·63。
共三十九卷，清抄本。

第五十六册——史部·政书类（海运纪事·漕运通志·救荒活民类要·畜饫奏议·太考·宝泉新牍）

1997 年 12 月出版，310.00 元，ISBN 7－5013－1398－9/Z·218。

《海运纪事》不分卷，明刻本。

《漕运通志》十卷，[明] 谢纯撰，明嘉靖七年（1528）杨宏刻本。

《条议船政拨差事宜书册》不分卷，明万历刻本。

《救荒活民类要》不分卷，[元] 张光大撰，明刻本。

《畜饫奏议》一卷，[明] 毕自严撰，明万历清福堂刻本。

《太仓考》十卷，[明] 刘斯洁撰，明万历八年（1580）王大用等刻本。

《宝泉新牍》二卷，[明] 陈于廷辑，明天启四年（1624）刻本。

第五十七册——史部·政书类（夏镇漕渠志略前集·河漕备考历代黄河指掌图说·长芦盐法志援证·淮鹾分类新编）

1997 年 4 月出版，274.00 元，ISBN 7－5013－1348－2/Z·188。

《夏镇漕渠志略》二卷，《前集》一卷，[清] 狄敬纂修，清顺治刻康熙增修本。

《河漕备考》四卷，《历代黄河指掌图说》一卷，[清] 朱铭撰，清抄本。

《长芦盐法志》二十卷，《援证》十一卷，[清] 黄掌纶等纂修，清嘉庆抄本。

《淮鹾分类新编》六卷，[清] 陆费垓编，清稿本。

第五十八册——史部·政书类（古今鹾略·监政志·两浙订正鹾规·两淮盐法志·福建鹾政全书）

1998 年 3 月出版，310.00 元，ISBN 7－5013－1399－7/Z·219。

《古今鹾略》九卷补九卷，[明] 汪砢玉撰，清抄本。

《盐政志》十卷，[明] 朱廷立、史绅等撰，明嘉靖刻本。

《两浙订正鹾规》四卷，[明] 杨鹤撰，胡继升、傅宗龙等补，明万历刻天启崇祯递修本。

《两淮盐法志》十二卷，[明] 史起蛰、张矩撰，明嘉靖三十年（1551）刻本。

《福建鹾政全书》二卷，[明] 周昌晋撰，明天启七年（1627）活字本。

第五十九册——史部·政书类（王国典礼·宗藩条例·谥法纂·宗祀议·四译馆考·满洲四礼集·阿哥婚娶定例）

1998 年 10 月出版，310.00 元，ISBN 7－5013－1400－4/Z·220。

《王国典礼》八卷，[明] 朱勤美撰，明万历四十三年（1615）周府刻天启增刻本。

《宗藩条例》二卷，明嘉靖刻本。

《谥法纂》十卷，[明] 孙能传撰，明万历四十五年（1617）孙能正刻本。

《宗祀议》不分卷，[清] 翁同龢撰，稿本。

《四译馆考》十卷，[清] 江蘩撰，清康熙刻本。

《满洲四礼集》五卷，[清] 索宁安撰，清内府抄本。

《阿哥婚娶定例》二卷，清内府抄本。

第六十册——史部·政书类（考成录略·河南赋役总会文册·四川重刑赋役书册·丝绢全书·江南简明赋役全书·苏松历代财赋考）

1998 年 10 月出版，310.00 元，ISBN 7－5013－1401－2/Z·221。

《考成录略》（存五卷），[明] 朱国寿撰，明崇祯刻本。

《河南赋役总会文册》十卷（存一卷），明嘉靖刻本。

《四川重刊赋役书册》二卷，明万历刻本。

《丝绢全书》八卷，[明] 程任卿辑，明万历刻本。

《江南简明赋役全书》（存三十四卷），清顺治抄本。

《苏松历代财赋考》一卷，《各宪请减浮粮疏稿》一卷，《居官备览》一卷，清康熙刻本。

第六十一册——子部·杂家类（居家必用事类全集·宋氏要部家仪部家规部燕闲部·雅尚斋遵生八笺）

1989 年 1 月出版，国内版：60.00 元；国外版：120.00 元；ISBN 7－5013－0335－5/Z·2。

《居家必用事类全集》十卷，朝鲜明刻本。

《宋氏家要部》三卷，《家仪部》四卷，《家规部》四卷，《燕闲部》二卷，[明] 宋诩撰，明刻本。

《雅尚斋遵生八笺》十九卷，[明] 高濂撰，明万历十九年（1591）自刻本。

第六十二册——子部·杂家类（类说）

1989 年 9 月出版，国内版：116.00 元，ISBN 7－5013－0582－X/Z·17；国外版：232.00 元，ISBN 7－5013－0609－5/Z·26。

[宋] 曾慥辑，共六十卷，明天启六年（1626）岳钟秀刻本。

第六十三册——子部·杂家类（林子全集）

1998 年 3 月出版，310.00 元，ISBN 7－5013－1402－0/Z·222。

[明] 林兆恩撰，元部十一册，亨部十册，利部十册，贞部十册。明崇祯刻本。

第六十四册——子部·杂家类（静虚斋惜阴录·山林经济籍·道听录·郁冈斋笔尘·谈冶录）

1997 年 12 月出版，310.00 元，ISBN 7－5013－1403－9/Z·223。

《静虚斋惜阴录》十二卷，附录一卷，[明] 顾应祥撰，明刻本。

《山林经济籍》二十四卷，［明］屠本畯辑，明万历悖德堂刻本。

《道听录》五卷，［明］李春熙撰，清抄本。

《郁冈斋笔尘》四卷，［明］王肯堂撰，明万历刻本。

《谈冶录》十二卷，［明］徐广辑，明万历四十一年（1613）陈仲麟刻本。

第六十五册——子部·杂家类（六语·樗斋漫录·文海披沙·南园漫录·游翰稗编·天都载·情种）

1997 年 12 月出版，310.00 元，ISBN 7－5013－1404－7/Z·224。

《六语》三十一卷，［明］郭子章撰，明万历刻本。

《樗斋漫录》十二卷，［明］许自昌撰，明万历刻本。

《文海报沙》八卷，［明］谢肇浙撰，明万历刻本。

《南园漫录》十卷，［明］张志淳撰，嘉靖刻本。

《游翰稗编》五卷，［明］梁溪无名生辑，明万历刻本。

《天都载》六卷，［明］马大壮撰，明万历刻本。

《情种》八卷，［明］李存标撰，明天启翁少麓刻本。

第六十六册——子部·杂家类（禅寄笔谈·西台漫记·文园漫语·见闻杂记·客座赘语·鹿苑闲谈·掌记）

1997 年 12 月出版，310.00 元，ISBN 7－5013－1405－5/Z·225。

《禅寄笔谈》十卷，［明］陈师道撰，明万历二十一年（1593）自刻本。

《西台漫纪》六卷，［明］蒋以化撰，明万历刻本。

《文园漫语》一卷，［明］程希尧撰，明抄本。

《见闻杂记》九卷续二卷，［明］李乐撰，明万历刻本。

《客座赘语》十卷，［明］顾起元撰，明万历刻本。

《鹿苑闲谈》不分卷，［明］钱五卿撰，清抄本。

《掌记》六卷，［明］茅元仪撰，明崇祯元年（1628）自刻本。

第六十七册——子部·杂家类（经史避名汇考·弹园杂志·双槐岁抄·邱中杂记·闲雁斋笔谈·闲书）

1998 年 3 月出版，310.00 元，ISBN 7－5013－1406－3/Z·226。

《经史避名汇考》四十六卷，［清］周广业撰，清抄本。

《弹园杂志》四卷（存一卷），［明］伍袁萃撰，明刻本。

《双槐岁抄》十卷，［明］黄瑜撰，明嘉靖三十八年（1559）陆延枝刻本。

《邸中杂记》一卷，［明］刘永澄撰，清初刘中从刻本。

《东坡先生集物类相感志》十八卷，［宋］释赞宁撰，明抄本。

《闻雁斋笔谈》六卷，［明］张大复撰，明万历三十三年（1605）顾孟兆等刻本。

《闲书》十五种六卷（存三卷），［清］程作舟撰，清康熙劓园刻本。

第六十八册——子部·杂家类（问辨牍·雪庵清史·皇朝仕学规范·续家训）

1998 年 6 月出版，310.00 元，ISBN 7－5013－1407－1/Z·227。

《问辨牍》四卷（续四卷），［明］管志道撰，明万历刻本。

《雪庵清史》五卷，［明］乐纯撰，明书林李少泉刻本。

《皇朝仕学规范》四十卷，［宋］张镃辑，宋刻本。

《续家训》八卷（存三卷），［宋］董正功撰，宋刻本。

第六十九册——子部·杂家类（里堂道听录·愈愚录·愈愚续录）

1998 年 12 月出版，310.00 元，ISBN 7－5013－1408－X/Z·228。

《里堂道听录》四十卷，又一卷，［清］焦循撰，清稿本。

《愈愚录》六卷，另一卷，［清］刘宝楠撰，清稿本。

《愈愚续录》不分卷，［清］刘宝楠撰，清稿本。

第七十册——子部·杂家类（新刊履斋示儿编·养生杂类·虑得集·长生铨·闲中偶录·万历欣赏编·漫录评正·妆史）

1997 年 12 月出版，310.00 元，ISBN 7－5013－1409－8/Z·229。

《新刊履斋示儿编》二十三卷，［宋］孙奕撰，元刘氏学礼堂刻本。

《养生杂类》二十二卷（存二十卷），［宋］周守忠撰，明刻本。

《虑得集》四卷附录二卷，［明］华悰韡撰，明万历四十二年（1614）华继祥刻本。

《长生铨》六卷，［明］洪应明撰，明万历刻本。

《闲中偶录》二卷，石惠居士辑，明末刻本。

《万历欣赏编》（存七卷），［明］沈德符撰，清抄本。

《漫录评正》，［明］伍袁萃撰，贺灿然评正。

《妆史》二卷，［清］田霡撰，稿本。

第七十一册——子部·类书类（记纂渊海）

1998 年 6 月出版，310.00 元，ISBN 7－5013－1410－1/Z·230。

［宋］潘自牧撰，共一百九十卷，宋刻本。

第七十二册——子部·类书类（婚礼新编·奁史）

1997 年 4 月出版，198.00 元，ISBN 7－5013－1281－8/Z·180。

《婚礼新编》二十卷，[宋] 丁升之辑，宋刻元修本。

《奁史》一百卷、拾遗一卷，[清] 王初桐辑，清嘉庆二年（1797）古香堂刻本。

第七十三册——子部·类书类（锦锈万花谷）

1994 年 11 月出版，国内版：145.00 元，ISBN 7－5013－1131－5/Z·159；国外版：290.00 元，ISBN 7－5013－1171－4/Z·162。

前集四十卷，后集四十卷，续集四十卷。宋刻本。

第七十四册——子部·类书类（新编翰苑新书）

1989 年 12 月出版，国内版：132.00 元，ISBN 7－5013－0589－7/Z·21；国外版：264.00 元，ISBN 7－5013－0610－9/Z·27。

前集七十卷，后集三十二卷，续集四十二卷，别集十二卷。

第七十五册——子部·类书类（新编类意集解诸子琼林·事类赋）

1990 年 6 月出版，国内版：63.00 元，ISBN 7－5013－0706－7/Z·49；国外版：126.00 元，ISBN 7－5013－0707－5/Z·50。

《新编类意集解诸子琼林》前集二十四卷，后集十六卷，[元] 苏应龙辑，元刻本。

《事类赋》三十卷，[宋] 吴淑撰并注，宋绍兴十六年（1146）刻本。

第七十六册——子部·类书类（帝王经世图谱·新锲燕台校正天下通行文林聚宝万卷星罗·明本大字应用碎金·韵府群玉）

1998 年 12 月出版，310.00 元，ISBN 7－5013－1411－X/Z·231。

《帝王经世图谱》十卷（存八卷），[宋] 唐仲友撰，宋刻本。

《新锲燕台校正天下通行文林聚宝万卷星罗》三十九卷，[明] 徐会瀛辑，明万历书林余献可刻本。

《明本大字应用碎金》二卷，明刻本。

《韵府群玉》二十卷，[元] 阴时夫辑，阴中夫注，明刻本。

第七十七册——子部·释家类（佛祖历代通载·大元至元辨伪录·天目中峰和尚广录）

1998 年 9 月出版，310.00 元，ISBN 7－5013－1412－8/Z·232。

《佛祖历代通载》二十二卷，[元] 释念常撰，元至正七年（1347）释念常募刻本。

《大元至元辨伪录》五卷，[元] 释祥迈撰，元刻本。

《天目中峰和尚广录》三十卷（存十九卷），[元] 释明本撰，元统三年（1335）释明瑞募刻本。

第七十八册——子部·丛书类（欣赏编·欣赏续编·天文汇抄·山居小玩·水边林下）

1998 年 10 月出版，310.00 元，ISBN 7－5013－1413－6/Z·233。

《欣赏编十种》十四卷，[明] 沈津编，明刻本。

《欣赏续编十种》十卷，[明] 茅一相编，明刻本。

《天文汇抄十一种》二十卷，明抄本。

《山居小玩十种》十三卷，[明] 毛晋编，明刻本。

《水边林下五十九种》五十九卷，[题] 湖南漫士辑，清刻本。

第七十九册——子部·丛书类（朱秉器全集·彭氏遗著·松筠丛著·童氏杂著）

1999 年 3 月出版，310.00 元，ISBN 7－5013－1414－4/Z·234。

《朱秉器全集六种》十四卷，[明] 朱孟震撰，明万历刻本。

《彭氏遗著九种》九卷，[清] 彭鹏撰，清康熙刻本。

《松筠丛著五种》六卷，[清] 松筠撰，清嘉庆道光间刻本。

《童氏杂著五种》六卷，[清] 童华撰，清乾隆刻本。

第八十册——子部·丛书类（胡氏粹编·了凡杂著·黔牍偶存）

1998 年 6 月出版，310.00 元，ISBN 7－5013－1415－2/Z·235。

《胡氏粹编》五种二十卷，[明] 胡文焕辑，明万历刻本。

《了凡杂著》十一种十七卷，[明] 袁黄撰，明万历三十三年（1605）建阳余氏刻本。

《黔牍偶存》四种四卷，[明] 刘锡玄撰，明末刻本。

第八十一册——子部·丛书类（欧虞部集·附李英集四卷都下赠言一卷）

1989 年 7 月出版，国内版：101.00 元，ISBN 7－5013－0556－0/Z·13；国外版：202.00 元，ISBN 7－5013－0614－1/Z·29。

[明] 欧大任撰，共十五种七十九卷，附五卷，清刻本。

第八十二册——子部·丛书类（寿养丛书·奚囊广要·艳雪斋丛书·士商必要）

1991 年 4 月出版，国内版：111.00 元，ISBN 7 - 5013 - 0708 - 3/Z·51；国外版：222.00 元，ISBN 7 - 5013 - 0709 - 1/Z·52。

《寿养丛书》十六种三十六卷，［明］胡文焕编，明胡文焕刻本。

《奚囊广要》十三种十四卷，明童氏乐志堂刻本。

《艳雪斋丛书》八种十一卷，［明］高奭编，稿本。

《士商必要》三种十二卷，题江湖散人辑，明末刻本。

第八十三册——子部·丛书类（藏说小萃·程氏丛刻·刻金粟头陀青莲露）

1998 年 12 月出版，310.00 元，ISBN 7 - 5013 - 1543 - 4/Z·246。

《藏说小萃》十集十一种二十七卷，［明］李如一编，明万历三十四年（1606）李铨前书楼刻本。

《程氏丛刻》九种十三卷，［明］程百二编，明万历四十三年（1615）程百二、胡之衍刻本。

《刻金粟头陀青莲露》六笺七卷，［明］叶华撰，明书林郑氏丽正堂刻本。

第八十四册——子部·丛书类（隐山鄙事·阳山顾氏文房小说·郭子式先生校刻书·许氏巾箱集）

1999 年 1 月出版，310.00 元，ISBN 7 - 5013 - 1544 - 2/Z·247。

《隐山鄙事》三种九卷，［清］李子金撰，清康熙刻本。

《阳山顾氏文房小说》四十种五十八卷，［明］顾元庆编，明正德嘉靖间顾元庆刻本。

《郭子式先生校刻书》三种六卷，［元］徐勉之撰，［明］郭钰订评，［明］郭钰辑，明末刻本。

《许氏巾箱集》三种五卷，［明］许察撰，［清］许徐翀撰，［清］许兆熊撰，清嘉庆二十二年（1817）许氏石契斋刻本。

第八十五册——集部·宋别集类（钜鹿东观集·武溪集·安阳集·徂徕石先生全集·赵清献公文集）

1998 年 11 月出版，310.00 元，ISBN 7 - 5013 - 1545 - 0/Z·248。

《钜鹿东观集》十卷，［宋］魏观撰，宋绍定元年（1228）严陵郡斋刻本。

《武溪集》二十一卷，［宋］余靖撰，明成化九年（1473）刻本。

《安阳集》五十卷（家传十卷别录三卷遗事一卷），［宋］韩琦撰，明正德九年（1514）张士隆刻本。

《徂徕石先生全集》二十卷附录一卷，［宋］石介撰，清康熙五十六年（1717）刻本。

《赵清献公文集》十六卷，［宋］赵抃撰，宋刻元明递修本。

第八十六册——集部·宋别集类（莆阳居士蔡公文集·山谷老人刀笔·梁溪遗稿诗抄·碧岩诗集·亚愚江浙纪行集句诗·石堂先生遗集）

1998 年 11 月出版，310.00 元，ISBN 7 - 5013 - 1546 - 9/Z·249。

《莆阳居士蔡公文集》三十六卷，［宋］蔡襄撰，宋刻本。

《山谷老人刀笔》二十卷，［宋］黄庭坚撰，元刻本。

《梁溪遗稿诗抄》一卷《文抄》一卷，［宋］尤袤撰，［清］朱彝尊辑，清康熙三十九年（1700）尤侗刻本。

《碧岩诗集》二卷，［宋］金朋说撰，清抄本。

《亚愚江浙纪行集句诗》七卷，［宋］释绍嵩撰，清初毛氏汲古阁影宋抄本。

《石堂先生遗集》二十二卷，［宋］陈普撰，明万历三年（1575）薛孔洵刻本

第八十七册——集部·宋别集类（古灵先生文集·王荆文公诗·曾南丰先生文粹·欧阳先生文粹·刘须溪先生记抄）

1998 年 11 月出版，310.00 元，ISBN 7 - 5013 - 1547 - 7/Z·250。

《古灵先生文集》二十五卷，卷末一卷，年谱一卷，［宋］陈襄撰，宋刻本。

《王荆文公诗》笺注五十卷，目录三卷，年谱一卷，［宋］王安石撰，李壁注，刘辰翁批点，元大德五年（1301）王常刻本。

《曾南丰先生文粹》十卷，［宋］曾巩撰，宋刻本。

《欧阳先生文粹》五卷，拾遗一卷，［宋］欧阳修撰，宋刻本。

《刘须溪先生记抄》八卷，［宋］刘辰翁撰，明嘉靖五年（1526）王朝用刻本。

第八十八册——集部·宋别集类（元公周先生濂溪集·后山居士文集·罗鄂州小集·搏斋先生缘督集·方壶存稿·蛟峰先生文集）

1998 年 11 月出版，310.00 元，ISBN 7 - 5013 - 1548 - 5/Z·251。

《元公周先生濂溪集》十二卷，年表一卷，［宋］周敦颐撰，宋刻本。

《后山居士文集》二十卷，［宋］陈师道撰，宋刻本。

《罗鄂州小集》五卷，罗鄂州遗文一卷，附一卷，［宋］罗愿、罗颂撰，明洪武二年（1369）罗宣明刻本。

《搏斋先生缘督集》十二卷，［宋］曾丰撰，［明］曾自明辑，明万历十一年（1583）詹事讲刻本。

《方壶存稿》九卷，［宋］汪莘撰，汪璨等刻本。

《蛟峰先生文集》十卷，外集三卷，山房先生遗文一卷，［宋］方逢辰、方逢振撰，明活字印本。

第八十九册——集部·宋别集类（乐全先生文集·宝晋山林集拾遗·竹坡类稿·宋忠惠铁庵方公文集）

1990 年 11 月出版，国内版：93.00 元，ISBN 7 - 5013 - 0710 - 5/Z·53；国外版：186.00 元，ISBN 7 - 5013 - 0711 - 3/Z·54。

《乐全先生文集》四十卷（存十八卷），［宋］张方平撰，宋刻本。

《宝晋山林集拾遗》八卷，［宋］米芾撰，宋嘉泰元年（1201）筠阳郡斋刻本。

《竹坡类稿》五卷附录一卷，［宋］吕午撰，清抄本。

《宋忠惠铁庵方公文集》四十五卷，［宋］方大琮撰，明正德八年（1513）方良节刻本。

第九十册——集部·宋别集类（青山集·唐先生文集·勉斋先生黄文肃公文集·心史）

1990年1月出版，国内版：114.00元，ISBN 7-5013-0712-1/Z·55；国外版：228.00元，ISBN 7-5013-0713-X/Z·56。

《青山集》三十卷，［宋］郭祥正撰，宋刻本。

《唐先生文集》二十卷，［宋］唐庚撰，宋刻本。

《勉斋先生黄文肃公文集》四十卷，语录一卷，年谱一卷，附集一卷，［宋］黄乾撰，元刻延祐二年（1315）重修本。

《心史》七卷，附录一卷，［宋］郑思肖撰，明崇祯十三年（1640）汪骏声、林古度刻本。

第九十一册——集部·金元别集（磻溪集·水云集·知常先生云山集·藏春诗集·筠溪牧潜集·鲁斋遗书·郝文忠公陵川文集）

1991年5月出版，国内版：98.00元，ISBN 7-5013-0816-0/Z·80；国外版：196.00元，ISBN 7-5013-0817-0/Z·81。

《磻溪集》三卷，［金］丘处机撰，金刻本。

《水云集》三卷，［金］谭处端撰，明刻本。

《知常先生云山集》五卷（存三卷），［元］姬志真撰，元延祐六年（1319）李怀素刻本。

《藏春诗集》六卷，［元］刘秉忠撰，明刻本。

《筠溪牧潜集》七卷，［元］释圆至撰，元大德刻本。

《鲁斋遗书》十四卷，［元］许衡撰，明万历二十四年（1596）怡愉、江学诗刻本。

《郝文忠公陵川文集》三十九卷，［元］郝经撰，明正德二年（1507）李瀚刻本。

第九十二册——集部·元别集类（姚文公牧庵集·燕石集·中庵先生刘文简公文集·鄱阳仲公李先生文集·傅与砺文集·巴西邓先生文集）

1991年4月出版，国内版：91.00元，ISBN 7-5013-0782-2/Z·64；国外版：182.00元，ISBN 7-5013-0783-0/Z·65。

《姚文公牧庵集》不分卷，［元］姚燧撰［明］刘昌辑，清抄本。

《燕石集》十五卷，附录一卷，［元］宋褧撰，清抄本。

《中庵先生刘文简公文集》二十五卷［元］刘敏中撰，清抄本。

《鄱阳仲公李先生文集》三十一卷［元］李存撰，明永乐三年（1405）李光刻本。

《博与砺文集》十一卷，附录一卷［元］傅若金撰，明洪武十七年（1384）刻本。

《巴西邓先生文集》一卷，［元］邓文原撰，清抄本。

第九十三册——集部·元别集类（刘文靖公文集·吴礼部文集·云峰胡先生文集·贡文靖云林集·邓伯言玉笥集·还山遗稿）

1998年12月出版，310.00元，ISBN 7-5013-1549-3/Z·252。

《刘文靖公文集》二十八卷，［元］刘因撰，明成化十五年（1479）蜀藩刻本。

《吴礼部文集》二十卷，附录一卷，［元］吴师道撰，清抄本。

《云峰胡先生文集》十四卷，附录一卷，［元］胡炳文撰，明弘治二年（1489）蓝章刻本。

《贡文靖云林集》十卷，［元］贡奎撰，明贡靖国刻本。

《邓伯言玉笥集》九卷，［元］邓雅撰，清抄本。

《还山遗稿》二卷，［元］杨奂撰，明嘉靖元年（1552）宋廷佐刻本。

第九十四册——集别·元别集类（道园遗稿·伯生诗后·石田先生文集·汉泉曹文贞公诗集·知非堂稿·范德机诗集·栖碧先生黄杨集·一山文集）

1998年11月出版，310.00元，ISBN 7-5013-1550-7/Z·253。

《道园遗稿》六卷，［元］虞集撰，元至正十四年（1354）金伯祥刻本。

《伯生诗后》三卷，题叶氏四爱堂诗一卷，［元］虞集、吴全节等撰，元至元六年（1340）刘氏日新堂刻本。

《石田先生文集》十五卷，附录一卷，［元］马祖常撰，元至元五年（1339）扬州路儒学刻本。

《汉泉曹文贞公诗集》十卷，［元］黄伯启撰，元至元四年（1338）曹复亨刻本。

《知非堂稿》十一卷，［元］何中撰，清抄本。

《范德机诗集》十卷，［元］范椁撰，清康熙三十年（1691）金侃抄本。

《栖碧先生黄杨集》三卷，补遗一卷，附录一卷，［元］华幼武撰，明万历四十六年（1618）华五伦刻本。

《一山文集》九卷，［元］李继本撰，清康熙二十八年（1689）金侃抄本。

第九十五册——集部·元别集类（至正集·梧溪集·清閟阁遗稿·侨吴集·畴斋文稿）

1998年12月出版，310.00元，ISBN 7-5013-1551-5/Z·254。

《至正集》八十一卷，［元］许有壬撰，清抄本。

《梧溪集》七卷，［元］王逢撰，元至正明洪武间刻景泰七年（1456）陈敏政重修本。

《清闷阁遗稿》十五卷，存十四卷，［元］倪瓒撰，明万历二十八年（1600）倪珵刻本。

《侨吴集》十二卷［元］郑元祐撰，明弘治九年（1496）张习刻本。

《畴斋文稿》不分卷，［元］张仲寿撰，元稿本。

第九十六册——集部·元别集类（贡文靖公云林诗集·圭峰先生集·云阳李先生文集·新喻梁石门先生集·后圃黄先生存集·获溪集·秋声集）

1998 年 12 月出版，310.00 元，ISBN 7 - 5013 - 1552 - 3/Z·255。

《贡文靖公云林诗集》六卷，附录一卷，〔元〕贡奎撰，明弘治三年（1490）范吉刻本。

《圭峰先生集》二卷，〔元〕卢琦撰，明万历三十七年（1609）庄毓庆等刻本。

《云阳李先生文集》十卷，附录一卷，〔元〕李祁撰，清抄本。

《新喻梁石门先生集》十卷，卷首一卷，〔元〕梁寅撰，清乾隆十五年（1750）刻本。

《后圃黄先生存集》四卷，响明斋诗文附一卷，〔元〕黄枢、〔明〕黄维夫撰，明嘉靖二十九年（1550）古林山房黄遥刻本。

《获溪集》二卷，〔元〕王偕撰，清抄本。

《秋声集》九卷，〔元〕黄镇成撰，〔清〕张蓉镜抄补，明洪武十一年（1378）黄钧刻本。

第九十七册——集部·明别集类（陶学士先生文集·朱枫林集·韫玉先生文集·青金集·新编颐光先生集·得月稿·韩山人诗集·静居集）

1999 年 3 月出版，310.00 元，ISBN 7 - 5013 - 1553 - 1/Z·256。

《陶学士先生文集》二十卷，事迹一卷，〔明〕陶安撰，明弘治十三年（1500）项经刻递修本。

《朱枫林集》十卷，〔明〕朱升撰，明万历歙邑朱府刻本。

《韫玉先生文集》不分卷，〔明〕吴斌撰，清抄本。

《青金集》八卷，〔明〕史迁撰，清抄本。

《新编颐光先生集》七卷，拾遗一卷，外集二卷，〔明〕陆颙撰，明景泰元年（1450）刻本。

《得月稿》七卷，〔明〕吕不用撰，清抄本。

《韩山人诗集》九卷，续集八卷，〔明〕韩奕撰，清抄本。

《静居集》六卷，附录一卷，〔明〕张羽撰，明弘治四年（1491）张习刻本。

第九十八册——集部·明别集类（王忠文公文集·瀻川集·浦舍人集·心远先生存稿·爱礼先生集）

1998 年 11 月出版，310.00 元，ISBN 7 - 5013 - 1554 - X/Z·257。

《王忠文公文集》二十四卷，〔明〕王祎撰，明嘉靖元年（1522）张齐刻本。

《瀻川集》八卷，〔明〕吴沈撰，清抄本。

《浦舍人集》六卷，〔明〕浦源撰，清抄本。

《心远先生存稿》十二卷，附二卷，〔明〕杨琢撰，明抄本。

《爱礼先生集》十卷，〔明〕刘驷撰，明刻本。

第九十九册——集部·明别集类（坦斋刘先生文集·涂子类稿·刘槎翁先生诗选·林登州遗集·澹居稿·先世遗芳集）

1998 年 11 月出版，310.00 元，ISBN 7 - 5013 - 1555 - 8/Z·258。

《坦斋刘先生文集》二卷，附录一卷，〔明〕刘三吾撰，明万历六年（1578）刻本。

《涂子类稿》十卷，〔明〕涂几撰，明嘉靖十五年（1536）黄漳刻本。

《刘槎翁先生诗选》十二卷，〔明〕刘嵩撰，明万历二十五年（1597）张应泰刻本。

《林登州遗集》二十三卷，附一卷，〔明〕林弼撰，清康熙四十五年（1706）林兴刻本。

《澹居稿》二卷，〔明〕释至仁撰，清抄本。

《先世遗芳集》十卷，〔明〕刘昭年撰，清抄本。

第一百册——集部·明别集类（西庵集·青城山人诗集·海叟集·友石先生诗集·泊庵先生文集·坦庵先生文集·夏忠靖公集·逃虚子诗集）

1998 年 12 月出版，310.00 元，ISBN 7 - 5013 - 1556 - 6/Z·259。

《西庵集》十卷，〔明〕孙蕡撰，傅增湘跋，明弘治十六年（1503）金兰馆铜活字印本。

《青城山人诗集》八卷，〔明〕王璲撰，明景泰四年（1453）华靖刻本。

《海叟集》四卷，〔明〕袁凯撰，明万历三十七年（1609）张所望刻本。

《友石先生诗集》五卷，〔明〕王绂撰，吴昌绶跋，明弘治元年（1488）荣华刻本。

《泊庵先生文集》十六卷，附录一卷，〔明〕梁潜撰，清初刻本。

《坦庵先生文集》八卷，〔明〕梁本之撰，清初刻本。

《夏忠靖公集》六卷，遗事一卷，〔明〕夏原吉撰，明弘治十三年（1500）袁经刻本。

《逃虚子诗集》十卷，续一卷，〔明〕姚广孝撰，宋宾王校，清金氏文瑞楼抄本。

第一百零一册——集部·明别集类（黄给谏遗稿·仁山遗稿·盘谷集·金川玉屑集·嵩渚文集）

1999 年 3 月出版，310.00 元，ISBN 7 - 5013 - 1557 - 4/Z·260。

《黄给谏遗稿》一卷，附录一卷，〔明〕黄钺撰，清抄本。

《仁山遗稿》一卷，附录一卷，〔明〕程弥寿撰，明嘉靖四年（1525）程昌等刻本。

《盘谷集》十卷，〔明〕刘鹗撰，明永乐刻本。

《金川玉屑集》六卷，〔明〕练子宁撰，明刻本。

《嵩渚文集》一百卷，目录二卷，〔明〕李濂撰，明嘉靖刻本。

第一百零二册——集部·明别集类（石溪集·胡祭酒集·孙文简公灊溪草堂稿·夏东岩先生文集·颐山私稿·拘虚集）

1998 年 12 月出版，310.00 元，ISBN 7 – 5013 – 1558 – 2/Z·261。

《石溪集》八卷，存二卷，[明] 周叙撰，明景泰元年（1450）自刻本。

《胡祭酒集》十四卷，存八卷，[明] 胡俨撰，明隆庆四年（1570）李迁刻本。

《孙文简公瀼溪草堂稿》□□卷，存四十八卷，[明] 孙克弘撰，明孙克弘等刻本。

《夏东岩先生文集》六卷，诗集六卷，[明] 夏尚朴撰，明嘉靖四十五年（1566）斯正刻本。

《颐山私稿》十卷，[明] 吴仕撰，明刻本。

《拘虚集》五卷，后集三卷，拘虚诗谈一卷，游名山录四卷，[明] 陈沂撰，明嘉靖刻本。

第一百零三册——集部·明别集类（觉非集·翰林学士耐轩王先生天游杂稿·戴中丞遗集·少华山人前集·东冈集·南斋先生魏文靖公摘稿）

1999 年 1 月出版，310.00 元，ISBN 7 – 5013 – 1559 – 0/Z·262。

《觉非集》十卷，[明] 罗亨信撰，清罗哲刻本。

《翰林学士耐轩王先生天游杂稿》十卷，[明] 王达撰，明正统元年（1436）胡濒刻本。

《戴中丞遗集》八卷，附录一卷，[明] 戴暨撰，明嘉靖三十九年（1560）戴士充刻本。

《少华山人前集》十三卷，后集九卷，[明] 许宗鲁撰，明嘉靖刻本。

《东冈集》十卷，[明] 柯暹撰，明柯株林等刻本。

《南斋先生魏文靖公摘稿》十卷，[明] 魏骥撰，明弘治十一年（1498）洪钟刻本。

第一百零四册——集部·明别集类（正心诗集·董汉阳碧里后集·蓉川集·南湖先生文选·衡藩重刻胥台先生集）

1999 年 3 月出版，310.00 元，ISBN 7 – 5013 – 1560 – 4/Z·263。

《正心诗集》九卷，[明] 朱荣㴐撰，明正德十四年（1519）楚藩自刻本。

《董汉阳碧里后集》鸣存一卷，疑存一卷，杂存一卷，达存二卷，[明] 董谷撰，明嘉靖四十四年（1565）董鲲刻本。

《蓉川集》四卷，入夏录三卷，赠言一卷，附录一卷，[明] 齐之鸾撰，清康熙二十年（1681）齐山悠然亭刻本。

《南湖先生文选》八卷，补编一卷，[明] 丁奉撰，明万历三十一年（1603）丁汝宽刻递修本。

《衡藩重刻胥台先生集》二十卷，[明] 袁衮撰，明万历十二年（1584）衡藩刻本。

第一百零五册——集部·明别集类（巢睫集·洞庭集·明山先生存集·遵岩先生文集）

1998 年 12 月出版，310.00 元，ISBN 7 – 5013 – 1561 – 2/Z·264。

《巢睫集》五卷，[明] 曾棨撰，明成化七年（1471）张纲刻本。

《洞庭集》五十三卷，[明] 孙宜撰，明嘉靖三十二年（1553）孙宗刻本。

《明山先生存集》四卷，[明] 姚涞撰，明嘉靖三十六年（1557）姚稽刻本。

《遵岩先生文集》四十一卷，[明] 王慎中撰，明隆庆五年（1571）邵廉刻本。

第一百零六册——集部·明别集类（芹山集·翁东涯集·杨氏南宫集·季彭山先生文集）

1991 年 4 月出版，国内版：106.00 元，ISBN 7 – 5013 – 0849 – 7/Z·89；国外版：212.00 元，ISBN 7 – 5013 – 0850 – 0/Z·90。

《芹山集》三十四卷，[明] 陈儒撰，明隆庆三年（1569）陈一龙刻本。

《翁东涯集》十七卷，[明] 翁万达撰，明嘉靖三十四年（1555）朱睦㮵刻本。

《杨氏南宫集》七卷，[明] 杨仪撰，清抄本。

《季彭山先生文集》四卷，[明] 季本撰，清初抄本。

第一百零七册——集部·明别集类（东塘集·长春竞辰稿·洨滨蔡先生文集·飞鸿亭集·月川类草）

1999 年 3 月出版，310.00 元，ISBN 7 – 5013 – 1562 – 0/Z·265。

《东塘集》十卷，[明] 毛伯温撰，明嘉靖十九年（1540）王仪刻本。

《长春竞辰稿》十三卷，余稿三卷，[明] 朱让栩撰，明嘉靖二十八年（1549）蜀藩刻本。

《洨滨蔡先生文集》十二卷，[明] 蔡㬊撰，明嘉靖四十二年（1563）李登云等刻本。

《飞鸿亭集》二十卷，[明] 吴鹏撰，明万历吴惟贞刻本。

《月川类草》十卷，[明] 夏浚撰，清抄本。

第一百零八册——集部·明别集类（钱临江先生集·玉华子游艺集·㳇山先生遗稿）

1998 年 12 月出版，310.00 元，ISBN 7 – 5013 – 1563 – 9/Z·266。

《钱临江先生集》十四卷，附录一卷，[明] 钱琦撰，明万历三十二年（1604）钱蕃刻本。

《玉华子游艺集》二十六卷，[明] 马一龙撰，明万历三十二年（1604）马震伯、马巽翰等刻本。

《㳇山先生遗稿》三卷，[明] 张文宪撰，明万历十一年（1583）张汝贤刻本。

第一百零九册——集部·明别集类（万卷楼遗集·林榕江先生集·鹿原集·端简郑公文集·甘白先生文集·省庵漫稿）

1989 年 11 月出版，国内版：101.00 元，ISBN 7 – 5013 – 0680 – X/Z·409；国外版：202.00 元，ISBN 7 – 5013 – 0681 – 8/Z·41。

《万卷楼遗集》六卷，[明] 丰坊撰，明万历四十五年（1617）丰建刻本。

《林榕江先生集》三十卷，[明] 林炫撰，清范氏天一阁抄本。

《鹿原集》十卷，[明] 戴钦撰，明抄本。

《端简郑公文集》十二卷，[明] 郑晓撰，明万历二十八年（1600）郑心材刻本。

《甘白先生文集》六卷，［明］张适撰，清释就堂抄本。
《省庵漫稿》四卷，［明］陈逅撰，明崇祯十年（1637）陈星枢刻本。

第一百一十册——集部·明别集类（浮槎稿·畏斋薛先生艺文类稿·杨襄毅公奏疏·天游山人集）
1998 年 11 月出版，310.00 元，ISBN 7－5013－1564－7/Z·267。
《浮槎稿》十二卷，［明］潘滋撰，明嘉靖刻本。
《畏斋薛先生艺文类稿》十四卷，续集三卷，［明］薛甲撰，明隆庆刻本。
《杨襄毅公奏疏》十七卷，［明］杨博撰，明万历刻本。
《天游山人集》□□卷（存四卷），［明］杨应诏撰，明刻本。

第一百一十一册——集部·清别集类（拟山园选集·曹司马集）
1999 年 1 月出版，310.00 元，ISBN 7－5013－1565－5/Z·268。
《拟山园选集》八十一卷，［清］王铎撰，清顺治十年（1653）王镛、王钺刻本。
《曹司马集》六卷，曹孝廉文稿一卷，［清］曹烨、曹应鹤撰，清康熙三十二年（1693）曹肩吾刻本。

第一百一十二册——集部·清别集类（大中丞苗晋侯先生文集·雪堂先生文集·了莽文集·匪棘堂集）
1999 年 3 月出版，310.00 元，ISBN 7－5013－1566－3/Z·269。
《大中丞苗晋侯先生文集》八卷，抚郧杂录一卷，解鞍小录一卷，筑樊文抄一卷，借铸文抄一卷，巡襄约言一卷，［清］
苗胙土撰，明崇祯及清康熙元年（1662）刻本。
《雪堂先生文集》二十八卷，［清］熊文举撰，清初刻本。
《了莽文集》九卷，［清］王岱撰，清康熙刻本。
《匪棘堂集》十二卷，［清］范士楫撰，清顺治刻本。

第一百一十三册——集部·清别集类（龚芝麓先生集·内省斋文集）
1998 年 12 月出版，310.00 元，ISBN 7－5013－1567－1/Z·270。
《龚芝麓先生集》四十卷（存三十六卷），［清］龚鼎孳撰，清康熙刻本。
《内省斋文集》三十二卷，［清］汤来贺撰，清康熙书林五车楼刻本。

第一百一十四册——集部·总集类（赤城集·赤城后集·麟溪集）
1998 年 11 月出版，310.00 元，ISBN 7－5013－1568－X/Z·271。
《赤城集》十八卷，［宋］林表民辑，明弘治十年（1497）谢铎刻本。
《赤城后集》三十三卷（存三十卷），［明］谢铎辑，明弘治十年（1497）谢铎刻本。
《麟溪集》二十二卷，别篇二卷，附录二卷，［明］郑太和辑，郑玺续辑，明成化十一年（1475）郑珊、郑琥刻本。

第一百一十五册——集部·总集类（丽泽录·文氏家藏诗集·庸氏三先生集）
1998 年 12 月出版，310.00 元，ISBN 7－5013－1569－8/Z·272。
《丽泽录》二十四卷，［明］朱□□辑，明嘉靖三十六年（1557）朱氏玄畅新馆刻本。
《文氏家藏诗集》八种十七卷，［明］文肇祉编，明万历十六年（1588）文肇祉刻本。
《唐氏三先生集》三十卷，附录三卷，［元］唐元撰，［明］唐桂芳撰，［明］唐文凤撰，明正德十三年（1518）张芹
刻本。

第一百一十六册——集部·总集类（中州启劄·中州名贤文表·成化十一年会试录·国朝历科题名碑录初集）
1998 年 11 月出版，310.00 元，ISBN 7－5013－1570－1/Z·273。
《中州启劄》四卷，［元］吴宏道辑，清抄本。
《中州名贤文表》三十卷，［明］刘昌辑，明成化刻本。
《成化十一年会试录》一卷，明成化刻本。
《国朝历科题名碑录初集》不分卷，明洪武至崇祯各科不分卷，［清］李周望辑，清雍正刻本。

第一百一十七册——集部·总集类（广东文选）
1989 年 9 月出版，国内版：92.00 元，ISBN 7－5013－0590－0/Z·22；国外版：184.00 元，ISBN 7－5013－0611－7/Z·28。
［清］屈大均辑，共 40 卷，清康熙二十六年（1687）三间书院刻本。

第一百一十八册——集部·总集类（海虞文苑·虞邑遗文录·锡山遗响·善权寺古今文录·北岳庙集）
1998 年 12 月出版，310.00 元，ISBN 7－5013－1571－X/Z·274。
《海虞文苑》二十四卷，［明］张应遴辑，明万历三十八年（1610）刻本。
《虞邑遗文录》十卷，补集六卷，［清］陈揆辑，清道光二十八年（1848）翁氏陔华唫馆抄本。
《锡山遗响》十卷，［明］莫息、潘继芳辑，明正德刻本。
《善权寺古今文录》十卷，［明］释方策辑，清抄本。
《北岳庙集》十一卷，明万历刻蓝印本。

第一百一十九册——集部·总集类（三台文献录·清源文献·方城遗献·太仓文略）
1998 年 3 月出版，310.00 元，ISBN 7－5013－1572－8/Z·275。

《三台文献录》二十三卷，[明] 李时渐辑，明万历五年（1577）刻本。
《清源文献》十八卷（存十六卷），[明] 何炯辑，明万历刻本。
《方城遗献》六卷，[清] 李成经辑，清乾隆五十二年（1787）自刻本。
《太仓文略》四卷，[明] 陆之裘辑，明嘉靖二十二年（1543）王梦祥刻本。

第一百二十册——集部·总集类（国朝名公经济文抄·同时尚论录·交游书翰）
1998 年 12 月出版，310.00 元，ISBN 7 – 5013 – 1573 – 6/Z·276。
《国朝名公经济文抄》十卷，第一续不分卷，[明] 张文炎辑，明玉屑斋刻本。
《同时尚论录》十六卷，[明] 蔡士顺辑，明崇祯刻本。
《交游书翰》四卷，[明] 张明彻辑，明万历三年（1575）自刻本。

读书记四种（共十八册）

钟肇鹏选编　精装　32 开　定价：3000.00 元
ISBN 7 – 5013 – 1434 – 9/K·247　1998 年 9 月出版

　　《习学记言序目》，[宋] 叶适撰，根据清光绪刻本影印。共五十卷，论经十四卷，论史二十五卷，论诸子七卷，读《皇朝文鉴》四卷。"序目"就是序列评论诸书。《习学记言》是叶适的读书札记。本书反映了叶适重功利，反理学；务实际，反对空谈性命的基本思想。
　　《西山读书记》，[宋] 真德秀撰，根据宋开庆元年（1259）福州官刻元修本影印。分甲、乙、丙、丁四编。今仅存甲、乙、丁三编。甲集三十七卷，乙集下二十二卷，丁集二卷，共六十一卷。甲集自第十八卷以前都是探讨性、命、心、情、仁、义、礼、智、道、德、诚、敬及五伦等哲学范畴。卷十九至二十一探讨学习、师道及教法。卷二十二至卷三十一探讨《六经》、《论语》、《孟子》等经典要旨及孔门道统传授与读书法。卷三十二及卷三十三辨君子小人及异端。卷三十四至卷三十七探讨天地、日月、五行、鬼神等宇宙论的范畴。甲集为西山手订，前有《纲目》一篇说明编辑的系统和层次。乙集二十二卷选录自虞夏商周直至唐朝，历代大臣宰辅的事业，加以论述。此集为汤汉抄录编辑，亦有《纲目》一篇说明编辑要旨。丁集二卷是讲儒家修身处世之道。上卷论出处大义。下卷讲论处贫贱、处患难、处生死、安义命、审重轻诸条目。《读书记》的写法都是摘录经史原著，于经典原文下并抄录注解，间亦附己意于末。
　　《黄氏日抄》，[宋] 黄震撰，根据《四库全书》本影印。本为一百卷，存目九十七卷，而其中又缺第八十一、八十九及九十二卷，实存九十四卷。卷一至卷六十八为黄氏读书札记。卷六十九以下为黄氏文集，今不收。《日抄》六十八卷，其中读经传三十一卷，读儒家书十四卷，读正史五卷，读杂史四卷，读诸子四卷，读文集十卷。黄氏于每书之前或之后往往有综合性的概述或评论。
　　《薛文清公读书录·读书续录》，[明] 薛瑄撰，根据清刻本影印。共十二卷，本书都是作者自己躬行践履、心得体会之言，所读的书不外《四书》、《五经》、《性理大全》及周、程、朱、张的书。

中国文献珍本丛书（全四种）

全国图书馆文献缩微复制中心编，李竞主编　线装　长 16 开

　　文化部图书馆局所属"全国图书馆文献缩微复制中心"为了保存祖国珍贵文献和向科研工作者提供资料而主持编辑的一套大型丛书。主要是将各图书馆收藏的流传稀少，但有重要史料价值的珍、善、孤本古籍整理影印。书前有全国图书馆文献缩微复制中心的前言。

丝绸之路资料汇抄（全八册）

全国图书馆文献缩微复制中心编　定价：80.00 元
统一书号：11201·43　1986 年 3 月出版

　　收录汉至明历代有关丝绸之路的著述 31 种。书前有吴丰培的序。顾廷龙封面题字。

其他图书

缘督庐日记钞（全四册）

[清] 叶昌炽著，王季烈编　精装　大 32 开　定价：600.00 元
ISBN 978 – 7 – 5013 – 3521 – 3/K·1537　2007 年 10 月出版

　　本书是清末民国著名学者叶昌炽日记（1870—1917）的精华本，是王季烈从《缘督庐日记》原稿中抄辑的。叶氏学识渊博，无书不读，尤精于金石、版本目录，对敦煌出土史料亦有深研，本书对于了解其在金石学、版本目录学乃至敦煌学等领域的贡献有重要价值。

历代名人姓氏全编（全四册）

佚名编　精装　32 开　定价：860.00 元
ISBN 7 – 5013 – 2834 – X/K·1216　2006 年 4 月出版

　　《历代名人姓氏全编》是民国期间编纂的一部大型人名辞书，所录人名起自上古，下及清末。或依经史，或依志乘，或依金石文字及私家撰著。本书收录历代名人姓氏约二万余人，相关历史人物近三万，是研究历代人物、姓氏的参考书。本书所录人名以姓为序，同姓者以时代相从。人名下除里籍、字号外，其生平事迹、琐闻轶事也间有所录。此外，在所录姓氏之下皆注有该姓的来源及郡望，为读者了解该姓的源流提供了一定的线索。本书在人名收录上也可补《中国人名大辞典》之不足。

　　本书原为民国年间有正书局石印发行，流传不广，为满足读者需要，我们以有正书局石印本为底本影印出版。本书原依姓氏读音上平声、下平声、上声、去声、入声顺序排列，对于今天的读者来说使用很不方便。本次影印时，我们在书后新编制了笔画索引。笔画索引依姓氏笔画多少为序，同姓者依第二字笔画多少为序，第二字笔画相同者，依第三字笔画多少为序，依此类推。若第二、第三字笔画相同，则依起笔笔形横、竖、撇、点、折的顺序排列。

历代书画史汇考

刘敦编　精装　16 开　定价：95.00 元
ISBN 7 – 5013 – 2812 – 9/K·1211　2005 年 10 月出版

　　本书原为线装蓝丝栏稿本，一函四册，为《历代书史汇考》与《历代画史汇考》合函。内收民国以前 5000 余名历代书画家小传，以书画齐名者则在《历代书史汇考》其人名下标注"参看画史条"，是提供给中国书画史研究者、中国书画爱好者、收藏者的又一部参考工具书。需提醒使用者注意的是，《历代书史汇考》卷端下题有"附金石篆刻家人名"，实缺；书史二十四画"灵"部下两条标有"参看画史条"，而画史无"灵"部。可知此稿本虽为后人留下了许多珍贵的甚至是鲜为人知的史料，但就整体而言，属于未完稿。

　　本书原署民国二十五年（1936）青田刘敦编，编者生平不详。今据国家图书馆藏原稿本影印，书稿字体隽秀，赏心悦目。为方便读者查阅，此次出版还编有《姓氏首字笔画检字》。

清代人物大事纪年

朱彭寿编著，朱鳌、宋苓珠整理　精装　大 32 开　定价：180.00 元
ISBN 7 – 5013 – 2621 – 5/K·960　2005 年 2 月出版

　　本书是朱鳌先生根据其先祖父朱彭寿所著《皇清纪年五表》、《皇清人物通检》及《皇清人物考略》三书手稿，并参阅大量相关文献整理编纂而成。共收录 18000 余名清代自中央到地方有影响人物的个人资料，包括姓名、字、号、籍贯、生辰、科第、官职、恩遇、封爵、著述、卒年、谥号、死因等十多项内容。全书按编年体的形式编排，以年系人，以人系事，依清代纪年顺序，自清入关前的天命元年（1616），至清宣统三年（1911），共记录了 295 年间的重大史实、重要人物。并编有人物姓名笔画索引。是了解研究清代历史不可缺少的工具书。

历代不知姓名录

[清] 李清编　精装　大32开　定价：80.00元
ISBN 7 – 5013 – 2428 – X/K · 818　2004 年 4 月出版

　　本书是一部十分独特的人物资料辑录，曾因无端受到牵连而遭禁，或可作为异类历史笔记来读。此书亦有文献著录为《正史外史摘奇》。编者搜取廿一史及诸稗官野乘所载无姓名者事迹汇为一编，有姓无名、有名无姓者附后，每条皆注出处，取之有据。有两种抄本：其一为旧抄本，十四卷，内分五十四类，凡一千四百余条；另一为传抄本，十卷，分类亦五十有四，有十七类有类目而无内容。今天我们见到并据为底本的即为后一种，是国家图书馆藏民国间抄本。全书实存八卷三十七类，计一千二百余条。

历代名人年谱

[清] 吴荣光著，李宗颢补遗，林梓宗点校　16开　定价：160.00 元
ISBN 7 – 5013 – 1962 – 6/K · 424　2002 年 11 月出版

　　本书收录汉高祖刘邦元年（前206）至清道光二十三年（1843）历史上政治、经济、军事上的重要名人数千人，是一部了解中国历史以及名人生平事迹的工具书。

中国古代名人生卒 · 历史大事年谱

[清] 吴荣光撰，陈垣校注　精装　16开　定价：140.00 元
ISBN 7 – 5013 – 1952 – 9/K · 419　2002 年 10 月出版

　　本书原名《历代名人年谱》十一卷，系表谱式历代名人生卒与大事纪年，起汉高祖刘邦元年（前206），迄清道光二十三年（1843）。首列干支纪年，次为帝王年号纪年，三为重大历史事件，最后乃生卒于该年之名人。今据其内容改为《中国古代名人生卒 · 历史大事年谱》。该书成于清道光末年，曾于咸丰光绪年间数次刻印。此次影印所据底本乃国家图书馆收藏陈垣先生校注光绪元年南海张荫桓重刻本，陈垣先生于干支年逐一标注西历，并于著名历史人物和释者生卒年月日标注西历，颇便于今人利用。为便于检索，特请北京大学图书馆李雄飞先生编制《人名索引》附于卷末。

历代名人生卒录

[清] 钱保塘编　精装　16开　定价：120.00 元
ISBN 7 – 5013 – 1951 – 0/K · 418　2002 年 10 月出版

　　本书专记历史人物存殁之年。所收人物起自上古，迄于清光绪二十年（1894），"不别贤奸，不分老幼，不判男女，不论夷夏"，皆取之有据，依照史传、名人文集、碑传表志原书记载递录，人自一条，少则数字，多至一二百字；简则仅记名、姓、年岁，详则备载人物姓名、字号、籍贯、生卒年月日时、年岁及简略事实等，共得一万余人，依年代顺序编为八卷。比之同类其他诸书，本书所包容的时限最长，网罗最为宏富，因此更具参考价值，是治文史者必备之工具书。
　　此次影印出版，特邀北京大学图书馆李雄飞先生编制了人物姓名笔画索引及拼音索引，极易查寻。

古今人生日考

朱彭寿编　平装　32开　定价：30.00 元
ISBN 7 – 5013 – 1904 – 9/K · 396　2002 年 4 月出版

　　本书收录上古至清末凡4200余人的生辰资料，依次按月、日编排。作者朱彭寿为清末民初仕宦，一生著述不辍，有多种著述稿本传世。此书的独到之处是：在人物姓氏之上均标明官阶职业，在生辰之前皆注明出处，是治学者知人论世的重要参考工具。此次影印出版，重新编制了目录索引，检索便捷。

宋元明清儒学年表

（日）今关寿麿编撰　平装　32开　定价：25.00 元
ISBN 7 – 5013 – 1906 – 5/K · 398　2002 年 4 月出版

　　宋元明清四朝是中国儒学的新形态——宋明理学产生、发展和走向成熟的时期。日本学者今关寿麿所编《宋元明清儒学年表》，始于宋仁宗明道元年（1032），即理学集大成者程颢诞生之年，终于中华民国元年（1912）孔教会创立。全书以年代（首列中国帝王纪年，次附西历、日本年号）为经，以宋明理学重要学者的诞生、著作刻印及重大活动为纬，构全了四朝880余年的理学发展框架。作者潜心研究宋元明清儒学数十年，凡濂洛关闽、象山阳明及清儒诸家，皆能绎学流之所源，稽是非之所由。该年表虽以儒学名，举凡政治、教育、军事、文化诸种活动无不涉猎。故《宋元明清儒学年表》亦可视为宋元明清

大事年表。而穿插全书的对宋明理学的精辟见解和独特思维，亦不在洋洋专著之下。本书成于日本明治四十年（1907）。日本大正九年（1919），由作者自印发行。至今，中、日图书馆均已罕见收藏。我社将中央民族大学图书馆收藏本影印出版，为研究宋元明清历史尤其是学术思想史提供了难得的工具书。

苏溪渔隐读书谱（一函三册）

[清] 耿文光著　线装　16 开　定价：240.00 元
ISBN 7 – 5013 – 1420 – 9/K·243　1997 年 7 月出版

本书选自《耿氏丛书》。耿文光（1830—?）字斗垣，号酉山，别号苏溪渔隐。本书是作者以年谱的形式，对自己一生读书经历的记述。共 4 卷。

戚少保年谱（一函六册）

[清] 戚祚国等著　线装　16 开　定价：695.00 元
ISBN 7 – 5013 – 1362 – 8/K·239　1997 年 5 月出版

本书根据清道光间仙游崇勋祠藏本影印，共 12 卷。书前有明史本传、《戚少保年谱书编序》、凡例。

史籍史料

皇宋中兴两朝圣政（全四册）

［宋］佚名著　精装　大32开　定价：750.00 元
ISBN 978－7－5013－3520－6/K・1536　2007年9月出版

　　本书是南宋高宗、孝宗朝的编年史料，分类编辑了皇帝和臣僚的言行事迹，对于研究南宋政治史和宋代政治文化有重要史料价值。据《宛委别藏》影宋抄本影印。

世本集览（全二十册）

［清］王梓材编　精装　大32开　定价：4700.00 元
ISBN 978－7－5013－3466－7/K・1498　2007年8月出版

　　《世本》是先秦的重要史籍之一，记载黄帝至春秋时的史事及列国诸侯大夫的姓氏、世系、居（都邑）、作（制作）等内容。是一部包含上古谱牒在内的、内容十分庞杂的古代历史资料汇编，但成书不久即散佚。王梓材（1792－1851），浙江宁波人，清代著名历史学家，先后编撰整理过《宋元学案补遗》，《全祖望七校本〈水经注〉》等文献，是浙东学派的殿军。他自年十六（嘉庆十二年）以至四十岁（道光十一年）辑录此书，引用的书籍达三百余种，上自皇古，下逮战国，凡述及世系者，无不搜采，露抄雪纂，历二十余年不懈，终成《世本集览》。该书有正录有附录，其人之见于经传而无可疑者则列之正录，其人之见于经传而有可疑者则列之附录，虽以世系之，而正附不妨互见也。有备览有备考，其人之见于子史而无可疑者则列之备览，其人之见于子史而可疑者则列之备考。有存参有存疑，其人之见于稗野而疑信相兼者则列之存参，其人之见于稗野而疑信不掩者则列之存疑，亦从其世系之而备焉存焉，义各有当也。至有断不可信之人，不以大字书之，而以旁注见之。《世本集览》全稿收藏于国家图书馆，这次影印编制了新的目录，以便读者检索。

三礼通释（全二册）

［清］林昌彝撰　精装　16开　定价：660.00 元
ISBN 7－5013－3190－1/K・1410　2006年11月出版

　　"礼经"作为"五经"之一，包括《仪礼》、《周礼》、《礼记》三部分，内容包罗万象。本书"专释三礼，大旨以《仪礼》《周礼》为纲，以《礼记》及各经之言礼有可互证者亦博引之以为义疏"，"于三代制礼之源及六朝议礼之蕴""溯源讨流，最为详备"。全书二百八十卷，其中通释二百三十卷、三礼图五十卷。

皇朝中兴纪事本末（全二册）

［宋］熊克撰　精装　16开　定价：780.00 元
ISBN 7－5013－2744－0/K・1075　2005年4月出版

　　本书为南宋高宗朝编年史，对南宋中兴史的研究，具有重要意义。本次影印所据为清雍正九年（1744）以"宋椠精本"为底本的抄本。

通鉴札记（全二册）

［清］刘体仁撰　平装　大32开　定价：70.00 元
ISBN 7－5013－2434－4/K・822　2004年5月出版

　　《通鉴札记》是清代史学家刘体仁所著的研究《资治通鉴》的读史札记，内容上起战国，下至五代，计十六卷。其中卷一为先秦，卷二为西汉，卷三为东汉，卷四为三国，卷五卷六为两晋，卷七至卷十一为南北朝，卷十二为隋，卷十三至卷十五为唐，卷十六为五代。作为一部史学评论，《通鉴札记》内容博实，既有对史著的评论，议史书之优劣；也有对史事的评论，尤其针对人物、军事、政治等问题的评论，从而鉴往知来，总结得失。在每个条目下，点明了文章的主旨。在这一点上，刘体仁明显继承了皖派学术的特点，以考据详博见长，而尤重义理之阐发。

越缦堂读史札记全编（全二册）

［清］李慈铭著　平装　大32开　定价：70.00元
ISBN 7-5013-2155-8/K·677　2003年9月出版

　　1927年国立北平图书馆购得《越缦堂读史札记》手稿，并于1932年汇集出版。全书计三十卷，《史记》札记二卷、《汉书》札记七卷、《后汉书》札记七卷、《三国志》札记一卷、《晋书》札记五卷、《宋梁北魏隋书》札记各一卷、《南史》一卷、《北史》三卷，史料翔实严谨，史识精湛深刻，足资后世史家借鉴参考。

续资治通鉴长编纪事本末（全八册）

［宋］杨仲良编　精装　32开　定价：1680.00元
ISBN 7-5013-2115-9/K·557　2003年5月出版

　　本书是南宋杨仲良将李焘《续资治通鉴长编》以纪事本末体改编之作。《续资治通鉴长编》是一部记北宋九朝史事的编年体史书，因上限与司马光《资治通鉴》相衔接，故名。其书以当代人写当代事，记述较为真实确切，搜集材料极为丰富，包括实录、会要、国史等官方书籍及文集、笔记等私家著述，其中相当数量的引书今已失散，因而保存了北宋一代的珍贵史料，是研究北宋历史不可不读之书。但因其卷帙浩繁，难于传写，当时诸本已有详略不同，流传至今，多有残缺。《续资治通鉴长编纪事本末》则以历史事件为线索，据李焘原书分门编纂，选取要事近四百件，事各有目，目有子目，每事首尾完整，可按目索求。既简明可读，又具备相当的史料价值。更有补今存《续资治通鉴长编》之缺佚者。

稿本后汉书疏记

戴蕃豫著　精装　16开　定价：195.00元
ISBN 7-5013-1150-1/K·193　1995年12月出版

　　《后汉书疏记》是作者补王先谦氏《后汉书集解》的遗著。书前有戴大辉的前言、作者的《后汉书疏记叙》。书后附录宋以来关于《后汉书》研究的文献。

汉书补注（全二册）

［清］王先谦补注　精装　16开　定价：286.00元
ISBN 7-5013-0965-5/K·135　1995年7月版

　　二十四史考订丛书专辑之一。一百卷，系集注性质，称"补注"，意为补颜师古注之未备也。全书以荟萃清代学者考证成果为主，又以按语形式申述己见，或对互相歧异的说法加以评论。王先谦把有关清代学者考辨史实和训诂名物制度的重要成果，尽量网罗在本书中。书前有陈其泰的重印前言。

唐书合钞（全二册）

［清］沈炳震撰，丁小鹤补正　精装　16开　定价：205.00元
ISBN 7-5013-0923-X/K·120　1992年6月出版

　　共二百六十卷，附补正六卷，此次影印依据海昌查氏刻本，是该书最早的刻本。沈炳震（1678-1737）依据成于五代和宋的两部《唐书》，积数十年之功成此书。书中本纪、列传以旧书为纲，以新书异文为目，分注于下；诸志部分以新书为纲，以旧书补入，并在内容次序上略作调整。同时，依据旧书及其他经史记载，对新书的"表"进行删补订正。在《方镇表》中补列了拜罢承袭诸项。又另成《宰相世系表订讹》十二卷，对欧书之讹谬多有斧正。书后有丁小鹤补正六卷。书前有《唐书合钞序》、《唐书撰人姓名》、《进新唐书表》、《唐书合钞例》。书后有海昌查氏的跋及为利于检索而编制的《唐书合钞纪传人名索引》。

稿本三国志注补

［清］赵一清撰　精装　16开　定价：127.00元
ISBN 7-5013-0855-1/Z·91　1991年出版

　　共六十五卷。按《三国志》纪传顺序，从史籍、地方志、《艺文类聚》等书中，辑出有关三国时的遗文、逸事，逐卷加以补注，是清人研治《三国志》著作中卷数最多的一种。凡裴松之未注者，则加以补注；裴注已有而未详者，则予以补充；若裴注有而不当者，则详加辨证，尤精于地理方面的考辨，并兼及文字校勘、人物评论等等。除补注的正文外，天头上还有

补充说明文字。此次根据北京图书馆藏作者手稿本影印。另外书中尚有数十张后来附入的浮签，记载着作者的新观点，新论据。此次影印将所有附入的浮签都集中放在全书的最后，并按先后顺序用序码标出。

稿本晋会要

汪兆镛撰　精装　16 开　定价：77.00 元
ISBN 7－5013－0591－9/K·51　1989 年出版

五十六卷。会要是按照一定的门类，专门记载一代典章制度的史书。汪兆镛在研读《晋书》的过程中，仿照钱仪吉撰集的《三国会要》体例，"每旁稽它籍，以资考证，别纸录记，积久遂多"而成书。书前有《晋会要叙例》。书后附有张学华的《诰授朝议大夫湖南优贡知县汪君行状》。

史籍史料　明清史料

分类时务通纂（全十册）

[清]陈昌绅编　精装　大 32 开　定价：2600.00 元
ISBN 7－5013－2803－X/K·1205　2005 年 7 月出版

《分类时务通纂》是编纂于清光绪年间的一部类似百科全书式的书籍。编纂者陈昌绅，字杏荪，浙江钱塘人。光绪十二年（1886）进士，编修。曾掌教于上海龙门书院。所谓"时务"，就是时下当务之急，亦即变法图强呼唤新型人才之需。作者秉承中学为体、西学为用，融会古今、贯通中西之旨，将自己十余年间所积之佳卷分编为内政、外交、理财、经武、格物、考工六大类，各类之下又细分纲目，博采广录历代名臣策论、奏疏，各国新闻事实及各种实务知识。

清朝孚惠全书（全三册）

[清]彭元瑞撰　精装　大 32 开　定价：820.00 元
ISBN 7－5013－2772－6/K·1085　2005 年 3 月出版

有清一代，尤其是康熙、乾隆两朝，为了保持国家稳定，维持社会再生产正常进行，调节统治者与被统治者的矛盾，从不增加土地正赋，而且不时蠲免钱粮，并形成了一套颇为完善的救荒制度。乾隆时期的荒政支出远逾前朝，破例蠲赈往往有之。救荒措施主要有蠲免、赈济、调粟、借贷、除害、安辑、抚恤等七方面，其中以蠲免与赈济最为重要。乾隆六十年（1795）由时任协办大学士、工部尚书的彭元瑞编辑的《孚惠全书》，基本上是乾隆时期救荒"实政"的"方策之成编"，借鉴马端临《文献通考》立"蠲赈"之门的编纂方法，"分类比事，系月编年"，将乾隆朝有关御制诗章、谕旨分为普蠲钱漕、减除旧额、巡幸蠲免、差役蠲缓、偏隅蠲缓、偏隅蠲借、截拨裕食、平粜减价、京厂常赈、蠲除积逋等共十类，按年月编排。此书是难得的官方文书汇编，它所提供的便利，减轻了不少资料的搜集、排比和考订工作；而且，书中关于乾隆年间官方救赈活动的实录和总结，也为了解这一时期的灾荒和政府财政、吏治等情况提供了有益的线索，有助于清代社会史、经济史、政治史的研究。

清代碑传文通检

陈乃乾编纂　精装　16 开　定价：90.00 元
ISBN 7－5013－2142－6/K·668　2003 年 7 月出版

本书收集清代碑传文有关文集 1025 种，分列碑传主人的姓名、字号、籍贯、生卒年代和碑传文的作者及所载书名、卷数、依姓名笔画排列。所涉人物包括所有死在 1644 年以后，生于 1911 年以前，而碑传文有载的人，是一部研究清代人物和清代史料的参考工具书。

清史纪事本末

黄鸿寿编　软精装　16 开　定价：75.00 元
ISBN 7－5013－2107－8/K·551　2003 年 5 月出版

此书共计四十余万言，于有清一代自满州初起，至宣统退位近三百年的历史中，选择重要的事件，每事各详起讫，自为标题，每篇各编年月，自为首尾，从而能使人们从纷纭复杂的历史现象中掌握影响最大的主要历史事件，明了其来龙去脉、前因后果。如于清室内政各条，所列条目有"多尔衮摄政及诸王内讧"、"立储之反覆"、"兄弟猜忌及大臣之逐戮"、"内禅之真相"、"太平天国之兴亡"、"捻事之起灭"、"预备立宪之宣示"等均纂辑从详，至于康乾以来之边防用兵、道咸以后之对外用兵，凡关于国际边事者，也有详细记载。

本书同时吸收了此前各家所纂纪事本末之书的长处。如仿《左传纪事本末》之体，凡一人一事关于清廷盛衰兴亡之故者，立专条特为记载，如"和珅之贪横"、"乾隆极盛"、"增加兵额"等。学术变迁最繁，关系最切，仿《元史纪事本末》之例，设"诸儒出处学问之概"一篇论述清世二百年之学术变迁。参《左传纪事本末》与《辽金纪事本末》之例，于一事之末尾间附评论，以表明自己对此事的看法。

秘阁元龟政要（二函十六册）

[明] 佚名撰　线装　16开　定价：1500.00元
ISBN 7－5013－1808－5/K·342　2001年9月出版

　　《秘阁元龟政要》十六卷，明嘉靖时人撰，著者姓名不详。全书按编年之体记载明初史事，起于元至正十二年（1352），止于洪武三十一年（1398）。书中所记史事多有正史、实录等其他文献所未载者，具有较高的史料价值。该书撰成以后，流传未广，历代藏书家及《明史·艺文志》都罕有著录。但由于其对于研究有明一代的历史有着不可替代的价值，清代纂修《四库全书》时将其列为四库底本。我社据以影印者，乃康熙年间精钞本，内容未经删改，弥足珍贵。卷首尚有清"翰林院"朱红印鉴及原收藏者刘明阳、王静宜夫妇藏书章多枚。

清文前编（一函六册）

乔治忠编著　线装　16开　定价：850.00元
ISBN 7－5013－1706－2/K·308　2000年10月出版

　　本书收录1608－1644年清政权初步形成至进占北京这一时期内的清政府、衙署及个人等的书信、誓词、奏议、谕旨、告示等各类文献，按时间顺序编排。每篇选文后撰有《题解》，介绍该文的背景、作者、考述文字异同及史事原委，说明选文出处等。附录《"后金檄明万历皇帝文"考析》、《清入关前的满文档册及其史学意义》是作者的学术论术。本书将零散的材料收辑结集，对于清入关前的历史状况及清政权由建立到入主中原的发展轨迹有一个清晰的揭示，具有学术意义和史料价值。

盐政志（一函四册）

[明] 朱廷立、史绅等撰　线装　16开　定价：390.00元
ISBN 7－5013－1651－1/K·300　1999年7月出版

　　朱廷立，通山人。嘉靖癸未进士，官至礼部右侍郎。嘉靖八年，廷立以河南道监察御史奉使清理两淮盐政，因博考古今盐制，以成此书。凡分七门：曰《出产》，曰《建立》，曰《制度》，曰《制诏》，曰《疏议》，曰《盐官》，曰《禁令》。每门各分子目，凡三百九十有四。盖制诏疏议每一篇列一目，故其繁至是也。据明嘉靖刻本影印。

古今鹾略（一函四册）

[明] 汪砢玉撰　线装　16开　定价：498.00元
ISBN 7－5013－1652－X/K·301　1999年7月出版

　　汪砢玉字玉水，徽州人，寄籍嘉兴。崇祯中官山东盐运使判官。是书前后两编，卷首皆有自序。《鹾略》九卷，凡分《生息》、《供用》、《职掌》、《会计》、《政令》、《利弊》、《法律》、《征异》、《杂考》九门，名曰《九府》。《鹾略补》亦按九门分类拾遗。砢玉当明季匮乏之时，欲复汉牢盆之制，而用宋转般之法。其意虽善，而于势恐不可行。其所征引，务为浩博。多搜古典，亦不切后世时势。至旁及遐荒，尤无关于中国之盐政矣。据清抄本影印。

丝绢全书（一函四册）

[明] 程任卿辑　线装　16开　定价：398.00元
ISBN 7－5013－1649－X/K·298　1999年7月出版

　　本书详细载录了明代隆庆、万历间，徽州歙县民众因不堪官府繁重赋税之苦，上书陈情，牵动五县民情汹汹，几成激变之"丝绢风波"始末。书中收录大量当时涉案的告词、申文、揭帖、宪牌及官府覆本等，为研究明代赋税及历史提供了一手资料。据明万历刻本影印。

太仓考（一函三册）

[明] 刘斯洁撰　线装　16开　定价：398.00元
ISBN 7－5013－1650－3/K·299　1999年7月出版

　　本书是有关明代仓库仓场的典制全书。书中详细记载了明万历初年以前明代京仓、银库及各地仓库仓场的建制储备，岁入岁支等情况。是研究有明一代人口赋税、银粮收支、物资供给、边防储备、国库盈虚等经济情况的重要资料。据明万历八年（1580）王大用刻本影印。

军政条例类考（一函三册）

[明] 霍□辑　线装　16 开　　定价：395.00 元
ISBN 7－5013－1438－1/K・249　1997 年 12 月出版

　　本书阐述了明代军卫条例、逃军条例、清审条例、解发条例等军制方面的规章制度。根据明嘉靖三十一年（1552）刻本影印。书前有薛应旂的序。

四川各地勘察及其它事宜档册（一函四册）

线装　16 开　定价：498.00 元
ISBN 7－5013－1437－3/K・248　1997 年 12 月出版

　　本书由明嘉靖时期四川所属州县提审人犯记录，以及处理结果的档册编集而成。所涉多为贪赃、拖欠、奸情等案件。根据明嘉靖抄本影印。

明抄本嘉靖事例（一函四册）

[明] 范钦等编　线装　16 开　定价：498.00 元
ISBN 7－5013－1439－X/K・250　1997 年 12 月出版

　　本书汇集明嘉靖时期朝臣及地方官吏的奏章、有关方面的处理意见及皇帝的旨意。内容涉及地方灾害，军队屯田、训练，税收，盐榷，刑律，田赋等。

昨非庵日纂

[明] 郑瑄撰　精装　16 开　定价：195.00 元
ISBN 7－5013－1306－7/K・223　1996 年 10 月出版

　　明代笔记体著作。"昨非庵"是作者衙中斋室。共三集五十六卷。四库全书有存目，但四库全书仅录一集二十卷。根据国家图书馆藏明崇祯刻本影印。

国朝典汇（全二册）

[明] 徐学聚编撰　精装　16 开　定价：498.00 元
ISBN 7－5013－1280－X/K・219　1996 年 7 月出版

　　晚明史学名作之一，问世于天启五年（1625）。采录明代典故，自洪武讫隆庆，分类编纂，上自实录，下讫稗乘，分条类萃，共分 200 门。卷一至三十三为朝政大端，卷三十四以下，则以六部分标记载。此次影印，以国家图书馆藏清初补刊本为底本，复据所藏清初补刊本胶片（原本今在台湾）补所缺版而成。

皇明典故纪闻

[明] 余继登辑　精装　大 32 开　定价：116.00 元
ISBN 7－5013－1207－9/K・210　1995 年 12 月出版

　　共十八卷，记载了明朝历代帝王于安邦治国、养民理财、用人取士、修身养性、扬善除恶等方面的言行举措，及所涉及到的有关当时的政治、经济、军事、文化、艺术、民俗等各个领域中的重大事件与重要人物。此次影印以国家图书馆藏明刻本为底本。

流寇长编（全二册）

[清] 戴笠、吴乔撰　精装　32 开　定价：55.00 元
ISBN 7－5013－0895－0/K・109　1991 年 12 月出版

　　明末农民战争史料，二十卷。记录明末农民起义始末，起于崇祯元年（1628），终于康熙三年（1664）。前十七卷以一年为一卷，排比日月，纪载详细。第十八卷以后写"甲申剩事"，记叙李自成、张献忠事迹，并记载弘光、隆武、永历三朝事，至桂王遇害而止。末有《始终录》、《补遗》各一卷。本书的材料来源主要是邸报章奏及私家记载。此次影印依据原涵芬楼藏（现存国家图书馆）"礼邸旧藏"之抄本，是该书现存最精良的版本。

郑堂读书记（全三册）

[清] 周中孚著　精装　大 32 开　定价：498.00 元
ISBN 978 - 7 - 5013 - 3471 - 1/K · 1504　2007 年 8 月出版

本书正编七十一卷，补遗三十卷，共收录古今图书 4000 余种，并仿《四库全书总目提要》的体例分为经、史、子、集四部四十一类。每书均撰内容提要，详其源流得失、间附自己的观点评论。本书是《四库全书总目提要》以后收录内容较为丰富、编纂体例较为完备的古籍书录提要，是文史工作者的重要工具书。

章氏四当斋藏书目

顾廷龙编纂　精装　32 开　定价：180.00 元
ISBN 978 - 7 - 5013 - 3467 - 4/K · 1499　2007 年 5 月出版

本书是顾廷龙编纂的清末民国著名学人章钰的藏书目录，"四当斋"是章氏的书斋名。章氏精于版本校勘，家富藏书，其后人 1934 年将所藏书二万余册捐赠给燕京大学图书馆，顾氏为之编纂此目，分别部类，并收录章氏所撰校勘记，间或加以按语。书后编有书名索引，方便了后人的使用。此目对于了解清末民国时期的藏书状况和版本目录学都有参考价值。

明清著名藏书家·藏书印

林申清编著　软精装　16 开　定价：39.00 元
ISBN 7 - 5013 - 1027 - 0/K · 158　2005 年 12 月出版

本书是一部有关藏书家事迹、藏书史料以及藏书印的资料汇编。共收明清两代近六十位著名藏书家传记及藏书印鉴数百枚（藏书印鉴皆有识文）。双色套印，朱墨灿然，学术性、资料性、可读性、鉴赏性四美并具。

汉籍善本考（即《古文旧书考》）

（日）岛田翰著　精装　16 开　定价：90.00 元
ISBN 7 - 5013 - 2074 - 8/K · 532　2003 年 1 月出版

本书为考察中国传统典籍经、史、子、集各部丛书版本源流、抄印刊刻及传布流播状况的版本目录之作，对日藏汉籍之旧抄本、旧刊本、元明清及韩刊本均有精细考证、校核，是研究日藏汉籍及传统典籍的必备工具书。

清代敕修书籍御制序跋暨版式留真（全八册）

朱赛虹编著　精装　16 开　定价：6500.00 元
ISBN 7 - 5013 - 1773 - 9/K · 528　2001 年 11 月出版

敕修书籍是指诸臣奉皇帝之命编撰的书籍。它代表着当时书籍编辑的最高水平。清代的敕修书数量之多、门类之广、影响之大，是以前任何一个朝代都无法比拟的。该书上编按朝代先后收录清代 10 位皇帝所制序文，下编按版本形式分为六类，并编撰了篇名索引，又有详细的注录文字，考证记载每种敕修书的版框尺寸、行格款识、作者情况、成书年代、进表时间、在《四库总目提要》中的著录情况、内府中的其他版本、相关奏议等等。第一次全面系统而直观地向世人展示了清代敕修书籍的真实面貌。

朱修伯批本四库简明目录

［清］朱学勤编撰　精装　32开　定价：95.00元
ISBN 7–5013–1807–7/Z·238　2001年9月出版

　　本书是邵懿辰、莫友芝之外，对《四库简明目录》所做的另一种名家标注。作者朱学勤，清末士人，自富藏书，驰誉当时。其所批标注可与邵、莫二书相互考证，足堪珍贵。三人各注见闻，互为增益，均为"四库目录"之功臣。邵、莫二人之标注久已刊行，广为人知。惟朱氏所作，只有传钞，知者甚罕。今据光绪年间管礼耕传钞本影印，这是现今所知传世之惟一善本。书中除朱氏标注外，尚有王颂蔚、翁炯孙等人的校勘，及近代版本学名家顾廷龙、黄永年之序跋。

玉函山房藏书簿录（二函十三册）

［清］马国翰撰　线装　16开　定价：980.00元
ISBN 7–5013–1778–X/K·330　2001年9月出版

　　该书系清代著名文献辑佚大家马国翰的私家藏书目录提要。全书二十五卷，卷一为清帝御纂敕修之书。以下二十四卷依次著录经、史、子、集四部五十余类之书，计4381种，五万七千余卷。数量之多，堪为清代私家撰述之最。凡每书之下，先录其卷帙多少，撰者名氏，次品题其内容。后者对每种书的版本源流与优劣、卷数增减及内容整合均予介绍。行文简明扼要，详略有别。尤其能述其精要，画龙点睛。该书可作为专家研究目录学及鉴定版本的参考文献，亦可为一般学者的读书指南。为便于检索利用，特编制《书名索引》附于卷末。

宋元旧本书经眼录（一函二册）

［清］莫友芝编　线装　16页　定价：120.00元
ISBN 7–5013–1719–4/·469　2000年6月出版

　　莫友芝是清代著名藏书家、目录学家和版本学家。本书是他对所亲见的善本（宋金元明刊本、写本）130余种所作的鉴定记录。根据不同的情况，"或解题，或考其椠抄善劣，或仅记每叶行字数目，或并录其序跋及经藏家跋语印记"。

万卷精华楼藏书记（全六册）

［清］耿文光撰　精装　32开　定价：600.00元
ISBN 7–5013–1426–8/Z·237　1997年9月出版

　　本书是耿氏用九年时间四易其稿编成的一部书目提要体著作。全书仿《四库全书总目》分类，分为经部10类二十卷、史部17类五十二卷、子部14类三十卷、集部5类四十四卷，共46类一百四十六卷。著录善本2000余种，皆精选自作者自藏，每条悉据原书。本书体例除一般书目通常必录的各著录项之外，还录有序言跋语，并精采书中要语、诸家评论，间附案语。每一书目详叙该书次第，自首至尾历记其序、例、目录、篇、卷、跋语。

文学艺术

琵琶记（一函四册）

[元] 高明撰　线装　16开　定价：600.00 元
ISBN 978 - 7 - 5013 - 3515 - 2/K·1533　2007 年 9 月出版

《琵琶记》是脍炙人口的戏剧故事，对明代传奇有深远影响。本次影印所据底本为北京师范大学图书馆所藏明吴兴凌氏朱墨套印本，有详细的朱批，系海内罕见的珍本。本书的影印出版对于探讨《琵琶记》的流传和演变有重要意义。

历代赋汇（全十二册）

[清] 陈元龙编　精装　16开　定价：4900.00 元
ISBN 7 - 5013 - 1632 - 5/I·145　1999 年 12 月出版

本书是我国第一部亦是最好的一部搜集历代赋体文学作品最完备的总集。共收先秦至明代各类赋作 3834 篇，散见于类书杂著中的零星句段亦一并录出收入，分为正集一百四十卷、外集二十卷、逸句二卷、补遗二十二卷。两千年间叙事体物、抒情言志之名赋大体全备，是一份珍贵的文化遗产。据康熙四十五年刻本整理影印出版，并重新编制了目录、索引。本书不但版本珍贵，且制作精美，方便检索，兼具收藏、鉴赏、研究、查询之用。

赋海大观（全八册）

[清] 鸿宝斋主人编　精装　16开　定价：3600.00 元
ISBN 978 - 7 - 5013 - 3502 - 2/K·1525　2007 年 7 月出版

《赋海大观》与《历代赋汇》为赋体文学作品的两大总集。《赋海大观》收先秦至清代的赋作 12000 余篇，全书分三十二类，五百余子目，大部分是清代人的作品，盖为博雅之士及学子而编，以收录宏富见长。此书流传至今已不多见。今据清光绪二十年（1894）上海鸿宝斋石印袖珍本放大影印出版，以广流布。

文苑英华校记（全十册）

傅增湘撰　精装　大32开　定价：2300.00 元
ISBN 7 - 5013 - 3129 - 4/K·1285　2006 年 6 月出版

傅增湘先生擅长目录版本之学，平生校勘古籍 797 种。他少时酷嗜唐文，时披《文苑英华》，"往往览未终篇，榛芜触目"，"惜明刻沿讹踵谬，孤行天壤，无人董理，私自策厉，引为己责"（见傅增湘《藏园群书题记》卷十八）。于是他多方搜寻，广储异本，并利用其藏园景宋抄本、明写本诸书，对明隆庆刊本《文苑英华》细加校勘。傅先生在其《七十自述》中云："惟《文苑英华》一书，是书卷帙闳多，隆庆始刊，别无善本，……余自亲见宋雕百余卷，又家藏明时写本二部，审其行款，亦出宋刻。因发愤手校，严为课程，私自督促，日竟数卷，克期计功，盛暑严寒，深宵短晷，曾不少辍。始自戊寅（一九三八），终于己卯（一九三九），一年有半，克竟其功。"其订正内容分为：异字、疑字、脱讹、脱句、脱行、补注、错简、脱全篇、脱全叶、补校记及补撰人等十一类，对明刊格式行款的错误也改正多处，使得《文苑英华》日臻完善。

世说新语校释（一函四册）

赵西陆校释　线装　8开　定价：960.00 元
ISBN 7 - 5013 - 2750 - 5/K·1078　2006 年 2 月出版

本书以清王先谦思贤讲舍校刊本为底本，校以唐写本、日本影印本、袁本、沈校本，参考引用书近 80 种，凝聚了作者多年的研究成果。

此部书稿是赵西陆先生用工整的蝇头小楷对南朝宋刘义庆撰《世说新语》所作的校释，今据作者手校本影印出版，双色印刷，属首次披露。

宋代蜀文辑存（全七册）

傅增湘辑　精装　大32开　定价：1900.00元
ISBN 7－5013－2807－2/K·1207　2005年9月出版

宋代蜀中人文极盛，然存世之别集总集，遗漏颇多。傅先生花费十三年时间，致力于乡邦文献的收集，博及群书，参阅方志和传记，普及文史各书，征引文献300种。遂得人450余，文2600余篇，均为宋代蜀人遗集不存者及别集外的遗稿。并以时代排次，文字两见者，则"纠其伪失，核其异差，补其遗缺，汰其残复"，加以校定取舍。又有"编著者考"，详略得当。乃成《宋代蜀文辑存》百卷之巨。据国家图书馆藏本影印出版，并编有《人名索引》，列于卷端，以方便读者查检。

清内府书画编纂稿

佚名编　精装　16开　定价：120.00元
ISBN 7－5013－2811－0/K·1210　2005年8月出版

本书为清内府原藏于沈阳故宫翔凤阁内的400余件历代书画珍品详目，书中所记珍异书画之品与清廷分贮于此地的其他宝物一样，基本上是乾隆时期从北京调运至此，以后代有所增，主要是供皇帝东巡驻跸期间把玩、赏赐之用。这些藏品大多于民国初年袁世凯统治时期被运往北京，抗战后又流散各地。

这部书画详目当是其时清廷典守沈阳故宫的官员所作，内分卷、轴、册、经、幅、额、联七类，每类首冠宸翰（帝王笔墨书画），次及唐宋元明清各名家、无名氏及能工巧匠之作，详记作品名称、质地、尺寸、款识、前代鉴藏题跋及清内府印记、乾隆皇帝过目的题跋诗文印玺等等。据国家图书馆藏稿本影印。

纪昀评点东坡编年诗（一函八册）（重印）

[宋] 苏东坡著，[清] 纪昀评点　线装　16开　定价：960.00元
ISBN 7－5013－1830－1/I·166　2004年9月出版

北宋著名的文学家苏轼，在诗歌创作上取得了极高的成就。北宋末年以来，历代对苏诗进行注解。纪昀（1724—1805），乾隆进士，授编修。他从乾隆三十一年（1766）至三十六年，五次对苏诗进行评点，道光十四年（1834）刊刻出版。由于纪昀是清代著名的学者，故纪评苏诗一出，广为传诵。由于纪昀所评查慎行《补注东坡先生编年诗》是编年体例，故此次整理出版时，我们将书名改为《纪昀评点东坡编年诗》。此书不仅吸收了此前诸家注本的成果，而且有纪昀的独到见解。本书的出版有裨于苏轼研究者以及广大文史爱好者。

汉碑范

[清] 张祖翼书　线装　16开　定价：120.00元
ISBN 7－5013－2457－3/K·934　2004年8月出版

《汉碑范》原为示初学汉隶者以途径而作，选临汉碑精拓本百十种。集某碑即书某碑字体，一册在手，读者可遍览汉碑中方整、流丽、奇古、端庄等不同的字体风格，跟随名家习汉隶、赏韵文，进而知汉碑、通隶变，具有碑拓范本与鉴赏收藏双重功用。据华东师范大学图书馆藏宣统三年（1911）上海文明书局石印本影印出版，并附张祖翼之孙时年八十八岁的张倬先生提供的其祖父所临"平乾虎造像"一通。

张延奂手写《四书》（一函十三册）

张延奂书　线装　16开　定价：660.00元
ISBN 7－5013－2456－5/K·933　2004年7月出版

《张延奂手写〈四书〉》是其五十初度之际，用六十天的时间，以汉隶书写的《论语》、《大学》、《中庸》、《孟子》全文。《四书》本圣贤语录，书此以为自寿自策之作，字里行间充溢着崇贤向善、进德修业的拳拳之意。其书法健秀古朴，不让其父。方家赞为"熹平之后第一人也"。全书一函十三册，册后有自跋及诸名家手书题跋，书法各具风格，均神采飘逸。

中国古代著名画家落款印谱

（日）斋藤谦编纂　平装　16开　定价：60.00元
ISBN 7－5013－2156－6/K·678　2003年10月出版

本书收有苏东坡、唐伯虎、郑板桥、杨升庵、刘墉等659名宋、元、明、清各朝代的名人签名和印章。为鉴定中国古代名人书画作品提供有力帮助，是广大文物工作者和书法爱好者不可多得的重要参考书。

真迹日录（一函三册）

[明] 张丑著　线装　16开　定价：298.00元
ISBN 7-5013-1927-8/K·409　2003年3月出版

　　张丑，字其，号米庵，明代著名书画鉴定家，曾著有《清河书画舫》等书。此书为其随手抄录之书，有见必记，前人著述，赖此以传者不少。此书据清乾隆间抄本影印，比现存刻本内容增多。书后有原收藏者谢园祝先生两篇亲笔跋文。此书是鉴定古代书画作品不可多得的参考资料。

书苑菁华

[宋] 陈思编纂　精装　16开　定价：110.00元
ISBN 7-5013-2182-5/K·688　2003年10月出版

　　本书是汉魏至宋代论书的名篇要籍集成。全书二十卷，160余篇，涉及书法史论、书家人物、书法品评、书法鉴赏、书法技巧、书法创作等方方面面。今据《翠琅玕馆丛书》本影印单行出版。

艺术丛书（全六册）

[民国] 佚名辑　精装　16开　定价：2400.00元
ISBN 7-5013-2159-0/K·680　2003年8月出版

　　本书汇辑有关中国传统书画艺术及其他艺术门类的著述45种，内容分书学、画学、杂技、物谱、杂品五类，博雅实用。

书　名	编（著）者	书　名	编（著）者
张氏书画四表	（明）张丑撰	艺舟双楫	（清）包世臣撰
颜书编年录	（清）黄本骥撰	玉台书史	（清）厉鹗撰
苦瓜和尚画语录	（清）释道济撰	二十四画品	（清）黄钺撰
画诀	（清）龚贤撰	画筌析览	（清）汤贻汾撰
雨窗漫笔	（清）王原祁撰	广川画跋	（宋）董逌撰
东庄论画	（清）王昱撰	恽南田画跋	（清）恽正叔撰
浦山论画	（清）张庚撰	板桥题画	（清）郑燮撰
山南论画	（清）王学浩撰	冬心题画五种	（清）金农撰
石村画诀	（清）孔衍栻撰	小山画谱	（清）邹一桂撰
写竹杂记	（清）蒋和撰	无声诗史	（清）姜绍书撰
绘事津梁	（清）秦祖永撰	玉台画史	（清）汤漱玉撰
周栎园印人传	（清）周亮工撰	琴学八则	（清）程雄撰
飞鸿堂印人传	（清）汪启淑撰	装潢志	（清）周嘉胄撰
摹印传灯	（清）叶尔宽撰	桐埆副墨	（清）黎遂球撰
红术轩紫泥法定本	（清）汪镐京撰	南村觞政	（清）张惣僧撰
钱谱	（宋）董逌撰	兽经	（明）黄省曾撰
墨表	（明）万寿祺撰	虎苑	（明）王穉登撰
雪堂墨品	（清）张仁熙撰	陶说	（清）朱琰撰
漫堂墨品	（清）宋荦撰	阳羡茗壶系	（清）周高起撰
观石录	（清）高兆撰	洞山齐茶系	（清）周高起撰
水坑石记	（清）钱朝鼎撰	幽梦影	（清）张潮撰
藏书纪要	（清）孙从添撰	清秘藏	（清）张应文撰

薛涛诗

[唐] 薛涛撰　线装　8开　定价：300.00元
ISBN 7-5013-2003-9/K·464　2002年12月出版

　　薛涛为唐代女诗人，字洪度，长安人。幼时随父入蜀，后为乐妓。能诗，时称女校书。现存诗以赠人之作较多，情调伤感。据国家图书馆藏明万历三十年（1602）洗墨池刻本影印。

桐城先生评点唐诗鼓吹（一函二册）

[金] 元好问编，[清] 吴汝纶评点　线装　16 开　定价：240.00 元
ISBN 7－5013－1950－2/K·417　2002 年 9 月出版

　　本书是一部特色鲜明、影响较大的唐代七言律诗选集，也是我国历史上第一部专选唐人七律诗的选本。共选录唐代诗人 96 家，诗 597 首，多为感时伤世、风格遒劲之作。自问世以来，注解本、评解本历代不绝。此次影印所据底本为民国十四年（1925）南宫邢之襄校朱印本，读者可在吟诵唐诗名篇的同时，于圈圈点点中一睹桐城派大师的风范。

中晚唐诗叩弹集（一函七册）

[清] 杜诏、杜庭珠编　线装　16 开　定价：760.00 元
ISBN 7－5013－1949－9/K·416　2002 年 9 月出版

　　本书精选中晚唐 37 位诗人的诗作 1614 首，续集收 76 位诗人的诗作 265 首。所选惟以才调风情为主，不拘风格体裁，均为中晚唐名作。选辑者在每位作者名下皆附简短评传。诗中典故多采用新旧诸名家笺注，间有增订或疏证。据清康熙四十三年（1704）采山亭写刻本影印出版。此本精写精刻，不失为鉴赏收藏之佳品。

三希堂法帖（全六册）

[清] 乾隆著　平装　16 开　定价：1680.00 元
ISBN 7－5013－1914－6/K·403　2002 年 5 月出版

　　本书是清乾隆皇帝将王羲之《快雪时晴帖》、王献之《中秋帖》、王珣《伯远帖》，与历代名家书法选优者合在一起，模勒上石，镌刻成帖，因帖内有三王书法（堪称稀世之珍），故以"三希堂法帖"定名传世全部法帖。收魏、晋至明末 135 人 340 余件楷、行、草体书法作品，并诸家题跋 200 余条，印章 1600 多方，共收 9 万余字，厘为 32 册，刻石 500 块。书中附《三希堂法帖》序。

颜真卿书郭虚己墓志铭

[唐] 颜真卿撰并书　平装　8 开　定价：12.00 元
ISBN 7－5013－1805－0/J·99　2001 年 7 月出版

　　本书用 1997 年 10 月在河南出土的颜真卿书郭虚己墓志铭为底本，原本制裱，影印成书。郭志是现存颜真卿最早的书法作品，比《多宝塔碑》还要早 3 年，因此非常适合初习颜书者使用。而且此墓志深躺地下 1000 余年，出土后，字口完整如新。非常完好地保持了颜氏楷书的风貌，也是不可多得的书法艺术珍品。

芥子园画传

[清] 王概等编　函装　16 开　定价：280.00 元
ISBN 7－5013－1235－4/J·52　2000 年 4 月出版

　　又称《芥子园画谱》，是清初名士李渔之婿沈心友请当时画家编绘的一部中国画技法画谱，因刻于李渔别墅"芥子园"，故名。初集为山水谱，五卷，是清初王概以明李流芳课徒画稿增编而成；二集为兰竹梅菊四谱，八卷，诸升、王质绘，王概、王蓍、王臬修订；三集为花卉、草虫及花木、禽鸟两谱，四卷，王氏兄弟编绘。

王摩诘全集笺注

[唐] 王维著，[清] 赵松谷注　精装　大 32 开　定价：60.00 元
ISBN 7－5013－1576－0/I·141　1999 年 4 月出版

　　共二十八卷，凡诗十五卷，文十二卷，诗画一卷。王维（701－761），字摩诘，唐代著名诗人。赵殿成，字松谷。他的笺注是王集诸笺注中最详细的一种。据世界书局国学整理社民国二十五年（1936）版影印。

杜少陵集详注（全二册）

[唐] 杜甫著，[清] 仇兆鳌注　精装　大 32 开　定价：158.00 元

ISBN 75013－1575－2/I·140　1999 年 4 月出版

　　杜甫（712－770）字子美，唐代著名诗人，自称"少陵野老"，故名。仇兆鳌花费 20 年时间，搜集各家杜诗注本，辑为此书，资料极为详尽，是阅读杜诗的重要参考书。据世界书局国学整理社民国十九年（1930）年版影印。

日本藏元刊本古今杂剧三十种（一函三册）
线装　16 开　定价：330.00 元
ISBN 7－5013－1534－5/1139　1998 年 9 月出版

　　据日本京都帝国大学文科大学藏丛书第二《覆元椠古今杂剧三十种》影印。书前有日人狩野直喜的序。

李太白全集
［唐］李白著　精装　大 32 开　定价：120.00 元
ISBN 7－5013－1520－5/I·137　1998 年 9 月出版

　　共三十六卷。本书为清代学者王琦辑注，收录李白的古赋、古诗、古近体诗，及表、书、序、记、颂、赞、碑铭、祭文等各体诗文。收辑齐全，注释详博，具有较高的史料和学术价值。

孤本明传奇《盐梅记》
［明］青山高士撰　线装　16 开　定价：195.00 元
ISBN 7－5013－1491－8/I·134　1998 年 6 月出版

　　本书最早见于明末祁彪佳《远山堂曲品》著录，列入"能品"，题"青山高士"作。《祁氏读书楼目录》、《鸣野山房书目》并著录。大约是明中叶至明末之间的作品，但早已失传。现发现被完整地收藏在日本山口大学图书馆"栖息堂文库"。原书明刊本，漱玉山房梓。写山东举子宋道光与白珩、王滕儿的爱情故事。卷前有《盐梅记小引》，末署"墨禅居士"。又有各出总评、总批。接着是目录（出目）和三十四出正文，正文中间有 14 幅精美插图，正文上有眉批。卷末有"峨冠子总评"。其中正文用楷书，"小引"、"总评"等均用草书刊刻。影印本前有康保成的《孤本明传奇〈盐梅记〉述略》。

中国古代百家短篇小说丛书（全四册）
［明］佚名辑　大 32 开　定价：450.00 元
ISBN 7－5013－1464－0/I·130　1998 年 1 月出版

　　根据明人所辑的《五朝小说大观》本影印，辑录了明代及其以前我国文言短篇小说的精华。共有 4 个分册。《魏晋百家短篇小说》十二卷。书前有苕上野客的《魏晋小说》。《唐人百家短篇小说》一百零四帙。书前有桃源居士的《唐人小说》。《宋人百家短篇小说》一百四十三帙。书前有桃源居士的《宋人小说》。《明人百家短篇小说》一百零八帙。书前有《皇明小说》。

皇明十六家小品（全二册）
［明］丁允和、陆云龙编　精装　大 32 开　定价：295.00 元
ISBN 7－5013－1213－3/I·97　1997 年 7 月出版

　　根据明崇祯六年（1633）陆云龙自刻本影印。本书按照序、记、赋、传、书、论、铭、赞、跋、诔、文、哀辞等文体分类，精选明代屠隆、徐渭、王思任、虞淳熙、黄汝亨、董其昌、陈继儒、汤显祖、张鼐、陈仁锡、李维桢、袁宏道、袁中道、钟惺、文翔凤、曹学 16 位著名文人学者的小品佳作。书前有何伟然的序、丁允和的《十六名家小品序》，陆云龙的《选十六名家小品序》、《盖闻》。

西游记记（全三册）
［清］怀明撰　线装　长 16 开　定价：390.00 元
ISBN 7－5013－1277－X/I·114　1996 年 7 月出版

　　本书据清咸丰年间的抄稿本影印，是国家图书馆所藏罕见评点本。著者怀明是一位隐士。本书以唐僧师徒取经故事为线索，立足于佛、道二教的学说和思想，对《西游记》一书进行了阐述。

传奇汇考

精装　大 32 开　定价：64.80 元
ISBN 7－5013－1098－X/K·179　1994 年 3 月出版

　　作者不详，著作年代大约为清末民初。共八卷，收集了 263 种传奇曲目的有关资料。其中包括作者概况、内容简介及评价。根据 1914 年古今书室刊本影印。

乾隆御制文物鉴赏诗

石光明、董光和、伍跃选编　精装　16 开　定价：100.00 元
ISBN 7－5013－1026－2/I·76　1993 年 8 月出版

　　清高宗爱新觉罗·弘历（1711－1799）精于古物鉴赏。编者从《乾隆御制诗》中选取咏颂文物的诗篇约 3400 余首，编辑成册。分为咏绘画、咏玉器、咏陶瓷、咏漆器、咏砚五大类。其中咏绘画类所占篇幅较大，按所咏颂绘画的画家人名姓氏笔画顺序排列。其他几类或按玉、砚石的生产，或按瓷器窑口，或以器型作为排列的线索。

诗集传（一函三册）

[宋] 苏辙著　线装　大 16 开　定价：650.00 元
ISBN 7－5013－0838－1/I·72　1990 年 6 月出版

　　二十卷，南宋淳熙七年（1180）苏诩筠州公使库刻本。《诗集传》通行本都是十九卷，二十卷本则是传世最早的版本，也是目前所知的海内外孤本。此书初为毛氏汲古阁旧物，清初辗转入内府，藏于畅春园，现藏国家图书馆。今特以石印线装的形式将此书影印出版。

幻中游

[清] 烟霞主人编述　大 32 开　定价：3.95 元
ISBN 7－5013－0569－2/I·59　1989 年出版

　　四卷十八回，写明万历、天启年间湖广黄州府罗田县石峨和石茂兰父子两代人的故事。书前有薛英的《影印〈幻中游〉序言》。

词学全书（全二册）

[清] 查继超编，吴熊和点校　32 开　定价：8.30 元
统一书号：10201·43　1986 年 11 月出版

　　这是一部有关词学的中型工具书，辑集了《填词名解》（毛先舒撰）四卷，《古今词论》（王又华辑）一卷，《填词图谱》（赖以邠撰，查继超增辑）六卷、续集一卷，《词韵》（仲恒编次）一卷四种词籍，并附《古韵通略》（柴绍炳撰）一卷。此次排印据康熙十八年（1679）原刻本点校，参以乾隆十一年（1746）世德堂刻本和民国五年（1916）木石山房本。

二百名人题跋历代名画大成

[明] 顾炳纂　32 开　定价：1.50 元
统一书号：8201·1　1983 年 5 月出版

　　本书即《历代名公画谱》，又称《顾氏画谱》，万历三十一年（1603）杭州双桂堂初刻刊行。据 1924 年上海扫叶山房石印本影印。

北京图书馆稿本抄本丛刊（四种）

精装　大 32 开

续镜花缘

[清] 华琴珊著　定价：27.00 元
ISBN 7－5013－0949－3/K·127　1992 年 10 月出版

　　本书出现于清宣统二年（1910），未见到刊印本，共四十回，为李汝珍《镜花缘》补续之作。作者华琴珊，又署醉花生，

清末民初人。书前有薛英的《续镜花缘》出版说明、顾学鹏的序及作者的《续镜花缘全编序》。

词综补遗（全六册）

[清] 林葆恒纂 定价：300.00 元

ISBN 7 - 5013 - 0938 - 8/Z·123 1992 年 9 月出版

共一百卷。以选录清光绪九年（1883）以来的词作为主，同时对王昶的《明词综》十二卷、《清词综》四十八卷，黄燮清的《清词综续编》二十四卷，丁绍仪的《清词综补》五十八卷，进行了增补，共得 4400 余人、词 7300 余首，并参考诗话、文集、笔记、地方志，每人撰一小传，叙其字号、籍贯、仕履、著作等。该书以姓氏所在韵部为序，同姓词人则以年代先后为序，并以姓氏无考者及释、道、尼殿后。

杜园说杜

[清] 梁运昌撰 定价：75.00 元

ISBN 7 - 5013 - 1218 - 4/I·100 1995 年 2 月出版

共二十卷。初名《杜园琐议》，又作《杜园读杜》。共选录、评论各体杜诗 1300 首。先五古，次七古，次五律，次七律，次五排，次绝句。后附《伪诗辨说》、《未录诗各体共一百二十四首》及《杜谭》一百一则。该稿本线装九册，用"寒青山馆"蓝格纸书写。正文卷一之下，有"秋竹斋纂本"字样。此次影印保持原稿本旧貌，目录系根据正文原样编排，眉批和浮签也一律保留。

俚俗集

[清] 福申辑 定价：80.00 元

ISBN 7 - 5013 - 1005 - X/K·155 1993 年 4 月出版

本书是一部专门辑录民俗资料类的书，共四十九卷，未刊。共收 2.5 万余条目。分 29 大类。每个条目内容繁简不一，最短的只有 5 个字，最长的达 2000 余字。辑录者查阅了经、史、子、集、丛书等各类古典文献，所引用的书籍近千种。此次影印出版，特编制了细目放于书前。书前有刘一平的《〈俚俗集〉出版说明》。

诗渊（全六册）

16 开 平装定价：146.00 元 精装 定价：161.00 元 1986 年出版

本书是明朝人编的一部中国古代诗集，未见刊刻流传，现仅存稿本 25 册，收藏于国家图书馆。《诗渊》没有序和跋，专收诗，兼收少量词，分天、地、人等几大部分，所收作品至明初高启等止，保存了从魏晋六朝到明朝初年这一段时间大量散失了的作品。其中收诗约 5 万多首，有十分之二三不见于过去刊印的和新印的古籍；收词近千首，大部分不见于《全宋词》、《全金元词》。《诗渊》的编纂者忠实于原文，对于引载的文字，首尾完整地抄录。书前有孔凡礼的前言。启功封面题字。

文学艺术 "红学" 书系

脂砚斋重评石头记甲戌本（一函四册）

[清] 曹雪芹著 线装 16 开 定价：600.00 元

ISBN 7 - 5013 - 2578 - 2/K·946 2004 年 10 月出版

《脂砚斋重评石头记》甲戌本是现在已知的十余种《石头记》抄本中纪年最早的一种，仅存十六回。该本发现于上世纪二十年代，揭开了更接近曹雪芹原著的脂本研究新的一页，为红学研究开辟了一个广阔而深远的新天地，具有划时代的意义。1948 年此本被胡适带往台湾，直到 1961 年台湾才有影印本面世，随后大陆也有了缩印本，本书按原貌影印。

脂砚斋重评石头记己卯本（全四册）

[清] 曹霑著 精装 16 开 定价：3950.00 元

ISBN 7 - 5013 - 2070 - 5/K·528 2003 年 10 月出版

本书为清乾隆二十五年（1760）到三十五年之间怡亲王府抄本，是脂评系统的《石头记》中唯一能够确定抄主和抄成确切年代的抄本。因抄本上有"己卯冬月定本"题字，所以简称"己卯本"。此本多年来据红学界多名专家考证认定，是比较接近于原稿的早期抄本。此本是现存国图善本部的孤本，有极高价值。今采用彩色印刷以体现其原貌。

蒙古王府本石头记（全六册）

[清] 曹雪芹著　精装　大 32 开　定价：980.00 元
ISBN 978 - 7 - 5013 - 3473 - 5/K · 1505　2007 年 7 月出版

　　蒙府本系《红楼梦》最早的十二种抄本之一。其特点有三：1. 为蒙戚系抄本作为脂批本一重要支系的存在提供了有力的参证和直接的证据，且蒙府本较戚序本而言，较少经后人删改，是更接近《红楼梦》原本的真文字；2. 为曹雪芹著书的特殊历史情状，及成书后《红楼梦》在上层社会流转传阅中引发的故事和内幕，提供了重要标志和特殊线索；3. 蒙府本因其独有的朱丝兰纸和黄绫装面，在各种抄本中更足珍贵。本次影印所据为 1961 年入藏北京图书馆（今国家图书馆）的旧抄本。

甲辰本红楼梦（全四册）

[清] 曹雪芹著　精装　大 32 开　定价：690.00 元
ISBN 7 - 5013 - 0701 - 6/K · 74　2006 年 5 月出版

　　甲辰本，即梦觉主人序本《红楼梦》，是个具有特殊意义的《红楼梦》抄本。它在书名上独标《红楼梦》，并保存了脂本的某些原貌和文字。而且梦序本的改文、批语和序言，对于《红楼梦》的写作过程和文本研究，也都具有重要的文献价值。这些特点使它既是从脂评系统走向程本系统的一个桥梁，又保存了脂本的某些原始面貌，因而成为研究《红楼梦》脂本的不可或缺的珍贵抄本。

郑振铎藏残本红楼梦

[清] 曹雪芹著　大 32 开　定价：2.90 元
ISBN 7 - 5013 - 0894 - 2/K · 108　1991 年 12 月出版

　　残本红楼梦，旧抄本，两回：题石头记第二十三回、第二十四回。中缝每页都写有"红楼梦"，木刻乌丝栏抄，卷首有"晳庵"白文图记。书前有俞平伯的《旧抄红楼梦残本两回（代序）》。

卞藏脂本红楼梦（一函四册）

[清] 曹雪芹著　线装　16 开　定价：195.00 元
ISBN 7 - 5013 - 3200 - 2/K · 1417　2006 年 12 月出版

　　2006 年 6 月 14 日上海敬华艺术品拍卖公司拍出了一部仅存一至十回文字和三十三回至八十回总目的脂砚斋评《红楼梦》残抄本，并最终由来自深圳的卞亦文先生收藏。

　　专家将此本与庚辰本对照发现，它保留着脂本所独有的部分回前诗、少量回前评和一些批语及类似自白的文字。从文字内容、纸张的材质及保存现状分析，本书应抄于清嘉庆前期。另外，此残抄本与其他脂本相比，在总目的文字、回目的抄写方式，以及正文的个别文字中，都具有自己的特异之处。此本虽然仅残存十回，但具有极高的学术研究价值，是近几十年来《红楼梦》资料的又一重大发现。

北京师范大学藏脂砚斋重评石头记（二函十六册）

[清] 曹沾著　线装　16 开　定价：2980.00 元
ISBN 7 - 5013 - 1446 - 2/K · 255　2002 年 8 月出版

　　本书为北师大图书馆藏《脂砚斋重评石头记》的抄本。据考证，本书抄于 20 世纪 40 年代，底本为"庚辰本"。

程甲本红楼梦（全六册）

[清] 曹雪芹、高鹗著　精装　大 32 开　定价：690.00 元
ISBN 7 - 5013 - 0908 - 6/K · 114　2005 年 8 月出版

　　乾隆五十六年（1791），程伟元、高鹗以木活字摆印《红楼梦》，由此程甲本的问世不仅保存了《石头记》前八十回的原貌，而且促成了《红楼梦》的第一次大普及。本书底本为国家图书馆珍藏的程甲本初印本，品相端好，其面世对于红学研究者、爱好者来说，是具有重要参考价值的第一手资料。

桐花凤阁批校程乙本红楼梦（全五册）

[清] 曹雪芹著，陈其泰批校　精装　16 开　定价：1280.00 元
ISBN 7 - 5013 - 1843 - 3/I · 168　2001 年 12 月出版

《清代评点本红楼梦丛书》之一。《红楼梦》的评点历史基本上是与《红楼梦》创作的历史同步的，一直未得到足够的重视。本书即是清末民初一批极有价值的评批本《红楼梦》之一，是陈其泰对《红楼梦》程乙本的手批本，在前人评红注录中略有所述，今按全貌影印出版，对现代评红的研究有一定参考价值。

东观阁本·新增批评绣像红楼梦（全四册）

[清] 曹雪芹、高鹗著，东观主人评　精装　16开　定价：870.00 元
ISBN 7－5013－2174－4/K·686　2004 年 10 月出版

　　本书又称"东观阁本"，作为《红楼梦》最早的刻本之一和最早带批注的刻本，在红学史上具有重要地位。

双清仙馆本·新评绣像红楼梦全传（全四册）

[清] 曹雪芹、高鹗著，王希廉评　精装　16开　定价：780.00 元
ISBN 7－5013－1884－0/K·386　2004 年 10 月出版

　　本书是清代《红楼梦》评本之一，道光十二年（1832）双清仙馆刊，故又称双清仙馆本，内有王希廉批序、程伟元原序、绣像六十四幅、论赞、问答、大观园图说等，回首有"洞庭王希廉雪香评"，回末有评，提供了很有价值的研究史料。

妙复轩评石头记（全四册）

[清] 曹雪芹、高鹗著，张新之评　精装　16开　定价：700.00 元
ISBN 7－5013－1885－9/K·387　2002 年 3 月出版

　　本书是清代的《红楼梦》评本之一，光绪七年（1881）湖南卧云山馆刊本。扉页题名"妙复轩评本绣像石头记红楼梦"，内有程伟元原序、孙桐生序跋、绣像 20 幅，以及《红楼梦读法》等。正文有太平闲人双行夹评及回后总评，对红学研究极具参考价值。

增评补像全图金玉缘（全三册）

[清] 曹雪芹、高鹗著，王希廉、张新之、姚燮评　精装　16开　定价：460.00 元
ISBN 7－5013－1883－2/K·385　2002 年 3 月出版

　　本书是《红楼梦》评点本系列丛书之一，光绪十年（1884）由上海同文书局石印，有读法、批序、摘读、总评以及正文类评，回末有太平闲人、护花主人、大某山民评点，为王、张、姚合评本，内文中画像众多也是本书特点之一。

增评绘图大观琐录（全四册）

[清] 曹雪芹、高鹗著，王希廉、姚燮评　精装　16开　定价：590.00 元
ISBN 7－5013－1908－1/K·400　2002 年 5 月出版

　　本书是清代《红楼梦》评点大家护花主人王希廉、大某山民姚燮的合评本，具有重要的研究价值和版本价值。此次影印以光绪十二年（1886）铅印本为底本，共一百二十回。该书扉页题"增评绘图大观琐录"，正文每面十行，行三十一字，内容与广百宋斋本《增评补图石头记》全同。另外还附有"楚北女史"的七句咏红诗，现连同《增评补图石头记》及"警幻仙记"的书影一并影印出版，以供广大《红楼梦》爱好者赏评。

四松堂集付刻底本（一函五册）

[清] 敦诚著　线装　16开　定价：800.00 元
ISBN 7－5013－3157－X/K·1396　2006 年 7 月出版

　　本书作者敦诚为清宗室，与曹雪芹同时代且交谊深厚。该书为同名刻本之付刻底本，却比刻本多出多篇诗文（包括悼雪芹诗等），是研究清代文学特别是研究曹雪芹生平极为重要的资料。该书曾为胡适购买收藏，有胡适民国十一年（1922）及三十七年跋文及朱墨批阅圈点文字等。

红楼梦图咏（一函两册）

[清] 改琦绘　线装　8开　定价：300.00 元
ISBN 7－5013－2196－5/K·693　2004 年 1 月出版

本书是清代著名画家改琦所绘《红楼梦》50 位人物肖像以及清代著名学者文人为《红楼梦》所作的数十首题咏的合璧之作，图文并茂、各领风骚，是有关《红楼梦》的图画、诗咏中最经典的一种，自光绪初年问世以来，被人们无数次地翻印，流传甚广，影响深远。选用国家图书馆所藏原郑振铎藏光绪三年（1873）刻本为底本（间有他本配页）精工套色影印，开本宽大，形神俱佳。

石头记微言（一函八册）

佚名著　线装　16 开　定价：920.00 元
ISBN 7 – 5013 – 1312 – 1/I · 120　2004 年 1 月出版

根据国家图书馆藏清抄本影印。著者以"释真"、"释影"为宗旨，按一百二十回的顺序逐章阐述《红楼梦》的"微言"，并介绍对《红楼梦》的"读法"。

红楼梦补义·外一种（一函四册）

景梅九等著　线装　16 开　定价：380.00 元
ISBN 7 – 5013 – 1313 – X/I · 121　1996 年 12 月出版

根据民国时期印本影印。《红楼梦补义》包括《红楼梦记略》（一册）和《红楼梦真谛》（上、下卷，三册）。《红楼梦记略》的封面和书名页都为《红楼梦补义》。《红楼梦真谛》书前有张继的《红楼梦真谛序一》、景梅九的《代序二——答友人询红楼梦真谛书》、王婆楞的《石头记真谛序三》。

红楼梦谱

[清] 寿芝撰　线装　80 开　定价：16.00 元
ISBN 7 – 5013 – 1891 – 3/K · 391　2002 年 2 月出版

本书虽为闲情之作，内容却简明可观，可谓读《红楼梦》者厘清书中众多人物关系的"指津宝典"。此次出版据红学界名士杜春耕先生惠赠之底本，按原尺寸影印。

金玉缘图画集

李菊侪、李翰园等绘，觉僧评　精装　12 开　定价：280.00 元
ISBN 7 – 5013 – 1924 – 3/K · 407　2002 年 6 月出版

本书是较早的《红楼梦》连环画集，根据民国二至三年（1912 – 1913）华国书局石印之北京"黄钟日报"附刊本影印，版本稀见。全书共 388 幅图，图文并茂，笔触传神，是研究"红学"史及民国艺术史的重要资料，更是广大《红楼梦》爱好者欣赏、收藏的首选之书。

忏玉楼丛书提要

吴克岐辑　精装　32 开　定价：36.00 元
ISBN 7 – 5013 – 1882 – 4/K · 384　2002 年 2 月出版

本书按书名、卷（回）数、著者、出版者（版本）、内容提要等栏目介绍了产生于民国时期的有关《红楼梦》之著述 60 余部，并按翻刻、批点、续作、研究评论、诗词歌咏、戏曲传奇等不同著作类别分三卷，是我们了解红学发展史特别是民国时期红学研究成果之必备工具书。本书成书后流传甚少，多年来《红楼梦》研究者及爱好者多方搜求而未果。此次据国家图书馆所藏原南京图书馆精抄本影印。

《红楼梦》烟标精华

杜春耕编　精装　16 开　定价：280.00 元
ISBN 7 – 5013 – 1925 – 1/K · 408　2002 年 6 月出版

本书汇集清末民初流行上海等地的有关《红楼梦》人物故事的烟标及香烟广告，共 10 余套 300 余幅，极富收藏及艺术鉴赏价值，更是研究民国时期社会经济、商业文化、民俗时尚，特别是"红楼文化"在当时发展情况的珍贵史料。

（未刊本）春秋地名考（全八册）

顾颉刚编著，王煦华整理　精装　16开　定价：3700.00元

ISBN 7 – 5013 – 3001 – 8/K · 1281　2006年4月出版

　　本社影印顾颉刚先生书稿分为三个系列，即"顾颉刚学术专著系列"、"顾颉刚主编学术期刊系列"及"顾颉刚史料考订系列"。本书系顾颉刚先生学术专著系列书稿的第一种。古代地名素为治史者之障碍，先秦地名尤为窒碍难通，往往一地数名或数地一名，加以在历史发展过程中迁转流变，历代学者的诠释注解又复错综纷纭，因而给治史、读史者带来很大困难。本书系整理、汇集历代研究商周至于秦汉古地名的相关史料而成，所涉地名近千种，举凡与古地名有关的历代注释、论述、笔记资料均逐条细加甄别、搜罗，并加以研究、考订、归纳。解决了古代地名中的不少疑案，多种解说难于决定孰是孰非的则一并辑录，归纳其不同之处。本书不仅是研究古代历史地理学的最重要著作之一，也是研究中国上古史的必备参考书。

历代郡县地名考

韩湘亭编著　精装　32开　定价：130.00元

ISBN 7 – 5013 – 1909 – X/K · 401　2002年4月出版

　　又名《中国郡县地名考》，稿本。全书二十一卷，按首字笔画多寡排序，前十九卷考证上古至清季的地理沿革及今址，后两卷分别记载清季郡县总名及民国省道特区辖县名称。本书作者致力史地研究，曾任《乐亭志稿》总纂。本书是为史地教授及研究者编撰的参考工具书，与同类著作相比，有许多独到之处，内容多可补他书之阙漏。此次影印出版时，编制了详细的索引，极易检索。

周秦诸子斠注十种

中国学会辑　精装　大 32 开　定价：190.00 元
ISBN 978－7－5013－3523－7/K·1539　2007 年 10 月出版

本书包含宋及清等名家对周秦诸子的考异之作十种，对研究诸子哲学颇有裨益。分别是：

书　名	编（著）者	版　本
荀子考异一卷	（宋）钱佃撰	清光绪间江阴缪氏刻《对雨楼丛书》本
荀子补注一卷	（清）刘台拱撰	清嘉庆道光间刻《刘端临先生遗书》本
荀子补注二卷	（清）郝懿行撰	清刻《齐鲁先哲遗书》本
管子识误一卷	（清）宋翔凤撰	清道光五年（1825）刻本
弟子职音谊一卷	（清）钟广撰	清光绪十六年（1890）刻本
墨子刊误二卷	（清）苏时学注	清刻本
吕子校补二卷　校续补一卷	（清）梁玉绳撰，陈其荣辑	清嘉庆道光间刻《清白士集》本，续补据清光绪十二年（1886）刻《槐庐丛书》本
吕子校补献疑　续吕子校补献疑一卷	（清）蔡云撰	清道光七年（1827）刻《清白士集校补》本
吕氏春秋正误一卷	（清）陈昌齐撰	清道光三十年（1850）刻《岭南遗书》本
列子释文二卷　考异一卷	（唐）殷敬顺撰，（宋）陈景元补遗，（清）任大椿考异	清燕禧堂刻本

论语集注补正述疏

朱熹集注，简朝亮述疏　精装　16 开　定价：120.00 元
ISBN 978－7－5013－3464－3/K·1479　2007 年 5 月出版

　　《论语集注补正述疏》以朱熹《论语集注》为主体，全录朱子集注，然后以"述曰"加以阐述补正，中多精辟见解，是清末民初一代名儒的"论语心得"。后附《读书堂答问》256 条，也是阐发《论语》意蕴的，对于研读《论语》，弘扬儒学，均有裨益。

　　简朝亮（1852—1933）字季纪，号竹居，广东顺德简岸村人。早年与康有为同在名儒朱九江（次琦）门下求学，后以讲学著述为主，他精通经史，见解不群，一生秉承"通经致用"精神，走上与康有为"思借治术使孔道昌明"不同的"思借著述俾孔道灿著"的道路。生徒盈门，口碑四传，著有《尚书集注述疏》、《论语集注补正述疏》、《孝经集注述疏》、《礼记子思子言郑注补正》、《读书堂集》等。

道藏精华录（全五册）

丁福保编　精装　大 32 开　定价：850.00 元
ISBN 7－5013－2795－5/B·112　2005 年 7 月出版

　　作者精选正续《道藏》及藏外道教著作中义理纯正，于摄生炼养、人生修养最为切要之典籍一百种一百四十八卷汇编成书。所选不但囊括了道教经论、道藏目录、道书提要、道家传记、道教养生延龄要诀等方方面面的内容，且文字精炼，繁简得宜，均为卷帙不大之道书，最多无超过十卷者，可谓得其精要。每种典籍之后还精选修身养性、益寿延龄箴言作为

补白。

书　名	编（著）者	书　名	编（著）者
道藏目录详注	（明）白云霁撰	摄生月令	（宋）姚称撰
道藏辑要总目	（清）蒋元庭辑	摄生消息论	（元）丘处机著
读道藏记	（清）刘师培撰	摄生三要	（明）袁黄著
道谱源流图	（清）鲍廷博校订	摄养枕中方	（唐）孙思邈撰
道学指南	损损斋主人编	真诰篇	
说斋		古仙导引按摩法	
说戒		修龄要指	（明）冷谦著
戒忌禳灾祈善法		黄帝阴符经	（唐）张果批注
炉火监戒录	（宋）俞炎著	阴符天机经	
将摄保命篇		集注阴符经	
服气长生辟毂法（录自宋道藏）		阴符经疏	（唐）李筌疏
天隐子养生书		老君太上虚无自然本起经	
养性延命录	（梁）陶弘景撰	太上赤文洞古经注	长筌子注
至言总养生篇		太上老君说了心经	
怡情小录	（清）马大年述	高上玉皇心印经	孕真子注
养生肤语	（明）陈继儒著	太上老君说常清静经注	李道纯注
太上老君内观经		老君清净心经	
洞玄灵宝定观经注		规中指南	（元）陈虚白撰
老子说五厨经注		悟玄篇	
广成子解	（宋）苏轼纂	孙不二元君法语	静散人著
神仙可学论	（唐）吴筠撰	丹道秘书	
坐忘论	（唐）司马承祯撰	金丹大成集	（元）萧廷之撰
玄宗正旨		还源篇	（宋）石泰撰，（清）董德宁辑
仙籍旨诀	裴铏述	复命篇	（宋）薛式撰，（清）董德宁辑
诸真语录		翠虚篇	（宋）陈楠撰，（清）董德宁辑
真仙要语		金丹要诀	（明）伍守阳著
七部语要		天仙正理直论增注	（明）伍守阳、伍守虚注
七部名数要记		伍真人丹道九篇	（明）伍守阳撰
丹阳真人语录	王颐中集	老子中经	
大洞真经	朱珪校正	太清中黄真经	
太上老君内日用妙经		上清黄庭内景经	务成子撰注
太上老君外日用妙经		太上黄庭外景经	梁邱子注
浮黎鼻祖金华秘诀	广成子著	太上黄庭外景经	务成子注
太上纯阳真君了三得一经		灵宝洞玄自然九天生神章经	
太上无极混元一气度人妙经		黄庭遁甲缘身经	
周易参同契发挥	（宋）俞琰撰	枕中经	
周易参同契释疑	（宋）俞琰撰	天蓬神咒	
周易参同契正义	董德宁注	列仙传	（汉）刘向撰，（清）王照圆校正
金碧古文龙虎上经注疏	（宋）王道撰	神仙传	（晋）葛洪著
入药镜	崔希范著	续仙传	（唐）沈汾撰
灵宝毕法	钟离权著	疑仙传	
钟吕传道集	钟离权著	华阳陶隐居内传	（宋）贾嵩撰
唱道真言		济祖师文集	（宋）道济撰
胎息经注	幻真先生注	海内十洲三岛记	（汉）东方朔撰
胎息经疏	（明）王文禄撰	别国洞冥记	（汉）郭宪撰
渔庄录		洞天福地记	（唐）杜光庭撰，司马紫微集
紫清指玄集	（宋）白玉蟾撰述	西山群仙会真记	施肩吾撰
悟真篇正义	（清）董德宁注	长春真人西游记	李志常述
悟真外篇	（宋）张伯端撰	金莲正宗记	樗栎道人编
性命圭旨		太上感应篇缵义	（清）俞樾撰

稿本宋元学案补遗

［清］王梓材、冯云濠辑　精装　16开　定价：135.00元
ISBN 7–5013–1907–3/K·399　2002年4月出版

　　《宋元学案》是继《明儒学案》之后，中国学术思想史上又一部经典著作。始创于黄宗羲，中经黄百家（黄宗羲之子）续作，成于全祖望。然最后校补付梓《宋元学案》者乃王梓材。他在校补《宋元学案》过程中，发现该书对宋元诸儒支流余派遗漏颇多，遂联络当地大藏书家冯云濠，逐条逐条辑补，共补录约有500余条，于清道光十八年（1838）完成四十二卷的《宋元学案补遗》。持之与百卷刻印本相比，二者同有出入，且稿本多得百卷本之精，实不失为研究宋元学术思想史的重要文献。此次所据底本乃南开大学图书馆藏《宋元学案补遗》手稿，共八册四十二卷，纸墨俱佳。全书用工整小楷写就，时有删补于书眉行间者。目录之后分别有王梓材、冯云濠的跋识，记其校补《宋元学案》、撰写《宋元学案补遗》的原由和过程。为便于读者查阅，我们在目录上为每卷编制了所在页码。另外，书前附有胡适、单不庵分别撰写的跋，以利于学术界同仁认识和了解其文献价值。

船山学谱（一函四册）

王永祥（孝鱼）著　线装　16开　定价：360.00元
ISBN 7–5013–1338–5/B·82　1997年8月出版

　　王船山，即明清之际思想家王夫之。王夫之（1619–1692），字而农，号姜斋，晚居衡阳之石船山，故学者称船山先生。本书作者对船山的哲学思想加以融合贯通，提纲挈领，分类纂辑，编为六卷：1. 根本观念；2. 气化论；3. 心性论；4. 修养论；5. 识知论；6. 历史进化论。并附船山年谱、各家传记及谭嗣同、梁启超评语。根据国家图书馆藏民国刻《孝鱼丛著》本影印。

圣门十六子书（一函六册）

［清］冯云鹓辑　线装　16开　定价：696.00元
ISBN 7–5013–1421–7/B·83　1997年6月出版

　　"圣门十六子"指先秦儒家著名代表人物颜子、子思子、曾子、孟子、闵子、冉子（名雍，字仲弓）、端木子、仲子、有子、卜子、冉子（名耕，字伯牛）、宰子、冉子（名求，字子有）、言子、颛孙子、朱子。历史上此16人都曾入祀孔庙，是为4配12哲。本书广采博辑经书、史志、诸子百家有关上述16人的历史记载，加以纪实、补缺、删误、集成，参考辑录的书籍多达百余种，收录了许多后人难得见到的文献资料，对有关"圣门十六子"的言行、古迹、世系、佚文佚事等无不备载。根据国家图书馆藏清道光十四年（1834）崇川冯氏刊本影印。

乾明院罗汉图录

本社编　16开　定价：7.80元
ISBN 7–5013–0979–5/K·143　1993年2月出版

　　中国现存最早且最完整的版刻阿罗汉图录。五百阿罗汉和十八阿罗汉专门用刻版形式刻于一册属首创，体现了我国刻版画鼎盛时期的水平。前有邹治峚的重刻序文、必山居士的翻刻序文、达彻的重刻序文。后有任思正的跋。图像前二面为十八阿罗汉像，每面9位；后五十面为五百阿罗汉像，每面10位。像的上方按前后排列次序、参差竖题诸位阿罗汉名号。据国家图书馆藏清乾隆五十二年（1787）四川什邡县罗汉寺住持达彻依明崇祯十六年（1643）本重刻本。此图册原为郑振铎先生（西谛）所藏。书前有寒冬虹的出版说明、周绍良的序。

绘图五百罗汉

孙玉山绘，吴元真整编　精装　大16开　定价：295.00元
ISBN 7–5013–0928–0/B·62　1992年12月出版

　　佛像图录丛刊之一，四卷。民国间山东孙玉山手绘，是临摹祝圣寺石锲五百阿罗汉像的彩画本。原为经折装，凡四册，册页每帧画有并排而坐的两尊罗汉像，像之上方横书其尊号，左下方竖题当时在祝圣寺捐资敬修者籍贯姓名。所画罗汉大小相同，法相端庄，表现细腻，排列有序。原书卷首有题为《祝圣寺石锲五百阿罗汉记》，残缺，有头无尾。后有清嘉庆三年（1758）常州知府胡观澜跋文，及绘者孙玉山的落款及钤记。此次出版，书前有北京图书馆分馆普通古籍组的《佛像图录丛刊》说明、吴元真的《出版说明》、周绍良的序。书后附《胡观澜跋〈天宁寺石刻五百大阿罗汉像〉文》。赵朴初扉页题字，刘炳森封面题字。

宋抄本洪范政鉴

［宋］赵祯撰　精装　32开　定价：39.50元
ISBN 7–5013–0937–X/Z·122　1992年9月出版

十二卷，北宋仁宗赵祯撰，南宋淳熙内府抄本，是现今仅存的唯一完整的宋代写本，书为蝶装旧式，每卷又分上、下二子卷。该书杂采了儒道两家推衍繁复的"天人一体"思想，以五行分类，大量罗列自春秋以来历朝的种种"休证"和"咎证"，并将这些自然现象与帝王的言行、朝代的兴衰相附会，以使承天子民者心存敬畏，奉天修德，以达到永保社稷、江山稳固的目的。全书笔法清劲，有唐人写经风格。书前有康定元年（1040）御制序，每卷首末有多种官私藏书印鉴，其中"皇殿宝玺"、"御府图书"、"缉熙殿书籍印"等，乃宋代内府所钤。

云笈七签

[宋] 张君房编　精装　大 32 开　定价：29.50 元

ISBN 7 - 5013 - 0929 - 9/B · 63　1992 年 7 月出版

依《大宋天宫宝藏》编成，共一百二十二卷，素有"小道藏"之称。题名《云笈七签》者，盖道教称仙经本为"天书云篆"，装道书的箱子因称"云笈"；三洞（洞真部、洞玄部、洞神部）加四辅（大玄部辅洞真，太平部辅洞玄，太清部辅洞神，正一部辅三洞）共七签，因称"七签"。意谓七部道教经籍之精要。该书为一部道教类书，删除《大宋天宫宝藏》中儒、墨、名、医、兵等诸子百家之言，采撷纯属道教之经籍 700 余部，分类摘录联缀，是反映北宋以前道教经籍全貌最重要的文献，分 36 大部，广涉道教之源流、教义、教史等各个方面，还广涉哲学、历史、地理、医药养生、气功、化学、民俗、文学等多个方面。曾被影印，编入《四部丛刊》。此次据明《道藏》本影印出版。书前有陈兵的序。

释神

[清] 姚东升辑　线装　16 开　定价：12.00 元

统一书号：2201 · 3　1985 年 2 月出版

本书是一部少见的"关于神话"之书，原书为稿本，国家图书馆珍藏，是一部较大型的类抄笔记书稿之一种。全书未完，单行成书。抄本共十卷，前有自序，后有名篆。首次影印，书前有《鲁迅就〈释神〉谈中国神话研究的书信——致傅筑夫、梁绳祎》。

河洛墓刻拾零（全二册）

赵君平、赵文成编　精装　8开　定价：1200.00元

ISBN 978－75013－3364－6/K·1425　2007年7月出版

　　墓志是中国特有的一项地下文物史料。尤其是清末民初，罗振玉、王国维特重以地下证实地上，所谓双重证据法的运用。地下石碑志之出，更为学者和收藏家所重。

　　本书所收为洛阳地区出土的墓刻拓片（包括砖刻和石刻），共计五百余种，近七百幅。具有较高的文物、文献和书法价值，应为各研究者、收藏者所重视和收藏。

　　洛阳地处天中，为历朝建都之地，古墓众多，难以统计。但多数不能传拓以致用，令人生憾。作者近二十年来悉心搜求墓志于公私诸家，积累甚多。此为作者近年所积，多有世所未见者。

授堂遗书（全四册）

[清]武亿撰　精装　大32开　定价：960.00元

ISBN 978－7－5013－3524－4/K·1540　2007年9月出版

　　武亿（1745－1799）字虚谷，号授堂，河南偃师人。清代乾嘉时期著名的金石学家、经学家、考据学家。其学力深厚，见解精辟，清代著名学者孙星衍、阮元等对其多所赞誉。主要著作有：《金石三跋》、《金石续跋》、《读史金石集目》、《群经义证》、《经读考异》、《句读叙述》、《三礼义证》、《授堂文钞》、《授堂诗钞》等十余种，凡数百卷。还编有《偃师县志》、《鲁山县志》等。

　　武亿后人将其大部分著作集刊为《授堂遗书》，内容概为四类：一为经学研究之作，二为金石序跋之文，三为诗、文、书等，亦多与金石有关，四为姚鼐、钱仪吉、孙星衍等为武亿所作传、墓表、寄赠等文。据此即可见其学术成就、平生交游之大概。武亿之学乃研清代金石学、经学、考据学者不可忽略者。《授堂遗书》刻本流传未广，读者见之不易，此影印本颇值一阅和收藏。

宋代著录石刻纂注

刘昭瑞编著　平装　16开　定价：50.00元

ISBN 7－5013－1108－0/K·183　2006年2月出版

　　本书汇集了宋人石刻文字著录专著中所收石刻资料，分为碑志、刻经、造像记、诗文、题识、杂刻六类。每一石均注录其年代、流传、出处等。

金文历朔疏证

吴其昌著　精装　16开　定价：160.00元

ISBN 7－5013－1731－3/K·811　2004年3月出版

　　八卷，首一卷。书中以《啸堂集古录》（宋王俅撰）、《攈古录金文》（清吴式芬辑）、《愙斋集古录》（清吴大澂辑）、《缀遗斋彝器款识考识》（清方浚益辑）、《贞松堂集古遗文》（罗振玉编）、《周金文存》（邹安辑）、《善斋吉金录》（刘体智辑）为主要取材依据，参以宋迄民国时期著录的数千种青铜器铭文，以西周时期为限，审慎选择其中有历朔记载，或人名、地名、记事、记史透露年代信息的312种青铜器铭文进行考证、疏解，以详细而准确地研究铭文的年、月、日和朔望问题，是为卷一至卷五的"疏证"部分。卷七至卷八则列"金文疑年表"，选择234种无年代信息，但铭文在三十字以上且有裨史实考证的青铜器铭文，以进行年代的考察与推断，从而奠定了后代金文年代专题研究的基础。据国家图书馆藏本影印。

汉武梁祠画像考

瞿中溶著　平装　大32开　定价：70.00元
ISBN 7 - 5013 - 2424 - 7/K · 814　2004 年 3 月出版

武梁祠是东汉时期的一座小祠堂，位于今山东省嘉祥县纸坊镇武翟山北麓，建于东汉晚期的桓灵时期（147 - 189），距今已有一千八百多年。因其中画像内容丰富，雕刻精美而名扬海内外，并被国家列为第一批全国重点文物保护单位。但前人多考其文字，不及画像；且于武梁祠石刻中"文与图不合者，前人皆未究心"。瞿中溶（1769 - 1844），字苌生，号木友，斋名为"古泉山馆"，清江苏嘉定人。他花费十年左右的时间，"荟萃平昔所记"，著成《汉武梁祠画像考》六卷。并另摘录四十图别为一卷，"以为考古者之助"（瞿中溶《武梁祠画像考·序》）。此书"于图中事实考之甚详"（刘承幹《武梁祠画像考·序》），是研究东汉历史与石刻艺术的重要资料。

泊如斋重修考古图

[北宋] 吕大临编撰　精装　16开　定价：190.00元
ISBN 7 - 5013 - 2154 - X/K · 676　2003 年 10 月出版

本书为北宋吕大临编撰，我国最早的成系统的青铜器、玉器图录书，成于哲宗元祐七年（1092）。吕氏初修《考古图》，收录铜器计 210 种、玉器 13 件。重修则有所增入，收公、私器物总计 224 件，其中商、周铜器 148 件，秦汉铜器 63 件，玉器 43 件。每种器物均有图形摹绘、文案考释、器物尺寸、容积、重量介绍，及出土地点、递藏源流之考证，是研究古器物尤其是青铜器不可或缺的参考工具书。本书影印所据底本为明万历年间刻本，国内稀见。全书印制精良、品相殊佳，是鉴赏、收藏、研究不可多得之选。

三代秦汉两宋（隋唐元附）金文著录表

王国维、罗福颐编撰　精装　16开　定价：105.00元
ISBN 7 - 5013 - 2153 - 1/K · 675　2003 年 9 月出版

本书包括《三代秦汉金文著录表》、《宋代金文著录表》2 种。内容有器名、诸家著录情况、每种青铜器铭文字数和行款。最后一项为杂记，多指出历代著录之不确切或者失误，甚至辨别出每种青铜器的真伪。为青铜器的研究和收藏提供了相当权威的根据，为先秦历史的研究和考古发掘也提供了第一手的参考文献。

清代金文著录表

王国维、罗福颐编撰　精装　16开　定价：260.00元
ISBN 7 - 5013 - 2149 - 3/K · 671　2003 年 9 月出版

本书包括王国维的《国朝金文著录表》、罗福颐的《国朝金文著录表校记》及鲍鼎《国朝金文著录表补遗》、《国朝金文著录表校勘记》4 种。将历代出土和著录的 5000 余件青铜器进行统计整理和分类，列表著录，使人一目了然。表格的内容有四：名称、各家著录、铭文字数、杂记。杂记多是辨别青铜器的真伪，为今日青铜器的研究、鉴赏与收藏提供了权威的依据。

贞松堂集古遗文（全二册）

罗振玉编撰　精装　16开　定价：750.00元
ISBN 7 - 5013 - 2150 - 7/K · 672　2003 年 9 月出版

本书是研究青铜器的必备工具书，也是青铜器研究历史上的集大成之作。包括《贞松堂集古遗文》十六卷，《贞松堂集古遗文补遗》二卷，《贞松堂集古遗文续编》三卷。书中不仅摹有青铜器的铭文，还摹录不少铅、银等器物上的文字。每条铭文均有释文，并记载了每件青铜器的收藏历史。卷前载有青铜器分类的总目和每类器物的细目，便于逐器逐物检索。

汉碑古字通训

张延朁编撰　平装　16开　定价：60.00元
ISBN 7 - 5013 - 2124 - 8/K · 561　2003 年 5 月出版

本书作者出身书法世家，于书法篆刻造诣颇深，尤其倾力于汉碑古字研究，积数十年心得成《汉碑古字通训》一书，对130 余种汉碑所涉及之文字训音释义、溯本探源，是研究文字学及石刻艺术的重要资料。

北京图书馆藏青铜器全形拓片集（全四册）

北京图书馆编　精装　8开　定价：3000.00元

ISBN 7－5013－1285－0/J・57　1997 年 10 月出版

古代的青铜器主要是铜与锡的合金，因成器呈青灰色而得名。青铜器在我国考古学上，主要指先秦时期制作的器物。青铜器主要由器物形制、器物铭文、器物纹饰几部组成。全形拓，又称器物拓、立体拓、圆形拓，它的出现约在清乾嘉以后，全形拓的传世品极少。本书集器铭、器形、纹饰为一体，如实反映北京图书馆藏拓片原状，对个别铭文与器物不符或铭文、器物疑伪及铭文中掺有伪刻的拓片不做编辑上的任何处理。本书著录内容依次为：器物名称、制作年代、铭文字数、金文书体、拓片尺寸、出土地点、流传、现藏情况。同类器形拓片依字数多寡为序，少者在前，多者在后。字数相同者依器物年代排列，早者在前，晚者在后。年代均同者依笔画的多少排列，图形文者排在其后。无铭文者排在最后。

文房肆考图说

［清］唐秉钧著　精装　大 32 开　定价：98.00 元
ISBN 7－5013－1249－4/G・333　1996 年 10 月出版

共 8 卷。本书从经史子集等古籍中辑录历代笔墨纸砚及陶瓷铜玉、文字书画的考释鉴赏。据清乾隆年间刻本影印。

金石索（全二册）

［清］冯云鹏、冯云鹓辑　精装　大 32 开　定价：190.00 元
ISBN 7－5013－1250－8/K・216　1996 年 3 月出版

根据清道光元年（1821）滋阳县署藏板影印。全书分金索、石索二篇，各篇六卷。书中皆以图片展现了古代各种钟鼎、戈戟、量度、杂器、泉币、印玺、镜鉴、碑碣、砖瓦等方面的规格、样式、图案等，同时有文字说明。

古泉汇考（全八册）

［清］翁树培撰　线装　大 16 开　定价：1500.00 元
ISBN 7－5013－1128－5/K・188　1994 年 7 月出版

翁树培（1765－1809），又名申锡，字宜泉、申之，乾隆间进士。生平好金石学，尤善收藏辨证古钱。本书共八卷，前六卷叙述历代钱币，其中卷一自上古至商周，卷二自秦汉至三国，卷三自晋至隋，卷四自唐至五代，卷五两宋，卷六自辽金至清，卷七为外国钱和不知年代品，卷八为撒帐、吉语、压胜等。作者在每一钱币条目之下汇集历代典籍中有关记载，并将《永乐大典》中关于古泉的记载全部抄录下来，然后将其分散在相关的钱币条目之下。本书从未付梓，稿本为刘燕庭所收藏，世间流传者均是传抄本。此次影印依据国家图书馆藏之八册清抄本，为诸抄本中较早的一种。

陈介祺批校古泉汇・附续泉汇

李佐贤撰，陈介祺等编　精装　16 开　定价：150.00 元
ISBN 7－5013－1050－5/K・164　1994 年 2 月出版

《古泉汇》，［清］李佐贤撰；《续泉汇》，鲍康撰。著录古布、古刀、圜钱、异泉杂品及钱范 5000 多种。以繁赜古币，依年分类辨析。圜钱自周秦迄明，包括偏方割据及农民义军所铸造者。至于无考钱与外币与汉文通者，亦存其目，并有压胜供养等钱。考辨真伪，绘其形象，注释其义，甚为精审。书前有傅振伦的序。

玉说汇编

寒冬虹、李娜华、孙彦标点　精装　大 32 开　定价：15.00 元
ISBN 7－5013－1006－8/K・156　1993 年 3 月出版

收入民国时期说玉之作 4 种：1.《古玉考》，刘子芬著，分上、中、下三篇；2.《玉说》，李乃宣、张承鋆合辑，分上、下两卷；3.《玉说荟刊》，钱启同辑，集玉纪、玉纪补、欣如谈玉及清秘藏、阅微草堂笔记、燕闲清赏笺等玉器专著及笔记杂谈为一书；4.《辨玉小识》，蔡可权撰。书前有出版说明。

永乐大典（全一百六十四册）

[明] 解缙等编　包背装　4 开　定价：250000.00 元
ISBN 7 – 5013 – 1868 – 9/K · 374　2004 年 2 月出版

　　《永乐大典》是明永乐六年（1408）修成的大型类书，是中国古代最为成熟、最为杰出的"百科全书"。历经多年变乱兵焚，大部分被焚毁，现发现残本散落在 10 多个国家的 30 多个收藏机构，有 400 册左右。《大典》今虽不全，但因为是类书，各门类相对独立，现存于世的各个分册，其史料价值并未受影响。

　　此次以先进的影印和装帧技术，严格依照原书的版式规格，采用特制宣纸，套色印刷，分期分批原大影印出版现存于世的《大典》。首批出版收藏于中国内地的 163 册，即国家图书馆藏 161 册、上海图书馆藏 1 册和四川大学博物馆藏 1 册，为方便读者，增加总目一册，合计 164 册。

中国国家图书馆古籍珍品图录

任继愈主编　精装　16 开　定价：520.00 元
ISBN 7 – 5013 – 1664 – 1/Z · 279　1999 年 10 月出版

　　本书是为纪念中国国家图书馆（原北京图书馆）建馆 90 周年而编辑的善本珍品图集。本图录从馆善本部所藏珍品中精选近 400 种藏品，共分"古籍善本"、"金石拓片"、"中外舆图"、"少数民族文献"四大类。每一类目下，将所辖藏品按年代编排。在展现图版的同时，还对所收藏品的情况作简要介绍。本图录堪称当前收集最为系统、全面的国家图书馆藏古籍善本图录。其中有不少是孤本，而且是首次面世。其他如西方 15 世纪出版的"摇篮本"、中外古地图、少数民族文献等均是国家图书馆珍藏多年的极品。全彩色印刷。

永乐大典（卷三千五百十八之三千五百十九）

包背装　4 开　定价：150.00 元
统一书号：17201 · 41　1983 年 11 月出版

　　据国家图书馆善本部入藏的明残本影印，属《大典》门制类。

文渊阁四库全书补遗 · 集部——据文津阁四库全书补（全十五册）

北京图书馆编　精装　16 开　定价：7500.00 元
ISBN 7 – 5013 – 13l6 – 4/K · 227　1997 年 7 月出版

　　文津阁《四库全书》竣工于乾隆四十年（1784）冬，以次年春夏间送承德避暑山庄文津阁收藏而得名。其成书时间晚于文渊、文溯、文源 3 个阁本，是 7 部《四库全书》的第四部。经校对文渊、文津两个阁本的 1273 种集部书，录下两个阁本在篇、卷上有差异之处的竟有 788 种，约占总数的 62%。比较集部书的序、跋和附录，差异更大。本书收录历代诗文 4000 余篇，全部辑自文津阁本《四库全书》集部书，为同书之文渊阁本所未见，用补其缺。按原书顺序编排。与《四库全书总目》分集部为三十五卷（不计存目）相对应，分为 35 个部分。书后有《著者姓名索引》。本书的出版为《四库全书》的版本研究，尤其是对文津阁本的深入发掘，提供了宝贵的文献资料。

文渊阁四库全书补遗——集部·宋元卷（全四册）

国家图书馆编　精装　16开　定价：1850.00元
ISBN 7－5013－2838－2/K·1220　2006年6月出版

　　我社于1997年出版了《文渊阁四库全书补遗·集部》一书，为便于广大学者使用，我社将该书析为"宋元卷"和"明代卷"两编分别出版。《文渊阁四库全书补遗——集部·宋元卷》一书共收录宋元人的别集、总集、诗文评、词曲等类文集229种，1680余篇。例如《和靖集》、《景文集》、《丹渊集》、《元丰类稿》、《嘉祐集》、《东坡全集》、《山谷集》、《少阳集》、《象山集》、《剑南诗稿》、《白石诗集》、《湖山类稿》、《晞发集》、《山村遗集》、《文苑英华》、《唐文粹》、《宋文鉴》等。其内容不仅包含序跋、诗词、诗话、游记、信札，而且收入大量的奏稿、墓志铭、行状、遗事等等。其中宋祁的《景文集》，有481篇为文渊阁本所未收，是数量最多的一种。这些失收的宋元文集文体众多，题材广泛。不仅有利于了解著者的个人生平及其诗文，而且为研究相关的历史事件、制度和社会现象提供了前所未有的丰富史料。对于这一时期的文学、历史研究具有重要的史料和版本价值。

文渊阁四库全书补遗——集部·明代卷（全十册）

国家图书馆编　精装　16开　定价：3900.00元
ISBN 7－5013－2802－1/K·1024　2005年8月出版

　　本书收录了包括《明文海》、《明诗综》、《文宪集》、《东里全集》、《忠肃集》、《沧溟集》、《白谷集》等明人诗文总集、别集150余种，全部辑自文津阁本《四库全书》，为同书之文渊阁本所未收。其体例涉及明人奏疏、尺牍、游记、诗词、方志、墓志、题咏等各方面，内容不乏序跋、年谱、传记、边事、遗闻佚事，对于研究明代的历史、文学具有重要的参考意义。

崔东壁先生遗书十九种（全三册）

[清] 崔述撰，（日）那珂通世校点　精装　大32开　定价：498.00元
ISBN 978－7－5013－3469－8/K·1501　2007年8月出版

　　清代著名史学家崔述毕生致力于搜集整理后世关于上古三代历史的史料记载，他所提出的古史学说及其方法论对后世史学产生了极大的影响。《考信录》等书就是崔述运用科学考证方法考史的重要结晶，其成果和方法在今天仍有重要的价值。本书包括《考信录》在内的崔氏著述十九种，所选底本为日本著名史学家那珂通世校点，明治三十六至三十七年（1903－1904）史学会铅印本。

国家图书馆藏西夏文献中汉文文献释录

林世田主编　精装　16开　定价：195.00元
ISBN 7－5013－2999－0/K·1276　2005年12月出版

　　本书是国家图书馆藏西夏文献封面、封底裱糊纸剥离出的汉文文献残页的辑录，其中佛教文献100件，道教文献70件。编者对这些文献进行了客观的著录和释文。

邸抄（全一百二十册）

[清] 佚名撰　精装　大16开　定价：60000.00元
ISBN 7－5013－1076－9/K·804　2004年4月出版

　　汉朝分封的诸侯王公，为了解朝政，在京城购置房舍建官邸，命人于其中节录、摘抄中央诏令、章奏，专差送回封地，这些抄件即为邸抄。唐、宋、元、明诸代，邸抄改由中央政府统一发行，是朝廷传布朝政和臣僚知晓朝廷动态、政情的媒介，当为我国原始的报章。但这些时期的邸抄原件，现已无从见到，只能在唐宋诗话及元明笔记中略见端倪。值得庆幸的是，国家图书馆还保存着有清一代的邸抄原件，使我们今天能够得以目睹。这部邸抄是我国目前仅存的、收录内容最为齐全的清朝历史文献资料。原件为墨笔抄本，收录了自咸丰二年（1852）五月至光绪三十三年（1907）十二月朝廷的每日政事动态、谕旨、章奏等。本书以时间先后为序，依年按月逐日抄写，并经后人整理、编排成册，每册平均约四百页，共计七百一十五册。此书抄写虽非出自一人之手，但其编排体例却完全一致。尤为珍贵的是，此部邸抄还粘附有每日笺注，它是当值官员对本日发生重要事件的批注、解释和说明，这在已知的历史文献中可谓绝无仅有。为了让这部珍贵的历史文献与广大读者见面，特按原书原貌影印出版。由于本文献篇幅巨大，仅正文就有二十五万页之多，因此采用上下栏通排。本书的出版，填补了我国历史文献中的一页空白，并为历史学家和清史研究者提供了极其宝贵的文献资料。

滂喜斋丛书（全六册）

[清] 潘祖荫辑　精装　16开　定价2600.00元
ISBN 7－5013－2129－9/K·565　2003年6月出版

本书为潘氏以其所刻书汇辑而成的一部大型丛书。收书四函共五十种。保存了大量与潘氏并世的通儒遗著，收有世所罕见而内容最具真知灼见者，同时潘祖荫还为多种书写有序言，有重要的文献价值。该丛书收书如下：

《虞氏易消息图说初稿》；《大誓答问》；《求古录礼说补遗》；《求古录礼说补遗续》；《公羊逸礼考征》；《吴顼儒遗书》；《京畿金石考》；《辅行记》；《炳烛编》；《桥西杂记》；《蕙西先生遗稿》；《张文节公遗集》；《越三子集》；《喈敢览馆稿》；《壬申消夏诗》；《卦本图考》；《尚书序录》；《春秋左氏古义》；《说文管见》；《古韵论》；《盐法议略》；《黄帝内经素问校义》；《艺芸书舍宋元本书目》；《玉山馆笔记》；《宋四家词选》；《癸酉消夏诗》；《南苑唱和诗》；《别雅订》；《许印林遗著》；《钮非石日记》；《炳烛室杂文》；《天马山房诗别录》；《沈四山人诗录》；《吴郡金石目》；《稽瑞楼书目》；《怀旧集》；《爱吾卢文钞》；《刘贵阳说经残稿》；《刘氏遗著》；《宝铁斋金石文跋尾》；《百砖考》；《篝斋传古别录》；《鲍臆园丈手札》；《幽梦续影》；《徐元叹先生残稿》；《浪斋新旧诗》；《二茗诗集》；《石氏乔梓诗集》；《小草庵诗抄》；《日本金石年表》。

壹是纪始

魏崧编　精装　32开　定价：80.00元
ISBN 7-5013-2077-2/K·533　2003年3月出版

本书系专门考证事物起源的工具型类书。因纪一事一物之原始，故名。内容包括天文、地理、宫室、职官、器具、衣食、舟车、律法、姓氏、坟墓、科举、印信图章、文具、文史、货币、兵器、术数、嬉戏、禽兽等22类，计2000余细目。内容简明扼要，同时编有《细目分类目录和索引》，极易检索使用。

养正图解（一函四册）

[明]焦竑编撰　线装　8开　定价：785.00元
ISBN 7-5013-1747-X/K·318　2001年9月出版

《养正图解》不分卷，明焦竑撰，明吴继序解说，明丁云鹏绘，明黄奇刻。此次影印依据国家图书馆藏明万历二十二年（1594）金陵奎壁斋刊本。焦竑，字弱侯，号漪园，又号澹园。明代著名学者。万历十七年以殿试第一授翰林院修撰。富藏书，皆手自校订，有《焦氏藏书目》二卷。焦氏博学，善为古文，典正训雅。著有《澹园集》、《焦氏笔乘》，编有《国朝献征录》、《二十九子品汇释评》、《国史经籍志》等。本书即是焦竑为劝导皇太子朱常洛承续封建道统而采录编选进呈的一部一图一文、图解文意的皇太子教材。全书正文有解说60则，每则各附单面图一幅，通过历史典故、古人事迹，宣讲封建伦理道德及行为规范。竭力阐述儒家的纲常理念及仁、义、礼、智、信的五德思想，宣扬修身、齐家、治国、平天下之道，劝勉皇子从细微之处做起，修身养性，以达到治国平天下的目的。60幅插图绘刻精细，古趣满纸，为明代著名画家丁云鹏所绘。刻工为称中国版画之最的徽州黄氏家族的黄奇。名画家和名刻工的绝佳配合，使插图中的人物神态自然，景物栩栩如生，意趣盎然，堪称徽派版画作品中的上品，具有较高的研究和欣赏价值。此书作为培养封建统治继承人的教材，备受后来历代帝王的赏识和推崇。清乾隆帝为其作诗，嘉庆帝为其作赞，光绪帝下旨刊刻颁行。此书的再度出版对中国古籍版本学、中国版画史的研究者和爱好者有所助益。

涵芬楼秘笈（全十册）

孙毓修编　精装　32开　定价：980.00元
ISBN 7-5013-1757-7/Z·284　2000年11月出版

涵芬楼系商务印书馆编译所旧设图书资料室名。1909年建于上海，以收藏古籍善本著称。其所藏宋元珍本等574种，入藏国家图书馆。《涵芬楼秘笈》于1916-1921年在上海印行。涵芬楼"以公司之力，旁搜远绍，取精用宏，收藏最富。悯古本之日亡，旧学之将绝，出其宋元善本，次第摄印，汇入四部举要，成古今未有之丛书"。以旧抄、旧刻、零星小种、世所绝无的版本为主，别为秘笈。原书仿照鲍氏的《知不足斋丛书》的体例，以8册为一集，共收书52种。此次出版，完全根据民国本影印，以保持原书风貌，供收藏家及爱古者研阅。

雪堂丛刻（全四册）

罗振玉校补　精装　16开　定价：995.00元
ISBN 7-5013-1721-6/Z·283　2000年7月出版

罗振玉（1866-1940），字叔蕴，号雪堂，浙江上虞人。著名金石学家。曾搜集和整理甲骨、铜器、简牍、明器、佚书等考古资料，均有专集刊行。本书根据民国四年（1915）上虞罗氏排印本影印。收书52种一百一十七卷，内容涉及军事4种；人物年谱6种；诗歌散文7种；地理学2种；金石学7种；姓氏学1种；宗教3种；杂记3种；人物传记3种；目录学6种等。全书均依据唐、元、明时期的稿本、原刻本校补，其中王国维的稿本就有13种十九卷之多，罗振玉辑的稿本也有11种十三卷，具有较高的版本收藏价值。每种书后大多有罗振玉的校语，或述评或考证。原书分40函20分册，现将原书全文影印出版，略作调整，分为4册。

古今图书集成图（全二册）

本社编　精装　16 开　定价：450.00 元

ISBN 7－5013－1237－0/Z·171　1996 年 8 月出版

　　《古今图书集成》是清康熙、雍正时期编纂刊行的大型类书。全书共一万卷，分 32 典，6109 部，采用铜活字排版术。所收版刻插图的绘图及雕刻者，均为当时国内一流的画家和工匠，反映了清代"殿本版画"的风格和艺术成就。本书共收版刻插图 2000 余幅，其中有各类青铜器、古乐器、玉器、城制、军器、交通工具、战阵图、训兽、仪仗礼器，以及测量、机械等图形。依据国家图书馆藏清内府原刻本影印汇编。

六朝别字记新编

马向欣编著　32 开　定价：10.00 元

ISBN 7－5013－1227－3/H·23　1995 年 3 月出版

　　《六朝别字记》，清赵执叔辑。从汉魏以来碑刻中搜集别字 600 个，分类排比，兼及考释。本书分四部分：1.《六朝别字记》清本；2. 整校记；3.《六朝别字记》探疑；4.《六朝别字记》别正字一览表。书前有《六朝别字记（同治）序》、《六朝别字记（光绪）序》、《六朝别字记新编凡例》。赵朴初封面题字。

汉学堂知足斋丛书（全二册）

［清］黄奭辑　精装　16 开　定价：235.00 元

ISBN 7－5013－0922－1/Z·117　1992 年 7 月出版

　　所收辑佚书 215 种，由 4 部分组成，计知足斋丛书 66 种、通纬 55 种、子史钩沉 89 种、汉学堂经解 5 种，后附诸书序跋若干篇。编入各书见于《汉学堂丛书》和《黄氏逸书考》的只占少部分，《知足斋丛书》66 种均未收入这两部书中。书前有冀淑英的《影印〈汉学堂知足斋丛书〉序》。

群书考索（全二册）

［宋］章如愚撰　精装　16 开　定价：180.00 元

ISBN 7－5013－0911－6/Z·113　1992 年 5 月出版

　　4 集，共二百一十二卷：前集六十六卷，分六经、诸子、百家、诸经、诸史、圣翰、书目、文章、礼、礼器、乐、律吕、历数、天文、地理 15 门；后集六十五卷，分官制、官、士、兵、民、财、赋税、财用、刑 9 门；续集五十六卷，分经籍、诸史、文章、翰墨、律历、五行、礼乐、封建、官制、兵制、财用、舆地、君道、臣道、圣贤 16 门；别集二十五卷，分图书、经籍、诸史、礼乐、历、人臣、士、财用、兵、夷狄、边防 11 门。门下又分若干类。根据国家图书馆所藏明正德戊辰（1508）刘洪慎独斋刊本影印。

新编古今事文类聚（全三册）

［宋］祝穆辑，［元］富大用辑　精装　16 开　定价：295.00 元

ISBN 7－5013－0872－1/Z·99　1991 年 8 月出版

　　根据元刻本影印。前集六十卷，后集五十卷，续集二十八卷，别集三十二卷，新集三十六卷，外集十五卷。前 4 集为祝穆辑，后 2 集由富大用辑。每集各分总目，且附子目。每类始以群书要语，次古今事实，再次古今文集，体例与《艺文类聚》、《初学记》相近。

钦定四库全书考证（全三册）

［清］王太岳、王燕绪等辑　精装　16 开　定价：295.00 元

ISBN 7－5013－0859－4/K·99　1991 年 5 月出版

　　共一百卷，对《四库全书》中的 1100 余种书（约占《四库全书》收书的三分之一）进行了考证。考证的范围大致为三个方面：1. 文字校勘；2. 指出原刊本之舛误；3. 对所收书作某些说明。

夷门广牍（全二册）

［明］周履靖辑　精装　16 开　定价：186.00 元

ISBN 7-5013-0856-X/Z·92 1990年出版

据明万历二十五年（1597）金陵荆山书林刊本影印。共一百零六卷，分为10个部分：艺苑牍、博雅牍、尊生牍、书法牍、书数牍、食品牍、娱志牍、杂占牍、禽兽与草木牍、招隐牍。附以闲适、觞咏两部分。收书106种。本书的内容与士大夫寄情于山水书画、饮食娱乐的乡居生活密切相关。上海商务印书馆曾于20世纪三十年代于作为《影印元明善本丛书十种》之一影印出版。

宋氏家要部家仪部家规部燕闲部

［明］宋诩撰 16开

ISBN 7-5013-0585-4/Z·19 1989年2月出版

依据明刻本缩印。家要部三卷，家仪部四卷，家规部四卷，燕闲部二卷。除燕闲部外，每部前均有作者自序。

居家必用事类全集

［元］佚名编 16开

ISBN 7-5013-0584-6/Z·18 1989年2月出版

共十卷，根据朝鲜刻本缩印。癸集32页以下原缺，用明刻本补足。

雅尚斋遵生八笺

［明］高濂撰 16开

ISBN 7-5013-0586-2/Z·20 1989年2月出版

共十九卷。根据明万历十九年（1591）自刻本缩印。

刘襄勤公奏稿（十六卷·附传略）

［清］刘锦棠著，吴丰培整理 定价：200.00元

统一书号：11201·41 1986年2月出版

本书奏稿起自光绪四年（1878）三月二十四日，止于光绪十五年（1889）二月十五日著者交卸新疆之任，后附回乡后封爵颁赏、谢恩诸折，故最后到了光绪二十年（1894）三月。将刘锦棠在新疆12年从政的奏稿、重要文件分为多类编排。书前有吴丰培的《刘襄勤公奏稿序》。书后附何维朴所撰刘襄勤史传稿。刘蕙孙封面题字。

安南纪略（全二十册）

清方略馆原纂，吴丰培整理 定价：160.00元

统一书号：11201·42 1986年2月出版

共三十卷，卷首二卷，为清乾隆朝官修方略之一。据国家图书馆所藏抄本影印。本书所记为乾隆五十三年（1788）五月初八日至五十六年（1791）三月初九日，援助安南国王黎维祈复位事及敕封阮光平为王的事情经过。原书不分句，此次出版进行了断句。书前吴丰培的《安南纪略》序。刘蕙孙书名题字。

科布多史料辑存（全二册）

吴丰培编 定价：22.00元

统一书号：11201·44 1986年2月出版

本书分四部分：1. 桂祥驻科奏稿（光绪六年七月至七年三月），吴丰培辑；2. 连魁科布多奏稿（光绪三十一年三月至三十二年闰四月），吴丰培辑；3. 科布多巡边记（道光二十八年），清慧成撰；4. 科布多政务总册，清富俊纂。书前有吴丰培的《科布多史料辑存》前言和解题。书后有后记。刘蕙孙书名题字。

古籍选读丛书（二种）

尚书通检

顾颉刚主编　16 开　定价：3.70 元

统一书号：11201·6　1982 年 5 月出版

　　根据现存有句读的本子中最早而且最完全的江南书局翻刻相台本《尚书孔传》影印而成。本书将《尚书》里所有的字做成各条通检，依笔画多少的次序，按篇第字第排列。通检每条都用号码标明在某篇某字，每字之下必注明其完全的句子。句读依据《尚书孔安国传》，《孔传》没有明白解释时，参照《释文》和《正义》。包括《尚书》本文、通检、相台本异体字表、《尚书》孔传蔡传异文异读表、通检目录。书后附有中国字庋撷检字、四角号码检字、分韵检字、拼音检字。

古文小品咀华（影印清人抄本·乙种本）

[清] 王符曾辑评　32 开　定价：0.85 元

统一书号：10201·15　1983 年 3 月出版

　　原书藏国家图书馆。此本收集上至先秦，下迄明代末期的小品，共四卷 81 篇，文中有夹批，文后有评语。抄本前有周作人小记，星标（周作人之父）署书名，抄本后有周介孚（周作人之祖父）书末题记。新刊本书前有《古籍选读丛书》编辑说明、杨扬的《新刊〈古文小品咀华〉标校前言》、东方既白的《介绍一本古人编的短文集——新刊〈古文小品咀华〉代序》。唐棣华封面题字。

ISBN 7 - 5013 - 0856 - X/Z·92　1990 年出版

据明万历二十五年（1597）金陵荆山书林刊本影印。共一百零六卷，分为 10 个部分：艺苑牍、博雅牍、尊生牍、书法牍、书数牍、食品牍、娱志牍、杂占牍、禽兽与草木牍、招隐牍。附以闲适、觞咏两部分。收书 106 种。本书的内容与士大夫寄情于山水书画、饮食娱乐的乡居生活密切相关。上海商务印书馆曾于 20 世纪三十年代于作为《影印元明善本丛书十种》之一影印出版。

宋氏家要部家仪部家规部燕闲部

[明] 宋诩撰　16 开
ISBN 7 - 5013 - 0585 - 4/Z·19　1989 年 2 月出版

依据明刻本缩印。家要部三卷，家仪部四卷，家规部四卷，燕闲部二卷。除燕闲部外，每部前均有作者自序。

居家必用事类全集

[元] 佚名编　16 开
ISBN 7 - 5013 - 0584 - 6/Z·18　1989 年 2 月出版

共十卷，根据朝鲜刻本缩印。癸集 32 页以下原缺，用明刻本补足。

雅尚斋遵生八笺

[明] 高濂撰　16 开
ISBN 7 - 5013 - 0586 - 2/Z·20　1989 年 2 月出版

共十九卷。根据明万历十九年（1591）自刻本缩印。

刘襄勤公奏稿（十六卷·附传略）

[清] 刘锦棠著，吴丰培整理　定价：200.00 元
统一书号：11201·41　1986 年 2 月出版

本书奏稿起自光绪四年（1878）三月二十四日，止于光绪十五年（1889）二月十五日著者交卸新疆之任，后附回乡后封爵颁赏、谢恩诸折，故最后到了光绪二十年（1894）三月。将刘锦棠在新疆 12 年从政的奏稿、重要文件分为多类编排。书前有吴丰培的《刘襄勤公奏稿序》。书后附何维朴所撰刘襄勤史传稿。刘蕙孙封面题字。

安南纪略（全二十册）

清方略馆原纂，吴丰培整理　定价：160.00 元
统一书号：11201·42　1986 年 2 月出版

共三十卷，卷首二卷，为清乾隆朝官修方略之一。据国家图书馆所藏抄本影印。本书所记为乾隆五十三年（1788）五月初八日至五十六年（1791）三月初九日，援助安南国王黎维祈复位事及敕封阮光平为王的事情经过。原书不分句，此次出版进行了断句。书前吴丰培的《安南纪略》序。刘蕙孙书名题字。

科布多史料辑存（全二册）

吴丰培编　定价：22.00 元
统一书号：11201·44　1986 年 2 月出版

本书分四部分：1. 桂祥驻科奏稿（光绪六年七月至七年三月），吴丰培辑；2. 连魁科布多奏稿（光绪三十一年三月至三十二年闰四月），吴丰培辑；3. 科布多巡边记（道光二十八年），清慧成撰；4. 科布多政务总册，清富俊纂。书前有吴丰培的《科布多史料辑存》前言和解题。书后有后记。刘蕙孙书名题字。

古籍选读丛书（二种）

尚书通检

顾颉刚主编　16 开　定价：3.70 元

统一书号：11201·6　1982 年 5 月出版

　　根据现存有句读的本子中最早而且最完全的江南书局翻刻相台本《尚书孔传》影印而成。本书将《尚书》里所有的字做成各条通检，依笔画多少的次序，按篇第字第排列。通检每条都用号码标明在某篇某字，每字之下必注明其完全的句子。句读依据《尚书孔安国传》，《孔传》没有明白解释时，参照《释文》和《正义》。包括《尚书》本文、通检、相台本异体字表、《尚书》孔传蔡传异文异读表、通检目录。书后附有中国字庋撷检字、四角号码检字、分韵检字、拼音检字。

古文小品咀华（影印清人抄本·乙种本）

［清］王符曾辑评　32 开　定价：0.85 元

统一书号：10201·15　1983 年 3 月出版

　　原书藏国家图书馆。此本收集上至先秦，下迄明代末期的小品，共四卷 81 篇，文中有夹批，文后有评语。抄本前有周作人小记，星标（周作人之父）署书名，抄本后有周介孚（周作人之祖父）书末题记。新刊本书前有《古籍选读丛书》编辑说明、杨扬的《新刊〈古文小品咀华〉标校前言》、东方既白的《介绍一本古人编的短文集——新刊〈古文小品咀华〉代序》。唐棣华封面题字。

特装珍藏本图书

北京图书馆 出版社

古籍影印书目 (1979－2007)

一八八

继承传统　推陈出新

　　国家图书馆作为国家总书库，拥有各类古籍特藏品 240 万件，不仅有南宋以来历代皇家珍藏的中文善本古籍，更有数量众多、内容丰富、形式多样的普通古籍、少数民族古籍、甲骨金石文献、中外舆图、新善本和近现代名家手稿等等。北京图书馆出版社根据国家图书馆珍藏、融会传统工艺与先进技术，并注入现代设计理念复制出版了几十种古籍特装图书。这些特装图书，不仅内容珍贵，其制作工艺与载体形态也颇具典型性和代表性。出版者通过对与图书制作相关的各种材料、工艺、技术的合理应用，以及现代装帧设计元素的巧妙安排，使图书赏心悦目的外观形态与字里行间的陈年墨香相互辉映、相得益彰。这些特装图书，既深刻继承传统，又勇于推陈出新；既展示文化精髓，又体现时代气息，赋予了传统古籍以新的生命，拉近了历史与现实的距离，以一种亲切、亲近、亲和的方式，让人们在不知不觉中走进传统，走进历史，品味中华文化的不朽神韵。

　　这些图书当中既有屡获"国家图书奖"、"香港设计师协会双年展亚太区金奖"等各类编辑出版与装帧设计殊荣的优秀作品，也有作为尊贵国礼，走出国门，向世界传递文明与友谊的"特制礼品"。它们承载着昨日的辉煌，也见证了今天的创新，更让人们领略到了源远流长的书籍之美！

明解增和千家诗注

题 [宋] 谢枋得注　锦函线装　16 开　定价：680.00 元
ISBN 978 - 7 - 5013 - 1307 - 5/I · 119　2007 年 3 月出版

　　此总集所录分绝诗、律诗两部分，大都为唐宋时期作品。版本为明内府彩绘插图本，作为皇家课业的基本教材，装帧极为讲究，尤其是书中的插图，笔触细腻，人物刻画细致入微。原书开本宏朗，厚皮纸抄写，边栏界行，版口鱼尾为朱笔手绘。共收七律 36 首，每首有依原韵的和诗。注文小字双行，释义与通行本大同小异。版式为上图下文，所用天然矿物颜料更使画面艳丽夺目，历经数百年而不褪色，令人叹为观止。该书黄绫封面，行格疏朗，朱丝栏格，端楷书字。现仅存卷二，佚卷一。书前有李铎所书北京图书馆出版社的《影印〈明解增和千家诗注〉说明》。

庆赏升平

佚名绘　8 开　定价：980.00 元（锦函）　1680.00 元（木函）
ISBN 7 - 5013 - 2808 - 0/K · 1208　2005 年 10 月出版

　　清彩绘本。该书收录国家图书馆藏 97 幅戏曲人物画，属"乱弹"（京剧）在宫中频繁承应时期，作为帝后的"御赏物"而命画工精心绘制而成。宫廷内每逢朔望节令、喜庆大典及某些日常演出由升平署所属演员承应，各种人物大多有特定谱式和色彩。为体现原画特色，特采用五色印刷（加金色）。

文津阁四库全书珍赏（一函四册）

[清] 纪昀等编　包背装　8 开　定价：850.00 元（布函）1200.00 元（木函）
ISBN 7 - 5013 - 2473 - 5/K · 943　2004 年 9 月出版

　　《四库全书》是清乾隆皇帝亲自组织修撰的一部大型丛书，先后抄写七部。国家图书馆所藏为文津阁本，是七部中质量较好的一部。此次选取其中四种书，采用仿真方法影印出版，使世人目睹其风貌。
　　收录经、史、子、集各一册，经部为《诗序》卷上、下；史部为《岁时广记》卷一至四；子部为《归田录》卷一、二；集部为《孟浩然集》卷一至五。均按原大影印，并依原样仿制。

康有为牛津剑桥大学游记手稿

康有为著　程道德点校　经折装　16 开　定价：360.00 元
ISBN 7 - 5013 - 2421 - 2/K · 931　2004 年 7 月出版

　　戊戌变法失败后，康有为出亡海外 16 年，遍游世界。其间，8 次赴英国，于 1904 年游览了牛津、剑桥大学，写成此游记。本书影印游记是康有为的手书真迹，并附有北大程道德教授所作释文。全稿分为两卷，约五万字。不仅详尽描述了 19 世纪末 20 世纪初牛津、剑桥两名校的全貌，包括学校外景、藏书楼、博物院等设置，学舍、服饰等，还对中外教育制度进行了对比评述，有深刻、独到的见解，至今仍有一定的借鉴意义和丰富的史料价值。同时还可以欣赏到享誉中国书坛的一代碑学宗师康有为的书法艺术，具有较高书法艺术价值和收藏价值。

国家图书馆藏王石谷名画集

[清] 王石谷绘　锦函线装　8 开　定价：260.00 元
ISBN 7 - 5013 - 2408 - 5/K · 799　2004 年 5 月出版

　　王石谷，名翚（1632 - 1717），在清代画坛上占有很重要的地位。画史上将之与王时敏、王鉴、王原祁合称"四王"，再加上恽寿平、吴历又称"四王吴恽"或"清六家"。王石谷在当时的绘画界就拥有了很高的声望，又曾到北京主绘《康熙南巡图》，博得朝廷的赞赏和官僚文人的倾慕，其画以元人笔法而融入唐人气韵，功力深厚。本画集收其画作 90 余幅，无不清丽生动，意境悠远，可供各界雅士清赏、卧游。

营造法式（一函八册）

[北宋] 李诫编纂　锦函线装　8 开　定价：1500.00 元
ISBN 7 - 5013 - 2184 - 1/TU · 5　2003 年 12 月出版

　　本书是由北宋官方颁布的一部建筑设计、施工的规范书，是中国古籍中最完整的一部建筑技术专业书，对于今日的仿古建筑具有权威的指导性。民国初年，著名刻书家陶湘先生校勘后，依宋本残叶版式和尺寸大小付梓，并采用手工绘彩色图案的方法，完全依照宋版的尺寸以印本的形式完整再现《营造法式》。据国家图书馆藏陶本《营造法式》照相制版，宣纸彩印，以飨读者。

《中华再造善本》 二十一种试制书目

尚书（卷子）
［汉］孔安国 传　木盒卷轴装　定价：3200.00 元（平）　3700.00 元（精）
ISBN 7–5013–1874–3/K·381　2003 年 8 月出版

本卷轴装《尚书》是尧典和舜典的残卷，为清末许贞于味青斋所藏敦煌秘籍之一，现由国家图书馆善本部珍藏。此卷未及编入《尚书文字合编》，此次按残卷原样影印出版面世，使研究《尚书》的专家学者，能获睹此珍贵写本原貌。

辨亡论（卷子）
［晋］陆机著　木盒卷轴装　定价：1800.00 元（平）　2300.00 元（精）
ISBN 7–5013–1872–7/K·379　2003 年 1 月出版

陆机《辨亡论》手卷，现藏于中国国家图书馆善本部。《敦煌劫余录续编》第一百四十六页著录为"辨亡论二首 陆士衡 唐写本 新一五四三 三纸七十一行"。全卷长 137.7 厘米，高 28.8 厘米。所存实为《辨亡论·上》一卷之全文，白文无注。

此卷楷书，结体娟秀，笔致流丽谨严，具有初唐书手风格。

永乐大典
［明］解缙等编　锦函包背装　4 开　定价：2000.00 元
2002 年 6 月出版

《永乐大典》是明永乐六年（1408）修成的大型类书，是中国古代最为成熟、最为杰出的"百科全书"。《大典》成书时仅抄写一部，后又抄写一部副本。历经多年变乱兵焚，大部分被焚毁，现发现残本散落在十多个国家的三十多个收藏机构，有四百册左右。《大典》今虽不全，但因为是类书，各门类相对独立，现存于世的各个分册，其史料价值并未受影响。

本书以先进的影印和装帧技术，严格按照原书的版式规格，采用特制宣纸，套色印刷，收入七皆卷二千五百三十五之二千五百三十六，为收藏之珍品。

稼轩长短句（一函六册）
［南宋］辛弃疾撰　布函线装　16 开　定价：380.00 元
ISBN 7–5013–1845–X/K·376　2001 年 12 月出版

元大德三年广信书院刻本。本书为宋代词人辛弃疾的词集，共十二卷。其词抒写力图恢复国家统一的爱国热情，倾诉壮志难酬的悲愤，对当时执政者的屈辱颇多谴责；也有不少吟咏祖国河山的作品。

中国国家图书馆藏青铜器全形拓片精品集（全二册）
国家图书馆善本部编　锦函经折装　4 开　定价：7500.00 元
ISBN 7–5013–1783–6/K·332　2001 年 12 月出版

本书是从国家图书馆收藏的 700 余种青铜器全形拓片中遴选出来的，种类有钟、鼎、壶、甗、尊、卣、觚、觯、角、爵、灯、炉、量等百余种，为我们研究了解当时社会发展的重大事件、生活习俗提供了极其珍贵和不可多得的佐证材料。其中既有端方、阮元、潘祖荫、罗振玉、陈介祺等收藏家的旧藏，还有很多奕志、吴大澂、韩惠洵、章钰等人的题签、题跋；加之绝大部分出自全形拓高手周希丁之手，且用珂罗版技术制版、宣纸原大印刷、手工钤盖印章，这就使本书集欣赏性、艺术性、收藏性于一体。人们在把玩一幅幅传拓精湛的全形拓时，能够细细品味其源远流长、绚丽璀璨、世代传承、永恒不泯的艺术底蕴。

食物本草（一函四册）
［明］佚名著　线装　8 开　定价：1800.00 元（锦函）　5500.00 元（藤盒装）
ISBN 7–5013–1851–4/K·363　2001 年 12 月出版

该书为国家图书馆藏明代写绘孤本。以朱丝栏格纸写录，以墨笔写录正文，并用彩色绘制出每种食物本草的图像。中国古代讲药食同源，很多食物都有药用。本书把食物分类编排，每一种食物绘一幅图，配以文字说明，图像色彩艳丽，绘制精美。

奏鸣曲——为小提琴独奏和通奏低音而作

（意）内普里迪（德里格）作曲　精装　12 开
定价：300.00 元（平）　1800.00 元（精）　2000.00 元（皮套）
ISBN 7 – 5013 – 1864 – 6/K · 373　2001 年 12 月出版

　　本书作者德里格（1671 – 1746）为天主教遣使会士，于明末清初（1711 年）来华传教，任康熙皇帝的宫廷乐师。此乐谱毛笔手书稿为他少数流传下来的作品之一，其原件现藏国家图书馆，弥足珍贵。今据此影印。

洪范政鉴（二函十三册）

[宋] 赵祯 撰　锦函经折装　8 开　定价：1600.00 元
ISBN 7 – 5013 – 1856 – 5/K · 367　2001 年 12 月出版

　　本书为宋淳熙十三年内府写本。大字工楷，朱栏手绘，精雅无比。此书内容以五行灾异研究为主，但引经据史，资料性强，有较高的参考价值。

沈氏砚林（一函四册）

国家图书馆编　锦函线装　6 开　定价：1500.00 元（平）　4000.00（精）
ISBN 7 – 5013 – 1854 – 9/K · 366　2001 年 12 月出版

　　《沈氏砚林》系民国年间拓本，集汉、晋、唐、宋、元、明、清等朝代的各式砚一百七十余方。后附董其昌、黄小松、梁同书等名人的刻跋多款。开本宏大，印制精美。

圣迹图

[清] 陈尹绘　锦函经折装　6 开　定价：980.00 元（平）　1500.00 元（精）
ISBN 7 – 5013 – 1850 – 6/K · 562　2001 年 12 月出版

　　《圣迹图》是后人据孔子一生事迹绘之于图，以昭示来者。书中每一幅画都是一个故事，所绘均来自记录孔子言论行事的《论语》以及《史记》中的《孔子世家》。《圣迹图》有绘本、石刻本、木刻本。今据国家图书馆藏清康熙二十一年（1682）朱璧刻的《圣迹图》石刻拓本影印。绘孔子从诞生到去世之图 36 幅，多方位图解孔子生活。

忘忧清乐集

[宋] 李逸民编　锦函经折装　6 开　定价：680.00 元（平）　4800.00 元（精）
ISBN 7 – 5013 – 1848 – 4/K · 360　2001 年 12 月出版

　　《忘忧清乐集》是南宋版本的棋书，也是我国现有的最古老的棋书，是我国文化宝库中的珍品。此书的扉页引用了宋徽宗赵佶的诗句，首句是"忘忧清乐在枰棋"，书名由此而来。此书的内容相当丰富，第一部分是"棋经十三篇"和"刘仲甫棋诀"等古代著名围棋论文，然后是对局。《忘忧清乐集》的棋谱中的棋子为长方形，白子用阴文，黑子用阳文，与现代的棋谱有不少差别，颇有研究价值。今影印出版，以裨于棋艺研究。

毛诗（一函四册）

[西汉] 毛亨、毛苌撰　锦函经折装　16 开　定价：680.00 元
ISBN 7 – 5013 – 1862 – X/K · 377　2001 年 12 月出版

　　《毛诗》四卷，蝴蝶装，四册，明铜活字蓝印本。《诗经》是我国最早的一部诗歌总集。西汉时期，传诗者有鲁、齐、韩、毛四家，"毛"即毛亨、毛苌。宋以后，惟毛亨、毛苌所传《毛诗》独盛。《毛诗》流传虽广，而以铜活字印刷的本子却极为罕见。此书原为清宫旧藏，为传世孤本，今仿真影印出版，以广流传。

北京民间生活百图

[清] 佚名绘　锦函线装　6 开　定价：750.00 元（平）　980.00 元（精）
ISBN 7 – 5013 – 1852 – 2/K · 364　2001 年 11 月出版

　　本书收清末北京民间生活彩图近百幅，左图右文，再现了清末北京街头的风土人情。

茶经

[唐] 陆羽撰　锦函线装　4 开　定价：580.00 元（平）　1200.00 元（精）
ISBN 7－5013－1847－6/K·359　2001 年 12 月出版

《茶经》三卷，唐陆羽撰，又一卷，唐张又新等撰。明万历十六年程福生竹素园刻本。本书上卷讲茶之源、茶之具、茶之造，下卷记茶之煮、茶之饮、茶之事。此言茶极为精备。

酒经

[宋] 朱翼中撰　线装　4 开　定价：480.00 元（平）　1100.00 元（精）
ISBN 7－5013－1846－8/K·357　2001 年 12 月出版

宋刻本。本书论酒对人的利弊、酒的制造方法及优劣，对研究中国古代造酒，研究酒文化很有帮助。此书为现存《酒经》最早的刻本，而且流传有序，有众多名家之藏书印鉴及题跋，具有重要价值。

楚辞集注（一函六册）

[宋] 朱熹集注　布函线装　12 开　定价：580.00 元
ISBN 7－5013－1860－3/K·370　2001 年 12 月出版

《楚辞集注》八卷、《辩证》二卷、《后语》六卷，南宋朱熹（1130－1200 年）撰，宋理宗端平二年（1235）朱鉴刻本。此本是朱熹《楚辞集注》今存最早最完整的刻本，也是我们今日所见《楚辞》最古老最完整的刻本。本书镌刻精善，装潢古雅。今据国家图书馆藏本影印。

论语集注（一函五册）

[宋] 朱熹集注　布函线装　12 开　定价：580.00 元
ISBN 7－5013－1861－1/K·371　2001 年 12 月出版

宋刻本。此《论语集注》与《孟子集注》合刻，卷前有《读论语孟子法》、《论语朱熹集注序说》，属于孤本。该书流传有序，上有"归有光印"、"南阳居士"、"百柳塘主人"、"佞宋"等印，字大如钱，行格疏朗，为宋版书中的精品。

人间词话

王国维撰　锦函经折装　16 开　定价：520.00 元
ISBN 7－5013－1849－2/K·361　2001 年 12 月出版

著名学者王国维先生所著的《人间词话》力倡境界说，所论境界涉及词、诗歌、戏曲，乃至事业、学问等。另有《静安藏书目录》、《戏效季英作口号诗》。本书据王国维先生手稿一并影印刊行，使研究古典文学的学者得以欣赏先生手迹。

水浒人物全图（一函二册）

[清] 孙石绘　布函线装　16 开　定价：480.00 元
ISBN 7－5013－1867－0/K·378　2001 年 12 月出版

《水浒人物全图》，清初孙石绘，沈峻曾赞并序。孙石与著名版画家陈章侯、萧尺木大致生活于同一时期。此书所绘人物，笔触细腻，栩栩如生，绘制精美，且赞、序、跋俱备。此书是郑振铎（西谛）先生旧藏，后入藏国家图书馆，今影印出版，颇具鉴赏价值。

琵琶记

[元] 高明著　精装　16 开　定价：420.00 元（平）　720.00 元（精）
ISBN 7－5013－1853－0/K·365　2001 年 12 月出版

《琵琶记》是中国古典戏曲的一部名著。现存的《琵琶记》，有许多版本，大体上可以分为两个系统。万历二十五年（1597）汪光华玩虎轩刻本《琵琶记》，是属于明人改本系统的一种。将这部国内仅存的孤本玩虎轩本《琵琶记》影印公之于世，为中国版画史、戏曲史、刻书史的研究提供了一份珍贵的资料，有助于研究《琵琶记》版本传承的线索和演唱嬗变的痕迹。

王摩诘文集（一函四册）

[唐]王维撰　布函线装　16开　定价：320.00元
ISBN 7－5013－1863－8/K·372　2001年12月出版

　　南宋初蜀刻本。本书是唐代诗人王维的文集，书内有"二泉主人"、"听松风处"、"子京"、"项墨林鉴赏章"、"宋本"、"甲"、"汪士钟印"、"宋存书室"、"周暹"等印。又有明袁褧题款及清顾广圻手跋，经诸名家递藏，可谓流传有绪，具有重要的版本价值和文献价值。

中国国家图书馆碑帖精华（全八册）

任继愈主编　金丝楠木箱匣装　8开　定价：7800.00元
ISBN 7－5013－1844－1/K·358　2001年12月出版

　　我社精心策划组织、历时两年编辑的荟萃古今260余位名家题跋本大型碑帖丛书，由著名书法家启功先生任总顾问并撰写总序。该书规模宏大，版本弥珍。从中国国家图书馆数十万件碑帖藏品中认真勘核，再经启功先生等著名金石书画鉴定专家精心遴选，共精选了上迄秦汉碑碣，下至两宋刻帖41种、80余件善拓碑帖，其中有近30种是宋、明拓本或初拓本，价值不凡，弥足珍贵。经名家评点，古今合璧。不仅将碑帖原有之历代学者、书法家、收藏家200余人的题签、题跋、观款、眉批共300余则以及大量的鉴藏印记，按原貌刊出，而且约请了当今两岸三地57位著名学者、书法家、金石学家撰书跋语，并依手书墨迹影印。古今260多位名家或记述递藏源流，或辨析优劣高下，或品评风格特点，或传授临习经验，从不同角度挖掘并阐发了其文物文献意义和书法艺术价值，是一部资料完备、递藏有序、考证详实、信息丰富的古今艺术合璧碑帖精粹。该书全部采用进口纸四色彩印，封面用特制的仿古纸专色印制并烫以金箔，外配以金丝楠木的卷帘门箱匣，装帧精致、典雅华美。采取编号限量发行，极具收藏价值。其版本文献价值、文物学术价值、艺术收藏价值，是文物、书法研究者、学书者、收藏家以及广大书法爱好者的重要参考资料，也是理想的欣赏、学习范本和收藏佳品。

芷兰斋藏辽刻孤本观弥勒菩萨上生兜率天经疏

[辽]诠晓定本　卷轴装　定价：6900.00元
ISBN 7－5013－1954－5/K·420　2002年10月出版

　　此本为辽代的刻经，约刻于983—1060年间，此经纸面光洁、刀工娴熟，且通篇朱墨批校，与现序《开宝藏》遗珍相比较，在任何方面均无逊色。因为辽代典籍很难传到中原，加之金灭辽破坏惨重，几科毁灭殆尽，故辽刻本传世稀少。

宋傅幹《注坡词》（一函四册）

[南宋]傅幹注　布函线装　16开　定价：240.00元
ISBN 7－5013－1806－9/I·163　2001年6月出版

　　一代文豪苏轼的词作向为世人所重，自南宋起传刻笺注之书叠出。但时光流转、岁月迁延，流传至今最早的苏词笺注之作仅存傅幹《注坡词》十二卷。傅幹，南宋人，详细生平不可考。有关专家将其《注坡词》与当今流行最广、最为人们所重视的苏词笺注之作——元延祐本《东坡乐府》及明本《四朝名贤词》对照，发现傅本不仅在注释条目的数量上多于后两书；而且，其注释质量也远胜二者。原样保留了许多苏轼"自注"、"自序"等珍贵资料。我社此次据以影印者，便是清代藏书家沈德寿抱经搂据明影宋抄本传抄之孤本，有徐乃昌等人收藏印鉴及题跋，此书的出版将大有裨益于宋代文学特别是苏词的研究。

墓志精华三十八种（全二册）

北京图书馆出版社编　经折装　4开　定价：5000.00元
ISBN 7－5013－1803－4/K·340　2001年6月出版

　　本书共收汉至唐代的墓志三十八种，其中不少是近期出土的墓志精品。如1997年10月出土的颜真卿撰文并书写的《郭虚己墓志》，碑石保存较好，其拓片效果甚佳，远胜宋拓颜氏《多宝塔碑》，被书法界专家誉为颜氏碑帖第一品。又如唐代书法名家"草圣"张旭于天宝元年书写的楷书《严仁墓志》，不仅是张氏存世极少的楷书作品之一，与郭志相比，二者有许多相似之外，从中可以看出张颜二人书法上的师承关系。另外，所收汉代《父通封记碑》、《肥致碑》，晋代《处士成晃碑》、《徐美人墓志》，北魏《元演墓志》、《徐起墓志》，唐代《张说墓志》等，均是非常难得的墓志珍品。本书基本上采用原大制度，并用珂罗版工艺制作，最大限度地保持了原作的风貌。

赵氏孤儿·中国孤儿

[元]纪君祥、[法]伏尔泰著，中国国家图书馆编　精装　8开　定价：12000.00元
ISBN 7－5013－1796－8/I·161　2001年4月出版

本书收录了以下四种书：明刻本元代纪君祥所撰《赵氏孤儿大报仇杂剧》、18世纪法国神甫马若瑟据纪书翻译的法文版《赵氏孤儿》、18世纪法国伟大启蒙运动精神领袖伏尔泰据马若瑟的译作改编的剧本《中国孤儿》、1942年张若谷据伏尔泰剧本节译的中文版《中国孤儿》，以及《赵氏孤儿》、《中国孤儿》两剧在中法舞台上和其他艺术品中展现的风貌。这四本书的集中出版，具体而生动地反映了250年间中法文化之间的交流和相互影响。书籍的装帧设计极具特色，是收藏佳品。

陈章侯水浒叶子

[明] 陈洪绶绘　布函经折装　定价：180.00元（乙种本）　380.00元（甲种本）
ISBN 7－5013－1769－0/J·94　2001年1月出版

陈章侯水浒叶子是明代著名版画家陈洪绶（老莲）绘制、明代著名刻手黄子立刻制的一套水浒人物纸牌。由于绘制精美、刻工精到，数百年来，这套水浒叶子一直是人们孜孜以求的版画精品。此次影印采用的底本系郑振铎先生所藏的明末刊本。此书的搜得，花费了郑先生整整20年的时间。郑先生在《劫中得书记》中评价水浒叶子道："余必灌蔷薇露薰玉蕤香，方可启观，此本收得，大抵老莲画之刊本者，当叹观止，且尽于斯矣。"水浒叶子现已存世不多，国家图书馆也就仅此一部。为更好地再现原书的风貌，我们特采用珂罗版复制的方法制版印刷。

墨印彩绘耕织图

[清] 焦秉贞绘　锦函经折装　8开　定价：680.00元
ISBN 7－5013－1662－7/I·150　2000年12月出版

《耕织图》是清代版刻中的传世精品。此《耕织图》之底本，为康熙三十五年内府刻本。本书由康熙皇帝手书，清代宫廷画家焦秉贞绘、朱圭刻，雍正、乾隆时期始有人予以着色，但传世至今者极为罕见。是我国唐末五代以来墨印绘技法的大规模运用的体现，色彩逼真，生机勃勃。

柳公权神策军纪圣德碑

[唐] 柳公权楷书　经折装　8开　定价：15000.00元
ISBN 7－5013－1727－5/J·90　2000年8月出版

国家图书馆镇馆之宝《柳公权神策军纪圣德碑》，全称《皇帝巡幸左神策军纪圣德碑并序》，崔铉撰文，柳公权正书。刻立于唐会昌三年。

碑文记载了唐武宗李炎巡幸左神策军之事，为歌功颂德孤本。此帖为割裱本经折装，皮纸，浓墨擦拓，硬镶刻裱。此碑摹刻精工，虽是拓本然存字无异于墨迹，当出自高手。《神策军碑》常年秘藏国家图书馆地库，世人难睹真颜。为使中华文化万世永传，在国家图书馆的监制下，特采用传统手工复制技术，历经二年，仿真复制出《神策军碑》叁佰玖拾玖部。碑帖中的九十八方藏章印记全部手工钤印。

唐诗五言画谱

[明] 黄凤池编　经折装　8开　定价：420.00元
ISBN 7－5013－1761－5/J·92　2000年12月出版

《黄氏画谱》，明代黄凤池编，明万历四十八年集雅斋刻本。这部画谱篇幅很大，共八册。在当时木刻画集中称得上是出色当行之作，这些画谱的创作成就既表现了高雅，又甚通俗，可作为文士们案头欣赏之物，也为大众所喜爱。此本《唐诗五言画谱》是黄凤池编《黄氏画谱》中的一种。这册《唐诗五言画谱》是郑振铎（字西谛）先生旧藏。

赵松雪书太上玄元道德经

[元] 赵孟頫书　经折装　定价：2400.00元
ISBN 7－5013－1664－3/J·87　1999年9月出版

本书为元代著名书法家赵孟頫书写的《道德经》之拓本。是赵氏晚本小楷的代表作，亦是赵氏处于艺术巅峰时期的作品，历来倍受人们的重视。此拓本之镌刻者顾信为当时刻碑之高手，镌拓皆精，且传世至今已600余年，完好如初，实乃善拓中的珍品，有着极高的版本与艺术价值。此拓本为国家图书馆馆藏孤本，此前不仅未有复制，且从不见注录。

乐善堂帖（全二册）

[元] 赵孟頫书　经折装　8开　定价：3000.00元
ISBN 7－5013－1301－6/J·59　1996年8月出版
平装　8开　定价：30.00元

ISBN 7-5013-1500-0/J·67　1998 年 5 月出版

　　北京图书馆藏明拓元《乐善堂帖》是传世赵体丛帖中的稀见拓本，镌刻于元仁宗延祐五年（1318）。北京图书馆藏的这部明张寰旧藏本是明代帖石出土后的拓本，存 7 卷，帖尾有张寰跋文一页。此帖摹勒上石于赵孟𫖯晚年，是今日所见辑刻赵体丛帖最早的版本之一，有极高的版本珍藏价值。本帖的艺术价值在于此帖书、摹、镌、拓俱佳。此帖集赵氏书画为一体。上册卷首前有赵书上款为顾善夫所作《兰竹图》一幅。下册卷首前有赵孟𫖯笔绘老子坐像一幅，有张伯英旁批。顾善夫是赵孟𫖯生前之好友，得赵字真迹，摹勒赵氏书作神韵绝佳。刻石者茅绍之、吴世昌也是元代镌碑之高手。本帖的史料价值在于可校其它帖本和史籍中的错误，纠谬补缺。帖内有张寰所题的内签及跋文一页。此次以珂罗版精印，依原尺寸装璜复制出版。书后有吴元真的跋。张伯英封面题字。

湘潭昭山宋氏石潭房七修族谱（一函八册）

[民国] 宋声选等纂修　金丝楠木函线装

　　民国三十年（1941）王凤堂活字本。

清乾隆补刻明代端石兰亭图帖

精装　定价：9800.00 元
ISBN 7-5013-1659-7/J·85　1999 年 12 月出版

　　该手卷为清乾隆四十六年（1781）内府御制，奉旨摹补了宋李公麟《流觞图》佚缺部分。以浓淡两种墨色套拓，镌刻精细，传拓精湛，北京图书馆出版社以珂罗版仿真复制，限量、编号、绝版制作发行。每部配备公证文书和收藏证书，具有珍贵的收藏价值。

唐女郎鱼玄机诗集

[唐] 鱼玄机著　布函经折装　16 开　定价：1000.00 元
ISBN 7-5013-1663-5/I·151　1999 年 9 月出版

　　本书为唐代女诗人鱼玄机的诗集。鱼玄机一生坎坷，其诗大多散佚，生平亦少为人知。这本诗集是至今保存鱼玄机的诗最多的一个本子。《诗集》的跋还对其人其事作了较为详细的考证。《诗集》据国家图书馆藏南宋临安府棚北睦亲坊南陈宅书籍铺刻本影印。陈宅刻书在宋代负有盛名，是历代藏书家倾力追求的善本。此书自明代起，先后由著名藏书家朱承爵、项元、何焯、兰陵缪氏、黄丕烈、徐紫珊、袁克文等人收藏。后辗转收归国家图书馆。此书不仅原刻弥足珍贵，另一半篇幅为众多藏书名家之亲笔题跋，愈发加重了它的份量。

书名拼音索引

R

S

T

W

X

Y

Z

*本索引不包含中华再造善本子目

图书在版编目（CIP）数据

北京图书馆出版社古籍影印书目/北京图书馆出版社编.
—北京：北京图书馆出版社，2007.11
ISBN 978 - 7 - 5013 - 3542 - 8

Ⅰ. 北…　Ⅱ北…　Ⅲ古籍 - 图书馆目录 - 北京市
Ⅳ. Z838

中国版本图书馆 CIP 数据核字（2007）第 165728 号

书　　名　北京图书馆出版社古籍影印书目
著　　者　北京图书馆出版社 编

出　　版　北京图书馆出版社（100034　北京市西城区文津街 7 号）
发　　行　010 - 66139745　66175620　66126153
　　　　　66174391（传真）　66126156（门市部）
E - mail　cbs@ nlc. gov. cn（投稿）　　btsfxb@ nlc. gov. cn（邮购）
Website　www. nlcpress. com
经　　销　新华书店
印　　刷　北京四季青印刷厂

开　　本　787 × 1092　1/8
印　　张　27.5
版　　次　2007 年 11 月第 1 版　2007 年 11 月第 1 次印刷

字　　数　255 千字
书　　号　ISBN 978 - 7 - 5013 - 3542 - 8/Z·310
定　　价　68.00 元